Ginette Barré-Ponsignon

11.5.01

LA
GUERRE DE 1870

IL A ÉTÉ TIRÉ

25 *exemplaires sur papier du Japon numérotés à la presse*
(1 à 25).

[Handwritten annotation:]
MOLTKE (comte de —) 1800 – 1891
Engin papier Con fre 1 Dbr. 1864
" " Autriche 1866
Fizenu le 18h5/71
en 1888 Voulut écraser
la FRANCE – le Tsar (Alexandre)
l'inviolant du bois intervint

MÉMOIRES DU MARÉCHAL H. DE MOLTKE

LA GUERRE DE 1870

PAR

LE MARÉCHAL COMTE DE MOLTKE

CHEF DU GRAND ÉTAT-MAJOR

ÉDITION FRANÇAISE

PAR

E. JAEGLÉ

PROFESSEUR A L'ÉCOLE SPÉCIALE MILITAIRE DE SAINT-CYR

Avec Carte d'ensemble du Théâtre de la Guerre

HUITIÈME ÉDITION

PARIS

LIBRAIRIE H. LE SOUDIER

174, BOULEVARD SAINT-GERMAIN, 174

1891

PRÉFACE

C'est au printemps de l'année 1887 que le maréchal a commencé à rédiger l'histoire de la guerre de 1870-71. Durant le séjour qu'il fit à Creisau, il y travaillait tous les matins pendant environ trois heures. Quand en automne il revint à Berlin, son travail n'était pas complètement achevé; il le termina en janvier 1888, me remit le manuscrit et n'en parla plus jamais.

Voici comment il avait été amené à écrire cette histoire. Je l'avais prié à plusieurs reprises, mais sans aucun succès, d'employer les loisirs qu'il avait à Creisau pour nous laisser quelques notes se rapportant à ses souvenirs si variés et si abondants. Chaque fois il me répondait en disant : « Dans les cartons de l'état-major se trouvent toutes les pièces ayant trait aux événements, que j'ai pu écrire et qui méritent d'être conservés. Quant à mes souvenirs personnels, il vaut mieux que je les emporte avec moi dans la tombe. » En général il ne cachait pas l'aversion que lui inspiraient les mémoires : « Ils ne sont bons, disait-il, qu'à satisfaire la vanité de celui qui les écrit, et ne servent que trop souvent à donner une idée fausse des grands faits historiques, le narrateur les jugeant à son point de vue personnel, qui souvent est mesquin. Il se peut qu'en racontant des événements auxquels on s'est trouvé mêlé, on altère l'image d'un homme que l'histoire nous montre grande et pure, et qu'on dissipe l'auréole dont sa tête est ceinte. » Dans une de ses conversations le maréchal prononça les paroles suivantes, dont je pris note, et qui montrent bien l'élévation de son caractère : « Ce que l'on publie dans une histoire militaire reçoit toujours un apprêt, selon le succès plus ou moins grand qui a été obtenu, — mais le loyalisme et l'amour de la patrie nous imposent l'obligation de ne pas détruire certains prestiges dont les victoires de nos armées ont revêtu telle ou telle personne. »

Nous n'étions revenus à Creisau, au printemps de 1887, que depuis quelques jours, quand je lui reparlai de ce qui me tenait tant à cœur. A plusieurs reprises je le priai d'écrire ses souvenirs de la guerre de 1870-71. « Mais vous avez l'histoire de la campagne publiée par le grand état-major. Tout y est. Il est vrai, ajouta-t-il, qu'elle est trop détaillée pour le commun des lecteurs et trop technique ; il faudrait la remanier et s'en tenir à des extraits. » Je lui demandai la permission de mettre l'ouvrage du grand état-major sur son bureau, et le lendemain il commença le présent récit, tout en consultant le grand ouvrage, et il le termina sans s'arrêter dans son travail.

Il avait donc l'intention de donner un précis de la guerre de 1870. Tout en poursuivant ce but, il composa son récit en se plaçant involontairement, cela était inévitable, à son point de vue à lui, à celui du chef d'état-major, c'est-à-dire qu'il reconstitua avec tous les faits et les événements isolés l'ensemble tout entier de la guerre, que l'homme seul, qui donnait tous les ordres, pouvait embrasser. De la sorte, cet ouvrage, entrepris uniquement dans le but d'instruire les modestes et les simples, donne, par la suite logique des idées, l'expression du jugement personnel que le maréchal lui-même portait sur cette guerre.

DE MOLTKE,

Major et Aide de camp de Sa Majesté
l'Empereur et Roi.

Berlin, le 25 juin 1890.

LA GUERRE DE 1870

I

Le temps n'est plus où, dans un intérêt dynastique, on voyait entrer en campagne des armées peu nombreuses composées de soldats qui n'avaient d'autre profession que le métier des armes. Ces armées prenaient une ville, conquéraient un territoire, puis elles s'établissaient dans leurs quartiers d'hiver ou bien encore on concluait la paix.

A notre époque, la guerre appelle aux armes les nations tout entières; à peine s'il est une famille qui n'ait à l'armée un de ses enfants; les ressources financières de l'État sont complètement absorbées par la guerre, et l'hiver a beau succéder à l'été, les belligérants n'en continuent pas moins leur lutte incessante, acharnée.

Tant que les nations vivront d'une existence propre et distincte, il s'élèvera entre elles des contestations qui ne pourront être vidées que les armes à la main. Seulement il est permis d'espérer que les guerres, pour être devenues plus terribles, seront de moins en moins fréquentes.

En général, ce n'est plus l'ambition des princes, mais bien les dispositions des peuples, le malaise résultant de la situation intérieure, les menées des partis, celles surtout de leurs chefs, qui compromettront la paix. La résolution si grave de déclarer la guerre sera prise plus facilement par une assemblée où la responsabilité pleine et entière des mesures votées n'incombera pas à tel ou tel de ses membres que par un homme seul, quelque haut placé qu'il puisse être, et l'on trouvera moins rarement un chef d'État pacifique qu'une représentation nationale composée uniquement de sages. Les grandes guerres modernes ont pris naissance contre le gré des souverains, qui ne les désiraient pas. De nos jours, la Bourse a pris une influence telle que, pour la défense de ses intérêts, elle peut faire entrer les armées en campagne. Le Mexique et l'Égypte ont vu apparaître des armées européennes venues pour donner satisfaction aux réclamations de la haute finance. L'essentiel, actuellement, n'est pas qu'un État possède les moyens voulus pour faire la guerre, mais que ceux qui sont à sa tête soient assez forts pour l'empêcher. C'est ainsi que l'Allemagne unifiée n'a, jusqu'à ce jour, employé sa puissance qu'à sauvegarder la paix européenne, tandis que ce qui menace le plus son maintien c'est précisément la faiblesse du gouvernement chez la nation voisine.

C'est d'une situation analogue qu'est issue la guerre de 1870-1871. Un Napoléon placé sur le trône de la France était tenu de justifier ses prétentions par des succès politiques et militaires. Les victoires remportées par les armées françaises sur des théâtres d'opérations très éloignés ne purent satisfaire l'opinion que pendant un certain temps; les succès remportés par l'armée prussienne éveillèrent la jalousie de la nation française; ils lui parurent constituer une usurpation, une provocation, et l'opinion publique exigea qu'on se vengeât de Sadowa. En outre, le courant d'opinion libérale n'admettait plus l'absolutisme impérial, Napoléon dut faire des concessions, à l'intérieur sa puissance se trouva amoindrie, et un beau jour la nation apprit, de la bouche de ses représentants, qu'elle voulait la guerre avec l'Allemagne !

L'ENTRÉE EN CAMPAGNE

La guerre que la France avait soutenue au delà de l'océan Atlantique[1], en grande partie pour sauvegarder des intérêts financiers, avait coûté des sommes énormes et désagrégé ses forces militaires. On n'était rien moins qu' « archi-prêt[2] » pour une grande guerre, et malgré cela il fallut que la question de la succession au trône d'Espagne et la candidature du prince de Hohenzollern[3] servissent de prétexte. Le 15 juillet, les réserves françaises furent appelées à rejoindre leurs corps et, comme si l'on craignait de perdre une si bonne occasion, quatre jours après, la déclaration de guerre fut remise à Berlin.

Quant aux forces françaises, une division reçut la destination d'observer la frontière espagnole, les troupes absolument indispensables furent laissées en Algérie. Un faible détachement resta à Civita-Vecchia ; Paris et Lyon furent pourvues d'une garnison suffisante. Toutes les autres troupes, au nombre de 332 bataillons, 220 escadrons, 924 pièces de canon, d'un effectif total de 300 000 hommes, en chiffres ronds, formèrent l'Armée du Rhin. Cette ar-

---

1. La guerre du Mexique. — 2. En français dans le texte. — 3. *Die spanische Erbfolge* dans le texte. (Notes du Traducteur.)

mée, divisée en huit corps, devait, pour le moment du moins, ne pas constituer de groupes distincts, mais bien être dirigée par un chef suprême. Cette tâche si lourde, l'empereur seul pouvait l'assumer. En attendant qu'il arrivât à l'armée, le maréchal Bazaine fut chargé de commander les forces en train de se réunir.

Très probablement on comptait, en France, sur l'ancienne désunion des peuples allemands. A la vérité, on ne pouvait plus considérer les Allemands du Sud comme des alliés proprement dits, mais on espérait du moins qu'une première victoire remportée les condamnerait à l'inaction, voire même qu'ils se décideraient à s'allier à la France. Même isolée, la Prusse n'en restait pas moins un adversaire redoutable, disposant d'une armée supérieure ; mais on se disait que cette infériorité serait compensée sans doute par la rapidité avec laquelle on agirait soi-même.

En effet, l'idée première du plan de campagne français était de prendre l'offensive et de surprendre l'ennemi. La flotte, très forte en navires de combat comme en transports, devait être employée à jeter sur le littoral allemand un corps de débarquement considérable afin de retenir dans le Nord une partie des forces prussiennes, dont la portion principale, se disait-on, attendrait derrière la forte ligne du Rhin la première attaque des Français. Ceux-ci voulaient, en tournant les grandes places fortes allemandes, passer incontinent le fleuve à Strasbourg et en aval de cette ville, et de la sorte les forces de l'Allemagne du Sud, auxquelles fût échue la tâche de défendre la Forêt-Noire, eussent été, dès le début, isolées de celles de l'Allemagne du Nord.

Pour que ce plan eût pu être mis à exécution, il eût fallu concentrer en Alsace le gros des forces françaises. Mais le réseau des voies ferrées, tel qu'il existait, ne permit d'amener à Strasbourg que 100 000 hommes ; 150 000 durent être débarqués à Metz, d'où ils devaient gagner l'Alsace. 50 000 hommes réunis au camp de Châlons étaient destinés à servir de réserve ; en outre, on pourrait faire entrer en campagne 115 autres bataillons dès que, à l'intérieur, ils seraient remplacés par la garde nationale.

Les points de rassemblement suivants furent assignés aux différents corps d'armée :

GARDE IMPÉRIALE,	général Bourbaki . . .	*Nancy.*
1er CORPS,	maréchal de Mac-Mahon.	*Strasbourg.*
2e —	général Frossard. . . .	*Saint-Avold.*
3e —	maréchal Bazaine . . .	*Metz.*
4e —	général de Ladmirault.	*Thionville.*
5e —	général de Failly . . .	*Bitche.*
6e —	maréchal Canrobert. .	*Châlons.*
7e —	général Félix Douay. .	*Belfort.*

Dès lors il n'y avait que deux corps d'armée en Alsace, cinq se trouvaient sur la Moselle ; l'un de ceux-ci, le 2e, fut porté, le jour même de la déclaration de la guerre, comme avant-garde, à Saint-Avold et à Forbach, dans le voisinage immédiat de la frontière prussienne. Mais, en même temps, on prescrivait à ce corps de ne rien entreprendre de sérieux.

Les troupes avaient quitté leurs garnisons sans attendre l'arrivée des réservistes et sans que leur armement fût complet. Dans l'intervalle, tous les dépôts s'étaient remplis d'hommes rappelés sous les drapeaux ; toutes les gares étaient encombrées, les voies ferrées se trouvaient, en partie, déjà obstruées. L'envoi des réservistes était sans cesse retardé, car souvent les dépôts ignoraient le point où se trouvaient, pour le moment, les régiments auxquels il leur fallait expédier les hommes. Quand, finalement, ceux-ci rejoignaient leurs corps, on constatait qu'ils arrivaient sans avoir touché les effets d'équipement les plus indispensables.

Les corps d'armée et les divisions n'avaient pas reçu leurs équipages de train, leurs ambulances; leurs services administratifs étaient à peine constitués. Les magasins n'avaient pas été établis d'avance et l'on dut faire vivre les troupes avec les approvisionnements des places fortes. Or on avait négligé de tenir ceux-ci au complet; sûr que l'on était d'opérer dès le début en pays ennemi, on ne s'était guère préoccupé des places françaises. De même les états-majors avaient bien reçu des cartes, mais des cartes de l'Allemagne, et pas de cartes du territoire français. Le ministère de la guerre, à Paris, recevait des demandes, des plaintes, des réclamations innombrables. Il dut finalement déclarer que les corps de troupes se tireraient d'affaire comme ils pourraient : « On se débrouillera[1] », telle fut la réponse que fit l'administration centrale.

Lorsque, huit jours après la déclaration de guerre, l'empereur arriva à Metz, les troupes n'étaient pas encore au complet et l'état-major n'était pas même exactement renseigné sur les emplacements de corps de troupes entiers. L'empereur donna l'ordre de porter l'armée en avant; mais ses maréchaux déclarèrent la chose impossible dans l'état où se trouvaient les troupes. D'une manière générale, l'opinion que, au lieu d'envahir les pays ennemis, comme on en avait eu primitivement l'intention, il faudrait défendre son propre territoire, prenait peu à peu le dessus. On croyait savoir qu'une forte armée ennemie s'était concentrée entre Mayence et Coblence; au lieu d'envoyer des ren-

---

1. En français dans le texte. (N. d. T.)

forts de Metz à Strasbourg, il fallut demander au 1ᵉʳ corps d'en envoyer du Rhin sur la Sarre. On avait, d'ores et déjà, renoncé au dessein d'envahir l'Allemagne du Sud; la flotte avait pris la mer, mais sans avoir à bord son corps de débarquement.

En Allemagne on avait été surpris de voir éclater une guerre, mais on y était préparé. On avait prévu un conflit à courte échéance.

Après que l'Autriche eut été exclue de la Confédération germanique, la Prusse en avait pris seule la direction; elle avait préparé une union plus intime avec les États de l'Allemagne du Sud. Le sentiment de solidarité nationale s'était fait jour de nouveau; il trouvait son plus ferme appui dans le patriotisme de la population tout entière.

Chaque année la mobilisation de l'armée de la Confédération du Nord avait été élaborée à nouveau et adaptée à la situation du moment; toutes les dispositions la concernant étaient prises en commun par le ministère de la guerre et le grand état-major. Toutes les autorités civiles et militaires étaient tenues au courant des choses qu'il importait qu'elles sussent. De plus, les chefs d'état-major des États du Sud étaient venus à Berlin, et dans des conversations intimes on était tombé d'accord sur certains points essentiels. Il était entendu que le Sud, pour la défense spéciale de tel ou tel secteur, de la Forêt-Noire, par exemple, ne pourrait compter sur l'assistance de la Prusse, qu'au contraire l'Allemagne du Sud se protégerait le mieux en procédant offensivement en Alsace, depuis le cours moyen du Rhin, et que cette offensive, le gros des forces allemandes, concentré dans cette région, pourrait vigoureusement la soutenir. Et la meilleure preuve que les gouvernements de la Bavière, du Wurtemberg, de Bade, de la Hesse avaient pleine confiance dans le commandant suprême des forces allemandes, c'est que, dégarnissant leurs propres pays, ils envoyèrent de leur plein gré leurs contingents rejoindre le gros de l'armée allemande en les plaçant sous les ordres du roi Guillaume.

Du moment que l'entente s'était faite, on put prendre les dispositions qu'elle rendait nécessaires. Pour tous les corps de troupes, on élabora le plan de transports et les tableaux de marches; on fixa à chacun d'eux le lieu d'embarquement, le jour et l'heure du départ, la durée du voyage, les stations de repos et le point de débarquement. Dans la région où devait avoir lieu la concentration, les cantonnements étaient nettement délimités par corps d'armée et divisions; l'on avait en outre préparé l'établissement de magasins. Aussi, quand la guerre éclata réellement, il suffit que le roi signât un ordre pour que cette vaste mobilisation suivît son cours, sans que rien vînt l'entraver. On n'eut pas besoin de modifier en rien les dispositions qu'on avait prises. On n'eut qu'à exécuter ce qui avait été mûrement pesé et préparé d'avance.

Conformément aux propositions contenues dans un mémoire du grand état-major prussien, l'ensemble des forces allemandes de campagne fut réparti en trois armées distinctes.

La *première armée*, sous les ordres du général de STEINMETZ, ne comprenant pour l'instant que les VII° et VIII° corps d'armée et en plus une division de cavalerie, devait former l'aile droite et se concentrer aux environs de Wittlich; elle présentait un effectif d'à peu près 60 000 hommes.

La *deuxième armée*, commandée par le prince FRÉDÉRIC-CHARLES, et comprenant, en plus de deux divisions de cavalerie, les III*, IV*, X* corps d'armée et la garde royale, formait le centre et se réunissait aux alentours de Hombourg et de Neunkirchen; elle était forte de 134 000 hommes.

La *troisième armée*, placée sous les ordres du PRINCE ROYAL DE PRUSSE, était composée des V* et XI* corps prussiens, des I** et II* corps d'armée bavarois, des divisions vurtembergeoise et badoise et d'une division de cavalerie. Son effectif était de 130 000 hommes environ, elle formait l'aile gauche et Landau avec Rastadt lui avaient été assignés comme points de concentration.

Avec la 18* division prussienne et la division hessoise, on forma le IX* corps, qui, avec le XII* corps d'armée (corps royal saxon), constituait une réserve de 60 000 hommes, postée en avant de Mayence ; cette réserve, destinée à renforcer la deuxième armée, portait l'effectif de celle-ci à 194 000 hommes.

Les trois armées réunies présentaient un total de 384 000 hommes.

Restaient disponibles les I**, II* et VI* corps d'armée, soit 100 000 hommes. Pour le moment, on ne pouvait les faire entrer en ligne de compte, les voies ferrées ne devant être disponibles, en vue de les transporter, que le vingt et unième jour de la mobilisation.

La 17* division et différentes unités de la Landwehr reçurent pour mission de défendre les côtes.

Il ressort des chiffres que nous venons de donner, que l'armée allemande avait un effectif sensiblement supérieur à celui de l'armée française. En comptant les troupes de garnison et les troupes de dépôt formées lors de la mobilisation, l'administration militaire avait mis sur pied tout près d'un million d'hommes et plus de 200 000 chevaux.

Dans la nuit du 15 au 16 juillet, le roi avait signé l'ordre de mobilisation et quand, quinze jours après, Sa Majesté se rendit à Mayence, tout près de 300 000 hommes étaient arrivés sur le Rhin ou sur des points situés au delà.

Le plan de campagne, soumis au roi par le chef du grand état-major et approuvé par Sa Majesté, visait dès le début la conquête de la capitale ennemie, laquelle, en France, a une importance plus considérable que dans d'autres pays. Sur le parcours de la frontière à Paris les forces allemandes devaient tendre le plus possible à isoler celles de l'adversaire du midi de la France offrant d'abondantes ressources, et à les refouler dans les régions septentrionales en arrière de Paris, bien moins étendues. Mais l'idée maîtresse était qu'il fallait attaquer l'ennemi, sans tarder, où qu'on le trouvât et tenir les forces massées de telle sorte qu'on pût l'attaquer en disposant de la supériorité numérique.

Les dispositions à l'aide desquelles on atteindrait ces buts, on se réservait de les prendre sur les lieux; seule, la première marche en avant jusqu'à la frontière avait été réglée dans ses moindres détails.

C'est une erreur de croire qu'il soit possible d'établir longtemps à l'avance un plan de campagne et de pouvoir le suivre point pour point du commencement à la fin. La première rencontre avec le gros des forces ennemies pourra créer, selon son issue heureuse ou malheureuse, une situation toute nouvelle. Bien des choses que peut-être on aura eu le dessein d'exécuter, se trouveront être irréalisables. Beaucoup d'autres au contraire seront possibles auxquelles on ne pouvait s'attendre d'avance. Saisir nettement les modifications que les événements auront fait subir à la situation, prendre les mesures voulues pour un laps de temps relativement court et les exécuter avec toute la résolution désirable, c'est là tout ce que l'état-major général saurait faire.

Le fait que les troupes françaises avaient été mises en marche sans que leur mobilisation fût terminée, — mesure fort grave en elle-même, — semblait indiquer qu'on voulait attaquer par surprise, avec les forces disponibles dès le début et de la sorte peut-être numériquement supérieures, l'armée allemande au moment où elle effectuait sa concentration.

Malgré cela le grand état-major ne renonça pas à son dessein de faire cette première concentration de suite au delà du Rhin. Il est vrai que pour les corps d'armée de la deuxième et de la troisième armée, le transport des troupes par les voies ferrées devait s'arrêter au Rhin même; de là les régiments s'avanceraient par marches successives de cantonnements en cantonnements : ceux-ci, sur la rive gauche du fleuve, avaient été fixés d'avance. Une fois rendus là, les échelons arrivés les premiers ne devaient s'avancer qu'autant qu'il faudrait pour donner à ceux qui suivaient l'espace nécessaire, en premier lieu jusqu'à la ligne de Bingen-Durkheim-Landau. On ne devait continuer la marche vers la frontière que quand les divisions tout entières et les corps d'armée complets se trouveraient réunis, et cette marche devait se faire de telle sorte qu'à tout moment on fût prêt à tenir tête à l'ennemi.

La concentration de la première armée semblait moins exposeé au danger d'être interrompue. Celle-ci s'avançait en effet, couverte par des territoires neutres et par les garnisons de Trèves, de Sarrelouis et de Sarrebruck, laissées comme avant-garde sur la Sarre.

Dès les premiers jours du mois d'août, la première armée, forte de 50 000 hommes, se trouvait concentrée près de Wadern. La deuxième armée, dont l'effectif était porté peu à peu à 194 000 hommes, avait étendu ses cantonnements vers la frontière jusqu'à une position s'étendant d'Alsenz à Günnstadt, aux débouchés de la chaîne de la Haardt, position étudiée par l'état-major, dans laquelle elle pouvait en toute confiance accepter le combat, si l'ennemi venait à l'y attaquer. Les 5e et 6e divisions de cavalerie faisaient le service de reconnaissance en avant du front. Quant à la troisième armée, elle effectuait encore sa concentration sur les deux rives du Rhin.

Les Français, à Sarrebruck, n'avaient encore tenté aucune entreprise sérieuse. Le lieutenant-colonel Pestel avec un bataillon et trois escadrons put repousser partout avec succès les attaques sans importance de l'ennemi. Dans ces rencontres, on avait pu constater que les masses françaises se portaient plus à droite vers Forbach et Bitche. Dès lors, il n'était pas impossible que les deux corps d'armee français que l'on savait stationnés à Belfort et à Strasbourg se décidassent à franchir le Rhin et à pénétrer en Allemagne par la Forêt-Noire; il était par conséquent désirable, à un double point de vue, que la troisième armée se mît en mouvement le plus tôt possible, premièrement pour protéger la rive droite du Rhin supérieur, en opérant sur la rive gauche, et ensuite pour couvrir le flanc gauche de la deuxième armée qui allait se porter en avant.

Dès le 30 juillet au soir, le prince royal fut invité par dépêche télégraphique à commencer ses opérations, mais le commandant en chef de la troisième armée demanda un sursis jusqu'à ce qu'il eût été rejoint par le VIe corps et ses équipages du train. Sans tenir compte de ce retard, la deuxième armée fut mise en marche dans la direction de la Sarre, où les Français commençaient à sortir de leur inaction.

Ils avaient laissé s'écouler, sans en tirer parti, des journées précieuses, pendant lesquelles ils eussent pu mettre à profit leur concentration précipitée : l'état dans lequel se trouvaient les troupes ne permettait pas d'agir. Depuis longtemps déjà la France attendait les nouvelles de victoires remportées : il fallut compter avec l'impatience du public, et pour faire quelque chose, on se décida — comme c'est l'habitude en pareille circonstance — à une reconnaissance offensive, laquelle aussi donna les résultats qu'ont d'ordinaire les entreprises de ce genre.

Trois corps d'armée entiers furent, le 2 août, mis en mouvement contre trois bataillons, quatre escadrons et une batterie établis à Sarrebruck. L'empereur en personne assista, avec le prince impérial, à cet engagement. Le 3e corps se porta contre Völklingen, le 5e avança par Sarreguemines et le 2e contre Sarrebruck.

La garnison fit une défense opiniâtre et n'évacua la ville qu'après avoir tenté plusieurs retours offensifs ; mais les Français ne s'avancèrent pas de l'autre côté de la Sarre : sans doute ils se rendaient compte qu'avec un énorme déploiement de forces ils n'avaient donné qu'un grand coup d'épée dans l'eau et que tout cela ne leur avait pas fourni le moindre renseignement sur les positions et les desseins de leurs adversaires.

Longtemps l'état-major français hésita entre différentes résolutions, toutes opposées les unes aux autres. Sur de simples ouï-dire on prenait des dispositions qu'il fallait peu de temps après modifier. C'est ainsi qu'on renforça l'aile gauche parce que le bruit courait que 40 000 Prussiens avaient traversé Trèves. On donna à la garde impériale des ordres contradictoires et la seule présence d'un faible détachement allemand à Lörrach, dans la Forêt-Noire, fit que le 7ᵉ corps reçut l'ordre de rester en Alsace.

Les forces françaises se trouvaient donc postées sur un énorme arc de cercle s'étendant de la Nied jusqu'au Rhin supérieur, tandis que l'armée allemande s'avançait vers la Sarre en masses compactes.

L'armée française étant de fait séparée en deux tronçons fort éloignés l'un de l'autre, on se vit amené à en former deux armées distinctes. On donna au maréchal de Mac-Mahon, mais provisoirement seulement, le commandement supérieur des 1ᵉʳ, 7ᵉ et 5ᵉ corps. Ce dernier devait le rejoindre en s'avançant à l'est depuis Bitche; les autres corps furent subordonnés au maréchal Bazaine, à l'exception cependant de la garde impériale, dont l'empereur se réserva le commandement.

Dès lors il était absolument indispensable de couvrir, contre les forces françaises de l'Alsace, le flanc gauche de la deuxième armée allemande pendant qu'elle continuerait à avancer. Aussi la troisième armée reçut-elle l'ordre de franchir la frontière le 4 août, même si elle n'avait pas été rejointe par ses équipages du train. A l'aile droite, la première armée, à Wadern et à Losheim, se trouvait plus rapprochée de la Sarre, de trois à quatre journées de marche, que la deuxième armée, au centre. Elle reçut l'ordre de se concentrer à Tholey et, pour le moment, de s'y arrêter. D'une part, il n'était pas loisible d'exposer cette armée, la plus faible des trois, à rencontrer seule le gros des forces ennemies et, d'autre part, elle était destinée à servir de flanc offensif au cas où la deuxième armée, en débouchant de la zone boisée du Palatinat, viendrait à se heurter à l'ennemi.

Se conformant à cet ordre, la première armée avait étendu, dans la direction du sud, ses cantonnements jusque sur la ligne de marche de la deuxième. Elle reçut l'ordre d'évacuer les cantonnements occupés par elle à Ottweiler et aux environs. Cela n'était pas chose facile, vu que toutes les localités situées plus au nord étaient remplies de troupes et qu'en outre il fallait faire de la place pour le Ier corps qui s'avançait par Birkenfed. Aussi le général de Steinmetz prit-il la résolution de se porter en avant, avec toute son armée, dans la direction de Sarrelouis et de Sarrebruck. Le 4 août, la deuxième armée se trouvait réunie de façon à pouvoir commencer les opérations. Elle reçut l'ordre de se déployer en avant de la zone boisée de Kaiserslautern.

COMBAT DE WISSEMBOURG

4 août. — Ce même jour les corps de la troisième armée, concentrés dans des bivouacs en arrière du Klingsbach, franchirent la frontière française. Ils présentaient un effectif de 128 bataillons, 102 escadrons et 80 batteries, et devaient, s'avançant sur un front étendu, atteindre la Lauter de Wissembourg à Lauterbourg.

Ce cours d'eau forme une position défensive extrêmement forte ; mais le 4 août elle n'était occupée que par une division peu nombreuse et une brigade de cavalerie du 1er corps français dont le gros était en train de s'avancer vers le Palatinat.

De très grand matin déjà, les Bavarois, à l'aile droite, se heurtèrent à une résistance fort vive en avant des remparts de Wissembourg qui étaient parfaitement capables encore de résister à un assaut. Mais bientôt les deux corps prussiens eurent franchi la Lauter, en aval de la ville. Afin de tourner l'aile droite de l'ennemi, le général de Bose fit avancer le XI⁰ corps sur le Geisberg, tandis que le général de Kirchbach se portait en avant avec le V⁰ contre le front de la position ennemie. Dans l'intervalle, 30 pièces de canon avaient été mises en batterie contre la gare de Wissembourg. Celle-ci puis la ville furent enlevées après des engagements sanglants.

A 10 heures, déjà le général Douay, voyant sa ligne de retraite sérieusement compromise par le mouvement des Prussiens dans la direction du Geisberg, avait donné à sa division l'ordre de se retirer. Afin de rendre possible cette retraite, les Français firent aux Prussiens la résistance la plus opiniâtre dans le château de Geisberg, fort susceptible d'être vigoureusement défendu. C'est en vain que les grenadiers du 7ᵉ régiment (régiment du Roi) donnèrent l'assaut à cette position : ils subirent des pertes fort graves. La garnison ne se rendit que quand on fut parvenu, au prix des plus grands efforts, à amener de l'artillerie sur la hauteur.

La division française avait attiré sur elle trois corps d'armée allemands; elle était parvenue à effectuer sa retraite après avoir fait à l'ennemi une résistance vigoureuse. Ses pertes étaient nombreuses et la retraite se changea en débandade. Son brave chef était tombé au cours de l'engagement. De leur côté les Allemands avaient subi des pertes relativement considérables : 91 officiers et 1460 hommes. Le général de Kirchbach avait été blessé au premier rang.

La 4ᵉ division de cavalerie, s'avançant sur un front de 30 kilomètres, s'était croisée avec de nombreuses colonnes d'infanterie; de là un retard qui ne lui permit pas d'atteindre en temps opportun le champ de bataille : on perdit le contact avec l'ennemi qui battait en retraite dans la direction de l'ouest.

Ne sachant pas de quel côté s'avanceraient de nouvelles forces françaises, la troisième armée se porta en avant, le 5 août, sur des routes divergentes, aussi bien dans la direction de Haguenau que dans celle de Reichshoffen. Cependant la marche en avant fut restreinte de façon qu'il fût possible de concentrer les corps en une faible journée de marche. Le prince royal avait l'intention d'accorder, le lendemain, un jour de repos aux troupes, afin de les mener à l'attaque de l'ennemi, dès qu'il serait parvenu à se rendre un compte exact de la situation.

Mais, dès le soir, les Bavarois à l'aile droite et le Ve corps sur le front, eurent le contact avec l'ennemi, et cela vigoureusement. On constata la présence de forces françaises considérables derrière la Sauer. Il était permis de supposer que le maréchal de Mac-Mahon avait attiré à lui, de Strasbourg, le 7e corps ; mais ce qu'on ne savait pas, c'était s'il comptait opérer sa jonction avec le maréchal Bazaine par Bitche ou accepter la bataille à Wœrth une fois qu'il se serait assuré sa ligne de retraite par la route qui conduit à ce fort. De plus, il était possible qu'il prît lui-même l'offensive, et le prince royal, afin de disposer, en vue de toutes les éventualités, de forces suffisantes, voulut, au préalable, concentrer l'armée à Soultz, le 6 août. Le IIe corps bavarois reçut en outre la mission spéciale d'envoyer une de ses divisions pour observer l'ennemi dans la direction de Bitche, tandis que l'autre, au cas où l'on entendrait le canon du côté de Wœrth, se porterait sur la rive occidentale de la Sauer, dans le flanc de l'ennemi qui aurait pris l'offensive.

Le maréchal de Mac-Mahon avait fait tout son possible pour masser le plus de troupes qu'il pût de ses trois corps d'armée ; et il avait, en effet, le dessein d'attaquer sans tarder l'ennemi qui avait envahi le territoire français. L'une des divisions du 7e corps venait d'être transportée à Mulhouse pour protéger l'Alsace ; à peine arrivée, elle fut ramenée à Haguenau et le 6 au matin elle vint former l'aile droite de la position très forte que le 1er corps d'armée français occupait derrière la Sauer en avant de la ligne de Frœschviller à Eberbach par Elsasshausen. A l'aile gauche on attendait l'arrivée de la division de Lespart du 5e corps, venant de Bitche, dont les autres fractions partaient seulement de Sarreguemines pour s'avancer à l'est par Rohrbach. En attendant, la division Ducrot formait sur cette aile un crochet défensif.

De tout ce qui précède il ressort que de part et d'autre les généraux en chef n'avaient l'intention de procéder à l'attaque que le lendemain ; mais partout où les armées ennemies seront aussi rapprochées l'une de l'autre qu'elles l'étaient ici, la lutte s'engagera très facilement, même contre le gré des hommes placés à leur tête.

BATAILLE DE WŒRTH

6 août. — Déjà, pendant la nuit du 5 au 6 août, les avant-postes allemands et français avaient eu, sur différents points, maille à partir les uns avec les autres. Aussi le général commandant la 20e brigade (allemande) crut-il devoir s'emparer du point de passage de la Sauer, situé tout contre son front. Cette rivière constitue un obstacle des plus sérieux. Le pont sur lequel passe la route de Wœrth était détruit, mais les tirailleurs franchirent le cours d'eau à gué et pénétrèrent à 7 heures du matin dans la ville, qui n'était pas occupée par l'ennemi.

On se rendit bien vite compte qu'on avait, en face de soi, des ennemis en grand nombre occupant une forte position.

Les vastes prairies de la Sauer se trouvent partout commandées, à bonne portée, depuis le rebord droit de la vallée et les Français allaient forcément pouvoir tirer tout le parti possible de leur fusil Chassepot à longue portée. Sur la rive opposée du cours d'eau, le terrain était couvert de vignobles et de houblonnières qui offraient de grands avantages aux défenseurs.

Le combat engagé près de Wœrth fut interrompu au bout d'une demi-heure à peine; mais comme de part et d'autre l'artillerie y avait pris part, la division bavaroise de Hartmann crut le moment venu d'intervenir et, se portant en avant depuis Langensulzbach, elle engagea bientôt un combat fort vif avec l'aile gauche des Français. De leur côté, ceux-ci avaient attaqué, à leur aile droite, le village de Gunstett, où ils se heurtèrent au XIe corps qui marchait en avant.

Le Ve corps posté en face de Wœrth engagea dès lors la bataille au nord comme au sud, et il semblait indispensable d'occuper sérieusement l'adversaire au centre afin de l'empêcher de se jeter avec toutes ses forces sur l'une ou l'autre des deux ailes.

L'artillerie reçut l'ordre de se porter en avant et à 10 heures 108 bouches à feu allemandes avaient ouvert le feu sur le bord est de la vallée de la Sauer.

Des détachements d'infanterie passèrent la rivière à gué, ayant de l'eau jusqu'à la poitrine; mais ce mouvement offensif échoua, vu qu'il avait été tenté avec des forces insuffisantes et ce ne fut qu'au prix des plus grands efforts qu'on parvint à se maintenir sur la rive opposée.

Le prince royal prescrivit aux chefs des corps d'armée de ne rien entreprendre qui pût amener une bataille ce jour-là. Mais le Ve corps se trouvait, d'ores et déjà, si sérieusement engagé, qu'il n'était plus possible d'interrompre la lutte sans s'exposer aux conséquences les plus fâcheuses. Dès lors, le général de Kirchbach résolut de la continuer sous sa propre responsabilité.

L'attaque de front avait à lutter contre les difficultés les plus grandes; elle ne pouvait guère aboutir que si on exécutait en même temps une attaque de flanc. Mais précisément en ce moment les Bavarois, à l'aile droite, se conformant à l'ordre du prince royal, qui leur avait également été transmis, interrompaient le combat et se retiraient à Langensulzbach. Mais, à l'aile gauche, le XIe corps se tenait prêt à intervenir d'une manière décisive. Il s'empara de la ferme d'Albrechtshausen et s'engagea dans la forêt dite le *Niederwald*.

En avant de Wœrth la lutte consistait en une série de retours offensifs exécutés à plusieurs reprises, tantôt par les Français, tantôt par les Allemands. Vu la configuration du terrain, celui des deux adversaires qui prenait l'offensive se trouvait chaque fois avoir le dessous.

Cependant on parvint peu à peu à amener sur la rive occidentale de la Sauer tous les bataillons et finalement aussi l'artillerie du Ve corps, tandis que le XIe corps avait déjà conquis dans ces parages des points d'appui solides pour le mouvement en avant qu'il devait exécuter ultérieurement.

C'est à ce moment que, malgré la configuration du terrain la plus désavantageuse qu'il soit possible d'imaginer, deux régiments de cuirassiers, et un de lanciers, de la brigade Michel, se précipitèrent sur l'infanterie allemande qui était précisément en train d'exécuter une conversion à droite près de Morsbronn. Les Français chargeaient avec la plus grande intrépidité, mais le 32ᵉ régiment d'infanterie, sans chercher à s'abriter derrière les couverts qu'offre le terrain, resta déployé en tirailleurs et reçut cette masse de plus de 1 000 chevaux, qui s'avançait comme un ouragan, par une fusillade qui fit subir des pertes énormes aux cuirassiers en particulier. Quelques cavaliers traversèrent la ligne des tirailleurs et gagnèrent le large, beaucoup furent faits prisonniers dans le village ; les autres poussèrent leur charge furieuse jusqu'à Walbourg. Là, ces cavaliers, qui avaient perdu toute cohésion, rencontrèrent le 13ᵉ régiment de hussards prussiens, subirent de nouvelles pertes et disparurent du champ de bataille.

A la vérité, l'infanterie de l'aile droite française réussit à refouler les fractions les plus avancées de l'armée ennemie près de la ferme d'Albrechtshausen, mais elle ne put continuer sa marche en avant à cause du feu d'une nouvelle position d'artillerie qu'on venait de démasquer.

Quand enfin on eut fait franchir la Sauer aux derniers bataillons dont on disposait, le XIᵉ corps s'avança pas à pas à travers le Niederwald en soutenant des engagements sans cesse renouvelés. A 2 heures et demie il atteignit la lisière septentrionale où il opéra sa jonction avec l'aile gauche du Vᵉ. Le village d'Elsasshausen, tout en flammes, fut enlevé et l'on s'empara en outre du petit bois situé au sud de Frœschwiller, dans lequel les Français firent une résistance des plus vives.

L'armée française, qui se voyait ainsi resserrée sur un

espace fort restreint, se trouvait dans une position des plus critiques. A la vérité, son aile gauche tenait encore contre les Bavarois qui s'étaient de nouveau mis en marche pour l'attaquer, mais sur le front et dans son flanc droit elle se voyait serrée de près ; sa ligne de retraite était même sérieusement compromise. Aussi le maréchal de Mac-Mahon chercha-t-il à se dégager en faisant exécuter un vigoureux retour offensif dans la direction du sud. Les fractions allemandes postées à l'est d'Elsasshausen, désagrégées par suite de la lutte violente qu'elles venaient de soutenir, ne purent lui tenir tête ; elles furent en partie refoulées jusque dans le Niederwald, mais on les rallia vivement pour les mener derechef en avant. Sur ce point-là aussi la cavalerie française tenta de changer la face des choses. En dépit de la configuration du terrain éminemment défavorable, la division Bonnemains se rua sur l'adversaire découvert ; elle subit des pertes terribles et se vit éparpillée avant d'avoir atteint la ligne allemande qu'elle voulait sabrer.

A ce moment les Wurtembergeois s'avançaient venant du sud. Quoiqu'il eût été blessé à deux reprises, le général de Bose conduisit en avant toutes les troupes de son corps qu'il put réunir, afin de donner l'assaut au village de Frœschviller, tout en flammes, qui constituait le dernier point d'appui de l'adversaire. L'artillerie se porta en avant à bonne portée pour tirer à mitraille et fraya la voie à l'infanterie qui de toute part pénétra dans le village. Après une résistance des plus vaillantes qu'ils continuèrent jusqu'à complet épuisement de leurs forces, les Français battirent enfin en retraite, à 5 heures, dans la direction de Reichshoffen et de Niederbronn. Ils étaient débandés. Au ruisseau de Falkenstein ils furent recueillis par la division de Lespart qui y était arrivée dans l'intervalle ; mais ces troupes fraîches ne fournirent qu'une résistance de courte durée et se virent entraînées dans la retraite générale.

La victoire remportée par la troisième armée avait été chèrement achetée : elle lui coûta 489 officiers et 10 000 soldats. On n'est pas absolument fixé sur le montant des pertes qu'avait subies l'armée française : toujours est-il qu'elle laissa aux mains des Allemands, en prisonniers seuls, 200 officiers et 9 000 hommes ; ceux-ci avaient pris en outre 33 pièces de canon et 2 000 chevaux.

Selon toute apparence la désorganisation de l'armée française était telle que la voix des chefs n'était plus écoutée. Une brigade seulement de la division de Lespart prit en effet le chemin de Bitche pour rejoindre la portion principale de l'armée française à Saint-Avold, tandis que l'autre, avec les débris des 1er et 7e corps, reflua, en cédant à l'impulsion donnée et sans que rien pût l'arrêter, dans la direction du sud-ouest, vers Saverne.

Du moment que le commandant en chef de la troisième armée et son état-major n'avaient pas eu l'intention de livrer bataille le 6 août, la 4e division de cavalerie n'avait pas été appelée à quitter ses cantonnements qui se trouvaient en arrière des corps d'armée ; aussi on ne put pas recourir à elle afin de faire poursuivre l'ennemi. Ce ne fut qu'à 9 heures du soir qu'elle arriva à Gunstett. Pour être prêt au moins le lendemain de bonne heure, le prince Albert continua à avancer, pendant cette nuit-là même, jusqu'à Eberbach et, après avoir accordé à sa division un repos de trois heures, il se remit en marche ; il atteignit le lendemain soir, après avoir franchi une distance de 67 kilomètres et demi, la ligne des postes de l'arrière-garde ennemie, à Steinbourg, à l'entrée des Vosges. N'ayant point d'infanterie, la division ne put pas pousser plus avant; mais sa simple apparition avait eu pour résultat de jeter l'épouvante dans les rangs ennemis. Dans la nuit même, le 1er corps se remit en marche et atteignit Sarrebourg où il opéra sa jonction avec le 5e. De la sorte, les Français se trouvaient avoir une avance de 35 kilomètres et demi et ils purent, sans être le moins du monde poursuivis, continuer leur retraite sur Lunéville.

BATAILLE DE SPICHEREN

6 août. — Nous allons étudier les événements qui se déroulèrent dans cette même journée sur un autre théâtre d'opérations.

Protégée, au sud, par la troisième armée, la deuxième s'était portée en avant dans la direction de l'ouest, tandis que les corps qui n'avaient pas encore rejoint étaient transportés à sa suite sur les voies ferrées. Franchissant sans encombre les longs défilés de la zone boisée de Kaiserslautern, elle avait vu, le 5, son corps le plus avancé atteindre la ligne Neunkirchen-Deux-Ponts. La cavalerie avait poussé des reconnaissances sur le territoire français et annonçait que l'ennemi exécutait des mouvements rétrogrades. Tout portait à croire que les Français, se mettant sur la défensive, attendraient dans une forte position d'être attaqués par les Allemands. Il y en avait une, en premier lieu, derrière la Moselle, où Metz et Thionville couvraient les deux ailes. Si les Allemands trouvaient l'ennemi dans cette position, la première armée devait l'occuper sur le front, tandis que la deuxième tournerait

Metz par le sud et contraindrait de la sorte l'adversaire à battre en retraite ou à accepter la bataille. Au cas où celle-ci aurait une issue malheureuse, la deuxième armée serait recueillie par la troisième franchissant les Vosges et se portant au-devant d'elle.

La première armée s'était, contrairement à ce qui avait été prescrit par le grand état-major, étendue dans la direction du sud vers la Sarre; de la sorte son aile gauche empiéta sur la ligne de marche assignée à la deuxième armée et, de toute nécessité, des fractions appartenant à l'une et à l'autre devaient se croiser le 6 août à Sarrebruck. Dès lors, on était sûr qu'il y aurait sur ce point des forces en nombre suffisant; mais comme on n'avait pas l'intention de livrer une bataille ce jour-là, comme il n'était pas probable qu'il y en eût une, on n'avait pas pris de dispositions pour qu'elles y arrivassent simultanément; de plus, les itinéraires qu'elles suivaient différant fort les uns des autres, elles n'y pouvaient arriver que peu à peu et à des heures différentes.

Ce fut la 14ᵉ division (du VIIᵉ corps d'armée) qui arriva la première à Sarrebruck, le 6 août, vers midi.

Le général Frossard s'y était cru trop exposé et, dès la veille, avant même que la demande qu'il avait faite d'être autorisé à battre en retraite lui eût été accordée, il avait pris position, avec le 2ᵉ corps, en arrière de Sarrebruck, à Spicheren, où il se retrancha. Plus au sud étaient postés, à des intervalles de 15 à 30 kilomètres les 3ᵉ, 4ᵉ et 5ᵉ corps et, à la distance de 37 kilomètres et demi, la garde impériale. L'empereur était donc à même de concentrer, aux alentours de Cocheren, par exemple, cinq corps d'armée en vue de livrer bataille, ou du moins, si le général Frossard, confiant en sa forte position, tenait tête à l'ennemi, de le faire soutenir par quatre divisions au moins.

Les hauteurs qui s'élèvent en avant de Sarrebruck, dans le voisinage immédiat de la ville, peuvent constituer un obstacle grave pour une marche en avant, sur ce point, au delà de la Sarre. On savait déjà, il est vrai, qu'elles avaient été abandonnées par les Français ; mais le général de Kameke [1] n'en jugea pas moins opportun de s'en emparer immédiatement afin de permettre aux colonnes qui le suivaient de déboucher en toute sécurité. Dans le courant de la matinée déjà, deux escadrons appartenant à la 5ᵉ division de cavalerie s'étaient montrés de l'autre côté, sur le *champ de manœuvre;* ils avaient été reçus par un feu très vif ouvert sur eux des hauteurs de Spicheren. A en juger par la conduite tenue jusqu'alors par les Français, il était permis d'admettre qu'on n'avait eu affaire qu'à l'arrière-garde d'un corps ennemi battant en retraite, et le général de Kameke résolut de procéder immédiatement à l'attaque, et cela d'autant plus qu'il avait reçu l'assurance d'être soutenu.

En effet, dès que le général de Zastrow [2] se rendit compte que la 14ᵉ division allait avoir à soutenir un engagement sérieux, il donna l'ordre à la 13ᵉ de se porter en avant à la suite de l'autre. De même le général d'Alvensleben prescrivit de faire avancer sur Sarrebruck le plus de troupes du IIIᵉ corps que faire se pourrait et le général de Gœben [3], de son côté, donna l'ordre d'y porter la 16ᵉ division tout entière. D'ailleurs, deux généraux appartenant à ces deux derniers corps, le général de Dœring [4] et le général

---

1. Général commandant la 14ᵉ division (2ᵉ du VIIᵉ corps). — 2. Général commandant le VIIᵉ corps. — 3. Général commandant le VIIIᵉ corps. — 4. Général commandant la 9ᵉ brigade (1ʳᵉ de la 5ᵉ division, IIIᵉ corps). (N. d. T.)

de Barnekow[1], avaient, de leur propre initiative, avant d'avoir reçu les ordres susdits, marché au canon, celui-là depuis Dudweiler, celui-ci depuis Fischbach.

La position occupée par les Français était extrêmement avantageuse. Au centre s'élevait à pic un cône rocheux presque inaccessible, nommé le *Rothe Berg;* à droite et à gauche les pentes escarpées de la montagne étaient couvertes d'épaisses forêts. Les bâtiments fort étendus de Stiering-Wendel constituaient en outre, sur la gauche, un point d'appui spécial.

Si elle avait connu l'effectif de l'adversaire, sans nul doute la 14° division eût attendu d'être entièrement déployée avant de procéder à l'attaque. Mais quand, à midi, on engagea la lutte, il n'y avait en réalité, sur les lieux, que la seule brigade de François. Étant donnée la nature du front ennemi, elle chercha à en faciliter l'attaque en abordant, pour commencer, l'adversaire sur ses deux flancs.

En effet, on parvint, au début, à gagner du terrain. Sur la gauche, les hommes du 39° régiment refoulèrent les lignes de tirailleurs ennemies hors de la forêt de Gifert, mais ils se virent exposés, en se portant en avant, au feu violent des bataillons français déployés dans un profond ravin. A l'aile droite, le 3° bataillon du même régiment s'empara, de concert avec les hommes du 47°, de la parcelle boisée de Stiering. Mais bientôt l'ennemi fit sentir sa supériorité numérique en exécutant de vigoureuses contre-attaques, et quand la brigade de Woyna[2] fut arrivée sur le champ de bataille, elle dut immédiatement porter secours à l'autre et sur la droite et sur la gauche. Il se produisit donc, presque dès le début, ce fait que des bataillons et

---

1. Général commandant la 16° division (2° du VIII° corps). —
2. La 28° brigade (2° de la 14° division, VII° corps). (N. d. T.)

des compagnies appartenant à des unités différentes se trouvèrent confondus ; à chaque nouveau renfort on s'enchevêtrait davantage, ce qui rendait fort difficile l'unité de direction pour les différents engagements. A cela vint s'ajouter que successivement trois généraux, commandants de corps d'armée, arrivèrent sur le champ de bataille, si bien que le commandement supérieur passait des mains de l'un dans celles de l'autre.

En même temps qu'on abordait l'ennemi par les flancs, le 3e bataillon du 74e régiment avait, pour l'attaquer de front, franchi, à 1 heure, sous un feu des plus meurtriers, le terrain plat et découvert en avant du *Rothe Berg* et, cherchant à s'abriter quelque peu, il s'était mis à couvert au pied de la paroi des rochers. Quand, à 3 heures, l'artillerie prussienne contraignit l'adversaire à faire rétrograder ses bouches à feu postées sur la hauteur, ce bataillon, ayant à sa tête le général de François, commença à gravir la paroi rocheuse. Les chasseurs à pied français, visiblement surpris de voir surgir l'ennemi, furent chassés à coups de crosse et à la baïonnette hors des tranchées-abris de la première ligne. Puis la 9e compagnie du 39e régiment apparut sur la hauteur ; le vaillant général, se plaçant à sa tête, continua d'avancer : il tomba percé de cinq balles. Mais le petit détachement se maintint opiniâtrément sur l'étroite saillie de roc dont il s'était emparé.

La lutte n'en était pas moins entrée dans une phase critique. La 14e division occupait une ligne qui avait une étendue de 5 625 mètres, son aile gauche se voyait refoulée, dans la forêt de Gifert, par des forces ennemies considérablement supérieures ; l'aile droite était serrée de près par l'adversaire, à Stiering. Mais précisément à ce moment, c'est-à-dire à 4 heures, arrivaient presque simultanément les têtes de colonnes de la 5ᵉ et de la 16ᵉ division, quand déjà leurs batteries, ayant pris les devants, commençaient à canonner l'ennemi.

L'aile gauche considérablement renforcée se porta derechef en avant. Le général de Barnekow envoya des secours efficaces au *Rothe Berg*, où les hommes du 3ᵉ bataillon du 74ᵉ avaient presque totalement épuisé leurs munitions; il refoula les Français hors de toutes leurs tranchées-abris. Dans des combats réitérés et acharnés on parvint enfin à arracher aussi à l'ennemi la partie occidentale de la forêt de Gifert. L'aile droite, tout en soutenant des engagements fort vifs, s'était portée jusqu'à Alt-Stiering; elle s'avançait vers la ligne de retraite de l'ennemi, c'est-à-dire vers la route de Forbach.

Mais le général Frossard s'était rendu compte du danger qui le menaçait sur ce point et, renforçant son aile gauche de façon à en porter l'effectif à une division et demie, il lui fit prendre l'offensive, à 5 heures du soir.

Du côté des Allemands on ne disposait à ce moment d'aucun corps de troupes intact pour résister à cette attaque; de la sorte, tous les avantages obtenus jusqu'alors furent de nouveau perdus.

La 13ᵉ division eût pu intervenir à ce moment, pour frapper un coup décisif et mettre fin au combat sur toute la ligne. Cette division était arrivée à Puttlingen à 1 heure déjà, après avoir fourni, il est vrai, une marche de 30 kilomètres. Or cette localité n'est guère éloignée de Stiering de plus de 8 kilomètres. Quand on entendit le canon de Sarrebruck, l'avant-garde de la division, à 4 heures, s'avança jusqu'à Rossel. Dans le terrain boisé avoisinant, on n'entendit plus le canon, à ce qu'on dit; aussi crut-on que le combat avait cessé et la division s'établit dans ses bivouacs à Vœlkingen. Cette localité lui avait été désignée par le général commandant le corps d'armée, dans un ordre antérieur, comme devant être le point terminus de sa marche. Cet ordre, à la vérité, avait été donné à un moment où l'on ne pouvait pas prévoir quelle tournure prendraient les événements dans le courant de la journée.

Cependant, le mouvement offensif des Français avait été, dans l'intervalle, arrêté par le feu de sept batteries établies sur la *Folster Höhe* et l'infanterie, conduite par le général de Zastrow en personne, avait réussi à se porter de nouveau en avant.

La configuration du terrain ne permettait en aucune façon de tirer parti des quelques escadrons qui, arrivant successivement de toutes les directions, s'étaient réunis en arrière de la ligne de combat. C'est en vain que les hussards tentèrent de se déployer sur le *Rothe Berg*; par contre, le major de Lyncker parvint, en dépit de difficultés presque insurmontables, à y établir huit pièces au milieu des cris de joie de l'infanterie serrée de près par l'ennemi. Au fur et à mesure qu'elles arrivaient, elles engageaient l'une après l'autre la lutte avec les batteries ennemies, quoique le feu des tirailleurs français postés à couvert, à la distance de 800 mètres, blessât ou tuât la moitié de leurs servants. On gagna, il est vrai, un peu de terrain, à partir de ce moment; mais l'espace restreint qu'offrait le plateau ne permettait pas aux troupes de se déployer en face du front fort étendu de l'adversaire.

Mais des secours efficaces allaient arriver sur la droite. Le général de Gœben avait envoyé en avant tous les bataillons de la 16e division, non encore engagés, dans la direction de Stiering, où le coup décisif allait être frappé. Tandis qu'une partie de ces bataillons faisait front à la localité, l'autre gravit, depuis la grande route, les ravins de la forêt de Spicheren; alors eut lieu une mêlée dans laquelle les Français furent refoulés de la croupe ensellée qui mène au *Rothe Berg* et se virent de plus en plus repoussés vers le *Forbacher Berg*.

A 7 heures du soir encore la division de Laveaucoupet, soutenue par une partie de la division Bataille, avait, à l'aile droite française, exécuté une attaque ; elle avait pénétré une fois encore dans la forêt de Gifert tant disputée ce jour-là ; mais le danger que courait en ce moment-là l'aile gauche, menacée d'être abordée depuis la forêt de Spicheren, paralysa la droite et entrava sa marche en avant. A la tombée de la nuit les Français rétrogradaient sur le plateau tout entier.

Vers 9 heures du soir, alors que leurs sonneries de retraite se faisaient entendre de la hauteur, le général de Schwerin[1] fit occuper Stiering, afin d'assurer les cantonnements des troupes pendant la nuit ; sur différents points on ne put vaincre la résistance des Français dans cette localité qu'en engageant le combat corps à corps avec eux. De plus, l'avant-garde de la 13e division s'était portée en avant vers Forbach, mais elle ne pénétra pas dans la localité, ayant pris pour des ennemis des dragons qui avaient mis pied à terre.

D'ailleurs, le général Frossard avait de lui-même renoncé à effectuer la retraite par la route de Forbach à Saint-Avold qui était sérieusement menacée. Il se retira avec ses trois divisions sur Œtingen. L'obscurité et, aussi l'impossibilité où l'on était d'employer des masses de cavalerie considérables dans ce terrain, le mettaient à l'abri de toute poursuite.

---

1. Général commandant la 10e brigade (2e de la 5e division, IIIe corps) (N. d. T.)

Ce soir-là encore, le général de Steinmetz prit ses dispositions pour que les unités toutes confondues fussent reconstituées. Quelques-unes d'entre elles avaient fourni des marches de près de 45 kilomètres, deux batteries débarquées du chemin de fer, qui les avait amenées de Königsberg en Prusse, avaient immédiatement pris le chemin du champ de bataille. Malgré tous ces renforts, les forces insuffisantes qui avaient entrepris l'attaque n'atteignirent jamais, à aucun moment de la journée, l'effectif de l'adversaire ; 13 batteries seulement avaient pu engager la lutte dans cet espace si restreint, et la cavalerie n'avait absolument pas pu prendre part à l'action. Il va de soi que les assaillants essuyèrent des pertes plus considérables que les défenseurs. Les Prussiens perdirent 4871 hommes, tandis que les Français n'en perdirent que 4 078 ; une chose qui mérite d'être signalée, c'est le grand nombre de prisonniers non blessés que, dans cette bataille déjà, on fit à l'adversaire.

On remarquera le contraste absolu qui existe entre l'esprit de camaraderie des Prussiens qui fit que leurs chefs se prêtèrent un appui mutuel et que leurs troupes se hâtèrent d'arriver afin de prendre part à l'engagement, et les étranges marches et contremarches des divisions françaises postées en arrière du général Frossard. Trois d'entre elles furent mises en mouvement pour lui porter secours, deux seulement arrivèrent, et cela quand la lutte avait pris fin.

On a prétendu après coup que la bataille de Spicheren avait été livrée sur un terrain où elle n'eût pas dû l'être, et qu'en la livrant on avait contrecarré les plans du grand état-major. A la vérité, la bataille n'avait pas été prévue. Mais d'une manière générale il ne se présentera que fort peu de cas où une victoire tactique ne cadrera pas avec le plan de campagne stratégique. On acceptera toujours avec reconnaissance tout succès remporté par les armes et l'on en tirera tout le parti possible. Grâce à la bataille de Spicheren le 2ᵉ corps d'armée français avait été mis dans l'impossibilité de se retirer sans subir de pertes, on avait pris le contact avec la portion principale de l'armée ennemie et désormais le généralissime et son état-major possédaient la base nécessaire pour prendre leurs résolutions ultérieures.

CONVERSION A DROITE DE L'ARMÉE ALLEMANDE

Pour sa retraite, le maréchal de Mac-Mahon avait pris une direction qui l'empêchait absolument de rester en communication avec le maréchal Bazaine.

Comme les Allemands ne le poursuivirent pas, il aurait pu, pour opérer sa jonction avec la portion principale de l'armée française, employer la ligne du chemin de fer de Lunéville à Metz, car, de fait, cette ligne, le 9 août encore, était libre. Mais le bruit courait que les Prussiens s'étaient déjà montrés à Pont-à-Mousson et le moral de ses troupes était tel qu'il ne pouvait songer à les remettre de suite en contact avec l'ennemi.

En conséquence, le 1ᵉʳ corps français fit un crochet au sud dans la direction de Neufchâteau, d'où il pouvait être transporté à Châlons par les voies ferrées. Le 5ᵉ corps recevait des ordres contradictoires du grand quartier général, l'envoyant tantôt ici, tantôt là. D'abord il devait marcher sur Nancy, puis il lui fallut prendre la direction opposée et se rendre à Langres. Arrivé à Charmes, il reçut l'ordre de revenir sur Toul; finalement on le dirigea, lui aussi, de Chaumont à Châlons. Là, le général Trochu avait organisé un nouveau corps, le 12e, et, en arrière de ce point de concentration, le 7e corps fut transporté par le chemin de fer, de l'Alsace à Paris, par Bar-sur-Aube, et de là à Reims.

De la sorte, il s'était formé, à la date du 22 août, une armée de réserve comprenant quatre corps d'armée et deux divisions de cavalerie; elle était placée sous les ordres du maréchal de Mac-Mahon; mais, se trouvant à la distance de 188 kilomètres, elle n'était pas à même de secourir le maréchal Bazaine, posté immédiatement en face de l'ennemi qui s'avançait pour l'assaillir.

Sous la première impression de la double défaite essuyée le 6 août, le grand quartier impérial avait cru devoir faire également rétrograder jusqu'à Châlons l'armée du maréchal Bazaine, et le 6e corps, qui était, en partie du moins, en route pour se rendre de Châlons à Metz, reçut l'ordre de rebrousser chemin. On abandonna encore ce dessein. L'empereur n'avait pas seulement en face de lui l'ennemi du dehors, il avait à compter également avec l'opinion publique au dedans. La nation eût ressenti la plus vive indignation, si elle l'avait vu abandonner des provinces entières au début d'une campagne sur laquelle on avait nourri les espérances les plus brillantes. On pouvait encore concentrer en avant de la Moselle 200 000 hommes qui auraient pour point d'appui une grande place de guerre et, lors même que l'adversaire disposerait de la supériorité numérique, ses corps d'armée n'en étaient pas moins éparpillés sur une ligne mesurant 90 kilomètres d'étendue. Il leur fallait franchir la Moselle et il était fort possible que, forcément séparés les uns des autres pour effectuer ce passage, ils se trouvassent inférieurs en nombre au point même où se livrerait la lutte décisive.

L'état-major de la troisième armée allemande ignorait l'état de désorganisation complète de l'ennemi qu'elle avait battu, il n'avait pas davantage pu se rendre compte de la direction dans laquelle celui-ci se retirait. On s'attendait à le trouver rangé en bon ordre sur le versant occidental des Vosges, prêt à résister de nouveau, et comme la chaîne de montagnes ne pouvait être franchie qu'en colonnes isolées, on ne s'avança qu'avec la plus grande circonspection et par courtes étapes.

Bien que la distance de Reichshoffen à la Sarre, mesurée en ligne droite, ne soit que de 45 kilomètres, on n'arriva sur les bords de cette rivière qu'après cinq jours de marche. On n'avait par rencontré d'ennemis, sauf dans les places de guerre, de peu d'importance à la vérité, mais capables de résister à un assaut, et interceptant les principales routes à travers la montagne. On dut se résigner à tourner péniblement Bitche; Lichtenberg fut enlevé par surprise, la Petite-Pierre avait été abandonnée par sa garnison, Phalsbourg fut investi par le VIe corps marchant à la suite de l'armée, et Marsal capitula après avoir fait une résistance peu sérieuse.

L'aile gauche n'avait donc pas d'ennemi en face d'elle, on pouvait sans crainte l'attirer davantage vers le centre. Pour que les trois armées se trouvassent à hauteur l'une de l'autre, il était nécessaire d'exécuter une conversion à droite. Mais comme la troisième armée n'arriva que le 12 sur la Sarre, il fallut que la deuxième et la première ralentissent leur mouvement en avant. Le mouvement dans son ensemble fut réglé de telle sorte que les routes de Saar-Union à Dieuze et celles situées plus au sud furent assignées à la troisième armée, tandis que la deuxième suivrait celles de Saint-Avold à Nomény, et les autres situées plus au sud ; quant à la première, elle prendrait la route de Sarrelouis aux Étangs ; cette dernière armée s'avançait donc dans la direction de Metz.

Les divisions de cavalerie qui reconnaissaient le terrain, fort loin en avant du front de l'armée, annonçaient que sur toute la ligne l'ennemi rétrogradait. Elles poussèrent jusque sous Metz et des deux côtés de la place s'étendirent au delà de la Moselle. Elles y trouvèrent des fractions du corps de Canrobert que l'on s'était tout de même décidé à faire venir de Châlons, et les contraignirent à rebrousser chemin. Mais, en même temps, tous les rapports fournis par ces divisions portaient qu'en avant de Metz des masses de troupes fort considérables campaient sous la tente.

De ce fait, on pouvait tout aussi bien conclure que l'adversaire continuait à battre en retraite ou bien qu'il était dans l'intention de prendre l'offensive en se jetant sur l'aile droite de l'armée ennemie, au moment où, pour lui faire franchir la Moselle, l'état-major ne pourrait se dispenser de l'isoler de l'aile gauche.

D'ordinaire, le généralissime et son état-major se contentaient de donner aux armées des *directives* générales et de s'en remettre, pour l'exécution de détail, aux généraux en chef de chacune d'elles. Mais, dans la situation telle qu'elle se dessinait en ce moment, on crut qu'il était nécessaire de régler, d'après un plan défini, par des ordres directs, les mouvements de chacun des corps d'armée. Aussi le quartier général de Sa Majesté fut-il, le 11 août, transféré à Saint-Avold, en première ligne, en un point central entre la première et la deuxième armée, de façon à pouvoir en temps opportun intervenir immédiatement auprès de l'une ou de l'autre ou des deux à la fois. Le 12 août, les trois corps de la première armée se portèrent en avant dans la direction de la Nied allemande qu'ils trouvèrent abandonnée par les Français. A leur gauche, trois corps également de la deuxième armée, se portèrent sur la même ligne, à Faulquemont et Morhange, tandis que les deux autres venaient à leur suite.

Le lendemain, la deuxième armée atteignit la Seille sans avoir rencontré l'ennemi, et l'infanterie occupa Pont-à-Mousson.

L'étrange inaction des Français et les rapports fournis par les divisions de cavalerie qui, sur la rive opposée de la Moselle, s'étaient portées en avant d'une part jusqu'à Toul et d'autre part jusque sur la route de Verdun, permettaient, il est vrai, d'admettre que l'ennemi ne tiendrait pas davantage devant Metz. Mais il n'était pas impossible, d'un autre côté, qu'avec ses 200 bataillons, il se jetât sur la première armée qu'il avait directement en face de lui. Aussi l'état-major prescrivit-il que les deux corps d'aile de la deuxième armée feraient, pour le moment, halte au sud de Metz et à proximité de la place, afin de prendre, le cas échéant, l'ennemi en flanc, au cas où il tenterait cette attaque. Si, au contraire, ces deux corps étaient assaillis par lui, la première armée devait exécuter cette attaque de flanc.

Les autres corps de la deuxième armée continuèrent, plus au sud, leur marche vers la Moselle. Après avoir franchi la rivière, ils pouvaient, si l'ennemi venait à les assaillir avec des forces supérieures en nombre, se dérober et rejoindre la troisième armée.

Les généraux allemands ne furent pas unanimes à admettre que tant de circonspection fût nécessaire. Certains disaient que les Français étant en train de franchement battre en retraite, on ne devait pas les laisser s'éloigner sans leur infliger des pertes et qu'il fallait sans plus tarder se mettre à leurs trousses. En effet, l'état-major français avait résolu de continuer la retraite. Or, quand, dans l'après-midi du 14 août, le VIIe corps constata qu'un mouvement rétrograde était exécuté par l'adversaire, il se produisit encore, de ce côté-ci de la Moselle, un contact qui se transforma graduellement en bataille dans le courant de la soirée, les corps les plus rapprochés accourant de leur propre mouvement au secours des troupes engagées.

BATAILLE DE COLOMBEY-NOUILLY[1]

14 août. — Le général commandant la place de Metz avait déclaré que, abandonné à lui-même, il ne pouvait pas tenir quinze jours ; d'autre part, la position fortifiée qu'on avait choisie sur la Nied pour l'armée qui devait défendre Metz avait été trouvée désavantageuse à cause de la configuration du terrain : l'état-major français espérait qu'en rétrogradant jusqu'à Verdun il lui serait possible d'en trouver une autre plus favorable et où l'armée pourrait tenir tête à l'ennemi.

Cette fois-ci les considérations militaires avaient eu le dessus : on s'était décidé à moins compter avec les dispositions de l'opinion publique. L'empereur, quoiqu'il eût remis le commandement supérieur au maréchal Bazaine, n'en resta pas moins à l'armée ; il lui eût été impossible, étant donné la situation, de rentrer à Paris.

1. Ou bataille de Borny. (N. d. T.)

Dès le 14 août, de grand matin, les nombreux fourgons et voitures de l'armée traversaient Metz, et vers midi les 2°, 4° et 6° corps d'armée se mirent en mouvement, tandis que le 3° restait dans ses positions derrière la profonde vallée de Colombey, afin de couvrir la retraite.

Quand à 4 heures de l'après-midi les Allemands sentirent que la retraite s'effectuait, le général von der Goltz, à la tête de l'avant-garde du VII° corps, attaqua vivement l'ennemi et lui enleva, sur son flanc droit, le village de Colombey et le château d'Aubigny.

Mais dès qu'elles eurent entendu les premiers coups de canon, les colonnes françaises avaient fait demi-tour ; elles étaient absolument prêtes à engager la lutte et brûlaient du désir, après tant d'échecs subis jusqu'alors, de changer la face des choses en livrant une bataille décisive. Disposant d'une supériorité numérique considérable, la division de Castagny se jeta sur le faible détachement isolé dans la position de Colombey, et celui-ci ne parvint à s'y maintenir qu'au prix d'efforts inouïs.

Mais l'avant-garde du Ier corps d'armée s'avançait déjà sur deux routes, celles de Sarrebruck et de Sarrelouis ; ses batteries avaient pris les devants et ouvrirent immédiatement le feu. L'infanterie qui les suivait, s'avançant par Lauvallier, gravit la pente orientale du plateau de Belle-Croix et plus à droite encore elle refoula l'ennemi hors du bois qui s'étendait à l'est de Mey. Mais sur ce point-là aussi il se produisit un temps d'arrêt dans la lutte, quand cette infanterie se trouva en face du gros du 3° corps français.

Pendant ce temps, la 13° division[1] ainsi que la 1re et la 2e[2]

---

1. La première du VII° corps (Zastrow). — 2. Les deux divisions du Ier corps (Manteuffel). (N. de T.)

avaient suivi leurs avant-gardes. En effet, le général de Manteuffel, ayant observé, depuis les avant-postes, les mouvements de l'armée, avait fait prendre les armes à ses deux divisions. Le général de Zastrow arriva également sur le champ de bataille et prit la direction des opérations à l'aile gauche. Bientôt 60 pièces eurent ouvert le feu contre l'ennemi ; le général d'Osten-Sacken, avec la 25° brigade [1], s'avança par la dépression de Coincy et gravit le rebord du plateau. Le bois de sapins qui s'étend le long de la route de Belle-Croix est enlevé, on l'enveloppe de trois côtés, l'ennemi le reprend en faisant subir à la brigade des pertes énormes ; puis enfin celle-ci parvient à s'en emparer de nouveau. Peu de temps après, on réussit à porter en avant, par Planchette, deux batteries qui font reculer les Français jusqu'à Borny ; mais de part et d'autre on continue la lutte avec le plus grand acharnement.

A ce moment la droite allemande se voit grandement exposée à être tournée. En effet, lorsque le général de Ladmirault eut été informé que l'une de ses divisions, celle du général Grenier, avait été refoulée hors de Mey, il fit immédiatement demi-tour avec ses deux autres divisions afin de lui porter secours, il reprit la localité et continua sa marche en avant sur la route de Bouzonville.

Dans l'intervalle, le général de Manteuffel avait pris les dispositions voulues pour être à même de se maintenir, quoi qu'il pût arriver, dans la coupure du ruisseau de Vallières qui couvrait le flanc de la position. Il posta la 1re brigade [2] en arrière de Noisseville afin qu'elle constituât sa réserve générale ; la 4e brigade [3], avec une partie de l'artillerie du Ier corps, alla s'opposer de front au général de

---

1. La première de la 13e division. — 2. La première de la 1re division. — 3. La seconde de la 2e division. (N. d. T.)

Ladmirault, à Poix, sur la route de Bouzonville, tandis que le restant des batteries prenait ses divisions en flanc depuis le bord sud de la vallée, à l'est de Nouilly.

A l'aile gauche, la division Glümer[1] s'était maintenue pendant ce temps à Colombey; à 7 heures du soir, la brigade de Woyna[2] vint la soutenir, et s'empara du petit bois qui s'étend à l'ouest de Colombey.

Sur ce point, des secours, fournis par la deuxième armée, retenue sur la Seille, furent les bienvenus.

La 18e division d'infanterie[3] s'était, après une longue marche, établie dans des bivouacs près de Buchy, dans le courant de l'après-midi. Mais quand on vint prévenir le général de Wrangel qu'on entendait le canon, et que sans doute la première armée était engagée, il remit aussitôt sa division en marche dans la direction indiquée. Après avoir chassé l'ennemi de Peltre, elle occupa Grigy, de concert avec la brigade de Woyna. De la sorte, elle se trouvait quelque peu déjà sur les derrières de la position ennemie de Borny.

A la droite de la ligne de bataille, la 2e division s'était de nouveau portée en avant, par Nouilly et les vignobles avoisinants, contre le village de Mey et, à la tombée de la nuit, elle l'avait enlevé à l'adversaire, de même que le petit bois situé tout à côté. Les Français n'avaient pas dépassé Villiers-l'Orme, et de cette localité ils commencèrent à battre en retraite sur toute la ligne. Seuls les forts, notamment celui de Saint-Julien, lancèrent au milieu des ténèbres leurs pesants projectiles contre les Prussiens, qui serraient l'adversaire de près.

L'engagement livré dans la soirée du 14 août occasionna

---

1. La 13e (VIIe corps). — 2. La 28e (14e division). — 3. La première du IXe corps. (N. d. T.)

aux Prussiens, qui avaient pris l'offensive, des pertes graves : 5000 hommes, dont plus de 200 officiers, tandis que les Français ne perdirent que 3 600 hommes, la plupart appartenant au 3e corps. Il est de toute évidence que, vu la proximité des ouvrages d'une grande place de guerre, il fut impossible de tirer parti de la victoire en se mettant immédiatement à la poursuite de l'ennemi. A cause de cette proximité, l'état-major n'avait eu nullement le dessein de faire livrer ce jour-là une bataille à la première armée, mais il avait parfaitement admis la possibilité d'une rencontre.

La lutte ayant été engagée fort tard, une seule division de la deuxième armée avait pu se porter au secours de la première; mais son intervention sur le flanc gauche de l'adversaire n'en a pas moins eu des conséquences très appréciables.

La manière dont la bataille s'est engagée a rendu impossible l'unité de direction.

La lutte avait été principalement soutenue par les avantgardes de quatre divisions, et comme des fractions de troupes numériquement faibles et ne pouvant être immédiatement secourues, attaquaient, avec une grande audace, un ennemi disposant d'un effectif considérablement supérieur, il se produisit à plusieurs reprises des phases critiques dans la lutte. L'issue eût pu en devenir défavorable, si l'adversaire, dont toutes les forces se trouvaient massées sur un terrain resserré, avait marché en avant avec plus d'énergie. Mais il est juste de dire que le 3e corps français ne fut pas soutenu par la garde impériale postée en arrière d'elle et dans son voisinage immédiat. Tout au contraire, pour les Prussiens, on constatera, dans cette bataille comme dans les précédentes, que l'esprit de solidarité des différents chefs présents sur le champ de bataille s'y révéla brillamment ; cet esprit de solidarité leur faisait prendre, de leur propre initiative, la résolution d'accourir immédiatement au secours les uns des autres.

On devra attribuer à l'artillerie une part prépondérante au succès de la journée. Elle avait pris les devants et soutenait de la manière la plus efficace les avant-gardes qui, avant même que le gros des divisions eût eu le temps d'entrer en ligne, étaient parvenues à refouler complètement les Français hors de la position qu'ils occupaient en avant de Metz et à les contraindre d'aller s'abriter derrière les ouvrages de la place.

L'ennemi ayant sous la main cette place de refuge, les Prussiens ne pouvaient forcément conquérir des trophées après la victoire de Colombey-Nouilly, mais le généralissime n'en avait pas moins le droit de s'en déclarer satisfait. En effet, le mouvement de retraite de l'ennemi avait été interrompu et l'on avait gagné toute une journée pour faire franchir la Moselle à la deuxième et à la troisième armée.

15 août. — Le 15, de très grand matin, la cavalerie allemande s'était avancée au trot jusque sous les remparts de Metz. A l'est de la place, elle ne trouva plus d'ennemis. Quelques obus, lancés sur la rive gauche de la Moselle, portèrent le trouble dans le grand quartier impérial établi à Longeville.

Le roi Guillaume s'était rendu à cheval au milieu de la première armée. De l'autre côté de la place, on voyait s'élever d'énormes nuages de poussière ; il n'y avait pas à en douter, les Français avaient commencé leur retraite et, dès lors, la deuxième armée fut autorisée à faire franchir la Moselle à tous ses corps d'armée.

Quant à ceux de la première armée, le Ier dut rester au sud de Metz, à Courcelles, afin d'occuper la voie ferrée ; les deux autres appuyèrent à gauche, dans la direction de la Seille ; eux aussi devaient sous peu passer la Moselle en amont de la place, afin d'éviter que les forces allemandes ne fussent coupées en deux tronçons, séparés l'un de l'autre par la ville.

Les Français avaient repris leur mouvement de retraite interrompu la veille. Mais, ce jour-là, ils ne s'éloignèrent guère de plus de 7 kilomètres et demi de Metz. Leur cavalerie seule s'avança un peu plus loin sur les deux routes menant à Verdun.

La deuxième armée fit franchir à l'un de ses corps, le IIIe, la Moselle, par le pont de Novéant qu'on avait trouvé intact et par une passerelle de pontons ; l'artillerie de ce corps dut faire un détour et passer à Pont-à-Mousson.

Les troupes ne purent, en partie du moins, s'établir dans leurs bivouacs tout contre la rive gauche, que fort tard dans la nuit. Le Xe corps laissa l'une de ses divisions à Pont-à-Mousson et porta l'autre à Thiaucourt. La cavalerie courut plus loin en avant dans la direction de la route de Metz à Verdun. Aux environs de Mars-la-Tour, elle rencontra la cavalerie ennemie. Il s'engagea quelques escarmouches, mais quand, peu après midi, 24 escadrons prussiens furent réunis dans ces parages, la cavalerie française se retira sur Vionville. Plus en amont, le corps de la garde et le IVe avaient passé sur la rive gauche à Dieulouard et à Marbache.

La troisième armée vint occuper la ligne Nancy-Bayon.

Ce jour-là, on avait tenté de s'emparer de la place de Thionville par un coup de main. Cette entreprise avait échoué.

BATAILLE DE VIONVILLE-MARS-LA-TOUR[1]

16 août. — L'état-major de la deuxième armée, pas plus que le grand état-major, ne croyait pas qu'il y aurait encore, sur la Moselle, un engagement sérieux avec les Français. Aussi désigna-t-il deux des corps de cette armée, le IIIe et le Xe, pour s'avancer dans la direction du nord, par Gorze et Thiaucourt, contre Verdun ; les autres corps reçurent l'ordre de se porter sans tarder vers l'ouest, à marches forcées dans la direction de la Meuse.

Ce jour-là encore, les Français n'avaient pas pu évacuer complètement Metz. Leurs équipages de train avaient obstrué toutes les routes, et dans la matinée trois divisions se trouvaient encore en arrière de Metz dans la vallée de la Moselle. L'empereur seul avait pu partir à temps, escorté par deux brigades de cavalerie, par la route d'Étain, où il était plus à l'abri d'une surprise. L'aile droite n'étant pas encore en mesure de suivre, le départ de l'armée tout entière fut remis à l'après-dînée et les corps de l'aile gauche qui s'étaient déjà mis en marche regagnèrent leurs bivouacs. Mais dès 9 heures du matin l'alarme y fut jetée par des obus prussiens.

Protégé par la cavalerie, le major Körber s'était avancé jusque dans le voisinage immédiat de Vionville avec quatre batteries. Surprise par leur feu, la cavalerie française, absolument débandée, s'enfuit en traversant au galop les camps de l'infanterie. Cette dernière au contraire prit immédiatement les armes, en bon ordre, et l'ar-

---

1. Bataille de Rezonville, parfois aussi appelée bataille de Gravelotte (N. d. T.)

tillerie ouvrit un feu des plus violents. Les batteries prussiennes, qui, pour l'instant, n'étaient soutenues par aucune fraction de l'infanterie, durent rétrograder; mais bientôt les affaires prirent une tournure sérieuse.

Le général d'Alvensleben, craignant de ne plus pouvoir rejoindre l'ennemi, s'était mis en marche avec le IIIe corps, de grand matin, après que ses hommes eurent dormi quelques heures seulement. L'une de ses deux divisions, la 6e, s'avançait à gauche, par Onville, l'autre, la 5e, à droite, se dirigeait sur Gorze en traversant une longue vallée boisée. Celle-ci eût pu être interceptée par l'ennemi, mais il avait négligé de l'occuper; en général il n'avait pris que fort peu de mesures de sûreté. Dès qu'elle fut arrivée sur le plateau découvert qui s'étend au sud de Flavigny, l'avant-garde prussienne engagea la lutte avec la division française du général Vergé, et le général de Stülpnagel [1] se rendit immédiatement compte qu'il avait en face de lui un ennemi qui lui donnerait fort à faire. En conséquence, il donna, à 10 heures, l'ordre à la 10e brigade de se déployer et fit ouvrir le feu à 24 pièces de canon.

Des deux côtés, on prenait l'offensive. A l'aile droite, les Prussiens gagnaient lentement du terrain en livrant des combats sous bois, avec des alternatives de succès et de revers, combats qui dégénéraient souvent en lutte corps à corps, et à 11 heures ils atteignirent l'angle du bois de Saint-Arnould qui fait saillie dans la direction de Flavigny.

L'aile gauche, par contre, fut refoulée, l'artillerie même se trouva sérieusement compromise; cependant le 52e régiment d'infanterie, qui arrivait en ce moment, rétablit le combat, en éprouvant, il est vrai, des pertes graves. Son

---

1. Commandant la 5e division (IIIe corps). (N. d. T.)

premier bataillon perdit *tous* ses officiers; le drapeau, à mesure que celui qui le portait était frappé, passait dans la main d'un autre, et le général de brigade de Dœring [1] tomba lui-même, atteint d'une blessure mortelle. Le général de Stülpnagel se porta de sa personne dans la ligne de tirailleurs la plus avancée afin d'enflammer le courage de ses hommes en leur adressant des paroles d'encouragement. En même temps le général de Schwerin [2] réunissait autour de lui les débris de ses troupes privées de leurs chefs et, soutenu par un détachement du Xe corps venu de Novéant, il se maintenait sur la hauteur de Flavigny, d'où les Français alors se retirèrent.

Dans la supposition que les Français avaient d'ores et déjà commencé leur mouvement de retraite, on avait donné pour instruction à la 6e division de s'avancer par Mars-la-Tour sur Étain, afin de barrer le chemin à l'adversaire également sur la route la plus septentrionale menant à Verdun.

Mais, arrivées sur la hauteur de Tronville, d'où l'on pouvait embrasser d'un coup d'œil la situation telle qu'elle était en réalité, les deux brigades de cette division firent un quart de conversion à droite vers Vionville et Flavigny. L'artillerie prit les devants et établit une ligne puissante qui, par ses feux, prépara l'attaque qui allait avoir lieu, et, en dépit des grandes pertes qu'elle éprouva, la 11e brigade [3] s'empara de Vionville à 11 heures et demie. De cette localité et d'un point situé plus au sud, elle procéda, de concert avec la 10e brigade, à l'attaque de Flavigny, incendié par les projectiles de l'artillerie.

Au cours de cette opération, les différents corps de

---

1. Commandant la 9e brigade (5e division). — 2. Commandant la 10e brigade (5e division). — 3. La première de la 6e division. (N. d. T.)

troupes s'emmêlèrent considérablement, mais leurs chefs n'en parvinrent pas moins à progresser continuellement en sachant habilement tirer parti de chaque ondulation du terrain présentant un couvert, si minime qu'il fût, et cela en dépit du feu violent de l'infanterie et de l'artillerie ennemies. Flavigny fut enlevé, une pièce de canon et un certain nombre de prisonniers tombèrent aux mains des vaillants Brandebourgeois.

Dès lors Vionville, Flavigny et la saillie septentrionale de la forêt de Saint-Arnould constituaient les points d'appui du front des Prussiens, qui à présent faisaient face à l'est; mais ce front avait un développement de près de 7 kilomètres et demi. L'infanterie et l'artillerie tout entières se trouvaient engagés dans une lutte des plus violentes et sur une seule ligne. Il y en avait une seconde, à Tronville, mais elle ne comprenait que les 5e et 6e divisions de cavalerie et la moitié de la 37e brigade[1].

Les Français se trouvaient dans une situation extrêmement favorable. Le flanc gauche de leur position était protégé par la place de Metz, tandis que leur flanc droit était couvert par de fortes batteries établies sur la voie romaine et une nombreuse cavalerie; ils pouvaient, en toute sécurité, attendre l'attaque de front que dirigeait contre eux leur téméraire adversaire.

A la vérité, il ne pouvait plus être question pour eux de continuer ce jour-là leur marche sur Verdun en laissant peut-être devant l'ennemi une forte arrière-garde. Si le maréchal Bazaine avait voulu, en général, rendre cette retraite possible, il eût dû prendre l'offensive et se débarrasser des corps prussiens qu'il avait directement en face de lui.

---

1. La première de la 19e division (1re du Xe corps). (N. d. T.)

Pourquoi n'a-t-il pas agi de la sorte? Il n'est pas facile de s'en rendre compte, en ne considérant que les raisons purement militaires. Il lui était pourtant facile de constater, avec une certitude absolue, qu'une partie seulement des forces allemandes, et très probablement une partie peu considérable, pouvait dès maintenant se trouver sur la rive gauche de la Moselle et quand, dans le courant de la journée, leurs divisions restées en arrière, près de Metz, se furent, à leur tour, portées en avant, les Français disposaient d'une supériorité numérique triple ou quadruple.

Mais il semblerait que le maréchal eût obéi à une pensée unique, qui était de ne pas permettre à l'ennemi de l'isoler de Metz; aussi se préoccupa-t-il presque exclusivement de son aile gauche. Il y envoyait sans cesse de nouveaux renforts, si bien qu'il finit par entasser toute la garde impériale et une partie du 6e corps en face du bois des Ognons, d'où aucune attaque ne fut dirigée contre lui. On est tenté d'admettre que c'étaient exclusivement des considérations politiques qui, dès ce jour, amenèrent le maréchal Bazaine à prendre la résolution de ne pas s'éloigner de Metz.

En attendant, les Prussiens s'avançaient, de Flavigny et Vionville, fort lentement, mais sans jamais perdre un pouce du terrain conquis, et, de concert avec leur artillerie, dont le feu fut des plus efficaces, ils contraignirent l'aile droite du 2e corps d'armée français à battre en retraite sur Rezonville. Ce mouvement rétrograde dégénéra en fuite, quand les généraux Bataille et Valazé, qui commandaient les troupes, eurent été blessés.

Afin de rétablir le combat sur ce point, le régiment de cuirassiers de la garde se jette avec la plus grande bravoure sur les troupes prussiennes qui poursuivaient les Français. Mais la charge se voit arrêtée par deux compagnies du 22ᵉ régiment d'infanterie, qui, déployées en tirailleurs, laissent arriver les cuirassiers jusqu'à la distance de 250 pas, puis ouvrent sur eux leur feu rapide. Les cavaliers passent au galop de charge à droite et à gauche des tirailleurs, puis se voient accueillis par les feux des détachements d'infanterie postés plus loin. 243 chevaux couvrent au loin le sol, et seuls quelques débris du régiment reviennent en fuyant, poursuivis qu'ils sont par deux régiments de hussards qui s'étaient avancés de Flavigny. C'est à peine si une batterie française, qui vient prendre position en avant de Rezonville, a le temps de lancer quelques projectiles : elle se voit immédiatement cernée; mais on n'a pas d'attelages pour ramener en arrière les pièces qui viennent d'être conquises. Le général en chef de l'armée française, qui, de sa personne, avait mené en avant cette batterie, se trouve pendant quelques minutes dans le plus grand danger d'être fait prisonnier.

La 6ᵉ division de cavalerie prussienne avait également reçu l'ordre de se porter en avant. Après avoir passé entre les pièces de la ligne d'artillerie et s'être déployée le mieux qu'elle put dans cet espace si restreint, elle se mit à avancer au trot, mais elle ne trouva devant elle rien que des troupes intactes et rangées en bon ordre.

C'est que le maréchal Bazaine avait eu soin de remplacer les fractions du 2ᵉ corps, qui venaient d'être refoulées, par la division des grenadiers de la garde. Il s'était, en effet, décidé finalement à la tirer de l'aile gauche, nullement attaquée, mais non sans l'y faire relever par une division du 3ᵉ corps d'armée.

Aussi la division de cavalerie prussienne fut-elle accueillie par les feux de l'infanterie et de l'artillerie dont la violence était telle qu'elle fit halte, puis rebroussa chemin, à une allure fort calme, protégée qu'elle était par deux escadrons de hulans, qui, à plusieurs reprises, firent face à l'ennemi. Elle n'avait donc pu charger, mais du moins l'artillerie avait pu, grâce à elle, trouver le temps de se porter plus avant sur une ligne allant de la saillie du bois à Flavigny.

Il était alors 2 heures. Le général d'Alvensleben, en renouvelant sans cesse ses attaques, avait fait croire à l'adversaire que les troupes prussiennes se trouvaient être bien plus nombreuses qu'elles ne l'étaient en réalité. Mais, à ce moment, il lui fallut bien s'arrêter : les bataillons, cela était visible, avaient été décimés; leurs forces étaient totalement épuisées par une lutte incessante de quatre heures, et l'infanterie avait presque épuisé ses munitions. Derrière la ligne tout entière, qui était au feu, il n'y avait plus un seul bataillon, plus une batterie en réserve. Il fallut donc tenir le terrain, si chèrement conquis, en se mettant sur la défensive.

C'était particulièrement l'aile gauche qui se trouvait compromise, car en face d'elle l'ennemi avait déployé une puissante ligne d'artillerie le long de la voie romaine. Leur grande supériorité numérique permettait aux Français de s'étendre toujours davantage, à droite, de sorte que l'aile gauche allemande était sérieusement menacée de se voir complètement tournée.

Du côté des Français, le maréchal Canrobert, au centre, s'était parfaitement rendu compte que le moment était venu de lancer en avant toutes ses forces sur Vionville. En ce moment critique, les Allemands n'avaient en fait de troupes disponibles qu'une faible fraction de la 5e division de cavalerie. Deux brigades de cette division[1] avaient été employées à couvrir le flanc gauche, et la 3ᵉ brigade, la 12ᵉ, qui était restée postée en arrière de Vionville, avait envoyé deux escadrons dans le bois de Tronville. Les deux régiments de la brigade — c'étaient les cuirassiers de Magdebourg, et les hulans de la Vieille-Marche — ne comptaient chacun que trois escadrons, 800 chevaux au total, lorsqu'ils reçurent l'ordre de partir au trot à la rencontre de l'ennemi qui s'avançait.

Le général de Bredow, qui les commandait, les forma d'abord en colonne pour franchir le creux fortement évasé qui s'ouvre depuis Vionville, puis il fit un quart de conversion à droite et franchit le versant est avec ses deux régiments formés sur un front unique. Aussitôt il se voit accueilli par les feux les plus violents de l'artillerie et de l'infanterie et se précipite sur les rangs ennemis, ses cavaliers traversent la première ligne, ils enfoncent la ligne d'artillerie et sabrent les servants et les attelages. Une deuxième ligne française se voit hors d'état de résister à cette charge formidable et même les batteries françaises, placées à une certaine distance, remettent l'avant-train et s'apprêtent à revenir en arrière.

Mais la petite troupe de cavalerie se laisse entraîner plus loin par l'enivrement du triomphe et sa propre impétuosité et, après avoir fourni une charge de 3 000 pas, elle se voit cernée par la cavalerie française qui accourait de toute part. On n'avait pu former une deuxième ligne pour recueillir la première et, après que les cavaliers eurent livré en quelque sorte des combats singuliers, ils durent se frayer de rechef une voie à travers l'infanterie ennemie qui

---

1. La 11ᵉ et la 13ᵉ brigade. (N. d. T.)

les escorta de sa fusillade. La moitié seulement revint à Flavigny, où pour le moment on en forma deux escadrons ; mais le dévouement héroïque des deux régiments eut au moins ce résultat que les Français interrompirent totalement l'attaque qu'ils dirigeaient contre Vionville.

Par contre, quatre de leurs divisions s'ébranlèrent, à 3 heures, pour enlever les bois de Tronville. La brigade de cavalerie de Barby[1], placée en observation à la saillie occidentale de ce bois, fut contrainte par les feux de l'ennemi de battre en retraite, et l'infanterie elle-même, qui était postée dans la forêt, dut reculer devant un ennemi qui lui était bien supérieur en nombre.

Les batteries qui avaient ouvert le feu entre les bois de Tronville et Vionville se voient prises à revers par les feux dirigés sur elles depuis l'espace découvert qui sépare les deux parcelles boisées et sont contraintes de se reporter en arrière.

Mais les Français ne parvinrent qu'au bout d'une heure à vaincre la résistance opiniâtre que leur opposaient quatre bataillons brandebourgeois.

Quand, peu après, ceux-ci se reformèrent à Tronville, on constata que le 24ᵉ d'infanterie avait perdu 1 000 hommes et 52 officiers, tandis que le 2ᵉ bataillon du 20ᵉ régiment avait vu tomber tous ses officiers. L'un des régiments de la 37ᵉ brigade, qui, de sa propre initiative, leur avait fourni un appui des plus efficaces depuis midi, occupe alors cette localité et la met en état de défense, de façon à pouvoir y résister longuement.

Ce ne fut qu'à ce moment, c'est-à-dire peu après 3 heures, que des secours efficaces allaient être fournis au IIIᵉ corps

---

1. La 11ᵉ brigade. (N. d. T.)

qui soutenait à lui seul la lutte depuis sept longues heures.

En marchant en avant par Thiaucourt, les troupes du X⁰ corps avaient entendu le canon tonner du côté de Vionville. Le général commandant en chef ce corps d'armée, de Voigts-Rhetz, se rendit de sa personne sur le champ de bataille et de là il envoya les ordres nécessaires à ses colonnes qui l'y suivaient.

Ici encore ce fut l'artillerie qui, prenant les devants, engagea la première la lutte avec l'ennemi et cela d'une manière heureuse. Ses feux, combinés avec ceux des batteries du III⁰ corps d'armée qui s'étaient immédiatement remises à avancer, arrêtèrent le mouvement en avant des Français à droite et à gauche du bois de Tronville. A 3 heures et demie arrivait aussi l'infanterie, c'étaient les têtes de colonnes de la brigade de Woyna[1]; elle refoula l'ennemi dans l'intérieur du bois et finalement, soutenue qu'elle était par la brigade de Diringshofen[2], elle s'empara de la lisière septentrionale du bois.

L'aile droite du III⁰ corps avait également été soutenue.

Invitée par la 5⁰ division à se porter à son secours, la 32⁰ brigade (VIII⁰ corps) s'était mise en marche depuis la Moselle, par Arry, quoiqu'une marche fort longue eût épuisé ses forces. Le 11⁰ régiment d'infanterie[3] se joignit à elle. Trois batteries avaient été envoyées en avant et elles avaient ouvert le feu quand, à 5 heures du soir, les trois régiments d'infanterie apparurent au débouché de la forêt de Saint-Arnould. Ils procédèrent immédiatement à l'attaque de la hauteur de la Maison-Blanche. Ils s'en empa-

---

1. C'était la 39⁰ brigade (1ʳᵉ de la 20⁰ division). Ne pas confondre avec la 28⁰ (2⁰ de la 14⁰ division, du VII⁰ corps). — 2. La 40⁰ (2⁰ de la 20⁰ division). — 3. Appartenant à la 36⁰ brigade (18⁰ division, IX⁰ corps d'armée.) (N. d. T.)

rèrent trois fois, trois fois ils se virent hors d'état de s'y maintenir, car le maréchal Bazaine, de son côté, avait considérablement renforcé sa position en avant de Rezonville.

Sur ce point les Français prirent l'offensive à leur tour ; mais battus par le feu bien pointé de l'artillerie prussienne, ils ne parvinrent pas non plus à prendre pied sur cette hauteur et durent revenir en arrière. Dans la suite on fit de part et d'autre, et cela à différentes reprises, des retours offensifs de peu d'importance, ils échouèrent tous grâce au feu efficace de l'adversaire. D'une manière générale, la lutte, à l'aile droite, avait subi un temps d'arrêt.

A l'aile gauche, deux divisions françaises s'étaient retirées devant quelques bataillons prussiens intacts qui s'avançaient et avaient évacué les bois de Tronville. On ne peut s'expliquer ce fait que par l'impression que produisit sur le maréchal Bazaine la nouvelle que des troupes ennemies se montraient sur son flanc droit à Hannonville.

C'étaient les régiments de la brigade de Wedell[1] qui, se conformant aux instructions données primitivement, s'étaient avancés dans la direction d'Étain et avaient reçu à midi, étant à Saint-Hilaire, l'ordre de se porter sur le champ de bataille.

Le général de Schwartzkoppen[2] suivit la grande route de Mars-la-Tour, afin de prendre l'ennemi en flanc ou à revers. Dans l'intervalle, les Français avaient étendu leur aile droite, considérablement renforcée, jusqu'à la dépression vallonnée à l'ouest de Bruville. Là, ils avaient massé trois divisions de cavalerie.

Quand donc le général de Wedell procéda à l'attaque en s'avançant des deux côtés du village de Tronville auquel

---

1. La 29ᵉ (1ʳᵉ de la 15ᵉ division, VIIIᵉ corps). — 2. Commandant la 19ᵉ division (1ʳᵉ du Xᵉ corps). (N. d. T.)

les projectiles ennemis avaient mis le feu, sa brigade, forte seulement de cinq bataillons, se heurta au front largement développé du 4ᵉ corps français.

Sans se laisser arrêter par les obus et les projectiles des mitrailleuses qui tombaient dru sur eux, les deux régiments westphaliens s'étaient vivement portés en avant, quand soudain ils se trouvèrent devant un ravin profond qu'ils n'avaient pu voir auparavant. Ils franchissent encore cet obstacle et gravissent le versant opposé, mais alors ils avancent sous une fusillade meurtrière, ouverte sur eux de toute part et presque à bout portant. Après avoir vu tomber presque tous leurs officiers supérieurs et subalternes, les débris des bataillons se laissent glisser au fond du ravin. 300 hommes de cette troupe, qui avait fourni une marche de 45 kilomètres, n'ont plus la force de gravir le versant sud très escarpé : ils sont faits prisonniers. Le reste se rallie, près de Tronville, autour du drapeau tout troué de balles, que le colonel de Cranach, le seul officier dont la monture n'ait pas été tuée, a porté jusque-là de ses propres mains. 72 officiers sur 95, et 2 542 hommes sur 4 546 manquent à l'appel. Cela faisait plus de la moitié de l'effectif.

Les Français suivent de très près la brigade ramenée en arrière, mais à droite ils se voient arrêtés par le 1ᵉʳ régiment de dragons de la garde qui se jette au-devant d'eux sans que rien puisse l'arrêter et perd 250 chevaux et presque tous ses officiers, tandis qu'à gauche le 4ᵉ escadron du 2ᵉ régiment de dragons de la garde engage la lutte contre les chasseurs d'Afrique trois fois plus nombreux que lui.

A ce moment les Prussiens se voient menacés par une puissante masse de cavaliers qui, sur le point de charger, apparaissent sur la croupe découverte de la hauteur de

Ville-sur-Yron. C'est la division Legrand et la brigade de la garde de France, formées sur quatre lignes dont les dernières débordent l'aile droite de celles qui précèdent.

Du côté des Prussiens, toute la cavalerie disponible vient rejoindre la brigade de Barby. Ce n'étaient en tout que 16 escadrons qui, formés en deux lignes, se déploient à gauche de Mars-la-Tour. Plus en avant se tient en outre le 13ᵉ régiment de dragons, qui s'était posté là afin de recueillir l'escadron du 2ᵉ régiment de dragons de la garde dont il a été question plus haut. Les dragons s'avancent au galop contre la brigade de hussards français qui chargent en première ligne et qui se frayent un passage à travers les intervalles du régiment. Mais aussitôt le général de Barby apparaît, à la hauteur de Ville-sur-Yron, avec les autres régiments, et c'est là que, à 7 heures moins un quart, les deux masses s'entre-choquent.

Un nuage de poussière cache cette ondoyante mêlée de 5 000 cavaliers. Peu à peu le succès des escadrons prussiens se dessine. Le général de Montaigu[1], grièvement blessé, est fait prisonnier et le général Legrand est tué au moment où, à la tête des dragons, il accourt à l'aide de ses hussards.

La brigade de France laisse approcher l'adversaire tout près. Quand il n'est plus qu'à une distance de 150 pas, le régiment de lanciers de la garde se jette avec impétuosité sur les hulans hanovriens. Mais ceux-ci la débordent et se voient inopinément soutenus par le 5ᵉ escadron du 2ᵉ régiment de dragons de la garde qui revenait d'une reconnaissance et qui, franchissant les haies et les fossés, prend l'ennemi en flanc tandis que les cuirassiers westphaliens se jettent sur lui de front.

---

[1]. Commandant la 1ʳᵉ brigade de la division Legrand (division de cavalerie du 4ᵉ corps). (N. d. T.)

C'est en vain que les chasseurs d'Afrique essayent d'entraver le mouvement tournant des dragons hanovriens : le nuage de poussière s'éloigne de plus en plus dans la direction du nord et la cavalerie française tout entière se dirige en toute hâte vers les chemins qui traversent la vallée de Bruville. En arrière de ces chemins sont postés cinq régiments de la division de cavalerie de Clérembault[1]. Le général fait franchir la vallée à une de ses brigades, mais les hussards par leur fuite désordonnée et des sonneries mal interprétées portent le désordre dans les rangs de cette brigade. Elle se voit entraînée dans la fuite des autres escadrons, et l'infanterie seule, qui alors se déploie en tirailleurs derrière les couverts qu'offrait la vallée, arrête la poursuite des Prussiens.

Les régiments allemands se reforment avec le plus grand calme et reviennent au pas à Mars-la-Tour, suivis à très grande distance par une fraction de la division de Clérembault.

Cet engagement, le plus grand que la cavalerie ait soutenu au cours de la campagne tout entière, eut pour conséquence de faire renoncer l'aile droite française à renouveler ses attaques. On eut à déplorer, il est vrai, la perte de nombreux officiers qui partout, à la tête de leurs troupes, avaient donné à leurs hommes de glorieux exemples.

Le prince Frédéric-Charles était accouru sur le champ de bataille. Le jour était à son déclin, il commençait à faire nuit, la bataille était gagnée. En effet, les Prussiens occupaient, le soir venu, le terrain où les Français étaient postés dans la matinée. Le général d'Alvensleben n'avait cru avoir affaire qu'à l'arrière-garde de l'armée française,

---

1. Division de cavalerie du 3e corps. (N. d. T.)

mais il n'hésita pas un instant à l'attaquer quand il trouva celle-ci tout entière devant lui. Avec son corps d'armée seul il soutint la lutte jusque dans l'après-dînée et il avait refoulé l'ennemi de Flavigny jusqu'à Rezonville, sur une distance de près de 4 kilomètres. C'est là un des plus brillants faits d'armes de toute la guerre.

Grâce au précieux concours du Xe corps on put, dans le courant de l'après-midi, mener à bonne fin la bataille, en restant sur la défensive et en faisant faire simplement de vigoureux retours offensifs à la cavalerie, grâce aussi à la persévérance de l'artillerie que rien ne rebutait. Le soir venu, il était prudent de ne pas provoquer, par de nouvelles attaques, l'ennemi disposant d'une énorme supériorité numérique, et de ne pas compromettre le résultat si péniblement acquis, alors qu'on ne pouvait pas espérer recevoir de nouveaux renforts.

Les forces des troupes étaient épuisées, elles n'avaient presque plus de munitions; les chevaux n'avaient pas été dessellés de quinze heures et, durant tout ce temps-là, ils n'avaient rien eu à manger. Une partie des batteries ne pouvait plus s'avancer qu'au pas et le corps le plus rapproché sur la rive gauche de la Moselle, le XIIe, était éloigné de plus d'une journée de marche.

Cependant le général en chef de la deuxième armée envoya, à 7 heures du soir, l'ordre d'exécuter avec toutes les troupes un mouvement en avant contre la position ennemie. Le Xe corps d'armée était absolument hors d'état de donner suite à cet ordre. A l'aile droite seulement une partie de l'artillerie put se porter en avant, suivie de quelques fractions peu nombreuses de l'infanterie. Les batteries arrivèrent jusqu'à la hauteur au sud de Rezonville, qu'on s'était disputée avec tant d'acharnement, mais là elles se trouvèrent prises entre les feux violents de l'artillerie et de l'infanterie ennemies, ouverts de deux côtés à la fois. La garde impériale avait à elle seule établi sur le bord opposé de la vallée 54 pièces qui prenaient les batteries prussiennes en flanc. Pendant que celles-ci se voyaient contraintes de retourner dans la position qu'elles occupaient précédemment, deux brigades de la 6ᵉ division de cavalerie se portèrent en avant. Mais c'est à peine si, par suite de l'obscurité, elles purent distinguer l'objectif de leur attaque ; elles essuyèrent une fusillade des plus vives et rétrogradèrent en éprouvant des pertes graves.

La lutte ne prit totalement fin qu'à 10 heures du soir. Elle avait coûté 16 000 hommes à chacune des deux parties adverses. Aucune d'elles ne put songer à poursuivre l'autre. Les Allemands ne recueillirent les fruits de leur victoire que dans les conséquences qu'elle comportait. Leurs troupes épuisées par une lutte de douze heures campèrent sur le terrain conquis, tout imprégné du sang des combattants, à fort peu de distance de la position occupée par les Français.

Les corps de la deuxième armée qui n'avaient pas pris part à la bataille avaient ce jour-là continué leur marche dans la direction de la Meuse. A l'aile gauche, l'avant-garde du IVᵉ corps avait été portée en avant jusque vers Toul. Cette place forte interceptait une ligne de chemin de fer fort importante en vue des opérations ultérieures ; on prétendait qu'elle n'avait qu'une faible garnison et l'on voulut essayer de l'enlever par un coup de main. Mais on dut constater bien vite que le bombardement de la place par les batteries de campagne ne donnerait aucun résultat. La forteresse, avec ses bastions en maçonnerie et ses larges fossés remplis d'eau, était parfaitement capable de résister à un assaut. On ne réussit pas à démolir la porte de la ville à coups de canon et à en forcer l'entrée de la sorte. On se vit donc contraint de renoncer à cette entreprise, non sans avoir subi des pertes, à la vérité, peu considérables.

Le grand quartier général établi à Pont-à-Mousson avait été informé, vers midi, que le IIIe corps d'armée soutenait un engagement des plus sérieux et que les Xe et IXe s'étaient portés à son secours. On se rendit immédiatement compte des conséquences majeures que comportait cette nouvelle. Les Français se voyaient arrêtés dans leur mouvement de retraite, mais, sans nul doute, ils feraient de sérieux efforts pour se rendre de nouveau maîtres de la ligne de retraite qu'on leur interceptait.

En conséquence, le grand état-major envoya directement au XIIe corps l'ordre de se mettre en marche sur Mars-la-Tour, le lendemain de très grand matin, c'est-à-dire dès 3 heures, et aux VIIe et VIIIe de se tenir prêts, l'un à Corny, l'autre à Arry, à prendre part à la bataille.

Un ordre fut en outre expédié pour que, au cours de la nuit, on hâtât, au prix des plus grands efforts, l'établissement du pont qui devait être jeté sur la Moselle, près de ces localités. De plus, le général en chef de la deuxième armée invita le corps de la garde à se mettre immédiatement en marche sur Mars-la-Tour où il viendrait prendre position à gauche du XIIe.

L'exécution de ces ordres fut rendue plus facile grâce à la clairvoyance des généraux auxquels la nouvelle de la bataille engagée était parvenue dans le courant de la journée déjà. Le prince Georges de Saxe[1] s'était mis immédiatement en marche avec sa division sur Thiaucourt, et le prince de Wurtemberg[2] concentra l'infanterie de la garde dans les cantonnements situés le plus au nord, afin d'être prêts à marcher le lendemain à la première heure.

17 août. — Quand, le 17, il commença à faire jour, on aperçut encore les avant-postes français dans toute leur étendue, de Bruville à Rezonville. En arrière retentissaient des sonneries et avaient lieu des mouvements de troupes qu'on pouvait tout aussi bien interpréter comme étant faits en vue de l'attaque que de la retraite.

Dès 6 heures du matin, le roi arriva à Flavigny, venant de Pont-à-Mousson. Les rapports envoyés jusqu'à midi par les patrouilles de cavalerie étaient en partie contradictoires : on ne pouvait se rendre compte si les Français se concentraient à Metz ou s'ils battaient en retraite sur les deux routes encore libres, celles d'Étain et de Briey. Cependant on constata que sur aucun point ils ne faisaient de mouvements offensifs.

A 1 heure déjà, les têtes de colonnes du VII⁰ corps avaient pénétré, après avoir eu à soutenir un combat de tirailleurs peu important, jusque sur la lisière septentrionale du bois des Ognons, en face duquel les Français, un peu plus tard, évacuèrent Gravelotte. Le VIII⁰ corps était posté à Gorze, prêt à marcher; les IX⁰, III⁰ et X⁰ étaient en marche. On pouvait donc compter pour le lendemain avoir à sa disposition sept corps d'armée et trois divisions de cavalerie ; mais, pour la journée du 17, il fallait renoncer à exécuter une attaque quelconque.

---

1. Commandant la 1ʳᵉ division du XII⁰ corps. — 2. Commandant le corps de la garde prussienne. (N. d. T.)

En prenant les dispositions en vue de la bataille qu'on était dans l'intention de livrer le 18 août, il fallait prévoir deux éventualités, possibles toutes deux.

Pour parer à l'une et à l'autre, il fallait que l'aile gauche se portât en avant, dans la direction du nord, vers la route la plus rapprochée, par où les Français pouvaient encore se retirer, celle qui passe par Doncourt. Si on trouvait l'adversaire en train de battre en retraite, il fallait l'attaquer immédiatement, afin de le retenir, tandis que l'aile droite suivrait pour soutenir la gauche.

Si, au contraire, on constatait que l'ennemi restait sous Metz, l'aile gauche ferait un quart de conversion dans la direction de l'est, afin de tourner la position française depuis le nord, tandis que l'aile droite engagerait un combat traînant, en attendant que l'action de l'aile gauche se fît sentir. Dans cette seconde hypothèse, il était à prévoir, vu le grand circuit qu'aurait à faire une partie de l'armée, que la bataille ne se déciderait que fort tard dans la journée. Il se présentait en outre ce cas fort rare que les deux parties adverses combattraient sur un front interverti, et renonceraient pour l'instant à leurs lignes de communication. Dès lors, les conséquences de la victoire ou de la défaite auraient une portée considérablement plus grande, les Français ayant cet avantage sur les Prussiens d'avoir pour base une grande place de guerre, avec les immenses ressources qu'elle offrait.

Les résolutions étaient prises, et à 2 heures déjà on expédiait de Flavigny l'ordre de faire avancer les corps d'armée en échelons, depuis l'aile gauche. La direction à imprimer aux différents corps, au cours de la bataille, devait dépendre des nouvelles qui leur arriveraient. Cela fait, le roi retourna à Pont-à-Mousson.

Dès 9 heures du matin, la division de cavalerie saxonne était arrivée, à l'ouest de Conflans, sur la route d'Étain, et avait annoncé qu'en dehors de Français isolés, elle ne voyait pas d'ennemi. Cependant, on ne pouvait conclure de là qu'une seule chose, c'est que, le 17, les Français n'avaient pas encore commencé leur retraite.

Dans le courant de la journée, le XIIe corps, marchant à la suite de sa cavalerie, arriva à Mars-la-Tour et à Puxieux; et le soir, conformément à l'ordre reçu, le corps de la garde vint se poster à la gauche des Saxons, à Hannonville-sur-Yron. Le IIe corps, amené par le chemin de fer, s'était mis, dès qu'il eut quitté le train, à faire des marches forcées afin de rejoindre la deuxième armée. Il arriva ce jour-là à Pont-à-Mousson, et reçut l'ordre de s'avancer, le lendemain dès 4 heures, par Buxières.

BATAILLE DE GRAVELOTTE — SAINT-PRIVAT

18 août. — Le maréchal Bazaine n'avait pas jugé à propos de se mettre en marche sur Verdun, du moment que les Allemands se trouvaient postés si près, sur le flanc de sa ligne de marche. Il avait préféré concentrer ses forces dans une position près de Metz, qu'à bon droit il considérait comme presque imprenable.

Cette position lui était fournie par la série de hauteurs qui longent la vallée de Chatel à l'ouest. Le versant qui faisait face à l'ennemi, est large et s'abaisse tout découvert en forme de glacis, tandis que l'autre versant étant peu étendu et escarpé, offrait de bons couverts aux réserves. La crête de ce plateau fut occupée de Roncourt à Rozérieulles, par les 6e, 4e, 3e et 2e corps d'armée, sur une étendue de plus de 10 kilomètres ; pour chaque pas de cette étendue, on disposait de 8 à 10 hommes. Une brigade du 5ᵉ corps était postée à Sainte-Ruffine, dans la vallée de la Moselle ; la cavalerie se trouvait derrière les deux ailes.

Les 2ᵉ et 3ᵉ corps se mirent immédiatement à établir des tranchées-abris, à construire des emplacements pour batteries et des chemins de communication couverts, et à transformer les fermes, situées en avant, en fortins. Pour aborder cette aile par l'ouest, il fallait d'ailleurs commencer par franchir la profonde vallée du ruisseau de la Mance.

Le 6ᵉ corps par contre n'avait pas de parc de génie du tout, et ce qui caractérise bien la manière dont l'armée française avait été pourvue de ses services, il fallut, pour assurer le transport des blessés, décharger, malgré le nombre incalculable de voitures du train, les fourgons de vivres et brûler leur chargement. Aussi le 6ᵉ corps se vit-il hors d'état de fortifier l'extrémité de sa position vers la forêt de Jaumont, ce qui eût considérablement renforcé l'aile droite. C'est là aussi que, incontestablement, on aurait dû poster la garde impériale ; mais le maréchal redoutant sans cesse de se voir attaqué par le sud, avait retenu cette réserve à Plappeville.

Le 18 août, à 6 heures du matin, le roi revint à Flavigny. Les chefs des grandes unités reçurent l'ordre d'y envoyer directement leurs rapports ; en outre, des officiers d'état-major du grand quartier général furent expédiés dans différentes directions afin de tenir le roi et son entourage au courant des engagements.

Le VIIᵉ corps, qui devait former le point d'appui de la conversion à droite qu'on ferait éventuellement, occupait les bois de Vaux et des Ognons ; le VIIIᵉ, dont le roi s'était réservé la disposition, fit halte à Rezonville, se tenant prêt à se porter en avant, soit dans la direction du nord, soit dans celle de l'est. A sa gauche, le IX° s'avança sur Saint-Marcel, tandis que les III° et X° suivaient en seconde ligne. La garde royale et le XII° corps prirent la direction du nord.

Le général en chef de la deuxième armée ayant donné l'ordre au XII° corps de former l'extrême aile gauche, quoiqu'il fût posté à droite, il se produisit un retard considérable, les deux lignes de marche s'entre-croisant. A 9 heures enfin les Saxons eurent fini de traverser Mars-la-Tour et alors le corps de la garde put suivre.

Dans l'intervalle, l'avant-garde du XII° corps était déjà arrivée à Jarny ; elle continua à avancer vers Briey, sans rencontrer l'ennemi.

Avant que ce fait eût pu être porté à sa connaissance, le grand état-major avait acquis la certitude qu'au moins le gros des forces ennemies était resté sous Metz ; mais on était dans l'erreur par rapport à l'étendue de la position française, en admettant que son front n'allait guère au delà de Montigny. On informa le général en chef de la deuxième armée que cette dernière ne devait pas se diriger plus au nord, mais bien faire attaquer par le IX° corps l'aile droite de l'ennemi, tandis que la garde royale et le XII° corps marcheraient dans la direction de Batilly. La première armée, ajoutait-on, n'attaquerait l'ennemi de front que quand la deuxième serait prête à agir de son côté.

Conformément à ces instructions, le prince Frédéric-Charles prescrivit au IX° corps de se porter en avant dans la direction de Vernéville et, au cas où l'aile droite française s'y trouverait, de préluder au combat en mettant en position une nombreuse artillerie. On fit continuer à la garde sa marche par Doncourt afin qu'elle fût à même de bientôt soutenir le IXe corps. Le XIIe devait pour l'instant rester posté à Jarny.

Mais un peu plus tard il arriva des rapports qui permettaient d'admettre que le IXe corps n'irait pas donner sur l'aile droite des Français, mais bien au contraire en plein dans leur front. En conséquence, le prince général en chef décida que le corps attendrait, pour commencer l'attaque, que la garde royale prît part à la lutte depuis Amanvillers. Le XIIe corps également reçut l'ordre d'avancer afin de se porter à Sainte-Marie-aux-Chênes.

Mais pendant que l'on procédait à la rédaction de ces ordres, on entendit les premiers coup de canon, à midi, du côté de Vernéville.

D'ailleurs les deux corps de l'aile gauche s'étaient, de leur propre initiative, mis à marcher dans la direction de l'est et le IIIe corps prit la même direction, en arrière du IXe, près de la ferme de Caulre.

Le général commandant en chef ce dernier corps, de Manstein, avait aperçu, depuis Vernéville, un camp français établi à Amanvillers, où il était visible que personne ne se préoccupait le moins du monde de l'ennemi. Du point où il se trouvait, il ne pouvait pas voir qu'à gauche étaient postées des masses de troupes considérables, à Saint-Privat. Il s'imagina donc avoir en face de lui l'aile droite ennemie et résolut d'agir conformément aux instructions qui lui avaient été données en premier lieu et de surprendre l'ennemi en l'attaquant subitement. Huit de ses batteries engagèrent la lutte.

Mais en peu d'instants les troupes françaises eurent gagné les positions qu'elles avaient préparées. Ce corps qui venait attaquer isolément devait naturellement attirer sur lui, non seulement les feux du corps ennemi qu'il avait en face de lui, mais ceux aussi des corps flanquants.

Afin de trouver quelque peu de couverts dans le terrain, les batteries prussiennes avaient pris position sur la pente du creux évasé montant vers Amanvillers, mais de la sorte leur front était dirigé vers le sud-est et par le nord l'artillerie ennemie appuyée par les feux des masses d'infanterie les prenait en flanc et même à revers.

Afin de mettre fin à cette situation, on dut faire avancer les bataillons disponibles les plus rapprochés. A gauche ils vinrent occuper la saillie orientale du bois de la Cusse, à droite ils s'emparèrent des fermes de l'Envie et de Chantrenne et pénétrèrent dans le bois des Genivaux. De cette façon le front de combat de la 18e division se trouva avoir une étendue de 4 000 pas.

Elle eut à subir des pertes fort graves par ce fait que les Français, grâce à la longue portée de leur fusil Chassepot, pouvaient se maintenir hors de la zone efficace du fusil à aiguille des Allemands; c'est l'artillerie en particulier qui perdit de la sorte beaucoup de monde. L'une des batteries avait déjà 45 de ses servants hors de combat, quand les tirailleurs ennemis se jetèrent sur elle. Il n'y avait pas d'infanterie à portée pour la protéger et elle perdit deux de ses pièces.

A 2 heures les autres batteries n'étaient plus guère à même de continuer la lutte et la situation ne s'améliora que quand la division hessoise[1] arriva à Habonville et mit en position, sur la gauche, cinq batteries des deux côtés de la voie ferrée. Celles-ci attirèrent quelque peu sur elles le feu concentrique des Français. On put faire revenir en arrière, en échelons, les batteries de la 18e division qui avaient

---

1. La 2e division du IXe corps. (N. d. T.)

souffert le plus et, durant ce mouvement rétrograde, elles durent repousser, en tirant à mitraille, les ennemis qui les poursuivaient.

Le IIIe corps et la garde royale envoyèrent leur artillerie au secours du IXe et toutes les pièces de ce dernier, qu'on put quelque peu remettre en état, regagnèrent de nouveau la ligne de bataille. De la sorte on constitua en avant de Vernéville, jusqu'à Saint-Ail, un front d'artillerie de 120 pièces qui luttait avec un succès incontestable contre les batteries françaises. Dès lors et surtout à partir du moment où le IIIe corps fut parvenu près de Vernéville et où, de son côté, la 3e brigade de la garde eut atteint Habonville, il n'y avait plus à craindre que l'adversaire parvînt à forcer cette ligne.

A 2 heures déjà, le gros de la garde royale était arrivé à Saint-Ail. Le général de Pape [1] s'était immédiatement rendu compte qu'en faisant un quart de conversion à l'est, il ne rencontrerait nullement l'aile droite des Français, qu'il s'agissait d'envelopper, mais que lui-même verrait son flanc gauche menacé du côté de Sainte-Marie-aux-Chênes, qu'ils occupaient. Cette localité, ressemblant plutôt à une ville, était très facile à défendre et, de plus, flanquée par la position principale de l'ennemi. Il fallait l'enlever avant de songer à exécuter un mouvement quelconque en avant; mais on devait, conformément à l'ordre donné par le grand état-major, attendre pour cela que le corps saxon pût participer à l'opération.

Les têtes de colonnes de ce corps étaient, il est vrai, arrivées près de Batilly; mais, de là à Sainte-Marie, il y avait encore 3^{kil},700 à franchir, et ce ne fut qu'à 3 heures

---

[1]. Commandant la 1re division de la garde royale. (N. d. T.)

que les batteries saxonnes purent prendre position à l'ouest de cette dernière localité. C'était cependant un secours précieux, vu que la garde avait dû employer la plus grande partie de son artillerie à soutenir le IX° corps.

Dix batteries ouvrirent alors le feu sur Sainte-Marie, et, quand les effets commencèrent à se faire sentir et que, en outre, la 47ᵉ brigade (XIIᵉ corps) fut entrée en ligne, les bataillons prussiens et saxons se précipitèrent, à 3 heures et demie, sans riposter au feu de l'adversaire, par le sud, l'ouest et le nord, sur la localité, en poussant des hourrahs retentissants. Les Français en furent chassés après qu'on leur eut fait quelques centaines de prisonniers.

Les Saxons essayèrent de les poursuivre et il s'engagea, au nord de Sainte-Marie, un combat d'infanterie fort vif qui masqua l'artillerie. Mais, dès que la brigade saxonne fut revenue en arrière sur l'ordre qui lui en avait été donné, les batteries se remirent à tirer et les tentatives réitérées que firent les Français, de reconquérir la position qu'ils avaient perdue, furent toutes repoussées.

Peu après, le IXᵉ corps réussit à enlever la ferme de Champenois et à s'y établir solidement ; mais, malgré tous les efforts que firent des bataillons et des compagnies isolées pour entamer le front large et compact des Français, on n'y put parvenir. Dès lors, les feux de l'infanterie furent totalement interrompus vers 5 heures et l'artillerie elle-même ne tirait plus que par-ci par-là un coup de canon. L'épuisement des troupes de part et d'autre était tel que, sur cette partie du champ de bataille, la lutte subit une interruption presque complète.

Le grand état-major persistait à n'autoriser la première armée à attaquer sérieusement qu'au moment où la deuxième serait aux prises avec l'ennemi. Quand on se fut déjà battu pendant une demi-journée et qu'à midi on entendit du côté de Vionville une violente canonnade, il dut bien admettre que ce moment était arrivé ; mais pour l'instant on n'autorisa que l'artillerie à préluder à la lutte imminente.

Seize batteries appartenant aux VIIe et VIIIe corps prirent position à droite et à gauche de Gravelotte sur la grande route perpendiculaire à la rue du village.

A la distance fort grande où était l'ennemi, l'effet produit par elles ne fut guère considérable ; en outre, le feu des tirailleurs ennemis qui s'étaient logés à couvert dans la bande de terrain boisée en face de la localité, leur infligeait des pertes. On constata qu'il était indispensable de les déloger de là et c'est ainsi qu'il s'engagea sur ce point-là aussi, et avant le moment opportun, un combat d'infanterie. Les Français furent refoulés du versant oriental de la vallée de la Mance ; la ligne d'artillerie, dont les batteries avaient été portées à vingt, put se rapprocher du bord occidental de cette vallée et alors seulement il lui fut possible de battre vigoureusement la position principale de l'ennemi.

Mais les bataillons de la 29e brigade[1] poussèrent plus loin leur attaque. Sur la gauche, ils s'avancèrent dans la partie sud du bois des Génivaux, sans d'ailleurs parvenir à établir les communications avec le IXe corps qui se trouvait dans la partie nord du bois, où quelques Français se maintenaient au centre. Sur la droite, par contre, quelques fractions pénétrèrent dans les carrières à pierre et à gravier de Saint-Hubert.

Pendant ce temps, l'artillerie allemande était parvenue

---

1. La 1re de la 15e divison (VIIIe corps). N. d. T).)

à avoir le dessus sur les batteries françaises. Plusieurs parmi ces dernières furent réduites au silence, d'autres furent empêchées de se mettre en position. Les feux ennemis étaient dirigés en partie sur la ferme de Saint-Hubert, près de laquelle des fractions de la 30ᵉ brigade[1] étaient arrivées en livrant des combats par les feux. A 3 heures, cette ferme, qui constituait une position très forte, située en avant de la principale position ennemie et dans son voisinage immédiat, fut enlevée malgré un feu violent ouvert de cette dernière sur les assaillants. Quoique, à ce moment-là, la 31ᵉ brigade[2] franchît également la vallée, on ne parvint pas à progresser davantage dans la direction des fermes de Moscou et de Leipzig, sur le terrain découvert que l'ennemi entourait circulairement; cette tentative n'eut qu'un résultat, ce fut de coûter énormément de monde. A l'extrême aile droite, la 26ᵉ brigade[3] s'était emparée de Jussy et de la sorte elle assurait les communications de l'armée dans la direction de Metz; quant à la profonde vallée de Rozérieulles, elle ne parvint pas à la franchir.

Partout les postes avancés des Français étaient refoulés, les fermes situées en avant de leur front étaient en flammes, leur artillerie semblait être réduite au silence, et à Gravelotte on commençait à croire qu'il s'agissait simplement de poursuivre l'ennemi. Dès lors le général de Steinmetz donna, à 4 heures, l'ordre de renouveler l'attaque avec des troupes fraîches.

Pendant que le VIIᵉ corps occupait la lisière des bois, quatre batteries, avec, derrière elles, la 1ʳᵉ division de cavalerie, s'avancèrent au trot par le défilé long de 1500 pas qui se trouve à l'est de Gravelotte. Mais dès que l'ennemi, qui

---

1. La 2ᵉ de la 15ᵉ division. — 2. La 1ʳᵉ de la 16ᵉ division (VIIIᵉ corps). — 3. La 2ᵉ brigade de la 13ᵉ division (1ʳᵉ du VIIᵉ corps). (N. d. T.)

n'avait pas tiré jusque-là, aperçut la tête de ces colonnes profondes, il ouvrit sur elles une canonnade et une fusillade d'une violence extrême. L'une des batteries perdit en un clin d'œil les servants de quatre de ses pièces et ne put être ramenée sur la lisière du bois qu'au prix d'efforts inouïs; une autre ne put pas même se déployer. Par contre, la batterie Hasse, quoiqu'elle eût perdu 75 chevaux, et la batterie Gnügge tinrent bon à Saint-Hubert sans se laisser ébranler par le feu de l'ennemi qui les prenait à revers depuis les carrières.

Quant à la cavalerie, le régiment qui tenait la tête avait, en débouchant du défilé, fait un crochet à droite, puis il s'était déployé dans la direction de Saint-Hubert; mais l'ennemi absolument à couvert ne présentait pas de but sérieux à une charge. Il fallut bien se dire que le terrain ne se prêtait pas, en cet endroit, à l'emploi de la cavalerie, et les régiments, au milieu desquels éclataient sans cesse des projectiles tombant de tous les côtés, rétrogradèrent par la vallée de la Mance.

Voyant que cette tentative avait échoué, les Français, déployés en tirailleurs, se portèrent en avant depuis le Point-du-Jour; ils refoulèrent jusqu'à la lisière du bois les fractions de troupes prussiennes couchées sur ce terrain découvert. Des balles de chassepot atteignirent même le lieu où était posté le général en chef, et le prince Adalbert eut son cheval tué sous lui.

Mais des troupes toutes fraîches entraient en ligne et parvinrent à refouler l'ennemi jusque dans sa position principale. A Saint-Hubert aussi les Prussiens s'étaient maintenus avec ténacité, quoique la batterie qui y était établie n'eût plus que tout juste assez de servants pour tirer avec une pièce. Mais toutes les tentatives faites par telle ou telle unité afin de franchir le plateau qui ne présentait aucun couvert, échouèrent et sur ce point-là aussi il se produisit, vers 5 heures du soir, un temps d'arrêt dans la lutte, pendant lequel, de part et d'autre, les troupes harassées purent souffler et se reformer.

A ce moment le roi Guillaume s'était avancé avec son état-major jusque sur la hauteur au sud de la Malmaison. Mais de ce point il était impossible de se rendre compte de la situation telle qu'elle était à l'aile gauche de l'armée, à plus de 7 kilomètres et demi de là. Le feu de l'artillerie française était presque totalement interrompu sur tout le front depuis la Folie jusqu'au Point-du-Jour, tandis que du nord le canon tonnait de plus en plus fort. Il était déjà 6 heures, le jour baissait, il fallait à tout prix tenter quelque chose de décisif. Aussi le roi donna-t-il l'ordre à la première armée de se porter derechef en avant et, à cet effet, il mit à la disposition du général de Steinmetz le IIe corps qui arrivait précisément sur le champ de bataille après avoir fourni une longue marche.

En conséquence, les bataillons encore disponibles du VIIe corps, à l'exception de cinq qui furent tenus en réserve, durent une seconde fois franchir la vallée de la Mance. Les bataillons postés au bois de Vaux se joignirent à eux et prirent la direction du Point-du-Jour et des carrières.

Cette attaque avait pour objectif le 2e corps français. Celui-ci venait d'être renforcé par la division de voltigeurs de la garde. Toutes les réserves furent portées sur la première ligne ; l'artillerie se mit à tirer avec un redoublement d'ardeur et un feu d'infanterie meurtrier accueillit les Prussiens qui avançaient. Puis les Français formant d'énormes lignes de tirailleurs prirent à leur tour l'offensive et refoulèrent jusqu'à la lisière du bois les petits détachements sans officiers couchés dans le terrain découvert.

Mais là s'arrêta le retour offensif, et tout un corps d'armée intact se tenait encore à la disposition du général de Steinmetz.

Le IIe corps, le dernier que le chemin de fer eût amené sur le théâtre de la guerre, avait, à marches forcées, à la suite de l'armée, avancé en pays ennemi, sans avoir pu, jusqu'à ce jour, prendre part aux luttes qu'elle avait soutenues. Parti à 2 heures du matin de Pont-à-Mousson, le corps avait marché par Buxières et Rezonville et était arrivé le soir au sud de Gravelotte. Les Poméraniens manifestaient le plus vif désir d'en venir aux mains avec l'ennemi sans attendre le lendemain.

Le chef de l'état-major général qui se trouvait sur les lieux eût plus sagement agi s'il n'avait pas autorisé le IIe corps à se porter en avant à une heure si avancée, pour attaquer l'ennemi. Une troupe solide absolument intacte eût peut-être été nécessaire le lendemain, tandis que ce soir-là il n'était guère permis d'admettre qu'elle frapperait le coup décisif qui eût totalement changé la face des choses.

Se portant vivement en avant par Gravelotte, les premiers bataillons du corps d'armée arrivèrent jusqu'aux carrières et à quelques centaines de pas seulement du Point-du-Jour. Ceux qui suivaient se virent bien vite engagés dans la mêlée entre l'ennemi et les fractions de troupes qui étaient établies au sud de Saint-Hubert et la marche en avant sur la ferme de Moscou ne fut pas continuée. Il faisait sombre au point qu'on ne distinguait plus les ennemis des troupes amies et l'on dut cesser le feu. Mais la fusillade ne fut complètement arrêtée qu'à 10 heures du soir.

C'était, à la vérité, un avantage que la ligne de bataille la plus avancée fût occupée par le II corps composé de troupes moins épuisées et que, derrière celles-ci, les fractions complètement emmêlées des VII° et VIII° corps pussent se reconstituer.

Le cours qu'avait pris la lutte avait nettement prouvé que l'aile gauche des Français, qui occupait une position presque imprenable, grâce à la configuration du terrain et aux travaux qui y avaient été faits, n'en pouvait être délogée, en dépit du dévouement et de la bravoure des troupes, même au prix des plus grands sacrifices. Les deux adversaires étaient en face l'un de l'autre, menaçants tous deux, se touchant presque, et à même de reprendre la lutte le lendemain matin. Le succès de la journée dépendait de ce qui se serait passé à l'aile opposée.

A 5 heures un quart, le prince de Wurtemberg, à Saint-Ail, avait jugé le moment venu de procéder à l'attaque de l'aile droite française; mais celle-ci s'étendait vers le nord à une distance beaucoup plus considérable que le front de la garde royale; elle s'étendait même plus loin que ne le savait le général en chef français lui-même. A la vérité, les Saxons avaient pris part à l'enlèvement de Sainte-Marie-aux-Chênes, mais en ce moment le prince royal de Saxe concentrait son corps le long de la forêt d'Auboué, afin de prendre l'ennemi en flanc. Pour cette concentration, il dut attirer à lui l'une de ses brigades depuis Jarry, une autre depuis Sainte-Marie, et étant donné que le départ de son corps, de Mars-la-Tour, avait subi des retards, on ne pouvait compter sur son intervention directe qu'au bout de quelques heures.

Se conformant à l'ordre qui lui avait été donné, la 4° brigade de la garde s'avança dans la direction qui lui était assignée, sur la ferme de Jérusalem, au sud de Saint-Privat et dans le voisinage immédiat de cette localité. Dès qu'on s'aperçut de ce mouvement, au IX° corps, le général de Manstein fit avancer aussi la brigade de la garde, qui avait été mise à sa disposition à Habonville, en la dirigeant sur Amanvillers. Des bataillons hessois se portèrent en même temps, en avant, entre ces deux brigades. Une demi-heure s'écoula avant que la 1re division de la garde se mît en mouvement, à gauche de la 2e, de Sainte-Marie sur Saint-Privat. Ces deux divisions, procédant de la sorte à l'attaque, allèrent donner contre le front étendu des 6e et 4e corps français. Les points d'appui de ce front, Saint-Privat et Amanvillers, n'avaient pour ainsi dire pas encore été canonnés par les batteries allemandes. Ces dernières, jusqu'à ce moment, avaient eu fort à faire avec l'artillerie ennemie postée en dehors de ces localités, et qu'il avait fallu réduire au silence.

En avant de la position principale des Français, sur la croupe de la hauteur, se trouvaient logées sur le versant plusieurs lignes de tirailleurs à couvert derrière des haies et des murs peu élevés, qui, formant terrasse, se commandaient les uns les autres. En arrière de ces défenses s'élevait Saint-Privat, constituant en quelque sorte un réduit ortifié, avec ses maisons en maçonnerie solide et garnies de soldats jusque sous les combles. Le terrain plat et découvert en avant du front pouvait par conséquent être battu par une grêle de projectiles destructeurs.

Aussi la garde qui s'avançait à l'attaque de ce front éprouva-t-elle des pertes hors de toute proportion. En moins d'une demi-heure cinq de ses bataillons perdirent tous leurs officiers et les autres la plupart d'entre eux, surtout les officiers supérieurs. Des milliers de morts et de blessés marquent le passage de ces bataillons qui, malgré ces pertes si graves, continuent à avancer. Leurs rangs décimés se reforment sans cesse et, alors même qu'ils n'ont plus à leur tête que de jeunes lieutenants ou des candidats officiers, ces braves soldats tiennent bon et conservent toute leur force morale.

Mais, à mesure qu'ils se rapprochent de l'ennemi, leur fusil à aiguille produit davantage son effet. Les Français sont refoulés hors de toutes leurs positions avancées, souvent même ils n'attendent pas pour les évacuer que les Prussiens les abordent.

A 6 heures et quart les bataillons se sont avancés jusqu'à la distance de 600 pas d'Amanvillers, et de 800 pas de Saint-Privat. Ici les pentes sont un peu plus escarpées, elles offrent quelques faibles couverts et les troupes épuisées par l'effort qu'elles viennent de faire s'arrêtent en tirant parti des tranchées-abris que l'adversaire leur a abandonnées. A Sainte-Marie il n'y a plus pour toute réserve que quatre bataillons, en arrière d'une ligne qui a 4 000 pas d'étendue.

Avec l'aide des douze batteries de la garde qui sont accourues, on repousse sans fléchir les retours offensifs de la division de Cissey et les charges de la cavalerie française ; mais il faut que les fractions, décimées par suite des pertes énormes qu'on vient de subir, attendent pendant plus d'une demi-heure, en face de deux corps d'armée entiers, et tout près d'eux, qu'on leur porte secours.

En effet, ce n'est que vers 7 heures que, à gauche de la garde, deux brigades d'infanterie saxonne apparaissent sur le champ de bataille pendant que les deux autres se reforment encore près de la forêt d'Auboué ; par contre, leur artillerie avait ouvert, depuis un certain temps déjà, un feu très vif sur Roncourt.

A la nouvelle que les Allemands essayaient, en s'étendant de plus en plus, de tourner son aile droite, le maréchal Bazaine avait, à 3 heures de l'après-midi déjà, donné à la division de grenadiers de la garde, général Picard, réunie à Plappeville, l'ordre de se rendre à cette aile. Quoique la distance à parcourir ne s'élevât pas à plus de 7 kilomètres et demi, cette division, dont le concours eût été si précieux, n'était pas encore arrivée, s'étant écartée de la route directe pour prendre à droite par la vallée boisée, et le maréchal Canrobert, qui n'arrêtait plus, qu'au prix des plus grands efforts, la poussée des Prussiens, résolut de concentrer davantage ses forces autour de la forte position de Saint-Privat. Il décida qu'une faible avant-garde seule protégerait la retraite de ses troupes depuis Roncourt, mais que, par contre, on continuerait à occuper la lisière du bois de Jaumont.

Dès lors les Saxons ne rencontrèrent pas, à Roncourt, la vive résistance à laquelle ils s'attendaient et, après un engagement de peu d'importance, ils pénétrèrent dans la localité, de concert avec les compagnies de l'extrême aile gauche de la garde. Mais une partie des bataillons saxons avait, auparavant déjà, cessé de marcher sur Roncourt en faisant un crochet à droite et s'avança directement sur Saint-Privat afin de secourir la garde.

Les vingt-quatre batteries des deux corps d'armée allemands faisaient dans cette localité des ravages terribles. Des maisons en grand nombre brûlaient ou bien s'effondraient par suite de l'explosion des obus qui y étaient lancés. Mais les Français étaient résolus à tenir à tout prix cette localité, qui était la clef de la position. Les batteries de leur aile droite étaient en position entre Saint-Privat et la forêt de Jaumont, d'où elles prenaient en flanc les Saxons qui continuaient d'avancer. Plus au sud, d'autres batteries firent face aux Prussiens, et les lignes des tirailleurs français, logés à couvert, empêchaient par leur feu très vif les bataillons prussiens de gagner de leur côté du terrain.

Mais ceux-ci enlèvent l'un après l'autre tous ces obstacles au pas de charge, tout en subissant de nouvelles pertes, tantôt en s'arrêtant quelques instants pour ouvrir sur l'ennemi un feu rapide, tantôt en avançant sans tirer un seul coup de fusil.

Quand le soleil se couche, ils ne sont plus qu'à la distance de 300 pas de Saint-Privat. Des fractions du Xe corps, qui s'avance sur Saint-Ail, viennent se joindre à eux, et alors on donne de toute part le dernier assaut. Les Français défendent encore, avec la plus grande ténacité, les fermes tout en flammes et l'église, jusqu'à ce que, finalement, cernés de plus en plus, ils mettent bas les armes à 8 heures du soir. Les Prussiens font prisonniers plus de 2 000 ennemis non blessés et sont obligés d'arracher aux flammes ceux qui avaient reçu des blessures.

Les fractions du 6e corps qui viennent d'être battues descendent en grande hâte dans la vallée de la Moselle, sous la protection de la brigade qui était restée postée dans la forêt de Jaumont et sous celle de la cavalerie. A ce moment-là seulement apparut la division de grenadiers de la garde et la réserve d'artillerie de l'armée à l'est d'Amanvillers. Les batteries allemandes engagent aussitôt la lutte qui dura fort avant dans la soirée et leurs projectiles incendient Amanvillers.

Sur ce point, les fractions du 6e corps avaient déjà commencé la retraite qu'elles masquaient simplement en exécutant à plusieurs reprises d'énergiques retours offensifs. De la sorte, il s'engagea encore une mêlée entre elles et les bataillons de l'aile droite de la garde ainsi qu'avec ceux de l'aile gauche du IX⁰ corps. Amanvillers cependant resta pendant la nuit au pouvoir des Français. A 3 heures du matin seulement, leur 3ᵉ corps évacua lui aussi sa position à la ferme de Moscou et le 2ᵉ se maintint dans la sienne jusqu'à 5 heures, tout en livrant des escarmouches, dont quelques-unes fort vives, aux avant-postes des Poméraniens[1]. Ces derniers occupèrent, aussitôt après, le plateau de la ferme de Moscou et du Point-du-Jour.

Le succès remporté le 18 août n'avait été rendu possible que par les luttes soutenues le 14 et le 16.

Au dire des Français, ils perdirent dans cette journée 13 000 hommes. En octobre il y avait encore 173 000 hommes à Metz. Dès lors, l'ennemi comptait en tous cas près de 180 000 hommes dans la bataille du 18 août. L'effectif des sept corps d'armée allemands, ce jour-là, était exactement de 178 818 hommes. C'est donc avec des forces à peine équivalentes que l'ennemi fut refoulé hors d'une position telle qu'on n'en saurait guère trouver de plus avantageuse.

Il va de soi que les pertes essuyées par l'assaillant furent bien plus considérables que celles du défenseur. Elles se montèrent à 20 584 hommes dont 899 officiers.

Les cadres et effectifs de guerre comportant en moyenne 1 officier sur 40 hommes, il était tombé dans cette bataille 1 officier sur 23 hommes ce qui témoigne hautement en faveur des chefs et des brillants exemples donnés par eux à leurs vaillantes troupes; mais en même temps c'était

---

1. IIᵉ corps prussien. (N. d. T.)

une perte qu'on ne put plus réparer dans le cours tout entier de la campagne. En général, la première quinzaine du mois d'août avait coûté à l'armée allemande, dans six batailles, 50 000 hommes. Évidemment ces vides ne pouvaient être immédiatement comblés par des envois de troupes de l'intérieur ; cependant les mesures nécessaires avaient déjà été prises pour procéder à de nouvelles formations, comprenant des hommes ayant servi.

Le soir même du 18, on eut tout d'abord soin de faire venir de la rive droite de la Moselle les premiers échelons du train et les ambulances et partout on procéda au remplacement des munitions. C'est à grand'peine qu'on trouva dans Rezonville, bondé de blessés, une mansarde pour le roi et un abri pour son état-major. Ce dernier dut, pendant la nuit même, élaborer toutes les dispositions que rendait immédiatement nécessaires la situation toute nouvelle résultant de la victoire remportée. Dès le 19, au matin, tous les ordres y ayant trait purent être soumis à Sa Majesté afin qu'elle les examinât et les approuvât.

ORGANISATION NOUVELLE DE L'ARMÉE

Le siège de Metz ne figurait pas dans le plan de campagne primitif ; on devait se contenter d'observer cette place, tandis que l'armée passerait à côté en marchant sur Paris. La division de réserve, forte de 18 bataillons, 16 escadrons et 36 pièces qui devait assumer cette tâche, allait arriver.

Mais la situation s'étant modifiée, l'investissement en bonne et due forme de Metz s'imposait, ce qui eut pour conséquence qu'il fallut faire subir des modifications profondes à l'organisation de l'armée tout entière.

En vue du but indiqué ci-dessus, on forma une armée particulière placée sous les ordres du prince Frédéric-Charles et comprenant les Ier, VIIe et VIIIe corps qui jusqu'à ce moment constituaient la première armée, les IIe, IIIe, IXe et X^e empruntés à la deuxième, en outre la division de réserve, les 1re et 3e divisions de cavalerie, formant un total de 150 000 hommes.

La garde royale, les IVe et XIIe corps d'armée formèrent avec les 5e et 6e divisions de cavalerie une autre armée, forte de 138 000 hommes, qui reçut le nom d'*armée de la Meuse* et dont le commandement fut confié au prince royal de Saxe. Celle-ci et la troisième armée, forte de 223 000 hommes, étaient destinées à marcher contre la nouvelle armée française qui se constituait à Châlons.

L'armée d'investissement se trouvait être, il est vrai, plus faible que l'ennemi qu'il s'agissait d'enfermer à Metz. Il fallait s'attendre à voir celui-ci tenter de nouveaux efforts afin de s'échapper dans la direction de l'ouest; aussi fut-il décidé que la portion principale de la deuxième armée resterait sur la rive gauche de la Moselle.

Tous ces ordres, après avoir reçu l'approbation du roi, furent transmis à 11 heures aux généraux en chef.

Conformément aux dispositions prises par le prince Frédéric-Charles, le Xe corps occupa la contrée boisée qui s'étend entre le cours inférieur de la Moselle et Saint-Privat et le IIe la croupe de la hauteur depuis cette localité jusqu'à la ferme de Moscou. A sa droite vinrent prendre position les VIIIe et VIIe corps; ce dernier sur les deux rives de la Moselle en amont de Metz. A la hauteur de Pouilly, le Ier corps était posté à droite et à gauche de la Seille; il était spécialement chargé de couvrir les grands magasins qui allaient être établis à Rémilly et à Pont-à-

Mousson. La 3ᵉ division de réserve alla occuper les environs de Retonfay, au nord-est de Metz. Les IXᵉ et IIIᵉ corps, formant la réserve, campaient à Sainte-Marie et à Vernéville. On procéda immédiatement à l'établissement d'ouvrages de campagne et à la construction des ponts militaires sur la Moselle, en aval et en amont de la place.

Quant aux corps qui constituaient à présent l'armée de la Meuse, le XIIᵉ se réunit à Conflans, la garde royale à Mars-la-Tour, tandis que le IVᵉ corps qui n'avait pas reçu l'ordre de rejoindre l'armée sous Metz, était déjà arrivé à Commercy.

Après avoir franchi la chaîne des Vosges et détaché une brigade bavaroise chargée d'investir Toul, la troisième armée s'était avancée sur trois colonnes. Les corps seuls qui tenaient la tête avaient atteint la Meuse ; là, ils durent faire halte pendant deux jours, avant de se porter en avant à hauteur de l'armée de la Meuse. Dans l'intervalle, la cavalerie de la troisième armée battait le pays, à deux ou trois journées de marche en avant d'elle, jusque vers Châlons et Vitry, où, pour la première fois depuis Wœrth, elle eut le contact avec l'ennemi. C'étaient simplement des postes avancés établis le long de la voie ferrée dans la vallée de la Marne, qui rétrogradèrent dès que les transports de troupes sur cette ligne eurent pris fin.

L'ARMÉE DE CHALONS

Dans l'intervalle il s'était formé à Châlons une armée française forte de 166 bataillons, 100 escadrons, 380 bouches à feu, répartis sur les 1ᵉʳ, 5ᵉ, 7ᵉ et 12ᵉ corps.

Pour ce dernier, la division placée en observation sur la

frontière d'Espagne avait servi de noyau ; on le compléta avec quatre régiments d'infanterie de marine, des troupes d'élite. Cette armée comprenait en outre deux divisions de cavalerie. Il y avait, de plus, à Châlons 18 bataillons de gardes mobiles ; mais le général Trochu, qui venait d'être nommé au poste de gouverneur de Paris, dut les ramener dans cette ville : ils avaient donné de telles preuves d'indiscipline qu'on ne pouvait guère songer à les mener à l'ennemi.

L'empereur était arrivé à Châlons, et avait remis au maréchal de Mac-Mahon le commandement supérieur de l'armée qu'on venait de former. Au quartier général français, on devait supposer que le maréchal Bazaine opérait sa retraite après avoir quitté Metz. En portant l'armée de Châlons jusqu'aux environs de Verdun, on pouvait en peu de jours réunir les deux armées et constituer de la sorte une masse capable de tenir tête à l'ennemi jusqu'alors victorieux. Mais, d'autre part, le maréchal de Mac-Mahon avait à se préoccuper de la défense de Paris, et l'apparition de l'armée du prince royal de Prusse sur la Meuse constituait tout autant une menace pour la capitale que pour son aile droite à lui.

Avant de pouvoir se décider pour la marche en avant ou la retraite sur Paris, il fallait être fixé sur la direction qu'aurait prise le maréchal Bazaine.

Le 18, arriva un rapport émanant de lui, et portant que, dans une bataille livrée à Rezonville, il s'était maintenu dans ses positions, mais qu'avant de faire marcher ses troupes, il fallait les pourvoir de munitions et de vivres. Dès lors, il n'y avait que trop lieu de craindre que, d'ores et déjà, les communications avec l'armée du Rhin ne fussent menacées, et le maréchal de Mac-Mahon résolut de marcher sur Reims, d'où il pourrait, après avoir fait un détour de peu d'importance, soit atteindre Paris, soit se porter au-devant de l'armée de Metz.

Mais quand il apprit que l'armée du prince royal de Prusse n'avait pas du tout été appelée à Metz, et que la cavalerie prussienne s'était montrée à Vitry, le maréchal ne se fit plus d'illusions sur le danger qu'il y aurait à tenter la jonction; se rendant nettement compte de la situation, il refusa formellement d'obtempérer à l'ordre émanant de l'impératrice et du conseil des ministres, d'entreprendre la marche au nord-est, et déclara qu'il marcherait sur Paris. Là, il pourrait risquer une bataille, avec des chances de succès, vu que, même si l'issue de la bataille n'était pas favorable, les ouvrages de la place couvriraient sa retraite et le mettraient à l'abri de toute poursuite.

De nouvelles communications envoyées de Metz ne permettaient pas de voir clair dans la situation. Le 18 aussi, l'armée française « s'était maintenue dans ses positions »; l'aile droite seule avait fait un changement de front. « Les troupes avaient besoin de deux à trois jours de repos », mais le maréchal « comptait encore se retirer dans la direction du nord », afin de se frayer un chemin par Montmédy et Sainte-Menehould jusqu'à Châlons, si ce chemin n'était pas trop fortement occupé par l'ennemi. Si cela était, il se dirigerait sur Sedan, et passerait même par Mézières pour atteindre Châlons.

Il était permis d'admettre qu'à ce moment-là, l'armée de Metz exécutait déjà ce mouvement, et dès lors le maréchal de Mac-Mahon résolut qu'en aucun cas il n'abandonnerait son compagnon d'armes. En conséquence, il se mit en marche, le 23 août, non pas sur Paris, mais bien dans la direction de Stenay.

Il avait formé cette résolution si soudainement, qu'aucune disposition, en vue de l'exécution, n'avait pu être prise. Le premier jour, les troupes arrivèrent fort tard dans la soirée, par une pluie battante, sur la Suippe. Les choses les plus indispensables faisaient défaut, et deux corps d'armée n'eurent pas de vivres du tout. Le maréchal se vit donc forcé d'amener l'armée plus au nord, à Rethel, où se trouvaient d'énormes magasins remplis de vivres, et où la voie ferrée facilitait le ravitaillement. La troisième journée de marche ne fit faire à l'armée que peu de progrès dans la direction de l'est. L'aile gauche resta à Rethel, tandis que l'aile droite atteignait la Meuse à Vouziers. Le 26 août, le gros des forces se trouvait encore entre Attigny et le Chêne sur le canal des Ardennes, le 7e corps et un régiment de hussards ayant pour mission de couvrir le flanc droit en avant de Vouziers.

Tandis que l'armée française, décrivant de la sorte un grand arc de cercle, marchait à l'est, l'armée allemande, partant au même moment, s'était portée droit à l'ouest.

Conformément aux dispositions arrêtées par le grand quartier général, à Pont-à-Mousson, la marche en avant contre l'ennemi qu'on supposait être aux environs de Châlons devait se faire de façon que, à gauche de l'armée de la Meuse, la troisième armée eût une avance d'une étape afin qu'on pût attaquer l'ennemi, partout où il tiendrait tête, simultanément de front et dans son flanc droit et le refouler au nord de Paris. Tout en avançant, les deux armées devaient se rapprocher davantage et avoir atteint à la date du 26 août la ligne Sainte-Menehould-Vitry.

Pendant la première journée de marche les deux armées s'étendaient encore sur un front de 90 kilomètres; le soir elles atteignirent la Meuse; le lendemain, c'est-à-dire le 24, elles occupaient la ligne Saint-Dizier-Bar-le-Duc-Verdun. On tenta d'enlever en passant cette dernière place, ainsi que Toul, mais pour les deux places l'entreprise échoua.

Ce jour-là déjà, la 4ᵉ division de cavalerie, qui avait poussé fort loin en avant, envoya des nouvelles importantes. Les dragons de la Prusse Rhénane avaient trouvé Châlons et le camp de Mourmelon évacués par l'ennemi et, dans ce dernier, quoiqu'on eût détruit des approvisionnements, ils avaient encore fait un riche butin. On avait intercepté deux lettres: l'une, émanant d'un officier, portait que les Français allaient débloquer Metz; l'autre disait que le maréchal de Mac-Mahon était à Reims avec 150 000 hommes et qu'il s'y fortifiait, nouvelle que vinrent confirmer les journaux de Paris.

Le 25, l'armée de la Meuse était postée de Sommeille à Dombasle, tandis que les têtes de colonnes de la troisième armée avaient commencé la marche indiquée pour le lendemain seulement, par la route de Sainte-Menehould à Vitry. Cette dernière localité, une petite place forte, se rendit à la 4ᵉ division de cavalerie, après que dans la matinée un bataillon de gardes mobiles eut quitté la ville.

Étant en marche sur Sainte-Menehould, afin d'être transporté de là à Paris par le chemin de fer, ce bataillon tomba entre les mains de la 6ᵉ division de cavalerie qui s'était portée à Dampierre. Les 1 000 hommes qui le composaient furent emmenés en captivité.

La 5ᵉ division de cavalerie atteignit Sainte-Menehould, la 12ᵉ la suivit, sur la même route, jusqu'à Clermont; elle envoya des patrouilles qui poussèrent jusqu'à Varennes, distant de 15 kilomètres seulement des postes français établis à Grand-Pré, sans s'apercevoir pourtant de la présence de l'armée française.

Le service de reconnaissance sur une grande étendue, à droite de l'armée, était entravé par l'obstacle que constitue la forêt de l'Argonne que la cavalerie avait peine à franchir sans le concours de l'infanterie. Les habitants commençaient à se montrer extrêmement hostiles. Le gouvernement leur avait fait distribuer des fusils et avait organisé le soulèvement en masse de la population. Jusqu'alors les Allemands n'avaient fait la guerre qu'à l'empereur ; à partir de ce moment ils se virent contraints de tourner les armes contre la population française ; des corps de francs-tireurs organisaient de petites entreprises qui les gênaient fort, tout en ne dérangeant pas le cours des grandes opérations. Mais forcément les soldats allemands, ne se sentant plus en sûreté ni de jour ni de nuit, s'irritaient ; la guerre prit un caractère de gravité qu'elle n'avait pas eu encore et le pays en souffrit davantage.

Ce jour-là, le grand quartier général, à Bar-le-Duc, reçut une dépêche envoyée de Paris par Londres, disant que Mac-Mahon était à Reims et cherchait à rejoindre Bazaine.

C'est toujours chose scabreuse d'abandonner, sans qu'il y ait nécessité absolue, un plan mûrement pesé, auquel on s'est arrêté, pour en adopter un autre nouveau et dont on n'a pas eu le temps de préparer l'exécution.

Changer complètement la direction de marche sur de simples bruits et des nouvelles qui peut-être seraient controuvées, c'eût été là une mesure que rien ne justifiait. Il en serait forcément résulté bien des difficultés, les dispositions prises pour le ravitaillement et l'envoi des réserves se trouveraient dérangées ; les troupes se voyant condamnées à des marches inutiles eussent pu avoir moins de confiance dans les hommes placés à la tête de l'armée.

En conséquence, les ordres pour le lendemain, qui furent donnés à 10 heures du matin, indiquaient pour les deux armées un changement de direction peu sensible : au lieu de marcher sur Châlons, on marcherait sur Reims. Quant à la cavalerie de l'aile droite, on lui enjoignit catégoriquement de pousser jusqu'à Buzancy et Vouziers ; de cette façon on serait immédiatement et nettement fixé sur la situation.

A la guerre il faut bien souvent établir ses combinaisons sur des probabilités et la plupart du temps la probabilité la plus vraisemblable est que de toutes les mesures l'ennemi prendra la seule juste. Or on ne pouvait guère admettre que la mesure qu'adopteraient les Français serait de découvrir Paris et de marcher sur Metz en longeant la frontière belge. Cette détermination paraissait étrange, voire même aventureuse, et pourtant il était possible qu'on la prît. Aussi le chef du grand état-major élabora-t-il, à midi, pour parer à toutes les éventualités, un tableau de marche, d'après lequel les trois corps de l'armée de la Meuse et les deux corps bavarois qui se trouvaient le plus près d'elle pussent être concentrés en trois jours de marches peu considérables, aux environs de Damvillers, sur la rive droite de la Meuse.

En attirant à soi les deux corps tenus en réserve près de Metz on pouvait accepter la bataille, dans ces parages, avec 150 000 hommes, ou forcer l'ennemi à l'accepter, en se portant en avant sur Longuyon. Même sans le concours de cette réserve, on pouvait espérer qu'on arrêterait sa marche de ce côté-ci de la Meuse déjà et que d'autres corps encore de la troisième armée pourraient joindre les deux bavarois.

Ce tableau de marche allait bien vite être mis à exécution. Dans le courant de l'après-midi déjà, de nouveaux renseignements parvinrent à l'état-major. Les journaux divulguaient le grand secret, ils communiquaient des discours fort violents tenus à l'Assemblée nationale[1]; un orateur entre autres disait que « le général qui abandonnerait son frère d'armes serait maudit de la patrie ». On déclarait que ce serait une honte pour la nation française de laisser sans secours le vaillant Bazaine et, étant donné le pouvoir qu'exercent les belles phrases en France, on pouvait fort bien admettre que les considérations politiques primeraient les militaires. Un télégramme expédié de Londres au grand quartier général donnait cette phrase du *Temps* : « Mac-Mahon a pris la résolution soudaine de courir au secours de Bazaine, quoique, en renonçant à marcher sur Paris, il compromette la sécurité de la France. »

Dans la soirée encore le roi donna son approbation à la conversion à droite et, dans la nuit, les ordres y ayant trait furent directement expédiés aux généraux conmandant les corps d'armée.

Le 26, le roi transféra son quartier général à Clermont. De grand matin, le prince royal de Saxe s'était mis en marche avec le XIIe corps sur Varennes, tandis qu'il faisait avancer la garde sur Dombasle et le IVe corps sur Fleury.

La cavalerie, qui reconnaissait le terrain en différents sens, trouva les bords de la Suippe abandonnés par l'ennemi; elle constata qu'il n'avait pas encore paru sur la Meuse, que par contre Buzancy et Grand-Pré étaient occupés, et elle découvrit surtout un camp considérable de troupes du 7e corps sur la hauteur de Vouziers. L'apparition de quelques pointes d'avant-gardes envoyées en reconnaissance causa dans ce camp un désarroi inexplicable.

---

1. L'auteur veut sans doute parler du Corps législatif. (N. d. T.)

Le général Douay recevait à Vouziers des rapports où tout était étrangement exagéré, il dut croire qu'une attaque générale était imminente ; le 7ᵉ corps resta sous les armes toute la nuit, par une pluie battante, et le maréchal résolut de se porter le lendemain avec toutes ses forces sur Vouziers et Buzancy. De la sorte sa marche vers l'est eût pris fin dès le 27; mais on s'aperçut à temps que les renseignements parvenus à l'état-major français étaient inexacts.

Le grand quartier général allemand avait certes le plus grand intérêt à être fixé sur les mouvements de l'adversaire, mais l'état-major français devait tenir plus encore à être exactement renseigné. Si on avait su convenablement employer la cavalerie sur le flanc droit, une surprise comme celle dont nous venons de parler n'eût pas été possible ; mais la 1ʳᵉ division de cavalerie française marchait en avant de l'aile gauche nullement compromise et la 2ᵉ à la queue.

Il semblerait qu'on se préoccupât moins, à l'armée française, de repousser une attaque que d'atteindre, en évitant une rencontre et sans être aperçu, Montmédy, point où devait avoir lieu la jonction projetée.

Mais quand on ne put plus mettre en doute l'arrivée de l'ennemi par le sud, le mieux eût certes été de prendre vigoureusement l'offensive dans cette direction, afin de le battre ou pour le moins de le refouler loin de la ligne de marche. Si on n'y réussissait pas, on se serait au moins rendu compte que la marche vers l'est n'était pas praticable et que forcément il en résulterait une catastrophe.

Il est juste de dire que la cavalerie allemande formait autour de l'armée un voile presque impénétrable. Le maréchal ne pouvait savoir que son adversaire, échelonné encore sur une étendue de 60 kilomètres, de Varennes à Vitry, n'était nullement en mesure de l'attaquer sérieusement quant à présent.

27 août. — Après qu'il se fut rendu compte que les nouvelles, à lui transmises, étaient fausses, le maréchal continua, le 27, sa marche, au moins avec une partie de l'armée. Les 7ᵉ et 5ᵉ corps la couvraient à Vouziers et à Buzancy, le 12ᵉ se porta en avant vers le Chêne, la 1ʳᵉ division de cavalerie vers Beaumont, sans doute pour tâcher de savoir si le maréchal Bazaine arrivait. Le 1ᵉʳ corps et la 2ᵉ division de cavalerie étaient restés sur l'Aisne.

Celui des corps allemands qui tenait la tête, le corps saxon, avait reçu, directement du grand état-major, l'ordre d'occuper, sur la rive droite de la Meuse, les points de passage jusqu'à Stenay. Dès 3 heures du soir, le corps arrivait dans cette dernière localité, et plaçait un poste avancé sur la rive gauche.

La cavalerie se tenait dans le voisinage immédiat de l'ennemi, et suivait tous ses mouvements, tout en engageant avec lui des escarmouches. C'est ainsi qu'on reconnut que le 5ᵉ corps français quittait Buzancy pour se porter sur le Chêne ; c'est également la cavalerie qui constata que les escadrons de la 1ʳᵉ division française marchaient sur Beaumont ; le soir même, la division de cavalerie saxonne fut portée en avant jusqu'à Nouart. Les corps bavarois atteignirent la route de Clermont à Verdun, le Vᵉ Sainte-Menehould, les autres corps de la troisième armée suivaient à marches forcées dans la direction du nord.

Dès ce moment, on pouvait espérer avec quelque certitude parvenir à atteindre l'ennemi sur la rive gauche de la Meuse. On prévint l'armée d'investissement, devant Metz, qu'elle n'avait plus besoin de faire marcher à l'ouest deux de ses corps; mais ils s'étaient déjà mis en marche.

Les dernières dispositions prises par le maréchal de Mac-Mahon accusent avec une netteté suffisante son dessein de tenter un dernier effort pour pousser plus loin dans la direction de Metz. Il s'était échelonné sur la route la plus septentrionale qui pouvait l'y mener, tout en laissant sur l'Aisne une forte réserve, comme soutien. Quand il fut informé que pas un homme de l'armée du Rhin ne se montrait à Montmédy, qu'au contraire celle-ci était encore à Metz, il résolut de battre en retraite, donna les ordres **voulus** pour que le mouvement commençât le lendemain dans la **matinée**, et annonça la chose à Paris.

Dans la **nuit même**, on lui répondit en lui faisant les objections les plus pressantes : « Si vous abandonnez Bazaine, lui télégraphiait le ministre de la guerre, la révolution éclatera à Paris », et le conseil des ministres exigea formellement qu'il débloquât Metz. On lui disait que les troupes qu'il avait en face de lui n'étaient qu'une partie de l'armée d'investissement, qu'il avait sur le prince royal de Prusse une avance de plusieurs jours, et que, pour protéger Paris, le général Vinoy s'était porté à Reims avec le 13ᵉ corps, nouvellement formé.

Le maréchal, en dépit de ce que lui disait son expérience, se soumit et modifia ses ordres. Mais les troupes s'étant mises en marche de fort bonne heure, les colonnes, quand elles durent marcher dans une autre direction, s'entre-croisèrent, et par de mauvais chemins, trempées et harassées, les troupes arrivèrent, découragées, fort tard dans la soirée, de nuit même, dans leurs cantonnements.

28 août. — Elles n'avaient guère franchi plus de 15 kilomètres dans la direction de l'est. Le 12ᵉ corps atteignit la Besace, le 1ᵉʳ suivit vers le Chêne, le 7ᵉ fit halte à Boult-aux-Bois parce qu'il reçut la nouvelle erronée que, en avant de lui, deux corps prussiens avaient occupé Buzancy. A cette nouvelle, le 5ᵉ s'était déployé en dehors de cette dernière localité, à Bar; mais, dans le courant de l'après-midi, il se remit en marche sur Bois-des-Dames. D'ailleurs, rien ne venait entraver les mouvements. On avait expressément recommandé à la cavalerie allemande d'observer l'ennemi de très près, mais de ne pas entraver sa marche ni de le harceler : aussi la cavalerie saxonne évacua-t-elle Nouart à l'approche des Français. C'est que tous les corps de la troisième armée n'étaient pas arrivés ; celui qui était le plus écarté, le VIᵉ, venait seulement d'atteindre Sainte-Menehould.

29 août. — Pour ce jour-là aussi on prescrivit de ne rien entreprendre qui pût directement provoquer l'ennemi. On résolut d'attendre au 30 pour engager la lutte décisive.

Le maréchal de Mac-Mahon, dont le quartier général se trouvait à Stonne, avait été informé que l'ennemi avait occupé Dun et que le pont sur la Meuse était détruit.

N'ayant pas d'équipages de pont, il ne pouvait franchir la rivière que plus en aval, à Mouzon et à Villers. Son 12ᵉ corps et la 1ʳᵉ division de cavalerie y passèrent en effet la Meuse sans qu'on les dérangeât, le 1ᵉʳ corps et la 2ᵉ division de cavalerie se portèrent à Raucourt. Le 7ᵉ corps, sur le flanc droit duquel il y eut des engagements sans importance, n'arriva pas à la Besace où il devait coucher ; il bivouaqua à Oches. Le 5ᵉ corps devait se replier sur Beaumont, mais l'officier d'état-major, porteur de cet ordre, tomba avec son escorte entre les mains de la cavalerie prussienne. Le général de Failly, se conformant aux ordres qui lui avaient été donnés antérieurement, marcha sur Stenay.

Jusqu'alors le corps saxon seul, en dehors de la cavalerie, avait eu le contact avec l'ennemi; le corps de la garde vint se poster à sa hauteur en s'avançant jusqu'à Buzancy; le premier des deux repassa à Dun sur la rive gauche de la Meuse. Son avant-garde occupa la hauteur boisée s'avançant en saillie au nord-est de Nouart et pénétra jusque vers Champy où l'ennemi déploya des masses considérables, toute la division de Lespart. On avait atteint le but qu'on se proposait en faisant cette reconnaissance, et l'avant-garde reçut l'ordre de rebrousser chemin. En même temps les Français se retiraient au nord, conformément aux ordres réitérés du maréchal.

Du côté des Allemands, quatre des corps de la troisième armée ne se trouvaient plus qu'à la distance de 15 kilomètres en arrière de l'armée de la Meuse. La 5ᵉ division de cavalerie était à Attigny, sur la ligne de communication de l'ennemi; la 6ᵉ harcelait la queue de ses colonnes de marche et avait, entre autres, fait enlever Voncq par des cavaliers ayant mis pied à terre. Le grand quartier général avait été porté en avant, à Grand-Pré, et, sur la foi de tous les rapports qui y parvinrent, il fut décidé qu'on attaquerait l'ennemi le lendemain, avant qu'il pût franchir la Meuse. L'armée de la Meuse s'avancerait sur Beaumont, la troisième entre Beaumont et le Chêne. Afin que toutes deux fussent à la même hauteur, l'aile droite ne devait commencer son mouvement qu'à 10 heures, tandis que la gauche avait ordre de se mettre en marche avant 6 heures. En fait de train, on ne devait emmener que ce qui était indispensable pour l'engagement.

BATAILLE DE BEAUMONT

30 août. — Le 30 août, le roi s'était, à 10 heures, avancé jusqu'à Sommauthe en passant par Buzancy.

Les deux corps bavarois étaient en marche sur cette localité; au centre, le V° corps s'avançait sur Oches, le XI° avec la division wurtembergeoise sur le Chêne; le VI° était en marche sur Vouziers. A droite, le IV° corps s'avançait par Belval, le XII° le long de la Meuse, tandis que la garde royale suivait comme réserve.

Le maréchal de Mac-Mahon avait indiqué à tous ses corps d'armée, comme le but qu'il fallait atteindre ce jour-là, de passer sur la rive droite de la Meuse. Le train et les malades devaient rester de ce côté-ci.

Dès 7 heures du matin le 1ᵉʳ corps et la 2° division de cavalerie étaient partis de Raucourt; ils passèrent la Meuse à Remilly, l'infanterie se servant de passerelles établies à cet effet.

Le 7° corps avait levé dès 4 heures du matin les camps qu'il occupait près d'Oches; mais il emmenait avec lui toutes ses voitures, même celles qui étaient vides. Elles formaient une colonne longue de 15 kilomètres; il fallut lui fournir une escorte de sept bataillons marchant à côté de la route. La brigade qui fermait la marche ne put se mettre en route qu'à 10 heures. La cavalerie prussienne eut vite fait de harceler cette colonne, l'artillerie se mit à la canonner, et l'escorte dut se déployer. On ne put continuer la marche sur la Besace qu'à 1 heure, et comme on entendait une violente canonnade depuis Beaumont, le général Douay crut devoir ne plus suivre la direction de Mouzon et prendre, lui aussi, celle de Remilly.

Il était à prévoir que le 5ᵉ corps aurait pour mission de couvrir la marche des deux autres. Il n'était arrivé qu'à 4 heures du matin aux environs de Beaumont; les troupes étaient absolument épuisées par une série d'engagements et de marches de nuit.

Aussi le général de Failly résolut-il de faire faire la soupe à ses hommes dans la matinée et de ne partir que quand ils auraient mangé. Quoiqu'on sût que l'ennemi était tout près, on semble n'avoir pris aucune mesure de sûreté, et quand vers 1 heure et demie officiers et soldats étaient en train de prendre leur repas, des obus prussiens vinrent les faire sortir de leur quiétude.

Les deux corps d'armée de l'aile droite allemande avaient dû franchir une zone boisée sur quatre colonnes absolument isolées les uns des autres et par des chemins détrempés. En conséquence, le prince royal de Saxe avait prescrit qu'aucune d'elles ne procéderait à l'attaque avant que la colonne la plus rapprochée ne fût prête à prendre part à la lutte.

Les deux colonnes du IVᵉ corps étaient parties de fort bonne heure et après un court repos elles avaient continué leur marche à 10 heures. Quand, à midi, la 8ᵉ division déboucha de la forêt, elle aperçut de la hauteur le camp du 5ᵉ corps français tel que nous venons de le décrire, et cela à la distance de 800 pas. Le général de Schöler ne crut pas devoir négliger une si belle occasion de surprendre l'ennemi; d'ailleurs, celui-ci se serait bien vite aperçu de sa présence. Il s'annonça donc à coups de canon.

Cette division allait, il est vrai, se voir assaillie par des forces bien supérieures. Les Français prirent immédiatement les armes; leurs tirailleurs se portèrent en avant en lignes très fournies qui, avec leurs fusils à longue portée, infligeaient des pertes graves particulièrement aux batteries prussiennes. Dans l'intervalle, le gros de la division s'était porté au secours de l'avant-garde, et bientôt la 7e division parut à droite. Les Français l'attaquèrent vivement, elle aussi; il fallut les repousser à la baïonnette. Puis les bataillons qui tenaient la tête des deux divisions pénétrèrent dans le camp en avant de Beaumont, dans la ville elle-même et finalement aussi dans un deuxième camp qui se trouvait au nord de la localité. Sept pièces dont les attelages ont disparu, mais dont les servants persistent à tirer jusqu'au dernier moment, un certain nombre de soldats, de voitures et de chevaux tombent aux mains des assaillants.

Tandis que, vers 2 heures, il se produit un temps d'arrêt dans la lutte soutenue par l'infanterie, quatorze batteries du IVe corps continuent à canonner l'artillerie française établie sur la hauteur au nord de Beaumont. Bientôt elles se voient renforcées à droite par les batteries saxonnes, à gauche par les bavaroises. Devant cette redoutable ligne d'artillerie qui se porte sans cesse en avant en échelons, les mitrailleuses d'abord, puis vers 3 heures, les autres pièces françaises disparaissent.

A la gauche du IVe corps prussien, le IIe bavarois avait marché sur la ferme de la Thibaudine. Soudain il s'était vu attaqué, depuis l'ouest, par des forces françaises considérables.

C'était la division Conseil-Dumesnil, du 7e corps, qui, par suite d'une erreur et en se conformant aux ordres donnés antérieurement, avait continué à marcher sur Mouzon. Elle était elle-même fort surprise de se voir en face de l'ennemi, qui, à son tour, l'attaqua de front et en flanc. Bientôt, elle renonça à se frayer un passage sur Mouzon et, à 4 heures, elle se retira en grande hâte dans la direction du nord en abandonnant 2 pièces.

Dans l'intervalle, les Bavarois avaient enlevé la ferme de la Thibaudine et les Prussiens celle d'Harnoterie. Les hauteurs étant boisées, on ne pouvait embrasser le terrain situé en avant. L'ennemi avait totalement disparu.

Sous le couvert d'une arrière-garde postée près de la Sartelle, le général de Failly avait fait ce qu'il avait pu pour réunir ses troupes dispersées en avant de Mouzon. En outre, le général Lebrun, afin de le soutenir, avait fait revenir une brigade d'infanterie, une de cavalerie et trois batteries du 12e corps sur la rive gauche de la Meuse.

C'est contre cette nouvelle position défensive que la 8e division s'avança, à 5 heures, avec la 13e brigade[1] en tête, fort péniblement, à travers l'épaisse forêt de Givodeau. En débouchant, les bataillons qui s'étaient emmêlés se virent accueillis par une fusillade fort vive et ouverte presque à bout portant. Les tirailleurs essayèrent vainement, et cela à plusieurs reprises, de se porter en avant; les taillis épais qui couvraient le terrain empêchaient les bataillons d'avancer en ordre serré.

Le corps saxon avait eu à lutter avec les plus grandes difficultés pour se frayer un passage à travers les terrains boisés et marécageux que traverse le ruisseau de Wamme. Quand enfin il se fut tiré de là et qu'il eut atteint Létanne, on constata qu'il était impossible de se porter en avant dans la vallée de la Meuse, vu qu'elle était battue dans toute sa longueur par les batteries françaises très nombreuses, qui

---

[1]. La 1re de la 7e division (IVe corps). (N. d. T.)

occupaient une position inattaquable sur la rive opposée. Aussi les Saxons se mirent-ils à gravir la hauteur, ils s'avancèrent également par la forêt de Givodeau et, de cette façon, le nombre des troupes réunies sur la lisière nord s'accrut encore. Mais il leur était impossible de se déployer sur un front quelque peu étendu. De la sorte, le combat d'infanterie subit vers 6 heures du soir un temps d'arrêt sur ce point.

La 14e brigade s'était portée à la hauteur de la 13e, à sa gauche, et la 8e division avait suivi, formée sur deux colonnes.

Le 93e régiment d'infanterie avait enlevé la hauteur au nord-est de Yoncq, et, tout en poursuivant l'ennemi, il était arrivé jusqu'au pied du Mont de Brune. Quatre mitrailleuses et 8 pièces de canon, ayant, en partie du moins, leurs attelages complets, furent prises par le régiment d'Anhalt.

Après que l'artillerie eut été mise en position, et que le 27e régiment d'infanterie fut arrivé, le général de Zychlinski [2] procéda, à 5 heures et demie, à une attaque enveloppante.

Les Français avaient solidement occupé le sommet arrondi et absolument isolé; leurs batteries faisaient face, à l'est, au bois de Givodeau, d'où une attaque était imminente; mais elles firent vivement face au sud et ouvrirent un feu violent sur le 93e et le 2e bataillon du 27e qui s'avançaient là, tandis que le 3e bataillon de ce régiment se portait en avant par l'ouest.

Malgré les pertes qu'elles subissaient, ces troupes, ayant à leur tête le général de brigade et le colonel du 93e, gravissent les pentes; elles enlèvent 6 pièces françaises qui

---

1. Commandant la 14e brigade (2e de la 7e division, IVe corps) qui comprenait les 27e et 93e régiments. (N. d. T.)

tiraient encore, en dépit de la résistance valeureuse des servants et de l'escorte ; puis on poursuit l'ennemi jusque sur la voie romaine, tout en prenant encore 4 pièces ayant leurs attelages au complet, mais abandonnées par leurs artilleurs.

Sans attendre d'être soutenus par la 13ᵉ brigade qui suit, les trois bataillons continuent à s'avancer sur Mouzon ; mais soudain ils se voient sur le point d'être chargés par la cavalerie française.

Le maréchal de Mac-Mahon s'était rendu compte qu'il n'avait plus qu'une chose à faire, à savoir : de quitter la rive gauche de la Meuse dans le meilleur ordre possible. Déjà il avait donné l'ordre de faire revenir sur la rive droite les renforts qu'il avait envoyés de l'autre côté de la rivière. Seul, le 5ᵉ régiment de cuirassiers n'avait pas repassé. Quand il se voit atteint, au nord du faubourg de Mouzon, par les projectiles des Prussiens qui s'avancent, il se jette sur eux avec un superbe mépris de la mort.

Les cuirassiers allèrent donner sur la 10ᵉ compagnie du 27ᵉ. Sans bouger, les hommes attendent le commandement de leur chef, capitaine Helmuth, puis ils font à bout portant une décharge qui atteint 11 officiers et plus de 100 cavaliers. Le brave colonel des cuirassiers tombe frappé à quinze pas en avant de ses hommes. Les survivants reviennent au galop sur la Meuse, et essayent de la traverser à la nage, tous les ponts étant obstrués.

Il y avait encore en avant de Mouzon des masses ennemies considérables, et c'est sur elles que les batteries du IVᵉ corps, qui arrivaient l'une après l'autre, dirigeaient leur feu. Deux batteries bavaroises canonnèrent le pont de Villers, situé plus en aval, et empêchèrent de la sorte les Français de s'en servir pour passer. Puis on enleva le faubourg de Mouzon qu'il fallut arracher à l'ennemi, maison par maison, et l'on occupa le pont sur la Meuse. Les Français voyant que la retraite leur était coupée attendirent la 8ᵉ division qui s'avançait par la vallée de Yoncq et l'accueillirent par un feu très vif, mais celle-ci les refoula davantage encore vers la rivière.

Les fractions de troupes françaises postées en avant du bois de Givodeau se trouvaient dans une situation tout aussi désespérée ; elles furent attaquées par la 7ᵉ division et le XIIᵉ corps, et, après une lutte opiniâtre, elles furent dispersées. A la tombée de la nuit, les Français ne résistaient plus de ce côté-ci de la Meuse. Beaucoup des leurs qui n'avaient pu passer furent faits prisonniers, d'autres se cachèrent dans les fermes ou dans les terrains boisés, ou bien cherchèrent à se sauver à la nage.

Dans cette bataille aussi, les assaillants avaient fait des pertes plus considérables que les défenseurs. L'armée de la Meuse perdit 3 500 combattants appartenant en grande majorité au IVᵉ corps. Les Français accusent une perte de 1 000 hommes, mais ce jour-là, et le 31, dans le courant de la matinée, on leur fit 3 000 prisonniers, la plupart non blessés ; on leur prit 51 bouches à feu, 33 caissons de munitions et beaucoup d'autres voitures, et en outre une caisse militaire contenant 150 000 francs. Mais l'essentiel était que par suite de la bataille ils se trouvaient refoulés dans une position extrêmement défavorable.

Tandis que le IVᵉ corps avait soutenu presque à lui seul la lutte dans la journée du 30, la cavalerie saxonne s'était portée en avant, sur la rive droite de la Meuse, et observait l'ennemi vers Mouzon et Carignan. La garde royale atteignit Beaumont, le général von der Tann s'était avancé, avec le Iᵉʳ corps bavarois, tout en soutenant de petits engagements, sur Raucourt par la Besace; le II⁰ corps bavarois se réunissait à Sommauthe, le V⁰ prussien atteignait Stonne, le XI⁰ la Besace, si bien qu'alors sept corps d'armée se trouvaient étroitement concentrés entre la Meuse et la Bar.

Quand la bataille eut pris fin, le roi était retourné à Buzancy, toutes les localités plus rapprochées étant remplies de blessés. A Clermont déjà on avait pu voir quels graves ennuis occasionnait la présence, au grand quartier général, de quelques centaines de hauts personnages, les princes et leur suite, quand il fallait renoncer à l'établir dans une grande ville, et le transférer dans telle petite localité où, au seul point de vue militaire, était sa vraie place. Le 30, on s'en aperçut bien mieux encore. C'est à grand'peine qu'on put trouver, fort tard dans la nuit, un abri pour les hommes qui avaient à élaborer les ordres nécessaires pour la journée du lendemain.

Ces ordres portaient que le 31 deux des corps de l'armée de la Meuse passeraient sur la rive droite afin d'empêcher les Français de se porter par Montmédy sur Metz, s'ils y songeaient encore. Il y avait d'ailleurs à Étain et à Briey deux corps de l'armée d'investissement prêts à les recevoir. La troisième armée devait continuer à avancer dans la direction du nord.

La situation était telle qu'on entrevoyait déjà la possibilité de contraindre l'armée de Châlons à passer sur le territoire neutre de la Belgique; aussi le gouvernement de Bruxelles fut-il invité, par voie diplomatique, à procéder, le cas échéant, au désarmement des troupes qui pénétreraient sur son territoire. Les troupes allemandes avaient pour instructions de franchir sans retard aucun la frontière si l'adversaire n'y déposait pas les armes.

Pendant que le 5ᵉ corps français luttait encore à Beaumont et que les autres franchissaient la Meuse, le maréchal de Mac-Mahon avait donné l'ordre de concentrer l'armée à Sedan. Il n'avait pas l'intention d'y livrer une bataille, il voulait simplement accorder à ses troupes un court repos et les pourvoir de vivres et de munitions, les deux choses étant également indispensables. Puis il commencerait sa retraite par Mézières où le général Vinoy arrivait à ce moment même avec le 13ᵉ corps nouvellement formé. Le 1ᵉʳ corps avait atteint Carignan dans le courant de l'après-midi déjà ; vers le soir, deux de ses divisions prirent position à Douzy afin d'arrêter les Allemands s'ils essayaient de serrer de près l'armée française.

Quoique la Meuse empêchât absolument les vainqueurs de Beaumont de poursuivre les Français, immédiatement après le bataille, la retraite de ceux-ci se changea bien vite en débandade. Les troupes étaient absolument exténuées par les efforts qu'elles avaient dû faire de jour et de nuit, sous une pluie battante, et par le manque de vivres. Des marches et contre-marches qui leur paraissaient inexplicables avaient ébranlé leur confiance dans les hommes placés à leur tête et l'issue malheureuse d'une série d'engagements faisait qu'elles doutaient d'elles-mêmes. Des milliers de fuyards, demandant du pain à grands cris, se pressaient sur les chemins défoncés par les charrois, afin d'atteindre la petite place de guerre qui se trouvait être, d'une manière si inopinée, le point de rassemblement d'une grande armée.

L'empereur Napoléon, venant de Carignan, arriva à Sedan fort tard dans la soirée, puis, dans la nuit du 30 au 31 août, le 7ᵉ corps atteignit Floing et, dans la matinée seulement du 31, le 12ᵉ arrivait à Bazeilles. Le 5ᵉ corps, profondément démoralisé, se reforma près du faubourg qui s'étend à l'est de la place. Dans le courant de l'après-midi le 1er corps parut également, non sans avoir dû soutenir des engagements d'arrière-garde avec la cavalerie allemande ; il s'établit dans une position en arrière de la vallée de Givonne. Dès lors, il ne fallait pas songer à continuer, ce jour-là, la marche sur Mézières. Tout au contraire, le 12e corps dut, dès le soir, faire face à l'ennemi, à Bazeilles, où le tonnerre des bouches à feu annonçait déjà l'approche des Allemands. L'ordre avait été donné de détruire les ponts à Bazeilles et à Donchery, mais les troupes étaient harassées et ne purent l'exécuter.

31 août. — En fait de troupes de l'armée de la Meuse, la garde royale et la 12e division de cavalerie avaient passé la rivière à Pouilly sur un pont de pontons jeté à Létanne. Elles avaient ensuite franchi la partie de terrain qui s'étend entre la Meuse et le Chiers. Elles s'attachèrent aux pas de l'ennemi battant en retraite, lui livrèrent un certain nombre d'engagements peu importants et le suivirent jusqu'à la nouvelle position qu'il allait occuper, tout en faisant prisonniers un grand nombre de traînards. Puis la garde royale franchit le Chiers à Carignan pour faire halte à Sachy ; le XIIe corps se porta sur la Meuse, à Douzy, en établissant son avant-garde à Francheval, sur la rive opposée. Le IVe corps resta à Mouzon.

En ce qui concerne la troisième armée, la 4e division de cavalerie courut en avant jusque vers Sedan ; elle refoula deux grand'gardes françaises hors de Wadelincourt et de Frénois et, de cette dernière localité, ses batteries ouvrirent le feu sur la ligne du chemin de fer. A l'aile gauche, la 6ᵉ division de cavalerie avança, dans la direction de Mézières, jusqu'à Poix.

Dans le courant de la matinée déjà, le 1ᵉʳ corps bavarois avait atteint Remilly. Il fut canonné par l'ennemi de la rive opposée et son artillerie se mit en position sur le bord gauche de la vallée. Il s'engagea une canonnade fort vive à laquelle prirent finalement part 60 pièces bavaroises. A ce moment là seulement, les Français tentèrent de faire sauter le pont du chemin de fer au sud de Bazeilles ; mais le feu vigoureux du 4ᵉ bataillon de chasseurs[1] contraignit les soldats et les travailleurs français à s'éloigner ; les chasseurs jetèrent à l'eau les tonneaux de poudre et franchirent le pont peu après midi. En dépit d'une grêle de balles, le bataillon pénétra dans Bazeilles et occupa la lisière nord de cette localité très étendue.

Dès lors, le 12ᵉ corps français se vit contraint de se déployer entre Balan et la Moncelle ; les batteries du 1ᵉʳ corps vinrent le renforcer ; on opposait ainsi des forces considérables à cette petite troupe téméraire.

Cependant, ce jour-là déjà, le général von der Tann n'avait pas jugé opportun d'engager avec son seul corps un combat sérieux, de l'autre côté de la Meuse, contre l'ennemi étroitement concentré. Dès lors la petite troupe établie à Bazeilles, ne pouvant compter sur des secours, revint sur la rive gauche, à 3 heures et demie, sans être poursuivie.

Dans l'intervalle, les Allemands avaient, sans être inquiétés, jeté deux ponts de pontons à Allicourt. Les trois ponts qui venaient d'être établis furent rendus impraticables pour la nuit, tandis que 84 bouches à feu vinrent

---

1. Non pas le 4ᵉ prussien faisant partie de la 7ᵉ division (IVᵉ corps), mais le 4ᵉ bavarois (1ʳᵉ division, Iᵉʳ corps). (N. d. T.)

prendre position sur la rive gauche afin de couvrir, le lendemain, le passage des troupes allemandes. Le Ier corps bavarois s'établit dans des bivouacs à Angecourt, le IIe à Haucourt.

A la gauche des Bavarois, le XIe corps se porta en avant dans la direction de Donchery ; le Ve suivait. L'avant-garde constata que l'ennemi n'avait pas occupé cette localité et se déploya sur la rive droite. En aval de Donchery, et dans le voisinage immédiat de la localité, on jeta deux autres ponts sur la Meuse ; à 3 heures la besogne était terminée. Le pont du chemin de fer en amont de Donchery n'était pas non plus gardé. On le détruisit.

A l'extrême aile gauche, les Wurtembergeois et la 6e division de cavalerie eurent le contact avec le 13e corps français qui venait d'atteindre Mézières.

Le quartier général du roi fut transféré à Vendresse.

En dépit d'une série de marches dont quelques-unes avaient été très longues, malgré le mauvais temps et l'obligation de recourir aux réquisitions pour faire vivre les troupes, l'armée de la Meuse, à l'est, et la troisième armée, au sud, se trouvaient à présent dans le voisinage immédiat de l'armée française. Il est permis d'admettre que le maréchal de Mac-Mahon voyait fort bien que le seul moyen de sauver son armée, en partie du moins, était de continuer immédiatement la retraite et cela dès le 1er septembre. A la vérité, le prince royal de Prusse, qui occupait tous les ponts sur la Meuse, eût immédiatement pu prendre en flanc l'armée française battant en retraite sur la bande de terrain large à peine de 8 kilomètres qui s'étend entre la Meuse et la frontière belge. Le maréchal n'a pas cru pouvoir risquer la chose. On ne saurait trouver d'autre explication à ce fait, que l'état de lassitude extrême et la démoralisation de ses troupes. Ce jour-là encore l'armée était incapable de faire une marche de guerre régulière ; elle pouvait simplement se battre là où elle était postée.

Le grand état-major croyait que le maréchal tenterait la retraite sur Mézières. Aussi l'armée de la Meuse reçut-elle l'ordre d'attaquer l'ennemi dans ses positions afin de l'y retenir ; la troisième armée devait s'avancer sur la rive droite de la Meuse, en ne laissant qu'un seul de ses corps sur la rive gauche.

La position des Français à Sedan avait ses derrières couverts par la place. La Meuse et les vallées du ruisseau de Givonne et du ruisseau de Floing formaient des obstacles considérables, mais il fallait que ces deux ailes extrêmes de la position fussent défendues opiniâtrément. Le calvaire d'Illy constituait un point important. Il était renforcé par le bois de la Garenne situé en arrière, d'où la croupe de la hauteur s'abaisse jusqu'à Bazeilles en offrant de nombreux couverts dans les dépressions de la vallée. C'est par Illy que passe le chemin qu'il fallait prendre si, en cas d'extrême nécessité, on se décidait à franchir la frontière belge. Tout au contraire, Bazeilles, le point d'appui très fort, en tant que localité, du front de Givonne, forme une saillie qui, depuis que l'ennemi était maître des ponts de la Meuse, pouvait être attaquée de deux côtés.

BATAILLE DE SEDAN

1er septembre. — Afin de retenir l'ennemi dans sa position, en agissant de concert avec l'armée de la Meuse, le général von der Tann fit passer, dès 4 heures du matin, par un épais brouillard, les ponts de pontons à sa 1re brigade et la porta sur Bazeilles. Elle pénétra dans le village, mais elle trouva toutes les rues barricadées et de toutes les maisons on tirait sur elle. La compagnie qui tenait la tête atteignit, il est vrai, la lisière nord de la localité, tout en essuyant des pertes graves ; les autres compagnies, au contraire, ayant engagé une lutte violente avec les défenseurs des maisons, furent refoulées hors de la partie occidentale du bourg, après que les Français eurent été renforcés par une deuxième brigade du 12e corps. Mais elles se maintinrent dans les fermes de la lisière sud et, de celles-ci, elles exécutaient des retours offensifs. Comme il arrivait sans cesse des troupes fraîches, allemandes et françaises, que les défenseurs se virent même renforcés par une brigade du 1er corps et une autre du 5e, la lutte continua pendant des heures, avec des alternatives de succès et de revers, surtout aux alentours de la villa Beurmann, située en avant du débouché et commandant la rue principale dans toute sa longueur. Les habitants prenaient une part fort vive à la lutte : il fallut donc tourner les armes contre eux aussi.

La forte position d'artillerie établie sur le bord gauche de la vallée de la Meuse n'avait pu, cela va de soi, ouvrir le feu sur Bazeilles, qui était bondé de troupes, et dont quelques maisons brûlaient déjà. Mais quand, à 8 heures, la 8e division eut atteint Remilly, le général von der Tann engagea ses dernières brigades. Le parc de Monvillers, clos de murs, fut pris d'assaut, et l'on força l'entrée de la villa Beurmann. A 9 heures, l'artillerie franchit le pont, et la 8e division fut invitée à fournir des secours aux troupes engagées ; l'aile droite des Bavarois avait attaqué de son côté les Français à la Moncelle, au sud de Bazeilles.

Dès 5 heures du matin, le prince Georges de Saxe [1] avait porté en avant, dans cette direction, une avant-garde de sept bataillons, depuis Douzy. Ils refoulèrent les Français hors de la localité, se portèrent sur la Platinerie et le pont qui se trouve en cet endroit, et occupèrent, malgré le feu très vif de l'ennemi, les maisons situées de l'autre côté du ruisseau de Givonne, qu'ils mirent immédiatement en état de défense. On établit les communications avec les Bavarois, et la batterie d'avant-garde prit position sur le bord oriental de la vallée ; mais, pour le moment, il était impossible d'envoyer de l'infanterie au secours de cette troupe, qui s'était si audacieusement avancée.

Le maréchal de Mac-Mahon avait été, à 6 heures du matin, blessé par un éclat d'obus. Il avait désigné le général Ducrot pour lui succéder comme général en chef, sans tenir compte des droits de deux généraux commandant un corps d'armée, plus anciens que celui-ci. Prévenu à 7 heures, le général Ducrot donna les ordres nécessaires pour concentrer, à ce moment-là encore, l'armée à Illy, afin de commencer aussitôt la retraite sur Mézières. Il avait déjà envoyé à Daigny la division de Lartigue, du 1er corps, afin de couvrir le passage ; les divisions Lacretelle et de Vassoigne avaient reçu l'ordre de prendre l'offensive contre les Saxons, afin de donner aux autres corps le temps voulu pour effectuer leur retraite. Les divisions qui se trouvaient en deuxième ligne se mirent immédiatement en marche dans la direction du nord.

Mais le ministre de la guerre avait envoyé à l'armée le général de Wimpffen, qui venait d'être rappelé d'Afrique, avec la mission de remplacer le général de Failly à la tête

---

[1]. Commandant en chef du XIIe corps (saxon). (N. d. T.)

du 5ᵉ corps. Ce général était en outre porteur de pleins pouvoirs, en vertu desquels il avait à prendre le commandement supérieur de l'armée, si le maréchal devenait indisponible.

Le général de Wimpffen savait que les troupes du prince royal de Prusse étaient postées jusque vers Donchery. Il tenait la retraite sur Mézières pour absolument impraticable, et voulait faire la trouée dans un sens diamétralement opposé, par Carignan; il était sûr de pouvoir passer sur le corps aux Saxons et aux Bavarois, et de parvenir à opérer sa jonction avec le maréchal Bazaine. Quand donc il fut mis au courant des dispositions prises par le général Ducrot et qu'il vit qu'une attaque dirigée sur la Moncelle semblait prendre une tournure favorable, il produisit — pour son malheur — ses pleins pouvoirs.

Le général Ducrot ne fit pas de difficultés pour lui céder le commandement supérieur. Il ne lui était peut-être pas désagréable de n'avoir pas à assumer une si lourde responsabilité. Aussitôt, les divisions de seconde ligne, qui s'étaient déjà mises en marche, reçurent l'ordre de rebrousser chemin, et les troupes de la première ligne, qui procédaient à l'attaque, l'exécutèrent avec une vigueur telle que les fractions peu nombreuses de Bavarois et de Saxons se trouvèrent serrées de très près et fort compromises.

Dès 7 heures du matin, alors que l'un des régiments de l'avant-garde saxonne pénétrait dans la Moncelle, l'autre avait dû faire un crochet à droite afin de parer à l'attaque imminente de la division de Lartigue par Daigny. De part et d'autre les tirailleurs s'engagèrent vivement. Le régiment saxon avait, en partant, déposé les sacs, et les hommes avaient négligé d'en retirer les cartouches. Ils eurent bien vite fait d'épuiser les munitions qu'ils portaient dans leurs gibernes et ils durent repousser à la baïonnette les attaques violentes des zouaves dirigées en particulier contre l'aile droite découverte.

Sur la gauche, au contraire, il s'était peu à peu constitué une forte ligne d'artillerie qui, à 8 heures et demie, se vit portée au chiffre de douze batteries. Mais, de son côté, la division Lacretelle avait atteint le fond de Givonne, et ses lignes de tirailleurs très fournies contraignirent, à 9 heures, les batteries allemandes à remettre l'avant-train. Elles allèrent d'ailleurs occuper une autre position à quelque distance de là et leurs feux firent rétrograder l'ennemi jusque dans la vallée. Puis elles revinrent dans la position primitivement occupée.

Dans l'intervalle, la 4⁰ brigade bavaroise était arrivée à la Moncelle ; la 46⁰ saxonne[1] également s'approchait, si bien qu'on put arrêter totalement la division de Vassoigne, qui jusqu'alors avait gagné quelque peu de terrain.

L'aile droite des Saxons, serrée de très près, avait également reçu les secours dont elle avait le plus pressant besoin ; la 24⁰ division[2] était arrivée et l'on avait pris l'offensive sur ce point. Les Français furent refoulés sur Daigny et pendant ce mouvement rétrograde ils perdirent cinq pièces. Puis, on enleva, de concert avec les Bavarois qui avançaient plus au nord dans la vallée, le village de Daigny, le pont et les fermes de la Rapaille, après avoir eu à soutenir un combat acharné.

A ce moment, c'est-à-dire à 10 heures, la garde royale avait atteint le cours supérieur de la Givonne.

Elle s'était mise en marche, pendant qu'il faisait nuit encore, sur deux colonnes, qui hâtèrent le pas le plus pos-

1. La 2⁰ brigade de la 1ʳᵉ division (XII⁰ corps). — 2. La 2⁰ division du XII⁰ corps. (N. d. T.)

sible, en entendant tonner le canon du côté de Bazeilles. Pour marcher droit au secours des troupes engagées, il eût fallu que la colonne de gauche franchît deux ravins profondément encaissés et la forêt de Chevallier absolument impraticable ; on préféra lui faire faire un détour par Villers-Cernay ; la colonne de droite y dut passer également ; elle traversa la localité à temps encore pour prendre part à la lutte que soutenait le corps saxon contre la division de Lartigue et pour enlever deux pièces à cette dernière.

Les divisions que le général de Wimpffen avait fait revenir en arrière avaient réoccupé déjà leurs positions sur le bord occidental de la vallée. C'est contre elles que, depuis le bord oriental, les quatorze batteries de la garde ouvrirent le feu.

A ce moment-là, c'est-à-dire à 10 heures, le IVe corps était arrivé en arrière de Bazeilles ; l'une de ses divisions, la 7e, avait atteint Lamécourt, l'autre, la 8e, entrait à Remilly et sa tête de colonne s'était avancée jusqu'à la gare.

La première tentative des Français de faire la trouée vers l'est, par Carignan, avait échoué. Mais la retraite vers l'ouest, sur Mézières, était également coupée dès ce moment-là. Les Ve et XIe corps et la division wurtembergeoise, de la troisième armée, avaient reçu l'ordre de se porter en avant sur la route conduisant à cette place. Les troupes s'étaient mises en marche dans la nuit et dès 6 heures du matin elles franchissaient la Meuse à Donchery et sur les trois ponts de pontons qui avaient été construits plus en aval.

Les patrouilles qu'elles envoyèrent en avant constatèrent que la route était absolument libre et la canonnade violente qu'on entendait du côté de Bazeilles permettait de supposer que les Français avaient accepté la bataille dans leurs positions de Sedan. En conséquence, le prince royal donna l'ordre aux deux corps d'armée qui se trouvaient déjà à la hauteur de Vrigne, de faire une conversion à droite et de s'avancer sur Saint-Menges, tandis que la division wurtembergeoise resterait où elle était, afin d'observer Mézières. Dès maintenant le général de Kirchbach[1] assigna à son avant-garde Fleigneux comme but de la marche qui allait être entreprise afin d'empêcher l'ennemi de s'échapper en passant sur le territoire belge, et aussi pour établir les communications avec l'aile droite de l'armée de la Meuse.

La route qui mène à Saint-Albert passe par un défilé long de 2 000 pas que forment d'une part la rivière et de l'autre la colline. Les Français ne l'avaient pas occupé, ils ne le faisaient pas même surveiller ; aussi l'avant-garde prussienne ne rencontra-t-elle un détachement ennemi qu'au moment où elle entrait à Saint-Menges. Il disparut bientôt et les troupes prussiennes se déployèrent dans la direction d'Illy. Sur la droite, deux compagnies pénétrèrent dans Floing où, pendant les deux heures qui suivirent, elles repoussèrent, sans recevoir de secours, les attaques réitérées de l'ennemi.

Les premières batteries prussiennes qui étaient arrivées de ce côté eurent peine à tenir contre celles des Français établies à Illy et en nombre bien supérieur. Au début, elles n'étaient couvertes que par la cavalerie et par quelques compagnies seulement, dont le nombre croissait à mesure qu'elles parvenaient à déboucher du défilé de Saint-Albert. Aussi ces batteries constituaient-elles un objectif vraiment tentant pour la division de cavalerie Margueritte postée sur la hauteur d'Illy. Il était 9 heures quand le général de Galliffet s'avança pour charger, à la tête de trois régiments

---

[1]. Le commandant en chef du V⁰ corps. (N. d. T.)

de chasseurs d'Afrique et de deux de lanciers formés sur trois lignes. Il vient donner d'abord sur deux compagnies du 87ᵉ régiment d'infanterie qui l'accueillent par un feu rapide, ouvert à la distance de 60 pas. La première ligne continue d'avancer, puis, faisant un changement de direction à droite et à gauche, elle reçoit les décharges des soutiens logés dans les taillis. Les batteries prussiennes lancent leurs obus dans les rangs emmêlés des cavaliers français, qui finalement tournent bride après avoir essuyé des pertes graves et vont s'abriter dans le bois de la Garenne.

A 10 heures, c'est-à-dire au moment où les attaques des Français étaient repoussées à Bazeilles et à Daigny, quatorze batteries du XIᵉ corps allaient déjà prendre position sur la crête de la hauteur qui s'élève au sud-est de Saint-Menges et à côté de la colline. Les batteries du Vᵉ corps vinrent bientôt les rejoindre. De fortes colonnes d'infanterie s'avançaient sur Fleigneux et dès lors, à ce moment-là déjà, le cercle de fer autour de Sedan était presque fermé. L'un des deux corps bavarois et la réserve d'artillerie, sur la rive gauche de la Meuse, suffisaient pour empêcher les Français de faire leur trouée dans cette direction, et sur la rive droite cinq corps d'armée se tenaient prêts à exécuter une attaque concentrique.

Soutenus par les troupes qui marchaient en tête du IVᵉ corps, les Bavarois et les Saxons s'avancèrent depuis Bazeilles tout en flammes et la Moncelle, et refoulèrent jusque vers le fond de Givonne les fractions du 12ᵉ corps français postées à l'est de Balan, malgré la résistance opiniâtre qu'elles leur opposaient.

On s'était donc rendu maître de l'extrémité sud de la hauteur qui allait s'abaissant depuis Illy. Il fallait s'attendre à voir l'ennemi renouveler ses attaques. On alla au plus pressé qui était de rallier et de reconstituer les unités des différents corps qui s'étaient emmêlées. Ceci fait, la 5ᵉ brigade bavaroise se porta en avant sur Balan. Dans la localité même elle ne rencontra qu'une faible résistance ; par contre il lui fallut soutenir une lutte des plus acharnées avant de pouvoir s'emparer du parc du château situé à l'extrémité du village.

Depuis Balan le bataillon le plus avancé se déploya, peu après midi, devant les ouvrages de la place, et cela si près qu'il échangea des coups de fusil avec la garnison. Il s'engagea un combat par les feux traînant entre les autres troupes et l'ennemi qui prenait de nouveau solidement position autour de Givonne. Il était évident qu'il venait d'être renforcé. Peu après 1 heure, il reprit vigoureusement l'offensive, après qu'elle eut été préparée par l'artillerie et les mitrailleuses. La 5ᵉ brigade bavaroise fut refoulée à une certaine distance ; mais la 6ᵉ étant venue la secourir, elle reconquit ses positions après un engagement qui dura toute une heure.

Pendant ce temps, le corps saxon s'était déployé plus au nord, dans la vallée, vers Givonne. Les premières fractions de la garde avaient déjà pénétré dans cette localité de même que dans Haybes. L'artillerie prussienne contraignit les batteries ennemies à changer de place à plusieurs reprises ; l'une d'elles dut même battre en retraite pour de bon. Afin de se dégager sur ce point, les Français tentèrent plusieurs fois de se porter en avant en fortes lignes de tirailleurs, mais ils perdirent 10 pièces qui étaient entrées dans Givonne, déjà occupé par les Allemands et qui furent capturées avant d'avoir pu ôter l'avant-train. Déjà les obus prussiens atteignaient, il est vrai, à grande distance, mais efficacement quand même, le bois de la Garenne où l'on voyait que des masses de troupes considérables se mettaient en mouvement.

Après qu'elle eut chassé de la Chapelle les francs-tireurs de Paris, la cavalerie de la garde remonta la vallée par Givonne, et à midi les hussards avaient établi les communications directes de l'armée de la Meuse avec l'aile gauche de la troisième armée.

En effet, une des brigades de cette dernière, la 41e, s'était portée de Fleigneux dans la partie supérieure de la vallée de Givonne. Déjà la retraite des Français depuis Illy, dans la direction du sud, avait commencé. Trente voitures avec leurs attelages, des centaines de chevaux de cavalerie courant librement en tous sens, tombèrent aux mains du 87e régiment qui prit en outre 8 pièces de canon tirant encore. De même la cavalerie d'avant-garde du Ve corps fit prisonniers le général Brahaut[1] avec son état-major et de nombreux fantassins isolés; elle captura en outre 150 chevaux et 40 caissons de munitions ou fourgons de bagages.

Les Français avaient également cherché à se frayer un passage dans la direction de Floing. Mais la fraction d'infanterie très faible qui y avait pris position d'abord, avait reçu des renforts, et l'ennemi, qui avait réussi à pénétrer dans la localité, fut refoulé. A ce moment, les vingt-quatre batteries de l'armée de la Meuse croisèrent leurs feux avec ceux des batteries de la garde qui venaient de s'établir dans une position sur le versant oriental de la vallée de Givonne. Rien ne put leur résister. Les canons français furent démontés, des caissons en grand nombre sautèrent.

Au début, le général de Wimpffen avait cru que le mouvement en avant des Allemands depuis le nord n'était qu'une

---

1. Commandant la division de cavalerie du 5e corps. (N. d. T.)

attaque simulée ; vers midi, il se rendit sur les lieux et put se convaincre qu'elle était très sérieuse.

En conséquence il donna l'ordre de porter sur la hauteur d'Illy, pour renforcer le général Douay, les divisions postées en seconde ligne derrière le front de Givonne occupé par le 1er corps. Quand il revint auprès du 12e corps, il le trouva en pleine retraite sur Sedan. Il invita de la façon la plus pressante le général Douay à envoyer des secours dans la direction de Bazeilles. Et, en effet, la brigade de Maussion et même la division Dumont se mirent en marche vers ce point, la division Conseil-Dumesnil venant relever celle-ci en première ligne. Toutes ces marches et contre-marches avaient lieu dans l'espace s'étendant au sud de la forêt de la Garenne, que l'artillerie allemande battait des deux côtés. La cavalerie qui rétrogradait en ce moment vint mettre le comble au désordre, et plusieurs bataillons gagnèrent la forêt qui n'offrait plus qu'une protection incomplète. A la vérité, le général Douay, soutenu par des fractions du 5e corps, réoccupa le Calvaire, mais à 2 heures il dut l'abandonner de nouveau et alors les pièces de l'artillerie de la garde royale dirigèrent leurs feux sur la forêt qui s'étend en arrière d'Illy.

Seule la division Liébert avait jusqu'alors tenu dans les positions très fortes qu'elle occupait sur les hauteurs au nord de Casal. Du côté des Allemands, les Ve et XIe corps n'avaient pu rassembler que fort lentement des forces suffisantes, à Floing. Les premières troupes se mirent, peu après 1 heure, soit à gravir le versant de la colline qu'elles avaient en face d'elles, soit à se diriger par le sud sur Gaulier et Casal, tandis que d'autres se portaient en avant depuis Fleigneux. Les troupes étaient emmêlées au point que l'unité de direction était impossible, et il s'engagea une lutte fort longue qui coûta beaucoup de monde et dont l'issue semblait douteuse. Mais finalement la résistance de la division française, serrée de près de deux côtés et exposée à une grêle d'obus, faiblit, et comme les réserves du 7e corps avaient été envoyées sur d'autres parties du champ de bataille, ce fut encore la cavalerie française qui se dévoua en prenant part à la lutte.

Le général Margueritte accourt avec sept régiments de cavalerie légère et deux de lanciers du bois de la Garenne au secours de la division Liébert. Mais dès le début il est atteint d'une blessure fort grave et c'est le général de Galliffet qui prend la direction des charges pour lesquelles le terrain n'était guère favorable. Avant de commencer la charge proprement dite, les régiments pris violemment en flanc par les batteries prussiennes avaient perdu leur cohésion. Quoique leurs rangs fussent éclaircis, les escadrons n'en avancent pas moins au galop de charge et le plus résolument du monde, l'un après l'autre, contre la 43e brigade d'infanterie, dont une partie est couchée à terre et l'autre postée en files de tirailleurs ou en groupes plus compacts le long des pentes, de même que contre les renforts qui arrivent de Fleigneux.

Sur plusieurs points la ligne la plus avancée de la brigade est enfoncée ; depuis Casal quelques cavaliers audacieux se jettent entre les pièces allemandes qui tirent sur eux à mitraille, mais les compagnies placées derrière empêchent les escadrons de pousser plus loin. Des cuirassiers français s'élancent depuis Gaulier et chargent sur les derrières de l'adversaire ; mais dans la plaine de la Meuse ils rencontrent les hussards prussiens et s'éloignent au galop dans la direction du nord. D'autres fractions de la cavalerie française traversent les rangs de l'infanterie et parviennent jusqu'au défilé de Saint-Albert où les bataillons qui débouchent sur ce point les repoussent; d'autres pénètrent dans Floing où ils sont fusillés par les chasseurs du 5ᵉ bataillon qui sont obligés de faire front en avant et en arrière.

La deuxième et la troisième ligne de la cavalerie française renouvelle les charges; pendant une demi-heure il y a là une mêlée violente, mais les résultats obtenus vont sans cesse en diminuant. L'infanterie tirant sûrement à petite distance couvre le champ de bataille tout entier de morts ou de blessés. Beaucoup de cavaliers se précipitent dans les carrières ou roulent au bas des pentes escarpées. Il se peut que quelques-uns aient franchi la Meuse à la nage; c'est à peine si la moitié de ces vaillants escadrons put regagner le bois qui leur offrait un abri.

La lutte glorieuse soutenue par la cavalerie française, malgré les pertes énormes qu'elle subit, ne pouvait plus changer la face des choses. L'infanterie prussienne n'avait essuyé que des pertes peu considérables par suite des blessures produites par des coups de taille et de pointe dans la lutte engagée entre fantassins et cavaliers isolés. Elle reprit aussitôt l'attaque dirigée contre la division Liébert. En avançant contre elle on subit des pertes graves : c'est ainsi que les trois bataillons du 6ᵉ régiment d'infanterie n'étaient plus commandés que par des lieutenants. Mais quand Casal eut été enlevé, les Français se retirèrent, à 3 heures, dans la forêt de la Garenne qui était leur suprême refuge.

Au moment où, entre 1 et 2 heures, l'engagement soutenu par les Français, à Bazeilles, semblait, au début, devoir tourner à leur avantage, le général de Wimpffen avait repris son dessein primitif de culbuter les Bavarois, épuisés à présent par la lutte, et de se frayer un passage sur Carignan, avec les 1ᵉʳ, 5ᵉ et 12ᵉ corps, tandis que le 7ᵉ couvrirait la retraite. Mais les ordres qu'il donna à cet effet, ou bien ne parvinrent pas aux corps, ou bien parvinrent trop tard, à un moment où la situation était telle qu'on ne pouvait plus songer à les exécuter.

Par suite des dispositions dont nous avons fait mention plus haut, il disposait encore, en plus de la division de Vassoigne, des divisions Goze et Grandchamp. Entre 2 et 3 heures, elles s'avancèrent depuis le fond de Givonne par la hauteur orientale, et la 23ᵉ division (saxonne) qui remontait la rive gauche de la Givonne, se vit inopinément attaquée par des bataillons en ordre serré et des batteries. Soutenue par l'aile gauche de la garde royale et par le feu des batteries en position sur le bord oriental de la vallée, elle réussit bien vite à repousser les masses ennemies, et même à pénétrer pour un instant dans le fond de Givonne. Il semblait que les Français n'eussent plus d'énergie ; ils se laissaient faire prisonniers par centaines. Dès qu'on eut pris pied sur les hauteurs, à l'ouest de Givonne, l'artillerie alla s'y établir, et, à 3 heures, vingt et une batteries constituaient une position allant de Bazeilles à Haybes.

Il restait à enlever la forêt de la Garenne, où des fractions de tous les corps et de toutes les armes erraient à l'aventure. Après que l'artillerie eut tiré une salve, la 1ʳᵉ division de la garde gravit la hauteur depuis Givonne, des bataillons saxons vinrent se joindre à elle, tandis que l'aile gauche de la troisième armée se portait en avant depuis Illy. Il y eut là une mêlée confuse, au cours de laquelle quelques fractions de troupes françaises résistaient énergiquement, tandis que d'autres se rendaient par milliers,

A 5 heures seulement, les Allemands se rendirent absolument maîtres de la forêt.

Depuis quelque temps déjà, on apercevait de longues colonnes affluant vers Sedan de toutes les hauteurs d'alentour. Dans la place et dans son voisinage immédiat, se formaient des masses désordonnées de troupes de plus en plus denses, et dans cette foule compacte venaient tomber les obus lancés des deux rives de la Meuse par les batteries allemandes. Bientôt, des colonnes de flammes s'élevèrent de la ville, et les chasseurs bavarois, qui s'étaient portés en avant par Torcy, s'apprêtaient à escalader les palissades d'une des portes, quand, vers 5 heures et demie, des drapeaux blancs furent hissés sur les clochers de la ville.

L'empereur Napoléon avait refusé de suivre le général de Wimpffen s'apprêtant à tenter sa trouée; il l'avait au contraire invité à entrer en négociations avec l'ennemi. L'empereur renouvela cet ordre, et les Français cessèrent soudain le feu.

Le roi se trouvait depuis le matin sur la hauteur au sud de Frénois, d'où il suivait la marche de la bataille. C'est là que vint le trouver le général Reille. Il était porteur d'une lettre de l'empereur, tout entière écrite de sa main. Le roi ne savait pas qu'il se trouvait à Sedan. Par cette lettre, il remettait son épée entre les mains de Sa Majesté; mais, comme il ne se constituait prisonnier que personnellement, on demanda, dans la réponse qui lui fut faite, qu'un officier muni des pouvoirs nécessaires fût envoyé afin de négocier la capitulation de l'armée française avec le général de Moltke.

Cette tâche pénible échut au général de Wimpffen, quoiqu'il ne fût en rien responsable de la situation désespérée où avait été réduite l'armée française.

Les négociations eurent lieu à Donchery, dans la nuit du 1ᵉʳ au 2 septembre. Le négociateur allemand était bien obligé de se dire que, vis-à-vis d'un ennemi redoutable comme la France, il n'était permis de se départir d'aucun des avantages obtenus. Du moment que les Français avaient ressenti comme une offense personnelle la victoire remportée par les Allemands sur une nation étrangère, nulle magnanimité inopportune n'aurait pu leur faire oublier leur propre défaite. Il n'y avait donc qu'un parti à prendre : exiger que toute l'armée déposât les armes et fût prisonnière de guerre. On ne se montra moins rigoureux que sur un point, en accordant que les officiers pourraient être mis en liberté sur parole.

Le général de Wimpffen déclara ne pas pouvoir accepter de pareilles conditions ; les négociations furent rompues et les officiers français retournèrent à Sedan à 1 heure du matin. On leur avait déclaré que, au cas où la convention ne serait pas signée le lendemain à 9 heures, l'artillerie recommencerait à tirer.

Le général de Wimpffen se rendant compte qu'il était absolument impossible de continuer la résistance, signa la capitulation dans le courant de la matinée du 2 septembre.

Ce fut une chance toute particulière pour le maréchal de Mac-Mahon d'avoir été blessé dès le début de la bataille. Sans cela c'eût été forcément lui qui eût apposé sa signature au bas de la capitulation et, quoiqu'il eût simplement exécuté les ordres péremptoires envoyés de Paris, il eût pu difficilement, plus tard, siéger au conseil de guerre[1] qui jugeait celui de ses compagnons d'armes qu'il n'avait pas réussi à débloquer.

1. M. de Moltke semble croire que le maréchal de Mac-Mahon fut l'un des juges de Trianon. (N. d. T.)

On ne voit pas bien pour quelle raison les Allemands fêtent le 2 septembre où ne se passa rien de remarquable que ce qui était la conséquence inévitable des hauts faits accomplis au cours du 1ᵉʳ septembre, la véritable glorieuse journée de leur armée.

La brillante victoire remportée ce jour-là avait coûté aux armées allemandes 460 officiers et 8 500 hommes. Les pertes des Français étaient plus considérables : elles se montaient à 17 000 hommes et sont dues principalement à ce fait que l'artillerie allemande put se déployer pleinement et entièrement. Pendant les engagements déjà, 21 000 hommes furent faits prisonniers. Ce chiffre fut porté au total de 104 000 par les 83 000 hommes prisonniers du fait de la capitulation.

On les réunit d'abord dans la presqu'île d'Iges, que forme la Meuse. On n'avait pas de vivres à leur donner, et pour qu'on pût leur en fournir, le commandant de Mézières permit qu'on en amenât par la voie ferrée jusqu'à Donchery. On dut confier à deux corps d'armée le service de garde et de transport. Les prisonniers furent emmenés par détachements de 2 000 hommes sur deux routes, celle d'Étain et celle de Pont-à-Mousson par Clermont. Dans ces localités ils étaient remis à l'armée d'investissement et transportés dans différentes régions de l'Allemagne.

3 000 hommes avaient été désarmés sur le territoire belge.

Le butin de guerre comprenait trois drapeaux, 419 pièces de campagne et 139 pièces de place, 66 000 fusils, plus de 1 000 voitures et 6 000 chevaux valides.

L'anéantissement de cette armée causa l'effondrement de l'Empire en France.

II

Pendant que l'une des deux portions de l'armée allemande s'avançait victorieuse, l'autre se voyait retenue devant Metz.

La ligne de postes la plus avancée de l'armée d'investissement avait un développement de plus de 45 kilomètres. Si l'ennemi tentait de la forcer, on ne pouvait lui opposer au premier moment, sur le point attaqué, que des troupes peu considérables. Il y avait donc nécessité absolue à renforcer ces postes en élevant des ouvrages. Ces travaux, en plus de ceux qu'occasionnait le déblaiement des champs de bataille, la nécessité de surveiller constamment tous les mouvements de l'ennemi, l'établissement d'un réseau télégraphique reliant tous les quartiers généraux et enfin la construction d'abris pour les troupes absorbaient totalement celles-ci et leurs chefs. Les ambulances n'avaient pas seulement à soigner les blessés, il leur fallait encore recevoir les malades, dont le chiffre allait en augmentant par suite de la température extraordinairement rude et du manque d'abris. Par contre, l'arrêt qui s'était produit dans la lutte facilitait le ravitaillement des troupes qui recevaient en outre de nombreux dons expédiés de l'intérieur de l'Allemagne.

Pendant les premiers jours de l'investissement, les Français n'entreprirent rien contre les Allemands. Eux aussi étaient occupés à se reconstituer, à remplacer les munitions et à organiser leurs cantonnements.

A la date du 20 août le maréchal Bazaine avait écrit à Châlons : « Je vous informerai de ma marche, en admettant que je sois à même de l'entreprendre. » Le 23, il mandait à l'empereur que, si la nouvelle de la diminution sensible subie par l'armée d'investissement se confirmait, il avait l'intention de commencer la retraite, par les places du nord, afin de ne rien compromettre.

SORTIE DE L'ARMÉE DE METZ

26 août. — En effet, le maréchal concentra le gros de ses forces sur la rive droite de la Moselle dès le 26 août, date à laquelle l'armée de Châlons se trouvait encore à 112 kilomètres du canal des Ardennes et où, d'une manière générale, on ignorait encore sa marche sur Metz.

Le mouvement des troupes n'avait pas échappé aux postes d'observation allemands. Ils en communiquèrent la nouvelle à qui de droit, par le télégraphe de campagne.

Afin de renforcer la 3ᵉ division de réserve, à Malroy, 10 bataillons du Xᵉ corps, passant de la rive gauche sur la rive droite se postèrent à Argancy. La 25ᵉ division[1] était postée au pont d'Hauconcourt, toute prête à marcher, et le

---

1. La 25ᵉ division (division hessoise) était la 2ᵉ du IXᵉ corps (N. d. T.)

Ier corps massa ses forces à Servigny. Même si le maréchal parvenait à faire sa trouée dans la direction du nord, les IIIe et IVe corps et une partie du IXe pouvaient lui barrer le chemin à Thionville.

Les Français avaient perdu un temps considérable à franchir les ponts jetés sur la Moselle depuis l'île Chambière ; mais à midi quatre de leurs corps, les 3e, 2e, 4e et 6e se trouvaient étroitement concentrés entre Mey et Grimont. Des fractions de troupes détachées en avant refoulaient les postes allemands au sud-est de Metz sur quelques points, mais au lieu de procéder à une attaque générale, le maréchal réunit tous les généraux commandant les corps d'armée en un conseil de guerre. Le général commandant la place de Metz déclara que les munitions d'artillerie ne suffiraient qu'à livrer une seule bataille et que, une fois qu'elles seraient épuisées, l'armée se trouverait réduite à l'impuissance entre deux masses ennemies. Il ajouta que les ouvrages de la place n'étant pas achevés et complètement armés, celle-ci serait hors d'état de soutenir un siège si l'armée s'éloignait.

On pouvait se rendre compte de tout cela dans Metz, on devait le savoir avant de se mettre en marche. Mais on fit valoir tout spécialement un autre argument encore. Le meilleur service qu'on pût rendre au pays, disait-on, c'était de lui conserver l'armée dont l'existence aurait une importance toute spéciale si des négociations en vue de la paix étaient entamées. Tous les généraux opinèrent contre la continuation du mouvement qu'on venait de commencer et le général en chef, qui s'était abstenu, donna, à 4 heures, l'ordre de ramener les troupes dans leurs cantonnements.

On ne saurait voir, dans tout ce qui fut fait le 26, autre

chose qu'un simulacre. Le maréchal manda au ministre de la guerre que, faute de munitions, il lui était « impossible » de forcer les lignes ennemies, si « l'adversaire n'était pas contraint à la retraite » par des mouvements offensifs du dehors. Il insistait en outre pour qu'on le tînt au courant « des dispositions d'esprit de la population » de Paris.

La conduite que tenait le maréchal Bazaine lui était dictée, non seulement par des considérations militaires, mais encore par des raisons politiques ; cela est hors de doute, mais il est permis de se demander s'il pouvait agir autrement en présence du désarroi où était alors la France. Il ressort de la correspondance dont nous venons de donner des extraits, comme de la conduite qu'il tint dans les batailles sous Metz, qu'il n'avait absolument pas envie de s'éloigner de cette place. A l'abri de ses remparts, il pouvait garder intactes des forces considérables jusqu'au moment où il jugerait à propos d'intervenir. Placé à la tête de la seule armée française qui n'eût pas été détruite, il pouvait acquérir une autorité telle qu'il n'eût point son égal dans le pays. A la vérité, il fallait d'abord que cette armée fût libre et hors du cercle qui l'enserrait. Forcer ce cercle en engageant la lutte avec l'ennemi, c'eût été, même en cas de réussite, affaiblir considérablement son armée, et le maréchal pouvait, en mettant les choses au mieux, admettre qu'étant détenteur de l'autorité, il serait à même d'offrir à l'adversaire des conditions qui détermineraient celui-ci à lui livrer passage. En effet, lorsqu'on en viendrait à faire la paix, les militaires et les diplomates allemands seraient bien obligés de se demander quel était le pouvoir, en France, avec lequel, l'Empire une fois renversé, on pourrait négocier et qui serait assez fort pour leur offrir la garantie nécessaire que les engagements pris seraient tenus.

Que le maréchal, si ses visées s'étaient réalisées, n'eût pas sauvegardé les intérêts de la France, rien ne le prouve ni ne le fait supposer.

Mais bientôt il se forma à Paris un groupe d'hommes qui, sans consulter la nation, se constituèrent en gouvernement, de leur propre autorité, et prirent en main la direction des affaires. Vis-à-vis de ces hommes, le maréchal pouvait certes, en s'appuyant sur son armée, se poser en rival, voire même en ennemi; il pouvait — et c'était là son crime aux yeux du gouvernement de Paris — rétablir l'autorité de l'empereur auquel il avait juré fidélité. Nous n'examinerons pas si, en agissant de la sorte, il n'eût pas évité au pays de longues souffrances et d'énormes sacrifices. Si, dans la suite, on l'accusa de trahison, cela provient de ce qu'il faut à tout prix un « traître » à la vanité française, pour expliquer les défaites essuyées par la nation.

Peu de jours après que le maréchal eut fait son simulacre de sortie, l'armée d'investissement se vit réellement affaiblie. Le généralissime, en effet, avait ordonné, le 29 août, de porter les IIe et IIIe corps à Briey et à Conflans, ce qui fut fait. A la vérité, ces forces pouvaient, de là, agir contre l'un et l'autre des deux maréchaux. De plus, le XIIIe corps, qu'on venait de constituer avec la 17e division d'infanterie, qui était restée pour protéger les côtes et les troupes de Landwehr, venait d'être dirigé sur Metz.

Dans l'intervalle, le maréchal Bazaine avait sans doute compris qu'il s'était fait illusion en espérant pouvoir obtenir le libre passage pour son armée en engageant des négociations. Il résolut en conséquence de forcer les lignes d'investissement. Les troupes reçurent trois jours de vivres, les magasins de la place livrèrent en outre à l'intendance des vivres de réserve. On comprend fort bien qu'il choisit cette fois-ci encore la rive droite pour sa sortie. C'était sur la rive gauche que la plus grande partie des forces ennemies se trouvaient, couvertes par des retranchements. Le terrain est montagneux, coupé en maints endroits par de profonds ravins ; il eût donc été fort difficile de le franchir, et en dernier ressort on eût forcément rencontré, en marchant sur Paris, l'armée du prince royal. Tout au contraire, on trouvait à l'est de Metz un espace pleinement suffisant pour déployer tous les corps d'armée. En marchant de là dans la direction du sud, ceux-ci pénétraient dans un terrain découvert qui n'offrait aucune coupure solide à l'adversaire, et où ils n'auraient devant eux que la partie la moins fortement occupée des lignes d'investissement. En marchant au nord, le long de la frontière belge, ils s'exposaient à des dangers plus sérieux, et avaient à lutter avec de plus grandes difficultés. Mais c'était bien là l'itinéraire que le maréchal avait nettement déclaré vouloir suivre. C'est dans cette direction que marchait l'armée de Châlons ; on savait qu'elle n'était plus loin, et le 31 août, alors qu'elle arrivait à Stenay, dans des conditions déplorables, il est vrai, l'armée du Rhin aussi fit sa sortie de Metz.

BATAILLE DE NOISSEVILLE

31 août. — L'un des corps français postés sur la rive droite de la Moselle, le 3e, devait couvrir le flanc droit des autres, pendant qu'ils se porteraient en avant. De grand matin déjà, une de ses divisions devait donner l'alarme à l'ennemi en s'avançant dans la direction du sud-est, tandis que les trois autres prendraient position en face de Noisseville. Pour les autres corps, on avait jeté trois ponts de bateaux sur la Moselle, et préparé les chemins conduisant à la hauteur de Saint-Julien. Les 4e et 6e corps devaient passer à 6 heures. La rivière une fois franchie, ils iraient occuper, en se rattachant à droite au 3e corps, de Mey par Grimont, une position s'étendant jusqu'à la Moselle, derrière laquelle le 2e, qui suivait, et la garde se réuniraient pour former la seconde ligne. On comptait que la réserve d'artillerie et la cavalerie auraient fini à 10 heures de passer la Moselle ; le train se trouvait dans l'île Chambière. De la sorte, le maréchal eût disposé, à midi, de cinq corps pour l'attaque de la partie de la ligne d'investissement qui s'étend, sur une longueur d'un peu plus de 11 kilomètres, de Retonfay à Argancy, et qui était occupée par deux divisions allemandes seulement.

Dès 7 heures du matin, la division Montaudon se porta en avant depuis le fort Queuleu dans la direction de l'est, et refoula sur Aubigny les avant-postes qu'elle avait en face d'elle. Mais l'état-major allemand ne fut pas dupe de cette démonstration. De bonne heure on avait constaté les mouvements des troupes ennemies, et les grandes masses que, le brouillard du matin une fois dissipé, l'on apercevait en avant du fort Saint-Julien, faisaient nettement voir que l'ennemi tenterait de forcer le passage en marchant dans la direction du nord. Les mesures voulues pour l'arrêter furent prises aussitôt.

Le VIIe corps envoya une de ses brigades, la 28e, à Courcelles comme renfort, de sorte qu'on put porter la 3e du Ier plus près de Servigny. Les troupes du Xe corps dont la présence n'était pas indispensable sur le front de défense de la rive gauche furent mises en marche vers la droite ; le IXe se tint prêt à suivre si besoin était. Le IIIᵉ corps et la 1ʳᵉ division de cavalerie reçurent l'ordre de se rapprocher depuis Briey et le IIᵉ devait se tenir prêt à revenir également.

Ce jour-là le déploiement des Français réussit encore moins que le 26 ; les 4ᵉ et 6ᵉ corps se croisèrent aux ponts et n'atteignirent qu'à 1 heure les terrains de rassemblement qui leur étaient assignés, quoiqu'ils fussent distants d'à peine 4 kilomètres. Ils renoncèrent à attaquer immédiatement et se mirent à faire la soupe. Les engagements sans importance soutenus à l'est d'Aubigny et au nord, dans la direction de Rupigny, avaient pris fin également. La garde n'arriva qu'à 3 heures ; l'artillerie et la cavalerie étaient encore en marche.

Voyant que rien ne bougeait, l'état-major allemand pensa que l'attaque n'était projetée que pour le lendemain. Afin de ménager les troupes, on avait déjà fait revenir une partie des renforts envoyés en avant quand, à 4 heures, l'artillerie française ouvrit soudain un feu des plus violents.

Le maréchal avait mandé tous les chefs de corps à Grimont pour les mettre au courant des dispositions qu'il avait prises.

Il était de toute évidence que les Français, pour dégager les voies dans la direction du nord, se voyaient obligés d'abord de diriger leurs attaques vers l'est et de couvrir leur flanc droit. Car même si on parvenait à forcer la ligne Malroy-Charly, on ne pouvait continuer la marche tant que l'ennemi était à Servigny et que de là il battait de ses feux le terrain qui s'étend jusqu'à la Moselle et qui n'a qu'une largeur de 5 000 pas. En aucun cas le maréchal ne pouvait compter faire passer la réserve d'artillerie qui n'arriva qu'à 6 heures sur le champ de bataille, ni surtout le train de l'armée resté dans l'île Chambière. Le corps de cavalerie aussi défilait encore et ne put arriver qu'à 9 heures du soir.

Les dispositions que prit le général en chef français étaient en tout point conformes à cette manière d'envisager la situation.

Deux corps, les 3e et 2e, placés sous les ordres du maréchal Le Bœuf, devaient, en s'avançant par les deux côtés de la vallée de Sainte-Barbe, déborder la 1re division prussienne depuis le sud, et le 4e l'attaquer de front, tandis que le 6e se porterait contre la division de réserve à Charly-Malroy. Ces deux derniers corps étaient placés sous la direction supérieure du maréchal Canrobert. La garde fut maintenue en arrière comme réserve.

Dès lors le général de Manteuffel se voyait obligé de lutter contre un ennemi très supérieur, avec des forces qui pour le moment se trouvaient être fort peu nombreuses. Il pouvait lui tenir tête soit à Sainte-Barbe dans une position qu'il n'était pas facile du tout de tourner, soit dans la position Servigny-Poix-Failly, plus exposée mais offrant un champ de tir bien plus favorable. Sur l'avis du général de Bergmann, commandant l'artillerie, il choisit cette dernière et donna l'ordre d'y amener la brigade de Landwehr, d'Antilly où la 25e division alla la remplacer. Dix batteries furent mises en position à 1 000 pas en avant des villages occupés par l'infanterie.

L'effet des feux prussiens était tellement supérieur à celui des batteries françaises que celles-ci se virent bien vite réduites au silence. En outre, trois batteries prenaient en flanc, depuis Rupigny, le 4e corps marchant à l'attaque, et l'arrêtèrent pendant un certain temps, et comme on n'avait pas encore réussi à rejeter les Prussiens sur Sainte-Barbe, le 6e corps, pour le moment, n'entreprit pas d'attaquer sérieusement la division de réserve à Malroy-Charly.

Tout au contraire le maréchal Canrobert reçut l'ordre d'envoyer simplement des fractions de troupes contre le village de Failly formant le point d'appui septentrional de la position de Servigny.

Conformément à cet ordre, la division Tixier se porta en avant, à 7 heures et demie du soir, depuis Villers-l'Orme, mais elle rencontra la résistance la plus opiniâtre à Failly. Attaqués de deux côtés et couverts d'une grêle de projectiles les bataillons de la Prusse orientale se maintinrent dans la localité en engageant la lutte corps à corps jusqu'à ce que la brigade de Landwehr arrivât à leur secours de Vremy.

Les affaires avaient pris, au sud de Servigny, une tournure bien plus favorable pour les Français que dans cet angle rentrant entre deux positions ennemies. Là leurs 3e et 2e corps n'avaient devant eux que la 3e brigade du Ier corps prussien qui se porta au-devant d'eux par Retonfay. Dans la vallée que traverse le ruisseau de Vallières, les divisions Montaudon et Metman avaient pénétré jusqu'au delà de Nouilly, la brigade Clinchant enleva la Brasserie malgré une résistance des plus vives et contraignit, à 7 heures, les défenseurs de Noisseville à battre en retraite. Montoy et Flanville furent occupés par les Français et plus au sud ils refoulèrent les postes de la 4e brigade au delà de Coincy et du château d'Aubigny. Les batteries de la 1re division également, sur lesquelles de fortes lignes de tirailleurs avaient ouvert le feu du ravin situé au sud, durent revenir, à 7 heures, en échelons, dans la position d'infanterie Poix-Servigny, tout en tirant, parfois à mitraille, sur l'adversaire qui les serrait de près.

Mais dans ces positions les Prussiens, quoique complètement tournés sur le flanc gauche, tiennent avec la plus grande opiniâtreté. Déjà la brigade Potier gravit le versant nord de la vallée de Vallières, elle ne parvient pas à atteindre Servigny. Immédiatement après, la division de Cissey s'avance au pas de charge de l'ouest et s'empare du cimetière situé au dehors du village. Tout le 4ᵉ corps français s'est mis en marche contre le front, mais sans obtenir de résultats. Les Français essayent de le forcer entre Poix et Servigny, mais les derniers bataillons que la 2ᵉ brigade tenue en réserve exécutent un retour offensif auquel les compagnies les plus rapprochées prennent part. Les tambours battent la charge, les bataillons se jettent sur l'ennemi et le contraignent à abandonner le cimetière, puis ils le rejettent de l'autre côté du versant de la colline.

Afin de soutenir les troupes qui avaient engagé une lutte si vive sur ce point, la 3ᵉ brigade s'était avancée, à 8 heures et demie du soir encore, sur Noisseville et avait chassé les troupes françaises peu nombreuses qui s'y trouvaient en ce moment, mais l'ennemi étant revenu en force, la brigade évacua la localité ; elle se retira à Petit-Marais.

La lutte cessa sur tous les points ; il semblait qu'elle fût terminée. L'infanterie de la 1ʳᵉ division s'installa dans les villages, l'artillerie s'établit dans des bivouacs. Soudain, une masse considérable apparaissant dans la nuit noire, à 9 heures, s'avança sur Servigny. C'était la division Aymard, qui pénétra dans le village sans avoir tiré un seul coup de fusil et refoula, dans une mêlée violente, les troupes prussiennes qui l'occupaient. Les corps de troupes les plus rapprochés ne s'étaient, pendant un certain temps, aperçus de rien ; mais bientôt ils prennent les armes et, se mettant à assaillir l'ennemi de toute part, ils le refoulent au delà du cimetière où ils laissent une partie des leurs.

Il était 10 heures du soir. La 1ʳᵉ division s'était maintenue dans ses positions malgré la grande supériorité numérique de l'ennemi, mais celui-ci avait pénétré dans le vide entre la 3ᵉ et la 4ᵉ brigade et, depuis Noisseville, il menaçait toujours Servigny en flanc.

1ᵉʳ septembre. — Le 18ᵉ division avait fait une marche de nuit et, à 4 heures du matin, elle était arrivée de la rive gauche sur la droite : de ses deux brigades, l'une alla renforcer l'aile droite, l'autre l'aile gauche de la ligne Malroy-Charly-Bois de Failly. Dès lors, la 25ᵉ division put se poster d'Antilly à Sainte-Barbe ; avec la 6ᵉ brigade de Landwehr elle y constitua une réserve pour la position Poix-Servigny.

Un épais brouillard couvrait encore la vallée, le 1ᵉʳ septembre au matin, mais toutes les troupes avaient déjà pris les armes.

Le maréchal Bazaine, pour ce jour-là aussi, désigna aux généraux commandant les corps d'armée l'enlèvement de Sainte-Barbe comme le premier but qu'il faudrait atteindre afin de rendre possible la marche de l'armée vers le nord ; « au cas contraire, l'armée se maintiendrait sur ses positions ». Par là, il ne pouvait entendre que le terrain commandé par le canon de Metz, et cette phrase montre qu'il ne comptait guère sur le succès.

Pour empêcher l'ennemi de progresser davantage encore dans le flanc gauche de la 1ʳᵉ division, la 3ᵉ brigade s'était déployée dès 5 heures du matin sur la route de Sarrelouis ; 20 pièces se mirent à battre le terrain dans la direction de Montoy et, après que l'artillerie eut, pendant un certain temps, canonné Noisseville, le 43ᵉ régiment se précipita, à 7 heures, dans le village. Une lutte acharnée s'engagea entre lui et les Français qui le défendaient maison par maison ; ils furent secourus par deux de leurs brigades et, après une vive résistance, le régiment fut refoulé. C'était déjà fait, quand les bataillons de la 3ᵉ brigade arrivèrent; ils ne renouvelèrent pas l'attaque.

Une fois qu'il ne fut plus possible de douter que les Français voulaient forcer le passage dans la direction du nord, la 28ᵉ brigade avait été mise en marche à 6 heures du matin de Courcelles, afin de soutenir le Iᵉʳ corps. Ses deux batteries réduisirent au silence celles des Français en position à Montoy, puis elles ouvrirent le feu sur Flanville. Bientôt, l'adversaire se mit à évacuer ce village tout en flammes, dans lequel pénétrèrent, à 9 heures, les bataillons rhénans par le sud, ceux de la Prusse orientale par le nord. A la vérité, le maréchal Le Bœuf fit de nouveau avancer la division Bastoul par Montoy, mais le feu extrêmement efficace de l'artillerie prussienne la contraignit à rebrousser chemin.

Dans l'intervalle, la 3ᵉ brigade avait pris position à hauteur de Retonfay; la 28ᵉ vint se joindre à elle. La brigade de cavalerie hessoise vint, sur ce point, renforcer la 3ᵉ division de cavalerie, et la ligne d'artillerie ayant été augmentée de façon à compter jusqu'à 114 pièces, les 3ᵉ et 2ᵉ corps français se virent dans l'impossibilité d'avancer plus loin, tant la barrière qui se dressait devant eux était forte.

A l'aile droite de l'armée française, la lutte subit un temps d'arrêt, le IVᵉ corps prussien n'avançait pas non plus, vu qu'il lui avait été expressément recommandé d'attendre la marche en avant des Français, avant de renouveler l'attaque contre le front d'artillerie et la position formée par les villages de Servigny et de Poix, attaque fort difficile, comme on avait pu s'en rendre compte la veille. Mais vers 11 heures, la 3ᵉ brigade prussienne, après avoir ouvert un feu des plus meurtriers sur Noisseville, se porta en avant plus au sud contre ce point, soutenue qu'elle était par la Landwehr, et les Français abandonnèrent le village qui brûlait.

Sur la partie nord du front d'attaque le maréchal Canrobert avait fait mettre en position ses batteries, à 8 heures et demie, à Chieulles. Leur feu et celui de l'artillerie de la place contraignirent les troupes prussiennes à abandonner Rupigny pour un certain temps ; mais peu après elles réoccupèrent ce village. Puis la division Tixier attaqua à deux reprises Failly, mais sans aucun succès. Tout au contraire la 36ᵉ brigade (18ᵉ division) prit l'offensive de concert avec la division de réserve et refoula les Français, à 10 heures, au delà du ruisseau de Chieulles. L'ennemi renouvela l'attaque sur Failly ; il échoua, l'artillerie prussienne le prenant en flanc.

Voyant apparaître la 3ᵉ brigade prussienne dans son flanc droit, le maréchal Le Bœuf, quoiqu'il pût lui opposer deux divisions encore, crut devoir commencer la retraite. Le maréchal Bazaine en ayant été avisé, donna, à midi, l'ordre de discontinuer le combat sur tous les autres points.

Le 31 août, l'armée du Rhin était sortie de Metz forte de 137 000 hommes, auxquels 36 000 Prussiens seulement avaient tenu tête.

Pour la première fois dans cette bataille, l'offensive avait été prise par les Français et les Allemands se trouvaient sur la défensive. Ceux-là ne perdirent que 3 000 hommes tandis que les pertes des Allemands étaient de 6 400. La cause doit en être attribuée à la supériorité du fusil français. Mais sur tous les points l'artillerie prussienne avait produit un effet décisif ; c'est elle qui rendit possible la résistance inébranlable que le général de Manteuffel put opposer aux Français.

A partir de ce jour le VIIe corps fut maintenu sur la rive droite de la Moselle sur laquelle les lignes d'investissement se virent renforcées grâce à l'arrivée du grand-duc de Mecklembourg avec le XIIIe corps. Sur la rive gauche les IIe et IIIe corps furent ramenés de l'ouest dans leurs positions. Le même jour, à l'heure même où l'une des armées françaises était anéantie à Sedan, l'autre revenait dans ses positions sous Metz d'où elle n'avait plus guère l'espoir de sortir. Sans nul doute le sort de la campagne était dès maintenant fixé, après une durée de deux mois, mais elle ne devait pas prendre fin de sitôt.

CONSTITUTION DU NOUVEAU GOUVERNEMENT A PARIS

Quand dans la nuit du 3 au 4 septembre on apprit à Paris la défaite de Sedan et la captivité de l'empereur, le Corps législatif avait tenu quelques séances à peu d'intervalle l'une de l'autre pour constituer une délégation de gouvernement. Ces séances furent interrompues par l'invasion des masses populaires qui, au Palais-Bourbon comme à l'Hôtel de Ville, proclamèrent la république au milieu des acclamations de la foule. Quoique les troupes se tinssent sous les armes dans les casernes, les détenteurs du pouvoir ne tentèrent nulle part la résistance, l'impératrice quitta Paris et le général Trochu ainsi que quelques membres de la minorité constituèrent un gouvernement qui prit le nom de « gouvernement de la défense et de la résistance nationales ». Le mot d'ordre était : « Guerre à outrance! » et toute la nation fut appelée aux armes. On déclara qu'on ne céderait à l'ennemi ni un pouce du territoire ni une pierre des forteresses.

Un gouvernement sans base légale aucune avait absolument besoin de remporter des succès et ne devait guère être disposé à entrer en négociations avec l'ennemi pour terminer la guerre.

Quoique celle-ci eût été malheureuse jusqu'à ce moment, la France, si riche en ressources, pouvait continuer la lutte. Le général Vinoy tenait encore la campagne. Les isolés de tous les corps, les troupes de la marine et la gendarmerie pouvaient le rejoindre. Grâce à la réorganisation commencée avec beaucoup d'intelligence par le maréchal Niel, mais trop tôt interrompue, le pays possédait une armée territoriale de 468 000 hommes. On disposait, en outre, de la levée de 100 000 hommes de 1870 et de la garde nationale. Même si on ne fait pas entrer en ligne de compte les francs-tireurs et les corps francs, il résulte de ce que nous venons de dire que la France pouvait lever 1 million d'hommes.

L'armement était assuré, car il y avait en magasin 2 000 bouches à feu et 400 000 fusils Chassepot. En outre, les fabriques de l'Angleterre, pays neutre, ne demandaient pas mieux que de faire de bonnes affaires en travaillant à compléter cet armement.

De telles forces pouvaient, le patriotisme très vif de la nation aidant, fournir une résistance fort longue du moment qu'une volonté ferme les faisait agir.

Cette volonté se personnifia en Gambetta.

Il était ministre de la guerre et, comme tel, d'après le système français, il avait la direction des opérations. D'ailleurs il n'aurait pas pu confier à un autre le commandement suprême ; en république, un général victorieux eût été immédiatement proclamé dictateur à sa place. Sous ses ordres travaillait, en quelque sorte comme chef d'état-major général, un autre civil, M. de Freycinet. La direction énergique mais trahissant le dilettante, qu'ils imprimèrent aux affaires, a coûté cher à la France. Gambetta sut, avec une ténacité inébranlable et une énergie rare, armer la nation tout entière, mais il ne sut pas faire agir les troupes créées par lui d'après un plan nettement conçu. Sans laisser le temps à leurs officiers d'en faire des troupes instruites et solides il les envoyait, durement et brutalement, sans attendre qu'elles fussent complètement armées, tenter des entreprises mal combinées contre un ennemi dont la solide organisation les devait briser malgré leur bravoure et leur dévouement. Il prolongea la lutte en imposant aux deux parties les plus grands sacrifices, sans parvenir à rendre le sort favorable à la France.

Quoi qu'il en soit, les hommes placés à la tête de l'armée allemande allaient avoir à vaincre de grandes difficultés.

Les batailles et engagements livrés depuis le commencement de la guerre lui avaient infligé de grandes pertes; celles essuyées par le corps des officiers étaient irrémédiables. Une des moitiés de l'armée était retenue devant Metz et Strasbourg. Le transport et la garde de plus de 200 000 prisonniers occupaient une grande partie des troupes de l'intérieur, nouvellement constituées. Les nombreuses places de guerre françaises n'avaient pas, il est vrai, constitué un obstacle capable d'empêcher les armées allemandes de pénétrer en France : il n'en fallait pas moins les investir ou du moins les observer afin d'assurer les communications avec l'intérieur de l'Allemagne, le transport des renforts destinés à combler les vides et le ravitaillement; chaque pas qu'on faisait en avant dans le pays ennemi nécessitait un déploiement de forces plus considérable. Après la bataille de Sedan 150 000 hommes seulement étaient disponibles pour reprendre les opérations en rase campagne. Il fallait marcher sur Paris, siège du nouveau gouvernement et centre de gravité du pays tout entier; cela ne faisait doute pour personne, et le jour même où fut signée la capitulation, l'état-major prenait toutes ses dispositions pour régler la marche en avant de l'armée.

On put l'organiser de telle sorte que les troupes qui avaient besoin d'être ménagées, marchaient sur un front très étendu, car le 13ᵉ corps français n'eût pas été, à lui seul, capable de les arrêter. D'ailleurs, il n'y avait qu'une de ses divisions, celle du général Blanchard, à Mézières ; les deux autres, qui étaient en route, avaient déjà reçu l'ordre de rebrousser chemin.

RETRAITE DU GÉNÉRAL VINOY

L'unique préoccupation du général Vinoy était d'arriver à Paris en perdant le moins de monde possible, et c'était en effet la seule à laquelle il devait obéir. La chose n'était pas facile, car le VIᵉ corps prussien, qui n'avait pas assisté à la bataille de Sedan, était posté à Attigny, de telle sorte que, jusque vers Laon, il pouvait, à n'envisager que la distance, atteindre n'importe laquelle des lignes de retraite du corps français, en même temps que celui-ci, sinon plus tôt. Dès le 1ᵉʳ septembre, au soir, le *général de Tümpling*[1] avait fait occuper Rethel par la 12ᵉ division, et de la sorte interceptait la route directe de Paris.

Une marche forcée, seule, et le concours de circonstances

---

1. Général commandant en chef le VIᵉ corps prussien. (N. d. T.)

favorables purent sauver la division Blanchard, qui avait épuisé ses munitions dans de petits engagements, d'une destruction complète.

Le général Vinoy fit distribuer aux troupes des vivres pour plusieurs jours, recommanda aux officiers de tenir la main à ce que la discipline fût strictement observée pendant la marche, et s'avança, dans la nuit du 1er au 2 septembre, sur la route de Rethel, où il comptait trouver la division d'Exéa ; mais celle-ci, utilisant la partie de la voie ferrée qui n'avait pas été détruite, était déjà revenue à Soissons.

De grand matin déjà, la colonne de marche française eut le contact avec des fractions de la 5e division de cavalerie prussienne, puis de la 6e ; mais elle ne fut pas sérieusement attaquée. A 10 heures seulement, lorsqu'il n'était plus qu'à 11 kilomètres de Rethel, le général français apprit que cette localité était occupée par l'ennemi. Il résolut alors de faire un crochet sur Novion-Porcien. Il déploya son arrière-garde en face de l'artillerie à cheval prussienne ; mais ne voyant devant elle que de la cavalerie, elle put se remettre bientôt après à suivre la colonne. Celle-ci atteignit Novion à 4 heures du soir, et s'établit dans un bivouac.

Le général de Hoffmann[1] avait pris position près de Rethel pour attendre l'ennemi dont l'approche avait été signalée. S'étant porté en avant de sa personne, il constata le changement de direction exécuté par les Français, et à 4 heures du soir il se mit en marche sur Ecly, où il arriva fort tard dans la soirée. Une partie de ses troupes poussa en avant jusque vers Château-Porcien.

---

1. Commandant la 12e division (2e du VIe corps). (N. d. T.)

Ayant été avisé que cette route-là aussi lui était barrée, le général Vinoy quitta son bivouac dès 1 heure et demie du matin, tout en prenant soin d'en faire entretenir les feux, et commença sa seconde marche de nuit par une pluie battante, et dans l'obscurité la plus profonde.

D'abord il fit un crochet dans la direction du nord, afin d'atteindre au moins Laon par des chemins détournés. Sa troupe s'avançait par des routes absolument défoncées; elle se vit souvent arrêtée dans sa marche, mais elle n'en arriva pas moins, à 7 heures et demie du matin, à Chaumont-Porcien, sans que l'ennemi eût pu la rejoindre. Là, on fit une halte de deux heures. Les chemins étaient si mauvais qu'il fallut bien recommencer à marcher dans la direction du sud; aussi, quand la tête de colonne atteignit Séraincourt, elle entendit gronder le canon, ce qui prouvait que l'ennemi attaquait l'arrière-garde.

La cavalerie prussienne avait constaté, de très grand matin, que les Français étaient partis; mais quand on envoya prévenir le général de Hoffmann, à Écly, celui-ci n'y était déjà plus. Il s'était mis en marche pour arrêter l'ennemi à Novion-Porcien, où il devait supposer le trouver, après sa première marche de nuit. Mais à 9 heures et demie il constata qu'il n'y avait pas de Français dans la localité. Les deux divisions, l'allemande et la française, avaient donc passé dans le courant de la matinée, l'une auprès de l'autre, marchant en sens opposé à la distance de 7 kilomètres et demi. Le temps était couvert, elles n'avaient pu s'apercevoir. Le général Vinoy atteignit, ce jour-là même, Montcornet, avec ses troupes qui étaient dans un état déplorable. La 12ᵉ division allemande se porta en avant, il est vrai, ce jour-là encore, dans la direction de l'ouest, mais elle ne put atteindre que la pointe d'arrière-garde de l'ennemi, qui se retirait fort vite; elle s'établit à Chaumont-Porcien dans des cantonnements d'alarme.

La marche du général Vinoy s'était exécutée en présence de deux divisions de cavalerie qui auraient dû la voir et y mettre obstacle. Il est vrai de dire qu'elles furent rappelées en arrière dans le moment le moins favorable possible.

En effet, la nouvelle était parvenue à l'état-major de la troisième armée, que des forces ennemies considérables se trouvaient concentrées à Reims, et celui-ci avait ordonné le départ immédiat, pour cette ville, du VI⁰ corps et des deux divisions de cavalerie. Ces dernières s'éloignèrent aussitôt de la ligne de marche de l'ennemi et le général de Tümpling donna l'ordre à ses deux divisions de se porter immédiatement en avant dans la direction de Reims. La 11⁰ division, qui était venue occuper Rethel, se mit en marche conformément à cet ordre, tandis que le général de Hoffmann continua, sous sa responsabilité personnelle, à poursuivre l'ennemi aussi loin qu'il pouvait espérer l'atteindre sans cavalerie, et le lendemain seulement, la 12⁰ division marcha vers la Suippe.

4 septembre. — Le général Vinoy, ce jour-là, fit encore un crochet vers le nord, par Marle, où il apprit que l'empereur était prisonnier de guerre, et qu'une révolution avait éclaté à Paris. Il était essentiel qu'il s'y transportât avec ses troupes, et, le 13, il amenait tout son corps d'armée dans la capitale, ses deux autres divisions étant venues de Laon et Soissons.

MARCHE DE LA TROISIÈME ARMÉE ET DE L'ARMÉE DE LA MEUSE SUR PARIS

Dans l'intervalle, les armées allemandes avaient commencé le 4 septembre leur marche sur Paris. Au préalable il avait fallu reconstituer les unités de ces masses de troupes considérables qui avaient été concentrées, autour de Sedan, sur l'espace le plus restreint qu'il soit possible d'imaginer. La troisième armée, dont deux corps, le XIe et le Ier bavarois, restaient pour le moment à Sedan, dut fournir deux fortes journées de marche dans la direction du sud-ouest pour que l'armée de la Meuse pût, dans l'espace devenu libre, se porter, à droite, sur sa ligne de marche.

On constata bien vite que la nouvelle d'une grande concentration de troupes ennemies à Reims était inexacte. Dès le 4 septembre, des détachements de la cavalerie prussienne entrèrent au galop dans la ville dont la population surexcitée manifestait des sentiments fort hostiles; dans le courant de l'après-midi la 11e division y pénétra, et le lendemain le roi arriva avec le grand quartier général dans l'antique cité où étaient couronnés les rois de France.

Le 10 septembre, la troisième armée avait atteint la ligne Dormans-Sézanne, le VIe corps étant posté en avant à Château-Thierry. L'armée de la Meuse, après qu'on eut vainement tenté d'enlever Montmédy par un coup de main, s'était avancée entre Reims et Laon. La cavalerie courant le pays à grande distance des deux armées assurait leur marche qui s'exécutait sur un front fort étendu. Partout elle constata que la population des campagnes était très surexcitée; les francs-tireurs montraient la plus grande audace, et la cavalerie dut, à plusieurs reprises, mettre pied à terre pour les déloger des localités. Sur beaucoup de points on avait fait sauter les ponts et rendu impraticables les routes en arrachant les pavés.

La 6ᵉ division de cavalerie s'étant présentée devant Laon, la ville avait capitulé. La petite garnison fut faite prisonnière de guerre, 25 pièces, 100 fusils et des approvisionnements en munitions tombèrent entre les mains des Allemands qui relâchèrent en outre 2000 gardes mobiles et les renvoyèrent dans leurs foyers après leur avoir fait prendre l'engagement de ne plus servir durant la guerre. Pendant qu'Allemands et Français étaient réunis en grand nombre dans la cour de la citadelle, le magasin aux poudres sauta; très probablement on y avait mis le feu intentionnellement. L'explosion fit des ravages terribles dans la citadelle comme dans la ville. Du côté des Prussiens 15 officiers et 99 hommes furent tués ou blessés, parmi ces derniers se trouvaient le général commandant la division et son chef d'état-major ; les Français perdirent 300 hommes. Le commandant de la place avait reçu une blessure mortelle.

Le 16, l'armée de la Meuse se trouvait entre Nanteuil et Lizy-sur-Ourcq, la 5ᵉ division de cavalerie s'étant avancée jusqu'à Dammartin et la 3ᵉ par Beaumont, les coureurs étaient arrivés jusque près de Saint-Denis. La troisième armée occupait tout l'espace qui s'étend de Meaux à Brie-Comte-Robert. A Trilport et à Lagny on construisit des ponts militaires permanents pour remplacer les ponts que l'ennemi avait fait sauter et, dès le 17, le Vᵉ corps atteignait la Seine en amont de Paris.

Pour couvrir la construction du pont à Villeneuve-Saint-Georges, la 17ᵉ brigade fut portée en avant sur la rive droite dans la direction de Paris; à Montmesly elle rencontra la division d'Exéa que le général Vinoy avait envoyée pour ramener dans la ville ou détruire des approvisionnements considérables. Un combat s'engagea alors à la fin duquel les Français furent refoulés jusque sous le canon du fort de Charenton.

Le même jour, le IIe corps bavarois atteignit également la Seine et jeta un pont à Corbeil. La 2e division de cavalerie faisait, depuis Saclay, le service de reconnaissance dans la direction de Paris. Le quartier général du roi fut transféré de Reims à Château-Thierry et de là à Meaux. Paris allait sous peu être totalement investi.

Les ouvrages établis sous le règne de Louis-Philippe mettaient la ville parfaitement à même de résister à un assaut. En fait de pièces, il y avait sur les remparts 2 627 canons dont 200 du plus gros calibre fournis par la marine. Pour chacune de ces pièces on avait 500 gargousses ; on disposait en outre de 3 millions de kilogrammes de poudre. Quant aux troupes pouvant faire le service actif, il y avait à Paris, en plus du 13e corps qui venait d'être ramené de Mézières, le 14e qui venait d'être constitué. Ces 50 000 hommes de troupes de ligne, 14 000 marins et soldats des troupes de la marine, formant un corps d'élite dans lequel on pouvait avoir une confiance absolue, puis environ 8 000 gendarmes, douaniers et gardes forestiers formaient le noyau de la garnison. Il y avait en plus 150 000 gardes mobiles qui avaient été précédemment amenés de la province. On forma en outre 130 bataillons de garde nationale ; mais, mal armés et peu disciplinés, ils ne purent être employés qu'à l'intérieur, à garder le corps de place. Quant aux corps francs qui se formaient en grand nombre, la plupart ne rendirent aucun service.

Au total il y avait dans Paris 300 000 défenseurs, juste le

double de l'effectif de l'armée qui venait attaquer la place. Environ 60 000 d'entre eux, avec 124 batteries de campagne et 5 000 hommes de cavalerie pouvaient être employés en rase campagne. Sur la Seine il y avait 5 batteries flottantes et 9 canonnières démontables qui avaient primitivement été destinées à servir sur le Rhin. Sur les lignes de chemins de fer il y avait en outre quelques pièces, placées dans des wagons blindés.

Ce qui présentait le plus de difficultés c'était de pourvoir de vivres pour un temps plus ou moins long cette ville de 2 millions d'habitants. Cependant on était parvenu à transporter 3 000 bœufs, 6 000 porcs, 18 000 moutons et en outre d'autres approvisionnements en quantités si grandes qu'on se sentait à l'abri du besoin pour six semaines au moins.

Les ordres envoyés par le grand quartier général, établi à Meaux, portaient que l'armée de la Meuse investirait la place, munie et pourvue comme nous venons de dire, sur la rive droite de la Seine et de la Marne et la troisième armée sur la rive gauche. D'une manière générale les troupes ne devaient pas s'avancer jusque dans la zone dangereuse de la place, mais assez près cependant pour donner à la ligne d'investissement le moins d'extension possible. Les communications entre les deux armées devaient être assurées, en amont de Paris, par plusieurs ponts qu'on jetterait sur la Seine et la Marne; en aval la cavalerie devait les établir, par Poissy. La troisième armée était invitée à faire exécuter des reconnaissances dans la direction d'Orléans. Au cas où, de cette ville, l'ennemi tenterait de débloquer la place, on le laisserait s'approcher et, une fois qu'il ne serait plus qu'à une petite distance, on se jetterait sur lui avec le gros des forces, tandis que les lignes d'investissement seraient momentanément confiées à la garde de fractions de troupes peu considérables.

On eût, à la vérité, forcé la ville à capituler, du moment qu'elle n'était pas secourue, en la tenant simplement bloquée. Mais le résultat n'eût été atteint qu'au bout de plusieurs mois. Si on voulait aller plus vite il fallait l'y contraindre en employant d'autres moyens : le plus simple, c'était le bombardement.

A l'époque où Paris fut fortifié, on ne se doutait pas que les perfectionnements de l'artillerie doubleraient ou tripleraient la portée du tir. Les ouvrages extérieurs, notamment ceux établis en avant du front sud, se trouvaient si près de la place que celle-ci pouvait être directement canonnée par la grosse artillerie.

On a blâmé l'état-major allemand d'avoir tant tardé à recourir au bombardement; probablement on n'a pas tenu compte des difficultés qu'entraînait cette mesure[1].

Il est permis d'affirmer qu'il est absolument impossible de procéder à l'attaque d'une grande place de guerre située à l'intérieur d'un pays, tant qu'on ne s'est pas rendu maître des voies ferrées ou fluviales qui y mènent, afin d'assurer le transport de l'énorme matériel de guerre qu'exige une pareille entreprise. De le transporter sur les routes de terre, même pour lui faire franchir de petites distances, cela constitue un travail gigantesque. Or, à ce moment-là, l'armée allemande n'avait à sa disposition qu'une seule voie ferrée française, et cette ligne unique était encombrée de convois, les uns amenant les approvisionnements destinés à faire vivre l'armée de campagne,

---

[1]. Voir dans la *Deutsche Rundschau*, numéro d'août 1891, les lettres du général de Roon, ministre de la guerre prussien en 1870. (N. d. T.)

les hommes envoyés pour combler les vides, des effets d'équipement, les autres transportant en Allemagne les blessés, les malades et les prisonniers. Cette ligne, en outre, était interceptée par la place de Toul ; il eût fallu établir, en la contournant, une voie de communication, mais la configuration du terrain y mettait absolument obstacle.

De plus, le tunnel de Nanteuil avait été détruit de fond en comble, ce qui constituait un autre obstacle presque aussi considérable, car on ne pouvait compter avoir fini les réparations qu'après plusieurs semaines.

Et même, si le chemin de fer avait pu amener jusqu'à Nanteuil le matériel de siège, il eût fallu pour transporter 300 pièces de gros calibre et 500 gargousses pour chacune d'elles, de là à Paris, 4 500 voitures à quatre roues, véhicules inconnus dans ces parages et 10 000 chevaux pour les traîner. Il ne fallait donc pas songer, pour le moment, à bombarder Paris. De plus, cette mesure ne devait pas avoir pour but de détruire la ville, mais simplement d'exercer sur la population une pression décisive qui, forcément, serait moins efficace au début et ne le deviendrait davantage que quand un investissement d'une certaine durée aurait ébranlé la constance et la fermeté des habitants.

18 septembre. — Les généraux en chef des deux armées prirent, conformément aux *directives* qui leur étaient parvenues, leurs dispositions pour régler leur marche en avant contre la capitale.

Le 18 septembre, l'armée de la Meuse fit une conversion à gauche. Le XIIe corps atteignit Claye, la garde royale Mitry, le IVe Dammartin, ce dernier n'étant plus éloigné de Paris que d'une journée de marche.

Toutes les localités situées en avant de Saint-Denis étaient occupées par les Français ; il semblait qu'ils voulussent s'opposer à l'investissement du front nord de Paris, et le prince royal de Saxe prit ses dispositions afin de pouvoir, le lendemain, se porter au secours du IV⁰ corps qui marchait en tête, avec les deux autres qui suivaient. On adjoignit deux compagnies de chasseurs et un équipage de ponts aux 5ᵉ et 6⁰ divisions de cavalerie qui s'étaient vivement portées en avant sur Pontoise. Un pont militaire fut jeté sur l'Oise et les deux divisions franchirent la rivière.

Quant aux corps de la troisième armée, le Vᵉ passa la Seine à Villeneuve-Saint-Georges, il s'avança jusqu'à Palaiseau sur le cours supérieur de la Bièvre. L'avant-garde rencontra la brigade de cavalerie française commandée par le général de Bernis. Immédiatement le 47ᵉ régiment d'infanterie procéda à l'attaque et enleva les deux fermes de la Dame-Rose et de Trivaux, toutes deux entourées de murs. Mais sur la lisière sud de la forêt de Meudon, on vit tout le 14ᵉ corps déployé et, en outre, à gauche, une division du 13ᵉ. Le régiment rétrograda sur Petit-Bicêtre sans être poursuivi et mit cette localité en état de défense.

Le IIᵉ corps bavarois marcha de Corbeil par Longjumeau et se porta à hauteur du Vᵉ ; sur sa droite le VIᵉ occupa les deux rives de la Seine. Ces deux corps aussi eurent à plusieurs reprises le contact avec l'ennemi.

La division wurtembergeoise arrivée à Lagny et à Gournay eut à construire immédiatement des ponts sur la Marne afin d'établir, de la sorte, les communications entre les deux armées.

INVESTISSEMENT DE PARIS

19 septembre. — Le 19 septembre, le IVe corps, marchant sur Saint-Brice, ne rencontra de résistance sur aucun point ; il refoula les détachements ennemis des localités voisines jusque dans la zone dangereuse des pièces de gros calibre de Saint-Denis et se porta sur la Seine en aval de Paris.

La garde royale suivit jusqu'à Dugny et prit position le long du ruisseau de Morée. Au confluent on établit un barrage et de la sorte on tendit des inondations qui, sur une étendue considérable, constituaient une bonne protection pour la ligne d'investissement. Plus à gauche le XIIe corps se posta jusqu'à la Marne, sur la rive gauche de laquelle la division wurtembergeoise se porta en avant, de façon à atteindre Champigny.

Pour ce qui est de la troisième armée, le Ve corps, ce jour-là, marcha sur Versailles, en deux colonnes. Le 47e fut, cette fois-ci encore, chargé de couvrir la marche, le long du front ennemi. Apparemment les Français voulaient tenir les hauteurs importantes qui s'élèvent immédiatement en avant des fortifications de Paris. De grand matin deux divisions du 14e corps débouchèrent des bois de Meudon situés tout près et s'avancèrent sur Petit-Bicêtre et Villacoublay. Soutenues par une nombreuse artillerie dont les projectiles incendièrent la première de ces deux localités, elles refoulèrent les postes allemands ; mais à Villacoublay arrivèrent bientôt des renforts fournis par le Ve corps et à l'Abbaye-aux-Bois d'autres, envoyés par le IIe bavarois.

La brigade formant l'aile gauche de ce dernier corps

s'était croisée, dans la vallée de la Bièvre, avec la colonne marchant sur Versailles, mais, entendant gronder le canon de l'endroit où l'on se battait, le général de Dietl résolut de porter en avant sur les deux côtés de la route de Bicêtre ses unités, au fur et à mesure qu'elles arrivaient. Avançant au pas de charge, de concert avec les Prussiens qui combattaient encore dans le bois de Garenne, il réussit à refouler les Français au Pavé-Blanc. Dans l'intervalle, l'artillerie française avait mis en batterie 50 pièces de front et trois régiments de marche renouvelèrent l'attaque contre le Petit-Bicêtre et le bois de Garenne. Ils furent accueillis par une fusillade meurtrière et ces jeunes troupes refusèrent d'attaquer une seconde fois, le général Ducrot lui-même ne put les y décider. Pour les zouaves postés à la ferme de Trivaux, ce fut encore pis ; quelques obus éclatant au milieu d'eux causèrent un tel désarroi dans leurs rangs qu'ils rentrèrent à Paris, fuyant en désordre.

Le général français dut renoncer à l'entreprise qu'il avait tentée. Sous la protection de l'artillerie et de la cavalerie qui se comporta bien au feu et ne lâcha pas pied, ses divisions se retirèrent en désordre sur Clamart et Fontenay, serrées de près par les Allemands. Les Bavarois enlevèrent le Pavé-Blanc, malgré le feu violent de l'artillerie; les Prussiens, après avoir soutenu un engagement sans importance, reprirent la ferme de la Dame-Rose et pénétrèrent dans le bois de Meudon par la ferme des Trivaux. Mais les Français tenaient encore, sur cette hauteur qui avait tant d'importance pour eux, Plessis-Piquet et la redoute du Moulin de la Tour, près de laquelle vinrent prendre position neuf batteries de campagne dont le feu commandait toute la partie ouest du terrain sur lequel avaient lieu les attaques.

Mais, dans l'intervalle, le gros du corps bavarois était arrivé au sud; à partir de 9 heures il s'avança sur Fontenay-aux-Roses et se vit accueilli par un feu fort vif tout aussi bien de la hauteur qu'en flanc, d'une redoute établie aux Hautes-Bruyères. Mis au courant de la situation sur le plateau de Bicêtre, le général de Hartmann[1] y envoya de suite de l'artillerie pour renforcer les Bavarois et donna l'ordre à la 5ᵉ brigade de rejoindre la 3ᵉ, à gauche de Malabry. Dès qu'elle se fut déployée, malgré une fusillade et une canonnade des plus vives, entre le Pavé-Blanc et Malabry, le général de Walther procéda à l'attaque de Plessis-Piquet. L'artillerie se porta en avant à courte distance des murs du parc, puis l'infanterie déboucha au pas de charge du bois de Verrières et s'empara du moulin situé au sud, après une lutte fort courte mais des plus violentes.

Après avoir soutenu, pendant une demi-heure, un combat par les feux, les Bavarois, avançant par bonds successifs, pénétrèrent dans la villa Hachette et le parc de Plessis. A la vérité, les Français ouvrirent, de la redoute du Moulin de la Tour[2], un feu violent sur les localités qui venaient de leur être enlevées; les batteries de campagne bavaroises subirent des pertes graves; elles n'en soutinrent pas moins, et cela très efficacement, la marche de l'infanterie, qui se logea dans le terrain s'étendant en avant de cette redoute. D'ailleurs, les troupes ennemies qui l'occupaient, commençaient déjà à se retirer, et quand, à 8 heures, une compagnie bavaroise donna l'assaut, elle trouva la position évacuée et les pièces abandonnées.

La division de Caussade était revenue de Clamart à

---

1. Commandant en chef le IIᵉ corps bavarois. — 2. M. de Moltke veut sans doute parler du Moulin de Pierre. (N. d. T.)

Paris ; la division de Maussion — par suite d'un ordre erroné, dit-on, — avait abandonné la hauteur de Bagneux, et la division d'Hugues put, à grand'peine, être arrêtée dans sa retraite précipitée, près du fort de Montrouge.

Le corps bavarois s'établit, à la droite du Ve, sur la hauteur de Bicêtre qu'il venait d'enlever. Au total, l'engagement avait coûté à celui-là, 265 hommes, à celui-ci 178, à l'adversaire 661 et plus de 300 prisonniers.

L'état dans lequel le 14e corps rentra à Paris y causa une telle panique que le général Trochu jugea à propos de faire venir de Vincennes l'une des divisions du 13e pour lui confier la défense du corps de place.

Après coup, on a voulu démontrer qu'il eût été possible, ce jour-là, de s'emparer de l'un des forts, en y pénétrant à la suite des troupes françaises, et d'abréger de la sorte, et cela considérablement, la durée de l'investissement. On oublie que les forts n'eurent nullement besoin d'ouvrir leurs portes aux fuyards qui trouvaient celles de Paris ouvertes. Et jamais on n'a vu une troupe escalader des murs de revêtement hauts de 18 pieds, sans qu'au préalable des dispositions spéciales eussent été prises à cet effet. Puis ce sont là des coups d'audace qui ne se font pas sur ordre supérieur, et que ne tentent que les chefs immédiats, en saisissant le moment propice. Et, dans le cas présent, si la chose n'avait pas réussi, comme on pouvait le prévoir, on eût compromis le résultat si important de toute cette journée de combats.

Pendant ce temps, le Ve corps continuait sa marche sur Versailles ; quelques gardes nationaux, réunis aux barrières de la ville, furent dispersés ou désarmés par les hussards. La 9e division occupa les débouchés de la partie ouest de la ville, la 10e campa à Rocquencourt ; de forts avant-postes furent établis sur la ligne Bougival-Sèvres. Vers le soir, elle attira à elle sa 18ᵉ brigade, qu'elle avait laissée à Villacoublay pour soutenir les Bavarois au cas où ils seraient attaqués.

Quant au corps bavarois, la 3ᵉ brigade resta sur la hauteur en avant de Plessis-Piquet, elle établit ses avant-postes dans la direction du bois de Meudon, le château étant encore occupé par les Français; les pionniers remirent immédiatement en état, face au nord, la redoute des Moulins de la Tour[1]. La 4ᵉ division campa à Fontenay et dans les localités situées en arrière, jusqu'à Châtenay.

Le gros du VIᵉ corps avait pris position à Orly; ses avant-postes s'étendaient de Choisy-le-Roi par Thiais jusqu'à Chevilly. La division de Maud'huy tenta, mais vainement, de rejeter les postes hors de cette dernière localité. A Limeil, sur la rive droite de la Seine, une brigade du corps livrait des escarmouches à l'adversaire posté à Créteil.

Plus à droite, et afin que la ligne d'investissement restât continue, la division wurtembergeoise occupa la rive gauche de la Marne depuis Ormesson jusqu'à Noisy-le-Grand; en arrière de cette localité, le pont de pontons de Gournay établissait les communications avec le corps saxon.

Dès lors, l'investissement de Paris se trouvait complet de tous côtés. Six corps d'armée étaient postés sur un développement de 83 kilomètres dans le voisinage immédiat de la place; sur certains points ils empiétaient sur la zone battue par son artillerie. Une nombreuse cavalerie couvrait leurs derrières.

---

1. Voir la note de la page 156. (N. d. T.)

PREMIÈRES NÉGOCIATIONS

Le roi, s'attendant à un engagement sur le front nord de Paris, s'était rendu, à cheval, au milieu de la garde; le soir, son quartier général fut transféré à Ferrières.

C'est là que se rendit M. Jules Favre dès ce moment, pour négocier la paix sur les bases de son programme qui était : « Pas un pouce du territoire. » Il croyait pouvoir, après toutes les victoires remportées par les Allemands et tous les sacrifices qu'ils avaient faits, les désintéresser avec de l'argent. Bien entendu, de telles propositions ne pouvaient être discutées et l'on ne pensa sérieusement qu'à accorder, éventuellement, un armistice.

L'intérêt politique de l'Allemagne lui imposait la nécessité d'accorder à la nation française la possibilité de se donner, par des élections régulières et libres, un gouvernement avec lequel on pût, d'une manière générale, conclure la paix d'après les règles du droit des gens ; en effet, le gouvernement de fait, qui s'était établi à Paris, était le produit d'une révolution et pouvait d'un jour à l'autre être renversé par une autre révolution.

Mais, au point de vue militaire, toute suspension des opérations ne pouvait présenter que des inconvénients. Elle donnait à l'adversaire le temps de continuer ses armements et, en mettant fin à l'investissement qui venait d'être complété, elle permettait à la capitale de se ravitailler amplement.

On ne pouvait donc accorder l'armistice qu'en échange de compensation équivalentes.

Pour que le ravitaillement de l'armée allemande fût assuré, il fallait que la France consentît à abandonner Strasbourg et Toul qui interceptaient encore à ce moment-là la ligne de chemin de fer. Devant Metz l'état de guerre eût été maintenu et, devant Paris, l'investissement eût été maintenu aussi, ou bien l'un des forts commandant la place eût été livré aux Allemands. La représentation nationale absolument libre se serait réunie à Tours.

Le gouvernement français refusa d'une manière catégorique d'accepter ces conditions, en particulier la reddition de places fortes, et les négociations furent rompues. Huit jours plus tard, Toul et Strasbourg étaient au pouvoir des Allemands.

PRISE DE TOUL

23 septembre. — Une fois que les côtes allemandes ne furent plus menacées d'une descente des troupes françaises, la 17° division qui avait été laissée dans le nord reçut l'ordre de rejoindre l'armée en France. Le 12 septembre elle arrivait devant Toul.

Cette place, absolument capable de résister à un assaut, mais commandée par des hauteurs fort rapprochées, n'avait été cernée jusque-là que par des troupes de Landwehr faisant le service d'étapes de la troisième armée. On l'avait bombardée, sans grand résultat, avec les pièces françaises prises à Marsal et des batteries de campagne. L'infanterie, par contre, se logea à couvert derrière le remblai du chemin de fer et dans les faubourgs, de façon à se trouver au pied même du glacis; de la sorte elle empêcha presque totalement la garnison de faire des sorties. Aussi put-on bientôt envoyer la moitié de la division à Châlons où les troupes allemandes, comprenant 16 bataillons et 15 escadrons, suffisaient à peine à occuper les routes militaires et à maintenir les communications avec l'Allemagne, tellement la population se montrait hostile. Il ne resta devant Toul que 7 bataillons, 4 escadrons et 4 batteries de pièces de campagne.

Le 18 septembre, le chemin de fer amena de Nancy 10 pièces de 15 et 16 canons de 12 centimètres. On avait l'intention d'attaquer le front ouest qu'on pouvait prendre en enfilade depuis le Mont Saint-Michel et d'ouvrir la brèche dans le bastion sud de ce front; mais d'abord on voulut essayer de forcer la place à se rendre en recourant au procédé plus expéditif du bombardement.

Dans la nuit du 22 au 23, l'infanterie procéda à la construction des emplacements pour les batteries de siège dont trois sur le mont Saint-Michel, sept sur les hauteurs de la rive gauche de la Moselle et une sur la droite. Au matin, 62 pièces ouvrirent le feu et, à 3 heures et demie, le drapeau blanc fut hissé à la cathédrale.

La reddition se fit le 23 septembre aux mêmes conditions qu'à Sedan; 109 officiers furent mis en liberté sur parole, 2240 hommes furent emmenés en captivité. Le soir même six compagnies occupèrent la ville qui, à tout considérer, n'avait que peu souffert. Le matériel qui tomba entre les mains des Allemands, comprenait 71 pièces de gros calibre, plus de 3000 fusils et des approvisionnements considérables de vivres et de fourrages.

PRISE DE STRASBOURG

27 septembre. — Immédiatement après la bataille de Wœrth on avait songé à se rendre maître de Strasbourg. Cette place de guerre considérable constituait, en tant que tête de pont sur le Rhin, une menace permanente pour l'Allemagne du Sud.

Quand le maréchal de Mac-Mahon eut évacué l'Alsace, le général commandant la place de Strasbourg n'avait plus à sa disposition que trois bataillons d'infanterie de ligne. Mais l'effectif de la garnison fut peu à peu porté à 23 000 hommes par l'arrivée des isolés de Wœrth provenant de différents régiments, de plusieurs quatrièmes bataillons, de troupes de dépôt et enfin par la constitution de la garde mobile et de la garde nationale. Il n'y avait pas dans la place de troupes du génie ; par contre, 430 marins formaient une troupe d'élite hors ligne. La place était amplement pourvue d'artillerie.

Le 11 août déjà, la division badoise s'était portée en avant pour observer la ville. Malgré son faible effectif, elle s'avança dans la Robertsau, sans que l'ennemi tentât rien pour l'empêcher, jusqu'au canal de l'Ill au Rhin ; elle occupa le village de Schiltigheim, éloigné d'une portée de fusil seulement des ouvrages de la place et le mit immédiatement en état de défense ; elle pénétra également dans le faubourg de Königshofen.

Dans la semaine qui suivit, on réunit devant la place, sous le commandement du général de Werder, la *Landwehr* de la garde et la 1re division de réserve avec une brigade de cavalerie à la division badoise, le tout comprenant 46 bataillons, 24 escadrons et 18 batteries de campagne. Il arriva en outre un parc de siège de 200 pièces rayées et de 88 mortiers avec 6 000 hommes d'artillerie à pied et 10 compagnies de pionniers. L'effectif total se montait à 40 000 hommes.

 Le 13 août, une section du bataillon des chemins de fer commença à décharger, à la gare de Wendenheim, les pièces arrivant de Magdebourg, Coblence et Wesel. Le parc du génie fut établi à Hausbergen, le train des équipages à Lampertheim. On organisa aussi des magasins permanents. La place fut totalement investie et tous les postes furent reliés entre eux par le télégraphe de campagne.

 Afin d'amener la ville à se rendre dans le plus bref délai, on tenta, malgré l'avis contraire du général du génie Schulz, mais avec l'approbation du grand quartier général, de l'y contraindre en recourant au bombardement. Les habitants ayant demandé qu'il leur fût permis de faire sortir de la place les femmes et les enfants, on dut le leur refuser.

 L'établissement des batteries de bombardement pendant la nuit avait rencontré de grandes difficultés par suite des pluies et de l'obscurité. En attendant qu'elles fussent achevées, l'artillerie de campagne dut ouvrir le feu sur la ville ; mais dans la nuit du 24 au 25 août, les batteries qu'on avait pu armer de pièces de gros calibre commencèrent à leur tour à tirer et bientôt l'horizon s'embrasa de la lueur des incendies. De leur côté, les Français avaient ouvert le feu sur Kehl qui brûla.

 L'évêque de Strasbourg se présenta aux avant-postes à Schiltigheim afin d'intercéder en faveur des habitants. Quelque regret qu'on eût à démolir cette vieille cité allemande, on dut continuer le bombardement dans la nuit du 25 au 26, le prélat n'ayant pas qualité pour négocier. Ce fut au cours de cette nuit-là qu'il fut le plus intense. Cependant on fut bien obligé, au quartier général, à Mundolsheim, de se rendre compte qu'avec le procédé qu'on venait d'employer on n'arriverait pas à ses fins, et il fallut recourir au siège méthodique qui, il est vrai, prend beaucoup plus de temps. Le général de Mertens dirigea les travaux du génie, tandis que le général de Decker commandait l'artillerie.

Dans la nuit du 29 au 30 août, on ouvrit la première parallèle tout près du glacis, puis on la prolongea depuis le canal de la Marne au Rhin, par le cimetière de Sainte-Hélène jusqu'au cimetière des Israélites à Königshofen.

Bientôt le nombre des batteries établies sur la rive gauche du Rhin fut porté à vingt et une, celles de la rive droite à quatre; de la sorte, 124 pièces du plus fort calibre étaient prêtes, dans leurs abris, à entamer la lutte avec l'artillerie de la place.

Les travaux d'attaque auxquels on procéda d'abord étaient dirigés contre les bastions 11 et 12 et l'angle saillant que fait la place vers le nord-ouest. Dans la nuit du 1er au 2 septembre on établit la deuxième parallèle, non sans que l'ennemi mît obstacle aux travaux. Une sortie importante, entreprise par 14 compagnies de la garnison, au point du jour, fut refoulée dans l'île Wacken, ainsi qu'en avant de Kronenbourg et de Königshofen.

Puis l'artillerie de la place ouvrit un feu violent et couvrit le terrain où se faisaient les travaux de siège d'une grêle de projectiles telle qu'il fallut l'évacuer jusqu'à ce que l'artillerie des assiégeants, à 5 heures, eût réduit au silence celle de la place.

Le 3 septembre, une nouvelle sortie fut faite. Les assiégés parvinrent jusque dans la deuxième parallèle où ils furent repoussés.

Sur la proposition du général commandant la place, on

conclut une suspension d'armes fort courte afin que les soldats tués, dont les cadavres étaient restés en avant des ouvrages, pussent être enterrés. Ce jour-là même, les salves de l'artillerie des assiégeants annoncèrent à la garnison la victoire de Sedan,

Par suite de pluies continuelles, il y avait plusieurs pieds d'eau dans la deuxième parallèle, longue de 2 400 pas; le 9 seulement, on parvint à l'achever complètement. Cinq batteries de la première y furent transportées. On dut en établir de spéciales contre la lunette 14 qui prenait en flanc tous les travaux de siège. Elles la réduisirent au silence.

A ce moment la place était canonnée, à petite distance, par 96 bouches à feu rayées et 38 mortiers. Chacune de ces pièces tirait de jour 20 obus et de nuit 10 shrapnels. Les grandes casernes de la Finkmatt furent incendiées et la porte de Pierres fut tellement endommagée qu'il fallut la boucher avec des sacs à sable. Les défenseurs retirèrent leurs canons derrière le parapet pour ne plus tirer qu'avec des obusiers et des mortiers. Malgré cela, l'assiégeant dut recourir aux gabions farcis pour continuer ses travaux d'approche.

Après qu'on eut constaté qu'en avant de la lunette 53 il se trouvait des galeries de mine, le capitaine Ledebour se fit descendre dans le fossé à l'aide de cordes et enleva les charges de poudre de concert avec ses pionniers.

Dans la nuit du 13 au 14 on atteignit la crête des glacis en avant des lunettes 52 et 53; on commença le couronnement à l'aide de la double sape à crémaillères et on l'acheva dans l'intervalle de quatre jours.

Puis l'attaque fut dirigée exclusivement contre le bastion 11.

Afin de saigner les fossés, il fallait détruire l'écluse de la porte des Juifs. Elle n'était visible d'aucun point du terrain d'attaque et à la distance d'un quart de lieue l'artillerie ne pouvait qu'imparfaitement atteindre ce but. Des fractions du 34ᵉ régiment de fusiliers se portèrent en avant, le 15, contre l'écluse, en dépit de la fusillade violente des assiégés et détruisirent l'ouvrage de retenue.

A la même date, la division badoise occupa également l'île des Épis.

Après que les batteries de mortiers eurent été en grande partie transférées dans la deuxième parallèle, que les batteries de canons se furent rapprochées, la section armée de carabines de rempart, grâce à son tir excellent, empêcha les défenseurs d'apparaître de jour sur le corps de place.

Le mur de revêtement de la lunette 53 ne pouvait être atteint qu'en recourant au tir indirect; 10 000 obus lancés sur lui ouvrirent la brèche et le 19 au soir la contrescarpe s'effondrait jusqu'au niveau de l'eau du fossé. Aussitôt on se mit à construire une chaussée en fascinage pour permettre de le traverser. Des hommes passèrent dans des nacelles et constatèrent que la garnison avait abandonné l'ouvrage, mais elle ouvrit sur eux une fusillade des plus violentes depuis le corps de place, sans d'ailleurs les empêcher de fermer la gorge et de rétablir le parapet contre la place.

La lunette 52, située tout à côté, n'était qu'un ouvrage en terre et l'attaque avait déjà progressé jusqu'au bord du fossé ; mais avant de continuer il fallut établir des masques en terre et des abris faits avec des rails de chemin de fer pour mettre les travailleurs à couvert des bombes lancées du bastion 12. Le fossé était large de 60 pas, il avait plus de quatre pieds de profondeur, l'établissement d'un fascinage ou d'une chaussée en terre eût pris énormément de temps; on résolut, en conséquence, de construire un pont avec les tonneaux de bière qu'on avait trouvés à Schiltigheim. Ce travail fut commencé le 21 à la tombée de la nuit sans autre couvert qu'une cloison de planches empêchant l'ennemi de voir ce qui se passait; à 10 heures il était achevé. Dans ce bastion aussi les défenseurs n'avaient pas attendu pour se retirer que les assaillants donnassent l'assaut. La lunette fut immédiatement mise en état de défense. Les deux ouvrages furent armés de batteries de mortiers et de canons afin d'en finir avec les pièces des redans et des contre-gardes du front attaqué, sur lequel, de plus, cinq batteries de plein fouet et contre-batteries ouvrirent le feu.

Dans la nuit du 22 au 23 septembre on se porta en avant depuis la lunette 52 en partie à l'aide de la sape volante, en partie à l'aide de gabions farcis, et l'on couronna le glacis de la contre-garde 51. En même temps on commença à battre en brèche le côté est du bastion 11 et le côté ouest du bastion 12. Les pierres volant en éclats, les défenseurs se virent contraints de quitter les contre-gardes. Dès le 24 la maçonnerie du bastion s'écroula après que 600 projectiles eurent été lancés sur lui. La genouillère était restée debout, on résolut d'attendre, pour l'entamer, qu'on donnât l'assaut.

Il était plus difficile d'ouvrir la brèche dans le bastion 12 car il n'était pas toujours possible d'observer les coups. Le 26 seulement on parvint à renverser le mur sur une largeur de 36 pieds, en lançant 467 obus oblongs.

Mais avant de pouvoir donner l'assaut il fallait encore franchir le fossé profond en avant du bastion.

La nouvelle de la chute de l'Empire s'était, à la vérité,

répandue dans Strasbourg, mais le général Uhrich n'accéda pas à la requête que lui adressa la population de mettre fin à ses souffrances. La République fut proclamée dans la ville.

Le siège durait depuis trente jours ; mais la place était encore amplement pourvue de vivres et d'approvisionnements ; la garnison, n'ayant perdu que 2 500 hommes, ne se trouvait pas sensiblement affaiblie, mais, composée d'éléments les plus divers, on ne pouvait pas l'employer en masse à l'extérieur des ouvrages. Dès le début on avait dû laisser s'approcher tout près le corps d'investissement et l'on n'avait tiré que peu de parti de l'artillerie de la place pendant la période où dans toute ville assiégée elle a l'avantage sur celle de l'assaillant.

L'artillerie allemande s'était montrée très supérieure tant par rapport au matériel que pour le bon emploi qu'on en fit. Grâce à son efficacité puissante les travaux des pionniers et de l'infanterie étaient poussés avec autant d'audace que de circonspection et sans que rien ait pu les arrêter, on allait atteindre le but qu'on s'était proposé. D'un moment à l'autre on allait procéder à l'assaut du corps de place. La ville n'avait aucun espoir d'être débloquée.

Le 27 septembre, à 5 heures du soir, le drapeau blanc fut hissé à la flèche de la cathédrale ; les batteries allemandes cessèrent le feu ; on arrêta les travaux de sape.

La capitulation fut signée dans la nuit suivante, à 2 heures du matin, à Königshofen, aux conditions de Sedan. 500 officiers et 17 000 hommes étaient prisonniers de guerre. On accordait aux premiers la faculté de se retirer sur parole. Les gardes nationaux et les francs-tireurs furent également renvoyés dans leurs foyers après qu'on les eut désarmés et qu'ils eurent pris l'engagement de ne plus se livrer à des actes d'hostilité. Le butin fait par les Allemands était considérable : il comprenait la réserve en numéraire de la Banque de France, 1 200 bouches à feu, 200 000 armes à feu portatives et des approvisionnements considérables.

Le 28 septembre, à 8 heures du matin, des compagnies prussiennes et badoises occupèrent la porte Nationale, les portes des Pêcheurs et d'Austerlitz. La garnison française ayant à sa tête le général Uhrich quitta la ville par la première. Le défilé se fit d'abord en bon ordre, mais bientôt de nombreux soldats pris de boisson sortirent des rangs, brisant leurs armes ou refusant d'obéir. Deux bataillons et deux escadrons escortèrent les prisonniers qui furent pour le moment internés à Rastatt.

L'antique ville libre impériale dont la France s'était emparée en pleine paix, deux siècles à peu près auparavant, venait d'être rendue à la patrie germanique grâce à la bravoure des troupes allemandes.

Celles-ci avaient perdu pendant le siège 39 officiers et 894 hommes. Quant à la ville, on n'avait pas pu lui éviter des souffrances et des pertes, 450 maisons étaient entièrement détruites, 10 000 personnes se trouvaient sans abri, près de 2 000 avaient été tuées ou blessées. Le Musée et la collection des tableaux, l'Hôtel de Ville et le Théâtre, le Temple neuf, le Gymnase[1], l'Aubette et malheureusement aussi la Bibliothèque avec ses 200 000 volumes étaient devenus la proie des flammes.

L'admirable cathédrale portait dans beaucoup de ses parties la trace des projectiles, et la citadelle n'était plus qu'un monceau de décombres. Sous les ruines des ouvrages du front ouest sur lequel on avait dirigé la principale attaque, gisaient les pièces françaises démontées et abîmées.

---

1. Établissement protestant d'enseignement secondaire. (N. d. T.)

La prise de Toul et celle de Strasbourg modifiaient sensiblement la situation. Des forces considérables devenaient disponibles et les transports militaires par voies ferrées, entre l'armée de campagne et la mère patrie, subissaient moins d'entraves.

A la vérité, le matériel d'artillerie de siège devenu disponible par la chute de Strasbourg ne pouvait pas immédiatement être employé à l'attaque de Paris : pour cela, il fallait considérablement l'augmenter. En attendant, il fut décidé qu'il servirait à réduire plusieurs places fortes de moindre importance.

On employa le chemin de fer devenu libre à transporter devant Paris la division de Landwehr de la garde ; elle fut encadrée dans l'armée d'investissement. La division badoise forma le noyau du XIVe corps d'armée, qu'on compléta avec une brigade combinée comprenant les 30e et 34e régiments d'infanterie prussiens et une brigade de cavalerie. Placé sous les ordres du général de Werder, ce corps se mit en marche vers le cours supérieur de la Seine. La 1re division de réserve resta comme garnison à Strasbourg.

DEVANT PARIS, JUSQU'AU 15 OCTOBRE

Le gouvernement français se voyait dans l'impossibilité d'exercer son autorité sur le pays, de la capitale que l'ennemi tenait étroitement investie. Il prit la résolution d'envoyer en province une délégation comprenant deux de ses membres et dont le siège serait à Tours. Dès ce moment on ne pouvait plus sortir de Paris qu'en ballon. L'un des membres de la délégation était M. Gambetta, dont l'infatigable activité allait se déployer pendant le cours de toute la campagne et devait avoir les conséquences les plus grandes.

Dans l'intervalle, M. Thiers visitait les cours de l'Europe afin de les décider à intervenir en faveur de la France.

A Paris, on avait, après l'échec subi le 19 septembre, renoncé pour le moment à entreprendre de grandes opérations offensives; les troupes de ligne étaient néanmoins établies à l'extérieur du corps de place, à l'abri des forts avancés. Les divisions du 13ᵉ corps campaient en avant du front sud et dans la plaine de Vincennes; celles du 14ᵉ étaient cantonnées, en arrière de la boucle de la Seine, à Boulogne, Neuilly et Clichy, ayant devant elles le Mont-Valérien. Il était occupé par deux bataillons de la ligne, les gardes mobiles s'étant retirés, le 20 septembre, sur Paris, complètement débandés et abandonnant le fort, qui pourtant était inaccessible. Seul le front nord était confié aux gardes mobiles.

Quant à l'armée d'investissement, les postes de l'armée de la Meuse, qui devaient être, en tout état de cause, défendus et fortifiés, s'étendaient depuis la Seine, à Chatou, jusqu'à la Marne en passant par les hauteurs de Montmorency, puis en longeant la Morée et la lisière du bois de Bondy. Là ils se rattachaient aux ouvrages établis par les Wurtembergeois, de Noisy-le-Grand jusqu'à Ormesson, en coupant la presqu'île de Joinville. Dans l'espace qui s'étend d'Ormesson à Villeneuve-Saint-Georges vint se poster, le 23 septembre, le XIᵉ corps qui arrivait de Sedan, tandis que le Iᵉʳ bavarois se portait à Longjumeau pour couvrir les derrières de l'armée dans la direction d'Orléans. Dès lors, le VIᵉ corps tout entier put être transféré sur la rive gauche, où les lignes allemandes s'étendaient sur les hauteurs boisées, au sud de Paris, jusqu'à Bougival.

Le quartier général du roi et celui de la troisième armée furent établis à Versailles, tandis que celui de l'armée de la Meuse se trouvait à Vert-Galant. On établit des ponts en grand nombre afin d'assurer les communications entre toutes les fractions de l'armée ; on organisa le service télégraphique et un système de fanaux grâce auxquels on pouvait les rassembler dans le plus bref délai possible. En outre, on choisit les points les plus favorables pour y établir des postes d'observation destinés à suivre tous les mouvements de l'ennemi.

Les abris pour les troupes ne faisaient pas défaut, dans toutes les localités les maisons étaient vides. Par contre, le service du ravitaillement présentait de grandes difficultés. Les habitants en prenant la fuite avaient emmené leurs bestiaux après avoir détruit leurs provisions ; seules les caves à vin, à ce qu'il semblait, recelaient des réserves inépuisables. Pendant les premiers jours de l'investissement il fallut faire vivre l'armée tout entière avec les provisions qu'amenaient les colonnes de vivres ; mais bientôt la cavalerie en fournit en grande quantité. Payant de bons prix et observant une discipline sévère, elle trouvait toujours à en acheter. Seules, les troupes placées aux avant-lignes bivouaquaient ou se construisaient des baraques dont un grand nombre, à la vérité, se trouvaient dans la zone battue par l'artillerie de la place, quelques-unes même à portée de fusil de l'ennemi. C'est ainsi que, aux alentours de Saint-Cloud, pas un soldat ne pouvait se montrer sans être immédiatement fusillé de derrière les persiennes des maisons situées en face. Sur ce point les grand'gardes n'étaient relevées que de nuit, et quelquefois on ne procédait à la relève que tous les deux ou trois jours ; les postes des Bavarois au Moulin de la Tour étaient aussi très exposés : toutes les fois qu'un officier les inspectait, les assiégés ouvraient sur eux une canonnade fort vive. Le Bourget surtout, situé en avant de la ligne des inondations, était exposé à être surpris. Le 20 septembre il avait été occupé par un bataillon de la garde, à l'approche duquel 400 gardes mobiles s'étaient enfuis en abandonnant leurs bagages. On n'y laissa qu'une compagnie, à cause de la proximité des forts qui y lançaient continuellement des obus.

L'ennemi tenta de petites sorties par Saint-Denis, mais sans obtenir de résultats. Par contre aussi, les tentatives réitérées que firent des fractions du VI° corps de s'établir solidement dans le village de Villejuif et la redoute des Hautes-Bruyères, n'eurent aucun succès. Elles y pénétrèrent à plusieurs reprises, mais chaque fois la division de Maud'huy, fort supérieure en nombre, les refoulait, secondée par les feux des forts de Bicêtre et d'Issy, situés tout près de là. Les Français réoccupèrent la redoute, et l'armèrent de pièces de gros calibre.

30 septembre. — Le 30 septembre de grand matin, une canonnade ouverte par les forts et les batteries du sud, et qui dura une heure et demie, annonça aux Allemands que la garnison faisait une sortie dans cette direction. Peu après 6 heures, deux brigades du 13° corps se déployèrent vers Thiais et Choisy-le-Roi. De fortes lignes de tirailleurs refoulèrent les avant-postes du VI° corps, et contraignirent les pièces allemandes mises en batterie entre ces deux localités à remettre l'avant-train ; mais bientôt les feux de l'infanterie, qui y était postée, mit fin aux attaques de l'ennemi.

Plus à l'ouest, une troisième brigade française pénétra

dans Chevilly et dans les bâtiments de la fabrique située sur la route menant à Belle-Épine ; mais, quoiqu'elle eût exécuté son attaque avec une grande intrépidité, elle ne parvint pas à s'emparer de tout le village. La 11e division avait été appelée aux armes dans ses cantonnements situés plus en arrière ; elle se porta au secours de la 12e. La fabrique occupée par les Français fut reprise, et les batteries prussiennes, qui ouvrirent le feu à ce moment-là, infligèrent à l'ennemi, qui rétrogradait sur Saussaye, des pertes si graves qu'il se déroba à l'attaque de l'infanterie allemande et se retira fort en désordre sur les Hautes-Bruyères et Villejuif. Une brigade française, qui avait pénétré dans l'Hay, fut également repoussée ; on fit prisonniers 120 de ses hommes, la plupart non blessés. Mais les Français tenaient encore avec la plus grande opiniâtreté la ferme située à la lisière nord de Chevilly. Ses défenseurs, au nombre de 100 environ, essayèrent de se frayer un passage, et, n'ayant pas réussi, ils durent finalement se rendre.

Toutes les attaques avaient été repoussées dès 9 heures du matin, et le général Vinoy essaya vainement de rassembler aux Hautes-Bruyères ses bataillons décimés, pour les mener une seconde fois en avant.

Dans ces quelques heures, le VIe corps avait perdu 28 officiers et 413 hommes, les Français trois ou quatre fois plus.

En même temps, ils avaient dirigé des attaques simulées sur Sèvres et, sur la rive droite de la Seine, sur Mesly. Elles n'eurent aucun résultat. Au début, les avant-postes allemands avaient été refoulés ; mais, dès 9 heures, ils rentraient dans leurs positions.

N'ayant pas réussi à se dégager en faisant cette sortie dans la direction du sud, les assiégés se mirent à établir des retranchements afin de couvrir les parties de la banlieue qui se trouvaient encore en leur pouvoir. Ils fortifièrent Villejuif et étendirent leurs lignes depuis les Hautes-Bruyères jusqu'au moulin Pichon par Arcueil, si bien que, sur ce point, les grand'gardes bavaroises durent être ramenées davantage vers Bourg-la-Reine.

En dehors de cela, la garnison de Paris se contenta pendant la première moitié du mois d'octobre presque tout entière de tirer le canon chaque jour. On pointait les pièces du plus fort calibre sur les plus petits objets, et de la sorte on prodiguait les munitions absolument comme si l'on avait tenu à en venir à bout le plus vite possible. Quand un de ces énormes projectiles oblongs tombait au milieu d'une grand'garde, il y faisait, à la vérité, de terribles ravages; mais, d'une manière générale, le résultat obtenu était nul.

En faisant abstraction du fracas des détonations, auquel on s'habitua bien vite, à Versailles, d'où les habitants ne s'étaient pas enfuis, on pouvait s'imaginer être en pleine paix. Grâce à la discipline parfaite des troupes allemandes, ils pouvaient vaquer tranquillement à leurs affaires; pour les hôteliers et aubergistes, la garnison était une source de profits considérables; les gens de la campagne cultivaient en paix leurs champs et leurs jardins. A Saint-Cloud, les appartements du château restèrent tels que la famille impériale les avait laissés, sans qu'on touchât à rien, jusqu'au moment où les projectiles du Mont-Valérien firent de ce palais charmant, avec tous les trésors d'art qu'il renfermait, un monceau de décombres. Le château de Meudon, la manufacture de Sèvres et des localités tout entières des environs de Paris furent détruites par les obus français. La moitié du bois de Boulogne fut rasée de même, sans que la chose eût le moins du monde été nécessaire.

Du 10 au 16 octobre, la ligne d'investissement fut considérablement renforcée, par l'arrivée de la 17e division et de la division de Landwehr de la garde; celle-là, venant de Toul, releva la 21e à Bonneuil, laquelle vint occuper, entre le Ier corps bavarois et le Ve prussien, l'espace qui s'étend de Meudon à Sèvres; celle-ci, venant de Strasbourg, alla occuper Saint-Germain.

A Paris on s'était aperçu de tous ces mouvements de troupes, et, afin de bien reconnaître la situation, le général Vinoy s'avança, le 13 octobre, à 9 heures du matin, avec environ 26 000 hommes et 80 pièces, contre les positions du IIe corps bavarois.

Soutenus par le feu des forts les plus rapprochés et des batteries de campagne, quatre bataillons de gardes mobiles dirigèrent une attaque sur Bagneux; ils pénétrèrent, en franchissant les retranchements que leur artillerie avait démolis, jusqu'au milieu du village dont les défenseurs se retirèrent dans la direction de Fontenay, quand, à 11 heures, le 10e de ligne français se porta également en avant. Recueillis par un bataillon intact et soutenu par un feu efficace qui prenait les Français en flanc, depuis Châtillon, ils opposèrent à l'ennemi une résistance si vigoureuse qu'il renonça à pousser plus loin et se contenta de mettre Bagneux en état de défense.

Dans l'intervalle, la 4e division bavaroise s'était rassemblée et à 1 heure et demie le général de Bothmer se mit en mouvement sur Bagneux, depuis Sceaux et Fontenay, de façon à exécuter un mouvement enveloppant. Les barricades que l'ennemi venait d'établir furent enlevées; mais dans la partie nord du village il fit encore une résistance des plus opiniâtres.

Une brigade française avait pénétré dans Châtillon

aussi ; mais le bataillon bavarois qui y était posté avait tenu bon jusqu'à l'arrivée de renforts qui, après une lutte acharnée, refoulèrent l'ennemi hors du village.

Une troisième brigade avait occupé Clamart qui, à ce moment-là, n'était pas encore compris dans la ligne des retranchements allemands; mais elle ne parvint pas à gravir les pentes de la colline du Moulin de la Tour[1], quoique sur ce plateau les troupes allemandes fussent accablées d'une grêle de projectiles lancés par les forts.

Le général Vinoy avait acquis la certitude que sur tous les points on pouvait lui opposer des forces en nombre suffisant; à 3 heures il résolut de discontinuer le combat. L'une après l'autre les unités françaises disparurent derrière les forts, les dernières à la tombée de la nuit. Les Bavarois réoccupèrent leurs positions d'avant-postes en portant la garnison de Bagneux à deux bataillons.

Dans l'intervalle, les armements dans toute la France avaient été poussés avec la plus grande énergie. A Rouen et à Évreux, à Besançon et surtout derrière la Loire des masses considérables se réunissaient. A la vérité elles étaient formées d'éléments hétérogènes, et ce qui leur manquait surtout c'étaient des officiers, militaires de leur état, qui eussent pu les instruire et les entraîner. Aussi résolut-on pour le moment d'éviter des engagements décisifs et d'occuper simplement l'ennemi en lui livrant sans relâche des combats sans grande importance.

Aussi, dès la fin du mois de septembre, le général Delarue s'avança avec les éclaireurs de la Seine depuis Évreux jusqu'aux environs de Saint-Germain. La 6ᵉ division de

---

1. Voir la note de la page 156. (N. d. T.)

cavalerie, soutenue par deux bataillons bavarois, refoula ce détachement sur Dreux, jusque derrière l'Eure.

Les bois s'étendant en avant du front de la 5e division de cavalerie étaient également remplis de détachements ennemis qu'on repoussa, sans peine, par Rambouillet sur Épernon.

Au sud de Paris la situation était plus grave, en face de la 4e division de cavalerie faisant le service de reconnaissance dans la direction de la Loire.

Le 15e corps français, nouvellement formé et comprenant trois divisions, s'était rassemblé autour d'Orléans; fort de 60 000 hommes, il occupait toute la zone boisée sur la rive droite du fleuve. Afin de parer au danger qui menaçait dans cette direction les lignes d'investissement, on avait mis en marche, comme nous l'avons dit plus haut, le Ier corps bavarois et de plus la 22e division (du XIe corps prussien), dès qu'ils devinrent disponibles à Sedan, sur Arpajon et Montlhéry; le 6 octobre on avait donné au général von der Tann le commandement supérieur de ces forces en lui subordonnant également la 2e division de cavalerie.

COMBAT D'ARTENAY

10 octobre. — L'ordre ayant été donné au général von der Tann de prendre l'offensive et de marcher sur Orléans, il s'était porté en avant, le 9 octobre, sans rencontrer de résistance sérieuse, jusque vers Saint-Péravy et le 10 vers Artenay. La 4e division de cavalerie couvrait son flanc droit, la 2e resta postée à Pithiviers où se massaient des troupes ennemies en grand nombre.

Mais ce jour-là même le général de La Motterouge s'était mis en marche avec le 15ᵉ corps sur Artenay en faisant occuper par des gardes mobiles la forêt qui se trouvait sur ses derrières, et de la sorte les deux avant-gardes se rencontrèrent au nord de la localité, que de part et d'autre on voulait atteindre.

Tandis que les chevau-légers bavarois, sur la droite, mettaient en fuite et poursuivaient la cavalerie française, l'infanterie se déployait près de Dambron à cheval sur la route. La 22ᵉ division, flanquée à droite et à gauche par les divisions de cavalerie, se porta sur Dambron. Le feu des batteries bavaroises avait contraint les Français à prendre la direction d'Artenay, où ils avaient préparé une ligne de résistance. Attaqués de front et menacés par les masses de cavalerie, ils abandonnaient leur camp de tentes à 2 heures pour commencer une retraite qui dégénéra bientôt en débandade. La cavalerie leur prit 4 pièces de campagne et plus de 250 prisonniers. A Croix-Briquet, 600 des leurs, qui venaient d'y arriver, se rendirent à l'infanterie bavaroise qui les y avait suivis.

Les troupes allemandes avaient dû fournir, avant d'en venir aux mains, une marche fort longue ; aussi le général von der Tann leur fit-il faire halte près d'Artenay, l'avant-garde seule fut portée à Chevilly pour continuer, le lendemain seulement, la marche sur Orléans.

COMBAT D'ORLÉANS

11 octobre. — Le 11 octobre, la 22ᵉ division, dont l'effectif à ce moment-là n'était que de 6 000 hommes, prit la droite de la subdivision d'armée qui se portait en avant et refoula l'ennemi hors de plusieurs localités dont quelques-unes avaient été mises en état de défense; mais à 10 heures elle rencontra une résistance sérieuse à Ormes, où l'ennemi avait construit des retranchements.

Le général en chef français avait en effet résolu, après l'échec qu'il venait de subir à Artenay, de se retirer derrière la Loire; mais, pour couvrir sa retraite, il avait fait occuper par 15 000 hommes la rive droite, très susceptible d'être défendue.

En premier lieu le général de Wittich[1] déploya l'une de ses brigades, la 44e, contre la position des ennemis à Ormes; sept batteries ouvrirent le feu contre elle. Les troupes de son aile gauche, soutenues par l'aile droite des Bavarois, ne purent progresser que pas à pas dans le terrain à l'ouest de la position : il fallut d'abord enlever à la baïonnette différents bâtiments et fermes. Néanmoins, les troupes françaises, en voyant leur flanc droit menacé, ne montrèrent plus la même ténacité; après avoir résisté pendant plusieurs heures, elles commencèrent la retraite. Dès que les Allemands s'en aperçurent, deux de leurs batteries se portèrent en avant à la distance de 800 pas, et le 83e régiment d'infanterie enleva les redoutes à 2 heures du soir, non sans subir des pertes considérables. Dans l'intervalle, des fractions de la 43e brigade avaient déjà atteint la route en arrière d'Ormes; elles firent à l'ennemi 800 prisonniers.

Cependant les localités, les jardins et les vignobles qui s'étendent le long de la route d'Orléans, sur une longueur de près de 8 kilomètres, rendaient l'approche de la ville extrêmement difficile, et à 3 heures seulement la division

---

1. Commandant la 22e division (2e du XIe corps). (N. d. T.)

atteignit Petit-Saint-Jean dont elle enleva les premières maisons.

Le corps bavarois qui, à Saran déjà, avait rencontré une résistance très vive, s'avança jusqu'à Bel-Air tout en subissant des pertes graves. L'artillerie surtout avait beaucoup souffert. A Saran les cultures l'empêchaient de mettre ses pièces en position ; le mouvement en avant subit un arrêt ; à 4 heures et demie encore l'ennemi se maintenait opiniâtrément aux Aides ; enfin, la 4ᵉ brigade bavaroise s'étant portée à Murlins, sa ligne de retraite se trouva menacée ; mais il renouvela sa résistance à 1 000 pas en avant de la ville, derrière le remblai du chemin de fer ; il fallut de même donner l'assaut à la gare et à l'usine à gaz.

Il était déjà 5 heures quand le général von der Tann attira à lui, aux Grands-Ormes, la 1ʳᵉ brigade bavaroise qui constituait sa dernière réserve, afin de frapper le coup décisif. Le 32ᵉ régiment prussien franchit le remblai du chemin de fer sur le flanc gauche des défenseurs, qui dès lors durent se retirer dans le faubourg de Saint-Jean. Mais à la barrière de la ville ils tentèrent d'arrêter encore le 1ʳᵉ régiment bavarois en ouvrant sur lui un feu nourri ; tous les officiers s'étant placés en tête, le régiment força l'entrée de la ville et à 7 heures il pénétrait sur la place du Marché.

Les Français coururent au pont de la Loire ; la 43ᵉ brigade prussienne et la 1ʳᵉ bavaroise occupèrent les principaux édifices et les points de passage de la Loire ; à la tombée de la nuit ils cessèrent la poursuite et bivouaquèrent sur les places de la ville.

La journée d'Orléans avait coûté aux Allemands 900 hommes, dont le plus grand nombre appartenait à la 3ᵉ brigade bavaroise. Mais au moins l'armée d'investissement avait ses derrières absolument couverts, grâce à cette victoire remportée dans des circonstances extrêmement difficiles. Le butin comprenait 500 fusils, 10 locomotives et 60 wagons.

L'arrière-garde française avait perdu à elle seule 1 800 hommes dans les différents engagements qu'elle livra pendant son mouvement rétrograde, mais elle avait protégé avec une persévérance digne d'éloges la retraite du gros de l'armée du sud, pendant une journée entière, contre des forces supérieures en nombre. La veille, les Français avaient bien vite eu le dessous en rase campagne, où l'habile direction que les généraux savent donner à leurs masses joue un si grand rôle. Dans la défense des localités, par contre, les soldats n'ont besoin que de déployer du courage et de la constance, et ni l'un ni l'autre ne faisaient défaut aux troupes françaises organisées depuis si peu de temps.

Le lendemain, la 1re division bavaroise occupa, sur la rive gauche de la Loire, le faubourg de Saint-Marceau, puis elle se porta en avant jusqu'à la petite rivière du Loiret. La 2e division de cavalerie battait la Sologne, la 4e faisait le service de reconnaissance sur la rive droite du fleuve, dans la direction de l'ouest.

Le 15e corps français avait continué à battre en retraite jusqu'à Salbris et à Pierrefitte, en arrière de la Sauldre.

Il eût certes été à désirer qu'on continuât à poursuivre l'ennemi dans la direction de Vierzon et de Tours, afin d'anéantir dans la première de ces villes de grands magasins d'armes et de chasser de la seconde la délégation du gouvernement. Cependant, il n'était pas permis de perdre de vue que, à la vérité, l'armée française avait succombé à Artenay, mais que, favorisée pas la configuration du terrain, elle s'était soustraite à la défaite en se retirant. Le général von der Tann avait à sa disposition des troupes d'infanterie relativement peu nombreuses et l'on constatait sur tous les points la présence de forces ennemies. En aval d'Orléans, à Blois, et en amont, à Gien, un nouveau corps d'armée français, le 16e, avait fait son apparition, la cavalerie avait rencontré de la résistance le long de la forêt de Marchenoir et en avant de Châteaudun, et partout la population se montrait certaine d'un revirement prochain ; les corps francs opéraient avec tant d'audace, qu'il fallait bien supposer que les deux corps français recevraient sous peu des renforts.

On dut donc se borner à occuper simplement Orléans et la ligne de la Loire, et pour cela on crut que le corps bavarois et la 2e division de cavalerie suffiraient. La 22e division et la 4e division de cavalerie reçurent l'ordre de rejoindre la troisième armée. En route, elles devaient disperser les bandes de francs-tireurs qui opéraient dans les environs de Châteaudun et de Chartres.

Le général von der Tann fit tout préparer pour que les ponts sur le Loiret et la Loire pussent être rompus ; il organisa une ligne d'étapes d'Orléans à Longjumeau, et la section bavaroise des chemins de fer s'occupa à remettre en état la voie dans la direction de Villeneuve.

PRISE DE SOISSONS

15 octobre. — La place de Soissons interceptait encore la ligne de chemin de fer de Reims sur Paris mise en exploitation par les Allemands de Toul à Reims, depuis que la première de ces deux villes avait capitulé.

On avait bombardé Soissons, sans résultat aucun, avec

des batteries de campagne de l'armée de la Meuse, quand celle-ci passa près de la ville en marchant sur Paris. Depuis, on s'était contenté d'observer la place, jusqu'au 6 octobre, date à laquelle 8 bataillons de Landwehr, 4 escadrons, 2 batteries, 2 compagnies de pionniers et 4 compagnies d'artillerie de forteresse vinrent l'investir complètement.

Soissons, avec ses murs hauts de 8 mètres, était parfaitement à même de résister à un assaut, et en tendant des inondations à l'aide du ruisseau de la Crise, on rendait la place inabordable par le sud. Par contre, elle n'avait, sur le front sud-ouest, que des fossés secs et pas de contrescarpe en maçonnerie; en outre, le Mont-Marion dominait d'une hauteur de 90 mètres la place, à moins de 1 900 mètres. C'est contre ce flanc que fut dirigée l'attaque sommaire d'artillerie quand, le 11 octobre, 26 pièces de siège prussiennes arrivèrent de Toul, avec 170 gargousses pour chacune, et 10 mortiers français, et que le grand-duc de Mecklembourg eut pris le commandement.

Par un beau clair de lune, l'artillerie, secondée par les troupes d'infanterie, construisit ses emplacements sur les hauteurs de Sainte-Geneviève, à Belleu et sur le Mont-Marion, puis elle y transporta les pièces. Le 12 octobre, à 6 heures du matin, toutes les batteries ouvrirent le feu.

Les assiégés ripostèrent avec la plus grande énergie, mais sans grand succès, et bientôt l'artillerie prussienne, grâce à la sûreté de son tir, parvint à réduire au silence celle de l'adversaire, sur le front d'attaque proprement dit.

Le lendemain, on y constata une brèche peu large, le feu de l'assiégé s'était sensiblement ralenti, mais le commandant de la place répondit par un refus catégorique à la sommation qui lui fut faite de se rendre. Le 14, il mit un plus grand nombre de pièces en batterie sur le front sud, de sorte que l'artillerie allemande à Sainte-Geneviève se trouva dans une position critique. Sur le front d'attaque aussi, les Français travaillaient avec la plus grande énergie à remettre en état les ouvrages qui avaient considérablement souffert; ils établirent de nouvelles pièces sur le terre-plein et bouchèrent la brèche avec des abatis.

Mais le 15 octobre, l'artillerie de l'assiégeant eut vite fait de démolir ces travaux, et d'ouvrir une brèche large de 40 pas, et abondamment couverte de terre. L'artillerie de la place continuant à entretenir un feu fort vif, on résolut de porter l'artillerie de campagne en avant, à la distance de 900 pas. Quand le soir, à 8 heures, on commença à établir les emplacements voulus, le commandant offrit de traiter et rendit la place aux conditions de Sedan. La garnison quitta la ville le lendemain; la plupart des soldats étaient gris. Mille gardes mobiles furent relâchés sur parole, 3 800 hommes furent emmenés en captivité.

L'attaque de la place avait coûté aux Allemands 120 hommes, et leur valait 128 pièces, 8 000 fusils et de grands approvisionnements de vivres.

PRISE DE CHATEAUDUN

18 octobre. — Se conformant à l'ordre qu'il avait reçu, le général de Wittich s'était présenté, le 18 octobre, dans le courant de l'après-midi, devant Châteaudun, avec la 22ᵉ division. Les troupes de ligne françaises avaient déjà été rappelées à Blois, mais environ 1 800 gardes nationaux et francs-tireurs étaient encore dans la ville, prêts à attendre l'ennemi derrière les murailles et les barricades.

La configuration du terrain était telle que l'infanterie rencontra de grandes difficultés en exécutant son attaque. Il fallut pendant un certain temps faire canonner la localité par quatre batteries.

A la tombée de la nuit seulement, on procéda à un assaut général. L'ennemi opposa une résistance désespérée dans l'intérieur de la ville. Il fallut s'emparer d'une maison après l'autre, la lutte ne prit fin que fort tard dans la nuit, et une grande partie de la localité devint la proie des flammes. Les francs-tireurs, abandonnant les habitants à leur malheureux sort, s'esquivèrent, ne laissant aux mains des Allemands que 150 prisonniers. La population, quoiqu'elle eût pris part à la lutte, s'en tira en payant une contribution de guerre.

Le 21 octobre, à midi, la division se présenta devant Chartres, où 10 000 Français, à ce que l'on prétendait, se trouvaient réunis. Il y avait dans la ville de l'infanterie de marine et des gardes mobiles. Ces troupes prirent l'offensive, mais elles furent refoulées par le feu de sept batteries prussiennes. Le général avait déployé ses deux brigades au sud de la ville, et la 4º division de cavalerie, qui venait d'être rejointe par la 6º, complétait le cercle tout autour de Chartres.

Averties par ce qui s'était passé à Châteaudun, les autorités municipales entamèrent des négociations, et à 3 heures on signa une convention en vertu de laquelle les troupes de ligne se retirèrent, la garde nationale déposa les armes, et la ville ouvrit ses portes aux Allemands.

Le général de Wittich reçut l'ordre de rester pour le moment à Chartres, tandis que la 6º division fut invitée à occuper Maintenon, et à couvrir de la sorte les derrières de l'armée d'investissement dans la direction de l'ouest.

Les armements avaient été poussés avec le même zèle dans la région du Nord, en Picardie et en Normandie. La division de cavalerie saxonne, soutenue par des fractions de l'armée de la Meuse, avait, dans la première quinzaine d'octobre, refoulé les francs-tireurs et les gardes mobiles depuis l'Oise et l'Epte jusque vers Amiens, et fait quelques centaines de prisonniers. Mais, sans cesse, de nouvelles bandes revenaient à la charge ; il fallut les attaquer à Breteuil, Montdidier et Etrepagny, si bien que, peu à peu, il y eut dans ces parages 11 bataillons, 24 escadrons, 4 batteries, occupés à couvrir les corps d'investissement. Mais, vers la fin du mois, des troupes françaises, opérant d'après un plan nettement défini, attaquèrent en si grand nombre les détachements allemands, que ceux-ci, pour le moment, durent se borner à rester sur la défensive et à tenir la ligne de l'Epte.

Au sud-est également, les francs-tireurs ouvraient les hostilités depuis la forêt de Fontainebleau, en particulier contre les détachements de cavalerie chargés de faire des réquisitions, et depuis Nangis ils mettaient obstacle au transport des pièces de siège. Un détachement wurtembergeois peu considérable occupa Montereau, où l'ennemi avait établi des barricades qu'il ne défendit point ; les habitants déposèrent les armes et le détachement continua sa marche sur Nogent, où étaient postées de fortes fractions de gardes mobiles. Après avoir ouvert une brèche dans le mur du cimetière, les Wurtembergeois pénétrèrent dans la ville, quoiqu'on les accueillît par un feu très vif. A l'intérieur, les Français opposèrent une résistance vigoureuse, mais finalement ils se retirèrent sur Troyes, en laissant dans la ville 600 des leurs, blessés ou tués. La petite colonne mobile rejoignit sa division, après avoir parcouru une distance de 205 kilomètres en six jours.

SORTIE CONTRE LA MALMAISON

21 octobre. — La capitale de la France était investie depuis plus de quatre semaines et il était possible que, si l'on persistait à ne pas agir, la famine la contraindrait à capituler. Les sorties faites jusqu'alors n'avaient eu d'autre résultat que de refouler l'ennemi des environs immédiats de la ville où sa présence était par trop gênante. L'entreprise qu'on allait tenter visait un but autrement important. On voulait franchir la Seine, en aval de Paris, à Bezons et à Carrières, puis attaquer les positions du IVe corps prussien sur les hauteurs d'Argenteuil par le sud et en même temps de Saint-Denis, à l'est. Ensuite on continuerait la marche, par Pontoise, afin d'atteindre Rouen et, de la sorte, une région dont les ressources n'étaient point encore épuisées; on attirerait à soi l'armée de la Loire que le chemin de fer transporterait par le Mans, et on réunirait de cette façon une armée de 250 000 hommes.

Mais le Ve corps prussien, qui à plusieurs reprises avait porté ses avant-postes jusqu'à Rueil, prenait directement en flanc l'armée française au moment où elle passerait la Seine. Il fallait avant tout l'écarter et c'est dans ce but que le général Ducrot entreprit sa sortie avec 10 000 hommes et 120 pièces de campagne. Une fois ce but atteint, des retranchements qu'on élèverait du Mont-Valérien jusqu'à Carrières fermeraient l'entrée de la presqu'île à l'ennemi.

Il est permis de supposer qu'en tentant cette entreprise on obéissait plutôt à la crainte d'indisposer cette fameuse « opinion publique » et les partis qui s'agitaient de plus en plus, et qu'on voulait en général faire quelque chose sans penser sérieusement à exécuter ce plan en apparence si vaste. Rien que l'attaque qu'il fallait diriger contre la ligne d'investissement offrait des difficultés considérables et, si l'attaque réussissait, d'autres, bien plus grandes, se seraient produites. On ne pouvait pas songer à faire passer les convois énormément longs qui sont absolument nécessaires pour faire vivre une armée. On se serait donc forcément trouvé dans le plus grand embarras une fois que les troupes auraient consommé les trois jours de vivres qu'elles pouvaient emporter. Pour vivre sur le pays, l'armée eût été obligée de s'étendre considérablement. Or, si l'ennemi se mettait à la suivre, il eût fallu tenir les troupes massées. D'une manière générale, on ne voit pas bien dans quel but on eût éloigné de Paris les forces qui y avaient été réunies pour défendre la capitale. L'opération n'eût pu avoir du succès que si une armée du dehors se fût avancée assez près de la ville pour qu'elle pût immédiatement tendre la main à celle qui en serait sortie.

Toujours est-il que le 21 octobre, après que le Mont-Valérien eut entretenu pendant toute la matinée une canonnade assez inutile, le général Ducrot procéda, à 1 heure, à l'attaque de la position occupée par la 19e brigade prussienne dont les avant-postes avaient occupé la ligne Bougival-la Jonchère-le Haras. Quatorze batteries de campagne françaises entrent en ligne à droite et à gauche de Rueil de même qu'au pied sud du Mont-Valérien, tandis que l'infanterie s'avance sur cinq colonnes derrière ce front d'artillerie.

Du côté des Allemands, deux batteries seulement purent, au début, engager une lutte inégale contre celles des Français et l'une d'elles, qui avait été établie près de la villa

Metternich, dut bien vite être ramenée en arrière. Celles de l'ennemi, à droite, se portèrent en avant vers Bougival jusqu'à la distance de 1 400 pas, et à 3 heures, quatre compagnies de zouaves attaquèrent cette localité par Rueil. Accueillies par un feu très vif, elles obliquèrent à droite dans le parc de la Malmaison et occupèrent, sans qu'on leur opposât la moindre résistance, le château de Buzenval et le versant est du ravin encaissé, dont le fond est occupé par l'étang de Saint-Cucufa. Là une des batteries françaises se porta jusque dans la ligne des tirailleurs afin de leur prêter appui.

Pendant que le gros de la 9ᵉ division s'avançait de Versailles sur Vaucresson, la 10ᵉ se déployait sur l'étang et à la villa Metternich. L'infanterie engagea le combat par les feux qui dura toute une heure et infligea des pertes graves aux Français. Quand, à 4 heures, leurs rangs parurent suffisamment ébranlés et que l'aile gauche des Allemands eut été renforcée par une fraction de la Landwehr de la garde venue de Saint-Germain, elle se porta en avant depuis Bougival par la hauteur de la Jonchère, pénétra dans la Malmaison malgré la plus vive résistance et poursuivit, jusqu'à Rueil, les zouaves qui battaient en retraite. En même temps, l'aile droite, contournant le bassin de Saint-Cucufa à son sommet, s'était portée sur le versant est, d'où elle repoussa l'ennemi ; elle enleva deux pièces à la batterie qui y avait pris position et occupa le château de Buzenval.

Les Français battirent alors en retraite sur toute la ligne ; vers 6 heures le feu cessa, et la 10ᵉ division, qui était, à elle seule, et sans être soutenue, parvenue à arrêter l'attaque ennemie, réoccupa ses avant-postes.

La lutte lui avait coûté 400 hommes. Par contre, les

Français eurent 500 des leurs tués ou blessés et on leur fit en outre 120 prisonniers.

Peu de jours après, l'ennemi se mit à élever des retranchements à la distance de 800 pas de la ligne occupée par la garde royale et, le 28 octobre, le général de Bellemare se porta, à la faveur des ténèbres, avec plusieurs bataillons, contre le Bourget.

Il n'y avait là qu'une compagnie allemande qui fut totalement surprise et dut rétrograder sur Pont-Iblon et le Blanc-Mesnil devant les forces ennemies considérablement supérieures. Celles-ci construisirent immédiatement des barricades dans la localité et en entreprirent la mise en état de défense. C'est en vain que vers le soir un bataillon tenta de les déloger, il dut battre en retraite, en essuyant des pertes graves. Le lendemain, 30 pièces de campagne furent mises en batterie à Pont-Iblon; leur feu n'eut aucun résultat. Le prince royal de Saxe donna alors à la garde l'ordre formel de reprendre immédiatement le Bourget.

PRISE DU BOURGET

30 octobre. — En conséquence, 9 bataillons de la 2e division de la garde et 5 batteries se concentrèrent le lendemain, sous les ordres du lieutenant-général de Budritzki, à Dugny, Pont-Iblon et le Blanc-Mesnil, afin d'exécuter une attaque enveloppante.

A 8 heures l'artillerie ouvrit la lutte depuis le ruisseau de la Morée : puis l'infanterie se précipita en avant. Le terrain était absolument découvert et elle se vit accueillie non seulement par les feux ouverts du Bourget, mais encore par celui de la grosse artillerie des forts. Les bataillons de grenadiers du régiment Reine-Élisabeth, qui tenaient la tête de la colonne du centre, n'en avancèrent pas moins, à 9 heures, et dans un élan énergique ils franchirent les barricades de la lisière nord, puis ils pénétrèrent dans le village par les ouvertures que les pionniers avaient rapidement pratiquées dans les murs. Les grenadiers du régiment de la garde Empereur-François s'avancèrent contre la lisière occidentale et s'emparèrent du parc.

Pour progresser dans le village il fallut dans une lutte acharnée conquérir maison par maison; les colonels des deux régiments, de Zaluskowski et comte Waldersee, furent tués. Les fermes entourées de murs qui étaient situées à gauche de la route furent enlevées à la baïonnette, l'une après l'autre, malgré la résistance opiniâtre des défenseurs. Les grenadiers les escaladèrent et alors il s'engagea à l'intérieur une lutte corps à corps. Du parc, le 2ᵉ bataillon de chasseurs de la garde pénétra dans l'usine à gaz.

A 9 heures et demie les Français tentèrent d'amener au Bourget des renforts d'Aubervilliers et de Drancy, mais dans l'intervalle la colonne de gauche avait enlevé le remblai du chemin de fer, des détachements du régiment de la garde Empereur-Alexandre l'avaient occupé, puis on avait forcé l'entrée de la partie sud du village. Deux batteries avaient pris position sur le ruisseau de la Mollette : leur feu refoula l'ennemi et le contraignit même à évacuer Drancy.

A 10 heures, les Français tenaient encore les bâtiments des fermes situées au nord de la Mollette. On les attaqua par le sud. La 4ᵉ compagnie du régiment Empereur-Alexandre franchit le ruisseau et pénétra, par une brèche qu'avaient faite les pionniers, dans celle des fermes où l'ennemi avait massé le gros de ses forces. Il fallut l'y attaques à coups de crosse et de baïonnette. C'est là que le colonel français de Baroche périt[1].

Quoique, à 11 heures, les trois colonnes d'attaque se fussent rejointes dans l'intérieur même du Bourget, l'ennemi n'en continua pas moins la lutte avec un acharnement sans cesse grandissant, dans certaines fermes et dans quelques jardins, jusque dans le courant de l'après-midi, tandis que tous les forts du front nord de Paris couvraient la localité d'une grêle d'obus. A partir de 1 heure et demie seulement, les troupes qui avaient exécuté l'attaque purent être ramenées dans leurs cantonnements, compagnie par compagnie. Deux bataillons restèrent au Bourget pour l'occuper à demeure.

La résistance désespérée que les Français avaient opposée aux assaillants prouvait combien ils tenaient à conserver cette position. La victoire avait coûté 500 hommes à la 2ᵉ division de la garde. On ignore le chiffre exact des pertes subies par l'ennemi : toujours est-il que les Allemands firent plus de 1200 prisonniers.

Ce nouvel échec exaspéra davantage encore la population parisienne. Le parti révolutionnaire existant de tout temps à Paris devint menaçant.

En dépit des proclamations où la vérité était plus ou moins fardée, on ne put plus longtemps tenir secret l'échec subi : le gouvernement perdait tout prestige. On accusait ses membres d'être des incapables, des traîtres. Des bandes de faubouriens demandaient des armes à grands cris, une partie de la garde nationale trahit la cause de l'ordre. L'Hôtel de Ville fut cerné par la foule qui criait : « Vive la Commune ! » La troupe, à la vérité, dispersa les émeutiers;

---

1. M. de Moltke veut parler du commandant de mobiles Ernest Baroche. (N. d. T.)

mais leurs chefs, qu'on connaissait pourtant, ne furent nullement inquiétés.

Dès le 31 octobre les masses populaires remplissaient de nouveau les rues de leurs cris. Le général Trochu ayant défendu aux soldats du poste de l'Hôtel de Ville de faire usage de leurs armes, les émeutiers y pénétrèrent. Les membres du gouvernement se trouvèrent être leurs prisonniers jusqu'au soir, où quelques bataillons restés fidèles vinrent les délivrer.

M. Thiers, de retour de son voyage, au cours duquel il n'avait rien pu obtenir des cabinets européens, jugea le moment venu de renouer les négociations à Versailles. On y était encore disposé à accorder un armistice, mais la condition posée par le négociateur français — le ravitaillement de Paris — ne pouvait être acceptée et, dès lors, les hostilités furent reprises.

Précisément à ce moment-là, c'est-à-dire vers la fin du mois d'octobre, les affaires sur la Moselle avaient pris une tournure telle que la situation tout entière allait en être modifiée.

En échangeant les prisonniers allemands contre des Français qui avaient assisté à la bataille de Sedan, la garnison et la population de Metz avaient été mises au courant de la défaite de l'armée de Châlons. Mais le maréchal Bazaine déclara que l'armée du Rhin n'en continuerait pas moins à défendre le pays contre l'ennemi du dehors et l'ordre contre les passions mauvaises. Cette fin de phrase, il est vrai, pouvait recevoir des interprétations très différentes l'une de l'autre.

La diplomatie allemande n'était pas fâchée qu'il existât en France, en dehors du gouvernement de Paris qui, malgré sa faiblesse, élevait des prétentions exorbitantes, un autre pouvoir avec lequel on pût peut-être s'entendre sur les conditions auxquelles on mettrait fin à la guerre. Aussi l'état-major allemand accorda-t-il à un homme, qui se donnait pour émissaire de la famille impériale exilée, l'autorisation de pénétrer dans Metz. Comme il ne put pas prouver au maréchal qu'il avait réellement qualité pour entrer en pourparlers avec lui, le général Bourbaki fut autorisé à traverser les avant-postes pour se rendre à Londres ; mais là, l'impératrice Eugénie refusa de compliquer davantage encore, par son intervention, la situation déjà si difficile où se trouvait la France. Le général alla de là à Tours, où il se mit à la disposition du gouvernement de la Défense nationale.

Pour le moment, l'armée enfermée dans Metz restait, et cela depuis la journée de Noisseville, dans une inaction absolue.

Au début il s'était trouvé dans la place trois mois et demi de vivres pour les 70 000 habitants, chiffre qu'avait atteint la population par suite de l'entrée en ville des campagnards ayant fui leurs villages, et cinq mois de vivres pour la garnison réglementaire, tandis que l'armée du Rhin n'en avait que pour quarante et un jours et des rations d'avoine pour vingt-cinq jours seulement.

A la vérité, on compléta les approvisionnements, pour les troupes, en achetant des vivres aux bourgeois amplement pourvus ; mais, bientôt, on dut diminuer les rations de pain et tuer des chevaux pour fournir de la viande aux soldats, si bien que la plupart des régiments de cavalerie n'avaient plus que deux de leurs escadrons montés.

D'ailleurs, les Allemands avaient aussi à lutter avec de grandes difficultés pour faire vivre leurs 197 326 hommes et leurs 33 136 chevaux. La peste bovine venait d'éclater en

Allemagne : on se vit réduit aux marchés hollandais et belges pour l'achat de bêtes de boucherie. Cela ne suffisait pas, et l'on dut recourir aux conserves de viande. Le foin et la paille venant à manquer, il fallut augmenter les rations d'avoine.

Les vides, causés dans les rangs de l'armée par les pertes qu'elle avait subies, avaient été, il est vrai, comblés par les troupes de dépôt envoyées d'Allemagne ; mais rien que le transport des prisonniers de Sedan distrayait 14 bataillons de l'armée d'investissement. On n'était pas encore parvenu à construire des baraquements en nombre suffisant, les troupes étant occupées à compléter leurs retranchements. De bonne heure, le temps était devenu pluvieux et froid, et un quart de l'effectif se trouvait sans abri : peu à peu le nombre des malades dans les ambulances s'accrut de façon à atteindre le chiffre inquiétant de 40 000 hommes.

Quoiqu'il fût arrivé d'Allemagne 50 pièces de gros calibre, on n'obtint aucun résultat en bombardant Metz, les pièces ne pouvant ouvrir le feu que pendant la nuit, en changeant souvent de position, à cause du calibre supérieur de l'artillerie de la place. Il fallut donc patienter et attendre que l'investissement produisît ses effets.

Déjà les assiégés avaient consommé quatre semaines de vivres. Les approvisionnements avaient considérablement diminué, et, pour relever le moral des troupes en les faisant sortir de leur inaction, le général en chef résolut de déployer l'armée afin que, sous sa protection, les détachements pussent ravitailler la ville en cherchant des vivres dans les lignes d'investissement.

Le 22 septembre, à midi, le fort de Saint-Julien ouvrit un feu très vif sur les avant-postes du 1ᵉʳ corps d'armée. De forts détachements d'infanterie se portèrent en avant contre les villages situés à l'est, refoulèrent les grand'-

gardes ennemies, puis rentrèrent dans Metz avec les vivres qu'ils avaient trouvés. Le lendemain, on opéra de même contre les villages situés au nord, mais cette fois-ci le succès fut moindre et la plupart des voitures emmenées par les Français furent contraintes de s'en retourner vides grâce au feu des batteries prussiennes qui avaient pris vivement position.

Le 27 septembre enfin, la garnison fit, dans le même but, une sortie dans la direction du sud. Il s'engagea plusieurs combats sans importance ; à Peltre, une compagnie allemande, cernée par des forces en nombre considérablement supérieur, dut se rendre. En même temps la garnison faisait une sortie sur la rive gauche de la Moselle. Elle échoua, grâce au feu de l'artillerie des corps d'investissement qui était accourue.

Au nord de Metz, on s'était contenté, jusqu'alors, de faire observer Thionville par des fractions de troupes peu considérables ; elles ne purent empêcher la garnison de battre le terrain jusque vers la frontière, peu éloignée, d'enlever un convoi de 50 voitures chargées de vivres et même de faire entrer dans la place tout un train de chemin de fer chargé d'approvisionnements, sur la ligne de Luxembourg qu'elle avait remise en état.

Thionville, distant seulement d'une journée de marche, pouvait constituer un point d'appui solide pour l'armée du Rhin, si elle parvenait à s'ouvrir un passage. Aussi le prince Frédéric-Charles prit-il les dispositions voulues pour renforcer les lignes d'investissement du nord sur la rive droite de la Moselle. Le 1er octobre, le Xe corps d'armée y releva la division de réserve de Kummer, laquelle passa sur la rive gauche. Les Ier, VIIe et VIIIe corps appuyèrent davantage à droite, et le IIe fut chargé de garder le secteur entre la Seille et la Moselle. On renforça également les troupes qui observaient Thionville.

Le maréchal avait en effet résolu de nouveau de faire sa trouée dans la direction du nord, en s'avançant sur les deux rives de la Moselle. En arrière de Saint-Julien et depuis l'île Chambière on jeta de nouveaux ponts sur la rivière et pendant plusieurs jours on livra de petits engagements dans lesquels les postes allemands les plus rapprochés, à l'ouest et au nord de la place, furent refoulés. Soutenus par le feu des forts, les Français s'établirent solidement dans Lessy et Ladonchamps. On avait spécifié quelles troupes resteraient à Metz; quant à celles qui prenaient part à la sortie, on s'était assuré qu'elles étaient capables de fournir de longues marches. On correspondait avec Thionville à l'aide d'artifices pour signaux et toutes les mesures étaient prises pour que l'armée pût se mettre en marche le 7 octobre.

Soudain le général en chef changea d'avis et l'entreprise aboutit à une vulgaire réquisition à main armée.

A la vérité, on mit en mouvement des forces considérables pour l'exécuter: la division des voltigeurs de la garde, le 6ᵉ corps et, dans les bois de Woippy, le 4ᵉ y prirent part. De plus, le 3ᵉ devait appuyer le mouvement sur la rive droite de la Moselle.

On tint prêt un convoi de 400 voitures pour transporter les approvisionnements qu'on comptait trouver dans les grandes fermes situées au nord de Ladonchamps.

SORTIE DE METZ SUR BELLEVUE

7 octobre. — On avait dû se mettre en marche, de Woippy, dès 11 heures; quoique le départ fût retardé jusqu'à 1 heure, les compagnies de la Landwehr prussienne qui se trouvaient aux avant-postes durent céder devant un ennemi considérablement supérieur. Elles défendirent les fermes jusqu'à épuisement total de leurs munitions et l'ennemi leur fit un nombre considérable de prisonniers. Mais l'artillerie de la Landwehr empêcha celui-ci de ramener les approvisionnements dans Metz ; la 5ᵉ division se porta de Norroy sur le flanc de la colonne d'attaque des Français, qui furent refoulés sur Bellevue, où s'engagea un combat par les feux traînant.

Sur la rive droite de la Moselle, le 3ᵉ corps français s'était porté en avant sur Malroy et Noisseville. Sur ce point les avant-postes se retirèrent également ; mais derrière eux le Xᵉ corps et peu après le Iᵉʳ se tinrent prêts à soutenir la lutte. Seulement les deux généraux commandant ces corps d'armée s'aperçurent bien vite qu'il ne s'agissait que d'une attaque simulée. Dès 2 heures et demie le général de Voigts-Rhetz, quoique menacé lui-même, fit franchir la Moselle à l'une de ses brigades (la 38ᵉ), à Argancy, afin de porter secours à la division de la Landwehr, et comme le général de Manteuffel lui envoyait des renforts à Charly, il donna l'ordre à la 37ᵉ de passer également sur l'autre rive.

Dès qu'il eut reçu les premiers renforts, le général de Kummer prit l'offensive : après un engagement fort vif, il enleva les fermes à l'ennemi qui avait déjà commencé à battre en retraite et, soutenu, sur la droite, par les fractions de la 5ᵉ division, il pénétra dans Bellevue vers 6 heures du soir. Mais les Français tenaient encore Ladonchamps. La 19ᵉ division se porta en avant, de concert avec la division de réserve, contre cette localité, assez tard dans la soirée. La ferme du château, entourée de fossés remplis d'eau, était défendue par des retranchements établis avec soin et fortement occupée par l'infanterie et l'artillerie. Comme il ne faisait plus assez clair, les Allemands ne purent faire ouvrir le feu à leurs batteries et l'attaque de l'infanterie n'aboutit point. A cette seule exception près, tous les autres points où les Allemands avaient été postés avant la sortie, furent réoccupés par eux.

Pour cette journée les pertes des Prussiens se montaient à 1 500 hommes, tant tués que blessés ; il y avait en outre 500 disparus. Les Français disent n'avoir perdu que 1193 hommes.

Il était permis d'admettre que cette attaque avait été faite pour préluder à la sortie décisive. Peut-être en était-il réellement ainsi. Aussi les troupes allemandes furent-elles maintenues dans les positions qu'elles occupaient au moment où l'engagement prit fin, afin d'être prêtes, si l'ennemi renouvelait l'attaque le lendemain matin.

En effet, le 8 octobre, à la première heure, les forts ouvrirent un feu des plus vifs sur les fermes, tandis que les batteries allemandes lançaient leurs projectiles sur Ladonchamps. Puis de fortes colonnes se portèrent en avant sur la rive droite de la Moselle ; mais sur aucun point elles n'exécutèrent d'attaque sérieuse. Aussi les troupes prussiennes retournèrent-elles bientôt dans leurs cantonnements.

La lutte d'artillerie fut continuée pendant les journées qui suivirent, mais elle se fit de moins en moins violente. Des pluies persistantes rendaient impossibles les opérations en rase campagne et venaient aggraver les souffrances des deux armées. A Metz, le manque de vivres se faisait sentir de plus en plus. Dès le 8, le général commandant la place avait informé le maréchal qu'il n'en avait plus que pour douze jours. Cependant un conseil de guerre, que celui-ci réunit le 10, fut d'avis qu'en continuant la résistance, l'armée du Rhin rendait à la patrie le plus grand service que celle-ci pouvait attendre d'elle en retenant encore sous Metz une armée ennemie.

A ce moment-là le maréchal envoya le général Boyer pour négocier avec le grand quartier général, à Versailles; mais il avait pour instructions d'obtenir que l'armée se retirât sans déposer les armes et de refuser péremptoirement les conditions de la capitulation de Sedan.

Or l'état-major allemand n'ignorait nullement quelle était la situation dans Metz. Journellement le nombre des soldats français qui se laissaient prendre de leur plein gré, en allant déterrer des pommes de terre, allait en augmentant. On avait appris que des désordres avaient éclaté dans la ville, que des soldats avaient pris part à ces attroupements et que le général en chef avait été sommé de reconnaître la République. L'impératrice ayant déclaré à son tour qu'elle ne consentirait jamais à une cession de territoire, il ne pouvait pas être question de négocier, au point de vue politique, avec le général en chef de l'armée du Rhin.

Le 20 octobre, la place cessa de fournir des vivres à l'armée, et les troupes ne mangeaient plus guère que du cheval. Au début, l'effectif en chevaux avait été de 20 000; chaque jour il diminuait de 1 000 bêtes. Le manque de pain et de sel constituait pour les hommes la privation la plus dure. De plus, le sol argileux était détrempé au point que le séjour dans les camps en devenait impossible.

Après que les négociations entamées à Versailles eurent été rompues, un conseil de guerre, réuni le 24, reconnut que la nécessité s'imposait d'en entamer de nouvelles avec le général commandant en chef l'armée d'investissement.

Les premières entrevues n'aboutirent point, le maréchal

persistant à demander que son armée pût se retirer sans capituler, en Algérie s'il le fallait, et qu'on commençât par lui accorder un armistice et le ravitaillement de la ville. Le général en chef allemand demandait qu'on lui rendît la place et que l'armée fût prisonnière de guerre. C'est à ces conditions que finalement fut signée la capitulation dans la soirée du 27 octobre.

CAPITULATION DE METZ

27 octobre. — Le 29 au matin, le drapeau prussien fut hissé sur les grands forts de Metz. A 1 heure la garnison française quitta la place, par six routes. Les soldats marchaient en bon ordre et observaient le silence le plus complet. Sur chacune de ces routes était posté un corps d'armée prussien pour recevoir les prisonniers qui étaient immédiatement emmenés dans des bivouacs préparés d'avance et où l'on avait eu soin de faire apporter des vivres. Les officiers, auxquels on laissa l'épée, furent autorisés à rentrer à Metz. La ville fut immédiatement approvisionnée.

Le maréchal Bazaine partit pour Cassel.

Ce jour-là même, la 26ᵉ brigade fit son entrée dans Metz. La ville n'avait pas souffert du siège, mais on put se rendre compte, en voyant l'état dans lequel se trouvaient les camps, des souffrances que les troupes avaient endurées pendant ces 72 jours d'investissement.

Dans ce laps de temps les Allemands avaient perdu 240 officiers et 5 500 hommes, tant tués que blessés.

Quant aux Français, 6 000 officiers et 167 000 hommes allaient être internés en Allemagne; avec les 20 000 malades, qui n'auraient pas pu être transportés à ce moment, cela faisait environ 200 000 hommes. En outre, 56 aigles,

622 pièces de campagne, 876 pièces de place, 72 mitrailleuses et 260 000 fusils étaient tombés aux mains des Allemands.

Le transport des prisonniers se fit par Trèves et Sarrebruck; des bataillons de la Landwehr les escortaient; comme ils allaient, une fois arrivés en Allemagne, être chargés du service de garde, on ne pouvait plus compter sur leur retour à l'armée.

RÉPARTITION DES FORCES DE LA DEUXIÈME ARMÉE

La situation tout entière était profondément modifiée par la capitulation de Metz, que le prince Frédéric-Charles était parvenu, en dépit des plus grandes difficultés, à imposer à l'ennemi.

Le grand quartier général n'avait pas attendu que la catastrophe se produisît pour prendre les dispositions concernant les grandes unités qui allaient devenir disponibles. Prévoyant qu'elle était imminente, les ordres avaient été envoyés d'avance aux généraux commandant en chef.

Ces mesures étaient les suivantes : les Ier, VIIe et VIIIe corps allaient former, avec la 3e division de cavalerie, la première armée, commandée par le général de Manteuffel. Cette armée devait marcher dans la direction de Compiègne pour couvrir l'armée d'investissement au nord de Paris. A la vérité, elle avait à remplir d'autres missions encore; il lui fallait occuper Metz et assiéger Thionville et Montmédy.

La deuxième armée, placée sous les ordres du prince Frédéric-Charles allait comprendre les IIe, IIIe, IXe et X^e corps. Elle devait se mettre en marche vers le cours moyen de la Loire.

OPÉRATIONS DU XIVᵉ CORPS DANS LE SUD-EST

Quand, après la chute de Strasbourg, le XIVᵉ corps eut été formé, il avait reçu pour mission d'assurer les communications entre les deux armées retenues l'une devant Metz, et l'autre devant Paris.

Le général de Werder, dès lors, ne devait pas s'attendre à livrer de grandes batailles, mais, par contre, de nombreux engagements sur des points bien différents. Afin que chacune de ses quatre brigades fût en état de livrer des engagements sans le secours des autres, il les pourvut toutes d'artillerie et de cavalerie.

Formé de la sorte, le XIVᵉ corps passa les Vosges par les routes de Schirmeck et de Barr. Les bandes de francs-tireurs furent refoulées, sans grande perte de temps, des cols qu'elles essayaient de défendre. Mais dès qu'on eut débouché de la montagne, on rencontra une résistance plus sérieuse.

Depuis le commencement d'octobre, le général Cambriels était posté à Épinal avec 30 000 hommes environ de troupes françaises; sous leur protection, de nombreux bataillons de garde mobile et de garde nationale se réunissaient dans le midi de la France.

Le 6 octobre, le général de Degenfeld se porta en avant avec l'avant-garde badoise, sur les deux rives de la Meurthe, dans la direction de Saint-Dié. Sa colonne, fort peu nombreuse, fut, de toute part, serrée de près par des forces très supérieures. Elle n'en réussit pas moins à enlever, par des attaques successives, les villages occupés par l'ennemi.

On s'était battu pendant sept heures; finalement, l'ennemi dut faire sa retraite dans deux directions différentes, sur Rambervillers et Bruyères. Les Allemands avaient perdu 400 hommes, et les Français 1 400. Le détachement badois bivouaqua sur le champ de bataille, et pénétra le lendemain dans Saint-Dié que l'ennemi avait évacué.

En effet, le général Cambriels avait massé toutes les forces disponibles dans des positions retranchées, à Bruyères. Le 11 octobre, les brigades badoises les atteignirent; elles débusquèrent les gardes mobiles et les corps francs des localités situées en avant de Bruyères, gravirent les hauteurs qui s'élèvent à droite et à gauche de la localité, et en forcèrent l'entrée sans subir de grandes pertes. Les Français battirent en retraite dans la direction du sud, sur Remiremont.

Malgré sa grande supériorité numérique, l'ennemi n'avait opposé aux Allemands qu'une faible résistance, ce qui fit supposer au général de Werder qu'il ne lui tiendrait plus guère tête tant qu'il se trouverait au nord de Besançon. Aussi retira-t-il, peut-être un peu prématurément, l'ordre qu'il avait donné de continuer la poursuite. Il concentra ses forces autour d'Épinal, dont il prit possession après un engagement sans conséquence. De ce point, il organisa une route militaire et une ligne télégraphique le mettant en communication avec Lunéville et Nancy; il y établit des magasins et attira à lui les convois qui avaient suivi le corps d'armée en passant par Blamont et Baccarat. Par contre, le chemin de fer qui longe la Moselle ayant été détruit par l'ennemi, on ne put pas le remettre immédiatement en état, et, pendant un laps de temps assez long, il fut impossible de s'en servir.

Le général de Werder voulut alors, conformément à l'ordre qui lui avait été donné le 30 septembre, se porter par Neufchâteau sur le cours supérieur de la Seine. Mais le grand quartier général lui enjoignit, par dépêche télégraphique, de refouler d'abord totalement l'ennemi qui se trouvait le plus près de lui, c'est-à-dire le général Cambriéls.

Donnant suite à cet ordre, il se mit en marche sur Vesoul, par Conflans et Luxeuil. Il venait d'ailleurs d'être avisé que l'ennemi s'était arrêté sur l'Ognon, qu'il y avait pris ses cantonnements et reçu des renforts.

Le général de Werder résolut de l'attaquer immédiatement. Il prescrivit à ses brigades d'occuper, le 22 octobre, les points de passage sur la rivière, se réservant de donner des ordres ultérieurs quand il aurait reçu leurs premiers rapports.

Dès 9 heures du matin, la 1re brigade badoise, à l'aile droite, avait atteint Marnay et Pin, sans rencontrer l'ennemi ; elle occupa les ponts qui se trouvent près de ces localités, puis elle fit halte, conformément à l'ordre qui lui en avait été donné.

A l'aile gauche, la 3e brigade refoula des bandes de francs-tireurs hors des bois, elle enleva Perrouse, et s'empara, à 2 heures et demie, du pont sur l'Ognon, à Voray. Au centre, la pointe d'avant-garde de la 2e brigade pénétra dans Etuz, après avoir soutenu un engagement sans importance ; mais l'ennemi, la prenant en flanc, parvint, à 11 heures, à la débusquer des forêts qui s'étendent sur la rive nord. Le gros de la brigade arriva sur ces entrefaites ; l'artillerie ouvrit le feu, et à 1 heure on pénétrait pour la seconde fois dans la localité. Alors s'engagea un combat par les feux, qui dura plusieurs heures, les Français opposant une résistance opiniâtre en avant du pont de Cussey.

A la vérité, l'ordre avait été, d'ores et déjà, donné à la

1re brigade de se porter en avant de Pin, sur la rive sud, de façon à prendre l'ennemi en flanc et à revers. Mais il lui fut impossible d'arriver avant 6 heures, et alors l'engagement avait déjà pris fin. Deux batteries avaient ouvert un feu très vif sur le pont; l'ennemi, poursuivi par les Badois, avait battu en retraite, il fut débusqué des positions situées plus en arrière; mais il n'en occupait pas moins, à la tombée de la nuit, plusieurs points en avant de Besançon.

Cette journée coûta aux Allemands 120 hommes, aux Français 150. De plus, on avait fait prisonniers plus de 200 des leurs. Gambetta était venu lui-même à Besançon; il invita le général Cambriels à se porter de nouveau en avant; mais celui-ci refusa catégoriquement : il entendait simplement défendre les fortes positions qu'il occupait dans le voisinage immédiat des ouvrages de la place.

Des détachements allemands envoyés en avant, sur la droite, annonçaient qu'à Dôle et à Auxonne il y avait des forces françaises qui étaient, disait-on, l'avant-garde de l' « armée des Vosges » commandée par Garibaldi et qui se formait sur le Doubs. Le général de Werder ne les inquiéta pas et le 26 il conduisit son corps à Dampierre et à Gray.

Sur la rive droite de la Saône on trouva tous les chemins coupés, les forêts rendues inaccessibles par des abatis d'arbres et la population tout entière prête à résister aux Allemands. Cependant on put facilement disperser les francs-tireurs et les gardes mobiles ; une colonne ennemie qui marchait sans avoir pris aucune mesure de sûreté fut refoulée vers le ruisseau de Vingeanne où les 15 officiers et 430 hommes qui la composaient mirent bas les armes.

Des rapports fournis par les coureurs et des renseignements obtenus en faisant causer les prisonniers, il résultait que Dijon était fortement occupé. S'attendant à être attaqué depuis cette ville, le général de Werder concentra le XIVᵉ corps derrière la Vingeanne, d'où le général de Beyer se mit en marche sur Dijon avec les 1ʳᵉ et 3ᵉ brigades, le 30 octobre, de grand matin.

Impressionnée par les derniers événements, la garde nationale de Dijon avait déjà déposé les armes; les gardes mobiles et la ligne avaient été mis en marche vers le sud; mais la population força l'autorité militaire à rappeler les troupes pour la défendre. On disposait de 8 000 hommes environ ; le général français dut néanmoins prendre l'engagement de sortir de la ville pour engager la lutte avec l'ennemi.

L'avant-garde badoise suffit à refouler les postes avancés des Français sur la Tille: le village de Saint-Apollinaire et les hauteurs contiguës furent enlevés à midi, en dépit d'un feu violent. Le gros des Badois étant arrivé dans l'intervalle, à 3 heures six batteries allemandes ouvrirent le feu. Les vignobles et plusieurs fermes des environs, mais surtout le parc qui s'étend au sud de Dijon et dans lequel on avait élevé des barricades, constituaient des positions extrêmement avantageuses pour les défenseurs. L'infanterie badoise n'en progressait pas moins sans discontinuer et, faisant une attaque enveloppante, elle pénétra dans le faubourg du Nord et dans celui de l'Est.

Là s'engagea une lutte acharnée, à laquelle les habitants prirent une grande part. Les Allemands enlevaient maison après maison ; mais, arrivés au ruisseau du Suzon, très encaissé, qui, à l'est, forme la limite de la ville proprement dite, ils ne purent plus avancer. Il était déjà 4 heures et il ne fallait pas songer à arriver à un résultat avant la tombée de la nuit. Aussi le général de Beyer interrompit-il le combat. Les bataillons furent ramenés en arrière ; ils cantonnèrent dans les localités les plus rapprochées ; l'artillerie seule continua à tirer.

Les Allemands avaient perdu tout près de 150 hommes, les Français 100 environ. En outre, on leur avait fait 200 prisonniers.

Dans la nuit même, une députation demandant qu'on épargnât la ville, se présenta au quartier général. Elle se déclara prête à fournir des vivres pour 20 000 hommes et ses membres se portaient garants pour les habitants qui s'abstiendraient de toute manifestation hostile.

Le 31 octobre les troupes badoises occupaient Dijon.

Dans l'intervalle, le général de Werder avait reçu de nouvelles instructions. Il importait d'assurer le flanc gauche de la deuxième armée pendant qu'elle marcherait dans la direction de la Loire, et de couvrir en même temps l'Alsace et le corps de siège de Belfort, place devant laquelle deux divisions de réserve venaient d'arriver. Le XIV° corps devait, tout en occupant Dijon, revenir sur Vesoul d'où il entraverait les rassemblements de troupes ennemies autour de Besançon et aux environs de Langres. Il lui était même enjoint de prendre l'offensive dans la direction de Chalon et de Dôle.

La position où se trouvait le général de Werder était plus critique qu'on ne le pensait à Versailles. Rien qu'à Besançon il y avait 45 000 hommes qui furent placés sous les ordres d'un nouveau chef, le général Crouzat. Entre Dôle et Auxonne, Garibaldi réunissait 12 000 hommes. Plus en aval, dans la vallée de la Saône, il se formait un autre corps de 18 000 hommes et 12 000 hommes de garde nationale menaçaient, depuis Langres, de prendre en flanc le XIV° corps absolument isolé.

Mais les Français qui, disposant d'une supériorité numérique écrasante, auraient dû se jeter sur les faibles détachements allemands échelonnés de Lure à Dijon et à Gray sur une ligne de 90 kilomètres, étaient hantés de la crainte de voir l'adversaire, ayant reçu des renforts de Metz, tenter d'attaquer Lyon. Aussi le général Crouzat, laissant une forte garnison dans Besançon, se porta à Chagny, où lui arrivaient de nouvelles troupes du Midi, de sorte que, le 12 novembre, son armée se trouva être forte de 50 000 hommes. Les corps francs de Garibaldi se mirent également en marche sur Autun, afin de couvrir Bourges.

Dans l'intervalle, le général de Werder s'était solidement établi à Vesoul; le côté sud de la ville avait été mis en état de défense.

Pour en finir avec les événements du mois d'octobre, nous mentionnerons l'attaque dirigée contre les places de guerre françaises situées sur les derrières des armées allemandes.

Au commencement du mois la 4e division de réserve, nouvellement formée et comprenant 15 bataillons, 8 escadrons, 36 pièces et une compagnie de pionniers de forteresse, s'était massée dans le grand-duché de Bade, puis avait franchi le Rhin à Neuenbourg.

Tout d'abord elle dispersa les bandes de francs-tireurs de cette région, puis elle occupa Mulhouse et — sur le désir de l'autorité municipale — elle procéda au désarmement de la population ouvrière fort surexcitée.

Le général de Schmeling[1] avait reçu la mission d'assiéger Neuf-Brisach et Schlestadt. Il commença par investir ces deux places, chacune avec une brigade. Celle de la Prusse

---

1. Commandant la 4e division de réserve. (N. d. T.)

orientale se présenta devant Neuf-Brisach le 7 octobre et canonna la place avec ses batteries de campagne, sans toutefois obtenir de résultat. L'autre brigade, ayant dû détacher plusieurs de ses unités, n'arriva devant Schlestadt qu'avec un effectif des plus faibles ; mais elle fut renforcée par des troupes chargées du service des transports et des sauvegardes, si bien que la place put être investie par 8 bataillons, 2 escadrons et 2 batteries. En même temps 12 compagnies d'artillerie de forteresse et 4 de pionniers arrivaient de Strasbourg avec le matériel de siège nécessaire. On établit à Saint-Hippolyte un parc de 56 pièces de siège de gros calibre et le parc du génie à Kinzheim.

PRISE DE SCHLESTADT

24 octobre. — Schlestadt, ville de 10 000 habitants, se trouva être inabordable, au début de l'investissement, à l'est, au sud et en partie aussi au nord, par suite d'inondations tant ordinaires que d'autres, produisant un marécage. La place elle-même, grâce à ses murailles élevées et ses fossés remplis d'eau, était parfaitement à même de résister à un assaut. Elle était armée de 120 canons, mais la garnison ne comprenait que 2 000 hommes appartenant, la plupart, à la garde mobile, pour lesquels il n'y avait pas d'abris à l'épreuve de la bombe. En outre, les vignobles et les haies en avant du front ouest permettaient aux assiégeants d'approcher de très près ; à lui seul le remblai du chemin de fer constituait un rempart protecteur tout trouvé pour l'établissement de la première parallèle.

Pour détourner l'attention des défenseurs de ce front d'attaque tout indiqué, les Allemands construisirent, le

20 octobre, une batterie près du moulin Kappel situé au sud-est. Elle ouvrit le feu sur les casernes, les magasins de la place et sur l'écluse de barrage à l'aide de laquelle les défenseurs avaient tendu leurs inondations.

Le 21 octobre, les postes d'infanterie avaient été portés jusqu'à 400 pas du glacis ; on procéda alors, dans la nuit qui suivit, à l'ouverture de la première parallèle, tout contre le remblai du chemin de fer et à la distance de 1 000 mètres seulement du corps de place, on construisit six batteries.

A la vérité, les défenseurs couvrirent, pendant qu'il faisait nuit, tout le terrain choisi pour l'attaque, de leurs projectiles, mais sans obtenir de résultats notables. Le matin venu, les tranchées avaient deux pieds de largeur, trois et demi de profondeur, et 20 pièces de gros calibre, ainsi que 8 mortiers, se tenaient prêts à ouvrir le feu.

Il s'engagea une violente canonnade entre l'artillerie allemande et celle de la place ripostant vigoureusement. La batterie du moulin ouvrit, contre le front ouest, un feu de revers violent qui démonta plusieurs pièces et démolit un certain nombre d'embrasures. Des incendies avaient éclaté sur plusieurs points de la ville et le feu des défenseurs allait en diminuant de plus en plus.

Pendant la nuit qui suivit, le vent soufflait avec violence ; les batteries de siège n'en continuèrent pas moins à tirer, la parallèle fut élargie et l'on commença deux nouveaux emplacements.

Le 24 octobre, dès l'aube, on vit flotter le drapeau blanc au clocher de la ville. La capitulation fut immédiatement signée : Schlestadt se rendait avec sa garnison et son matériel de guerre. Le commandant de la place insista pour que les Allemands entrassent immédiatement, le désordre et l'insubordination régnant en ville. En effet, la populace et les soldats ivres pillaient les édifices publics ; ils avaient même mis le feu à un magasin aux poudres. Trois bataillons allemands rétablirent l'ordre vivement, ils éteignirent les incendies et emmenèrent la garnison prisonnière.

En plus des pièces de place, 7000 fusils et des approvisionnements considérables étaient tombés aux mains des Allemands, auxquels la prise de cette place n'avait coûté que 20 hommes.

Les troupes du service des transports occupèrent Schlestadt et les bataillons devenus disponibles prirent le chemin du sud de l'Alsace ; trois d'entre eux allèrent renforcer la brigade chargée de l'investissement de Neuf-Brisach qui, dès lors, fut complet.

PRISE DE NEUF-BRISACH

10 novembre. — Cette place, absolument symétrique, est située en plaine. Ses fossés, à la vérité sans eau, mais pourvus de revêtements en pierre, la mettaient à l'abri d'un coup de main. La garnison s'élevait à plus de 5000 hommes qui, presque tous, trouvaient à s'abriter dans les casemates à l'épreuve de la bombe, des demi-lunes. Le fort Mortier, situé tout près du Rhin et organisé de façon à pouvoir se défendre sans le concours de la place, commandait efficacement le terrain où devait forcément se faire l'attaque du front nord-ouest. En conséquence, on envoya de Rastatt douze pièces de gros calibre à Vieux-Brisach, situé sur la rive droite, qui domine le fort à bonne portée.

Dans les derniers jours d'octobre seulement, l'artillerie

de siège arriva de Schlestadt devant Neuf-Brisach. Après que l'infanterie se fut rapprochée davantage et que toutes les autres dispositions eurent été prises, 24 pièces de gros calibre ouvrirent le feu contre la place, le 2 novembre, depuis Wolfganzen, Biesheim et Vieux-Brisach.

Dès le 3, une grande partie de la ville brûlait et des détachements d'infanterie livraient, au pied du glacis, des escarmouches aux postes ennemis. Le fort Mortier surtout avait souffert. A la vérité, la garnison repoussa l'assaut qu'on lui donna ; mais, le 6, l'ouvrage qui n'était plus guère qu'un amas de ruines se rendit. Une seule pièce était encore en état de tirer.

On avait construit deux nouvelles batteries de mortiers devant la place même, la force de résistance des assiégés diminuait à vue d'œil et, le 10 novembre, Neuf-Brisach capitula aux mêmes conditions que Schlestadt, sauf qu'on accorda à la garnison de sortir avec les honneurs de la guerre.

Les ouvrages étaient presque intacts, mais la plus grande partie de ville était détruite, ou du moins fort endommagée par l'incendie.

La prise de cette place avait coûté aux Allemands 70 hommes ; mais 108 bouches à feu, 6 000 fusils et des approvisionnements considérables tombaient entre leurs mains.

Tandis que les places fortes de l'Alsace étaient de la sorte conquises l'une après l'autre, Verdun tenait encore, interceptant le chemin de fer qui constituait la ligne de communication la plus directe avec l'Allemagne.

PRISE DE VERDUN

9 novembre. — Cette place aussi était, grâce à ses murs élevés et à ses profonds fossés remplis d'eau, absolument en état de résister à un assaut. Par contre, elle était entourée et commandée de toutes parts par des hauteurs, au pied desquelles se trouvaient des villages et des vignobles permettant à l'assiégeant de s'approcher de très près des ouvrages extérieurs.

La place était armée de 140 pièces et suffisamment pourvue de vivres. Le chiffre de la garnison s'était peu à peu élevé, de façon à atteindre 6 000 hommes, grâce à l'arrivée de prisonniers qui s'étaient échappés.

On avait tenté une première fois de bombarder la ville avec de l'artillerie de campagne; mais le résultat avait été nul. Pendant un temps assez long, Verdun avait simplement été observé par la cavalerie et, plus tard, par de faibles détachements mixtes. Dans les derniers jours de septembre, le 65ᵉ régiment et 12 compagnies de Landwehr se réunirent, sous les ordres du général de Gayl, devant le front est de la place; mais le 9 octobre seulement, 2 compagnies d'artillerie de forteresse y arrivaient avec des pièces *françaises* de gros calibre, provenant de Toul et de Sedan. L'infanterie s'avança alors jusqu'à quelques centaines de pas du front ouest et nord de la place et s'y établit solidement. Protégé par elle, on commença, dans la soirée du 12 octobre, à construire les emplacements.

Le sol était détrempé par la pluie, le roc se trouvait être presque à jour; aussi les travailleurs eurent-ils à lutter avec les plus grandes difficultés : 52 pièces n'en purent pas moins ouvrir le feu le lendemain matin. Mais la place riposta avec une telle vigueur que dès midi deux batteries établies sur la côte d'Hayvaux, à l'ouest, durent cesser de tirer. La lutte se prolongea pendant trois jours, au cours desquels 15 pièces allemandes furent démontées; l'artillerie perdit 60 hommes, l'infanterie 40. Les pièces de la place ayant été mises hors de service par le feu de l'assiégeant, le défenseur les avait remplacées par de nouvelles.

La garnison de beaucoup supérieure en nombre à l'assiégeant prit alors l'offensive. Dans la nuit du 19 au 20 octobre, pendant laquelle le vent soufflait en tempête, les grand'gardes établies sur la colline d'Hayvaux furent surprises et les pièces de la batterie établie sur ce point, enclouées. Le 28 eut lieu une sortie plus importante encore. Les Français gravirent le Mont Saint-Michel situé au nord de la place, ils détruisirent les parapets et les abris des emplacements, d'où l'artillerie allemande avait pu retirer les pièces. Un autre détachement vint derechef attaquer la colline d'Hayvaux et mit complètement hors de service les pièces que, sur ce point, on n'avait pas pu retirer, le sol étant trop détrempé. Les villages les plus rapprochés de la place restèrent aussi au pouvoir des assiégés.

On fut bien obligé de se rendre compte que les troupes employées jusqu'alors au siège de Verdun étaient de beaucoup insuffisantes. Après que Metz eut capitulé, la première armée put envoyer des renforts. A la fin du mois d'octobre arrivèrent 5 bataillons prussiens, 2 compagnies de pionniers, plusieurs compagnies d'artillerie de forteresse et des bouches à feu *prussiennes*.

Le parc de siège comprenait 102 pièces; il était amplement pourvu de munitions et, immédiatement, on prit les dispositions voulues pour faire l'attaque en règle de la place.

Mais les assiégés n'attendirent pas qu'on y procédât. Après qu'on leur eut accordé une suspension d'armes, on signa, le 8 novembre, une capitulation en vertu de laquelle la garnison, à l'exception de la garde nationale sédentaire, était prisonnière de guerre. Les officiers furent relâchés sur parole, avec le droit de garder l'épée et d'emporter les objets qui étaient leur propriété personnelle ; la capitulation contenait en outre une clause d'après laquelle le matériel de guerre existant ferait retour à la France lors de la signature de la paix.

MARCHE DE LA PREMIÈRE ET DE LA DEUXIÈME ARMÉE JUSQU'AU 15 NOVEMBRE

La première armée avait été, après coup, chargée de faire en outre le siège de Mézières. La 1re division d'infanterie marcha contre cette place. La 3e brigade, prenant les devants et se servant du chemin de fer, vint, le 15 novembre, investir la petite place de la Fère : le reste du Ier corps atteignit ce jour-là Rethel, le VIIIe Reims, et la 3e division de cavalerie, s'avançant entre les deux, arriva à Tagnon. Le VIIe corps n'était pas encore disponible ; il lui fallait garder les prisonniers et procéder à l'investissement de Thionville et de Montmédy.

Quant aux corps de la deuxième armée, le IXe avait atteint Troyes, dès le 10, avec la 1re division de cavalerie, le IIIe Vendeuvre, le Xe Neufchâteau et Chaumont. On occupa solidement ces localités ainsi que Bologne, comme points de jonction de plusieurs lignes ferrées. La ligne de Blesme, qui avait été détruite, fut remise en état pour ouvrir de la sorte une nouvelle ligne de communication. L'armée ne faisant que de petites étapes sur de bonnes routes et étant abondamment nourrie, l'état sanitaire des troupes s'était visiblement amélioré; mais bientôt l'ordre fut envoyé, par le télégraphe, d'avoir à accélérer la marche en avant.

A Paris, en effet, le gouvernement était impuissant. mais sa délégation établie à Tours n'en déployait qu'une plus grande activité.

Gambetta, étant en même temps ministre de l'intérieur et de la guerre, exerçait un pouvoir à peu près dictatorial. Grâce à cette puissance, grâce à son zèle et à son activité dévorante, cet homme extraordinaire réussit à mettre sur pied, dans l'intervalle de quelques semaines seulement, 600 000 hommes avec 1 400 bouches à feu.

Dans chaque arrondissement la garde nationale se réunissait par compagnies puis par bataillons; chaque département formait des brigades avec ces bataillons, et finalement on les fondait avec les troupes de ligne et de la garde mobile dont on pouvait encore disposer, de façon à en former les unités supérieures.

De la sorte il s'était constitué, dans le courant d'octobre encore, sous la protection des troupes du général d'Aurelle de Paladines ramenées derrière la Loire, le 17e corps à Blois, le 18e à Gien et un autre encore, sous les ordres du capitaine de vaisseau Jaurès, à Nogent-le-Rotrou. De fortes subdivisions d'armée étaient en outre postées dans la Picardie, sous les ordres de Bourbaki, à Rouen sous ceux de Briant et sur la rive gauche de la Seine sous Fiéreck.

L'armée d'investissement avait d'ores et déjà détaché dans la direction du sud, de l'ouest et du nord, et partout ses troupes avaient rencontré des forces ennemies considérables qu'elles refoulèrent, il est vrai, dans de nombreux engagements de peu d'importance, mais qu'elles n'avaient pu poursuivre jusqu'à la localité où elles avaient été formées. Pour cela il fallait attendre l'arrivée de l'armée devenue disponible devant Metz; mais on ne pouvait pas compter qu'elle serait rendue sur les lieux avant le milieu de novembre, et dès le mois d'octobre on sentait qu'une marche en avant générale de toutes les forces françaises sur Paris était imminente.

Informé du faible effectif de la subdivision d'armée du général von der Tann à Orléans, Gambetta avait réuni un conseil de guerre à Tours, où l'on résolut de reconquérir cette ville si importante. L'attaque principale devait se produire par l'ouest. En conséquence, le 15ᵉ corps français, deux divisions et la 1ʳᵉ division de cavalerie, se concentrèrent sur la rive nord de la Loire inférieure à Mer, tandis que le gros du 16ᵉ corps se massait en arrière de la forêt de Marchenoir. Les autres parties des deux corps d'armée devaient appuyer le mouvement par Gien et le cours supérieur de la Loire. Pour l'instant on n'allait pas pousser plus loin et le général d'Aurelle reçut l'ordre d'établir, à Orléans, un camp retranché pour 200 000 hommes.

Les reconnaissances envoyées par le général von der Tann dans la direction de l'ouest avaient rencontré partout des détachements ennemis qui, à la vérité, purent être refoulés, dans des engagements successifs et sans trop de peine, dans l'intérieur de la forêt de Marchenoir, mais n'en prouvaient pas moins l'existence et la proximité de forces ennemies considérables. D'une façon générale, l'attaque de l'armée d'investissement par le sud-ouest semblait la plus probable, car de la sorte on menaçait à la fois le quartier général établi à Versailles et le parc de siège à Villacoublay, et l'on pouvait rester plus longtemps sans avoir à craindre l'action des renforts allemands s'avançant de l'est.

Déjà les forces françaises, à l'ouest d'Orléans, apparaissaient dans l'espace fort étendu entre Beaugency et Châteaudun. Les francs-tireurs devenaient de plus en plus entreprenants et la population rurale de plus en plus hostile.

Aussi, le 7 novembre, le comte Stolberg entreprit-il une forte reconnaissance, afin d'obtenir des renseignements complets. Trois régiments de la 2ᵉ division de cavalerie, deux batteries et quelques compagnies d'infanterie bavaroise s'avancèrent par Ouzouer[1] et débusquèrent l'ennemi de Marolles; mais ils trouvèrent la lisière de la forêt fortement occupée.

Le général Chanzy avait porté en avant, sur Saint-Laurent-des-Bois, toutes les fractions disponibles de son corps. Il s'engagea un combat par les feux qui dura une demi-heure et qui coûta beaucoup de monde à l'infanterie bavaroise. Comme on s'était suffisamment rendu compte de la grande supériorité numérique de l'ennemi, on discontinua le combat.

En effet, les deux corps d'armée français avaient d'ores et déjà commencé leur mouvement offensif sur Orléans. Le 8, continuant d'ailleurs à occuper la forêt, leur aile droite atteignit Messas et Meung, et l'aile gauche, Ouzouer. Le 15ᵉ corps allait sans tarder se porter dans la direction du ruisseau de la Mauve, et le 16ᵉ, à gauche, sur Coulmiers. Les deux divisions de cavalerie françaises montaient vers le nord sur Prénouvellon, afin d'envelopper, avec leurs 10 régiments, 6 batteries et de nombreux corps francs, l'aile droite des Bavarois et de leur couper la retraite sur Paris.

---

1. Ouzouer-le-Marché. (N. d. T.).

Pour leur faire face, la brigade de cuirassiers bavarois se mit en marche sur Saint-Péravy et la 2ᵉ division de cavalerie sur Baccon ; plus au sud, la 2ᵉ division d'infanterie bavaroise vint, d'Orléans, occuper le terrain près d'Huisseau et de Saint-Ay.

Mais les Allemands étaient en outre menacés d'être pris à revers par des forces ennemies considérables s'avançant de Gien. Il n'y avait plus une minute à perdre si on voulait se tirer d'une position aussi critique, et le soir même, le général von der Tann prit les dispositions voulues. Quelque intérêt qu'il eût à se maintenir dans Orléans, il ne lui était pas possible d'accepter la bataille dans la zone boisée qui entoure la ville : elle eût été trop préjudiciable à l'effet de son artillerie et de sa cavalerie, relativement nombreuses, et il aurait pu y être totalement cerné. En conséquence, le général résolut de tenir tête, dans le terrain découvert de Coulmiers, à l'ennemi qui le menaçait le plus directement ; de la sorte, il se rapprochait en outre de la 22ᵉ division établie à Chartres, et qu'il avait invitée à se porter à son secours.

D'ailleurs, le général de Wittich avait déjà demandé, de son propre mouvement, au grand quartier général, l'autorisation de se mettre en marche sur Orléans ; elle lui avait été accordée, mais, le 9, il n'avait pu atteindre que Voves avec le gros de sa division, tandis que la cavalerie arrivait à Orgères ; il ne lui était donc pas possible d'intervenir directement dans un engagement qui se livrerait ce jour-là.

La deuxième armée aussi arrivait de Metz, mais ses têtes de colonnes, comme nous l'avons dit plus haut, n'avaient atteint que Troyes à la date du 9 novembre.

COMBAT DE COULMIERS

9 novembre. — Réduit à ses seules forces, le Ier corps bavarois se mit en marche pendant la nuit, et le 9 novembre au matin il se trouva étroitement concentré sur la lisière de la forêt entre Montpipeau et Rosières, ayant en face de lui le village de Coulmiers. Afin d'assurer la ligne de retraite, les cuirassiers bavarois avaient été postés, à l'aile droite, à Saint-Sigismond; les brigades de la 2e division de cavalerie étaient réparties sur le front tout entier; elles avaient envoyé au loin en avant des détachements que des fractions d'infanterie étaient chargées de recueillir. Après avoir détruit tous les ponts sur le Loiret, on n'avait laissé à Orléans qu'un faible détachement pour protéger les ambulances avec leurs nombreux malades et blessés, et pour tenir la ville, au moins tant que le sort de la journée ne serait pas décidé.

Les premiers rapports qui parvinrent au général dans la matinée signalaient la marche en avant de fortes colonnes ennemies de Cravant sur Fontaines et le Bardon. C'était la brigade française Rebillard qui, à ce qu'il semblait, poussait droit devant elle sur Orléans en tournant l'aile gauche des Bavarois. Afin de lui tenir tête sur la Mauve, le général von der Tann envoya, à 9 heures, la 3e brigade dans la direction du sud à Préfort, distant, il est vrai, de près de 4 kilomètres; comme, en même temps, les avant-postes engagèrent, à Baccon, un combat fort vif, il porta sa 1re brigade sur la Renardière. Les deux autres restèrent concentrées à Coulmiers même, et en arrière du village. De là, le général en chef avait l'intention d'exécuter un mouvement offensif contre le flanc gauche de l'adversaire, si celui-ci, comme tout semblait l'indiquer, étendait son attaque principale au delà du ruisseau de la Mauve. A cet effet, la cavalerie de l'aile droite aussi reçut l'ordre de se rapprocher de Coulmiers.

Mais les Français disposaient d'une supériorité numérique telle, qu'ils purent s'étendre bien plus à gauche pour attaquer les Bavarois. Tandis que le général d'Aurelle retenait ceux-ci, avec le 15ᵉ corps, au sud de la route d'Ouzouer à Orléans, le général Chanzy fit avancer la division Barry contre leur centre, et plus au nord la division Jauréguiberry contre leur aile droite; le général Reyau enfin, avec ses masses de cavalerie, prit la direction de Patay, menaçant de la sorte de couper aux Bavarois la retraite sur Paris.

Cette marche en avant du 16ᵉ corps français contraignit le général von der Tann à porter, dès le commencement du combat, sa 2ᵉ brigade, qui devait constituer sa réserve, au nord, dans la direction de Champs, afin de prolonger son aile droite. La 4ᵉ brigade de cavalerie l'y suivit. Les cuirassiers bavarois quittant Saint-Péravy, conformément à l'ordre qui leur avait été donné, pour marcher au sud, rencontrèrent à 11 heures déjà la cavalerie du généra Reyau; celui-ci se contenta de les faire canonner.

Dans l'intervalle, les troupes bavaroises placées aux avant-lignes, avaient dû, après une vive résistance, plier devant un ennemi supérieur en nombre. Après que les batteries à cheval eurent, pendant un temps assez long, empêché l'ennemi de progresser, le 1ᵉʳ bataillon de chasseurs à pied se retira de Baccon sur la Rivière, où il fut recueilli par le 2ᵉ. Mais bientôt celui-ci se trouva à son tour dans une situation des plus critiques. La division

Peytavin avait suivi de très près le 1er bataillon par Baccon, elle fit prendre position à cinq de ses batteries, tout autour de la Rivière, puis, elle-même se porta en avant, de trois côtés, contre le village qui brûlait. Les chasseurs firent quelques retours offensifs vigoureux, puis ils rétrogradèrent en bon ordre sur la Renardière, où le général de Dietl avait pris position avec la 1re brigade, et se tenait prêt à défendre la localité.

Baccon ayant été évacué par les Bavarois, la division Barry avait continué à marcher en avant par Champdry ; arrivée en face de Coulmiers, en avant de Saintry, elle mit en position ses batteries, et se prépara à faire attaquer le village par de fortes lignes de tirailleurs.

Deux bataillons de la 4e brigade bavaroise avaient occupé le parc faisant un angle saillant à l'ouest, et plus en avant encore les carrières; deux autres avaient été dirigés à droite sur les fermes d'Ormeteau et de Vaurichard, afin que les communications avec la 2e brigade ne fussent pas absolument interrompues. La 5e brigade de cavalerie couvrait une batterie établie au sud de Coulmiers, et quatre autres qui avaient pris position au nord de cette localité.

Dès lors, le corps bavarois, à midi, n'avait que trois de ses brigades postées depuis la Renardière jusqu'en avant de Gémigny sur une ligne de plus de 8 kilomètres, bien trop longue pour son faible effectif. Mais comme l'aile droite française restait absolument inactive, la brigade envoyée à Préfort reçut l'ordre de revenir à la Renardière.

Les corps français s'étant solidement établis en face de la ligne bavaroise si peu dense, procédèrent, à 1 heure, à une attaque des plus sérieuses.

Les chasseurs bavarois avaient, il est vrai, repoussé, à

la Renardière, un premier assaut de l'ennemi; mais cette position, occupée par quatre bataillons seulement, ne put être défendue plus longtemps contre toute la division Peytavin. A 1 heure, le général de Dietl se retira sous la protection d'une position intermédiaire, et sans être inquiété, dans la direction de la forêt de Montpipeau, dont il occupa la lisière. Là, il fut rejoint par la 3e brigade qui, venant de Préfort, avait trouvé la Renardière abandonnée. Les Français ne l'avaient suivie qu'avec lenteur. Ils se virent exposés au feu de six batteries établies entre l'angle saillant du bois, à la Planche et Coulmiers, et leur aile droite cessa de progresser.

Au centre, la division Barry avait également, à 1 heure, refoulé les chasseurs bavarois des carrières en avant de Coulmiers. A 3 heures seulement, elle procéda à une nouvelle attaque enveloppante dirigée contre la 4e brigade; mais elle fut repoussée par le feu de l'artillerie, et grâce aux charges réitérées de la 5e brigade de cavalerie.

Dans l'intervalle, la brigade Dariès, du 15e corps, étant devenue disponible à la Renardière, s'était portée en avant au sud de Coulmiers, et ses batteries vinrent renforcer la ligne d'artillerie qui avait ouvert le feu contre cette localité. Les tirailleurs français s'élancent et contraignent les batteries à rétrograder; mais elles se remettent immédiatement à tirer, tandis que l'infanterie refoule, à la baïonnette, l'ennemi qui avait pénétré dans le parc.

Cependant cette brigade unique, qui luttait depuis quatre heures, ne résistait plus qu'à grand'peine à trois brigades françaises. Le corps bavarois n'avait plus que deux bataillons intacts en réserve à Bonneville; il ne fallait pas compter sur des secours, et, à l'aile droite, l'ennemi menaçait de couper les communications avec Chartres et Paris.

Aussi le général von der Tann donna-t-il, à 4 heures, l'ordre de discontinuer le combat, et de commencer la retraite, brigade par brigade, depuis l'aile gauche, sur Artenay.

Précisément à ce moment, des troupes ennemies toutes fraîches pénétraient dans le parc de Coulmiers. Le colonel comte d'Ysemburg occupa la lisière est du village, et ramena ses troupes, qui se prêtaient secours mutuellement, en bon ordre, par Gémigny.

L'essentiel était de savoir si, en avant de cette localité, la 2ᵉ brigade avait pu se maintenir, afin de couvrir la retraite qu'on allait continuer.

Dès midi, le général d'Orff avait, en entrant en ligne, trouvé Champs et Cheminiers occupés par la brigade française Deplanque. Pour commencer, son artillerie réduisit au silence les batteries ennemies, puis il déploya ses quatre bataillons afin d'attaquer l'adversaire, la 4ᵉ brigade de cavalerie étant placée à l'aile droite.

Entre ces deux localités, la cavalerie du général Reyau parut peu après avoir enfin discontinué sa canonnade contre les cuirassiers bavarois, qui avait duré deux heures, et s'être laissé refouler de Saint-Sigismond par des hussards, qui avaient mis pied à terre. Mais bientôt, cette masse de cavalerie, se soustrayant au feu des batteries bavaroises, disparut dans la direction de l'est, prenant, à ce qu'on a prétendu plus tard, les francs-tireurs de Lipowski déployés plus au nord pour des renforts envoyés aux Allemands. Quand, ensuite, les batteries à cheval bavaroises ouvrirent, du nord-est, le feu sur Champs, les Français évacuèrent cette localité en grand désordre.

Le général d'Orff donna alors l'ordre à l'artillerie de se rapprocher de Cheminiers à la distance de 500 pas, puis il mena en avant l'infanterie qui passait entre les pièces.

Mais l'amiral Jauréguiberry, grâce à son intervention personnelle, réussit à décider ses troupes qui reculaient déjà à faire de nouveau face à l'ennemi, et les Bavarois n'obtinrent aucun résultat. Puis, l'artillerie française contraignit les batteries à cheval bavaroises à remettre l'avant-train.

Quand, à 3 heures, la brigade Bourdillon et l'artillerie de réserve du 16e corps arrivèrent à Champs, comme en outre les nouvelles qu'il recevait de Coulmiers ne lui parurent guère favorables, le général d'Orff résolut de ne plus tenter d'attaque, mais de tenir à tout prix en avant de Gémigny.

Sans se laisser ébranler par le feu des nombreuses batteries de l'ennemi, la brigade, très faible, n'en repoussa pas moins ses attaques successives.

Grâce à elle, la 4e brigade put, de Coulmiers par Gémigny, atteindre Coinces sans être inquiétée, tandis que la 1re s'y rendait en passant plus à l'est, depuis Montpipeau. La 2e brigade l'y suivit, tandis que la 3e, formant l'arrière-garde, s'arrêta finalement à Saint-Sigismond, où elle bivouaqua. Sur tous les points, la cavalerie avait couvert la retraite. Après avoir accordé quelques heures de repos à ses troupes, le général von der Tann continua pendant la nuit même à battre en retraite. Le lendemain matin, il atteignit Artenay, par des chemins absolument défoncés. Le détachement laissé à Orléans avait évacué la ville, et vint rejoindre le corps d'armée. Les approvisionnements furent ramenés à Toury par le chemin de fer; mais une colonne de munitions, 150 prisonniers et des malades qui n'avaient pas été en état d'être transportés, tombèrent aux mains de l'ennemi.

Les Allemands avaient soutenu, au nombre de 20 000, la

lutte contre 70 000 Français; ils avaient perdu 800 hommes tant tués que blessés; les pertes de l'ennemi étaient du double plus fortes.

A Artenay, la 2ᵉ brigade fut chargée, le 10 novembre, de protéger la retraite jusqu'à Toury où l'on put occuper des cantonnements resserrés. C'est là que le corps fut rejoint par la 22ᵉ division venant de Chartres. Elle prit position à Janville, tout à côté des Bavarois.

Le général von der Tann avait eu l'habileté et la chance de se tirer d'une situation critique. Les ennemis ne le poursuivirent pas, le général d'Aurelle se contentant d'aller attendre, dans une position très forte en avant d'Orléans, l'arrivée de nouveaux renforts.

Sur le cours supérieur du Loir et sur l'Eure les troupes françaises nouvellement formées se montraient plus actives.

D'autre part, le IIᵉ corps prussien était arrivé devant Paris. L'une de ses divisions, la 3ᵉ, fut comprise dans la ligne d'investissement, entre la Marne et la Seine; l'autre, la 4ᵉ, fut envoyée à Longjumeau.

Après que la Landwehr de la garde eut occupé la presqu'île d'Argenteuil, on put disposer d'une brigade du IVᵉ corps au nord de Paris. Au sud on forma une subdivision spéciale avec la 17ᵉ division à Rambouillet, la 22ᵉ à Chartres et le corps bavarois ramené au nord jusqu'à Ablis, en plus des 4ᵉ et 6ᵉ divisions de cavalerie. Le commandement en fut donné au grand-duc de Mecklembourg qui fut invité à se porter tout d'abord sur Dreux.

LES OPÉRATIONS DU GRAND-DUC

Le 17 novembre, la 17ᵉ division marcha en avant par Maintenon. Sur la gauche, des détachements ennemis furent refoulés au delà de la Blaise et, après qu'il eut brisé la résistance que quelques compagnies de troupes de la marine lui opposèrent sur la grande route, le général de Tresckow entra dans Dreux le soir même. L'engagement avait coûté aux Allemands 50 hommes, à l'ennemi 150 ; en outre, on lui avait fait 50 prisonniers.

Le prince Frédéric-Charles, qui à ce moment concentrait ses forces en face de l'ennemi, en avant d'Orléans, déclara qu'il serait désirable de voir la subdivision du grand-duc s'avancer sur Tours par le Mans. En conséquence, celle-ci se porta en avant sur Nogent-le-Rotrou, qui, disait-on, était le point de concentration principal des fractions de troupes ennemies et où l'on s'attendait à une vive résistance de leur part.

Tout en soutenant plusieurs engagements sans importance, la subdivision s'avança sur Nogent-le-Rotrou, mais quand elle s'apprêta, le 22 novembre, à assaillir la localité de trois côtés, elle constata que l'ennemi l'avait abandonnée. En même temps elle recevait l'ordre, du grand quartier général, de se porter sans retard aucun sur Beaugency, pour se joindre à l'aile droite de la deuxième armée qu'il était indispensable de renforcer, en face d'un ennemi disposant d'une supériorité numérique fort considérable. L'ordre en question portait que « devant Orléans les forces allemandes en train de se concentrer attendraient, pour attaquer, l'arrivée de la subdivision d'armée, le peu de résistance qu'opposaient les Français sur l'Eure et l'Huisne prouvant que, de là, un danger sérieux ne menaçait pas les Allemands et qu'on pouvait, dans ces parages, se contenter de faire observer l'ennemi par la cavalerie ». Il ne fut pas même permis au grand-duc d'accorder à ses troupes un jour de repos et on lui recommanda d'accélérer le plus possible sa marche.

Le 23, les divisions commencèrent par former tête de colonne; le 24, le grand-duc se mit, il est vrai, en marche sur Châteaudun et Vendôme, mais le corps bavarois seul arriva à Vibraye, les deux divisions prussiennes avaient fort à faire pour déboucher du terrain peu praticable du Perche et la cavalerie constata que toute la ligne du Loir était occupée par l'ennemi.

C'est que, du côté des Français, une brigade empruntée aux forces concentrées en arrière de la forêt de Marchenoir avait été transportée par le chemin de fer à Vendôme, avec la mission spéciale de protéger le gouvernement de Tours et, avec le reste du 17ᵉ corps, le général de Sonis s'était porté en avant sur Brou.

Là ses têtes de colonnes rencontrèrent l'équipage de ponts et une colonne de munitions du corps bavarois. Seule la 10ᵉ brigade de cavalerie put, pour le moment, se jeter au-devant de l'ennemi ; mais deux compagnies et huit pièces ayant peu après occupé le pont d'Yèvres, sur le Loir, on parvint à faire filer les deux convois par Brou où les Français n'entrèrent que quand la cavalerie eut continué sa marche.

Dans l'intervalle le corps bavarois avait marché sur Mondoubleau et Saint-Calais, ce qui n'est certes pas le chemin le plus court pour se rendre à Beaugency ; c'est plutôt celui de Tours. A ce moment les deux divisions prussiennes arrivaient à peine aux environs de Vibraye et d'Authon.

Les forces ennemies aperçues à Brou parurent assez considérables pour qu'on se portât sur cette localité en remettant à un autre jour la marche sur la Loire qu'on avait reçu l'ordre d'exécuter. Mais quand, le 26 novembre, la 22ᵉ division arriva devant Brou, elle constata que l'ennemi avait abandonné la localité dans le courant de la nuit. Le gouvernement de Tours avait envoyé l'ordre de concentrer le 17ᵉ corps tout entier à Vendôme, afin de le protéger. Mais la cavalerie prussienne ayant fait son apparition à Cloyes et à Fréteval, le général de Sonis crut ne plus pouvoir exécuter cet ordre en longeant le Loir: il fit un détour et passa par Marchenoir. Les deux marches de nuit qu'il leur avait dû imposer harassèrent ses troupes à peine constituées au point que de nombreuses bandes de traînards erraient aux environs pendant les jours qui suivirent; on ne put qu'à grand'peine les rallier à Beaugency.

Sur ces entrefaites le grand quartier général avait subordonné le grand-duc au prince Frédéric-Charles, afin de mettre de l'unité dans les opérations, et le général de Stosch avait été envoyé à la subdivision pour y faire fonction de chef d'état-major. Celle-ci reçut l'ordre du prince d'arriver le plus vite possible à Janville, jusqu'où des fractions du IXᵉ corps se porteraient à sa rencontre par Orgères.

Conformément à cet ordre, le grand-duc se mit en marche, le 27, avec les deux divisions prussiennes sur Bonneval, où elles trouvèrent un escadron de la 2ᵉ division de cavalerie. Le corps bavarois qui, après que les Français eurent évacué Brou, avait été dirigé sur Courtalain, marcha dans la direction de Châteaudun.

Quand elles eurent effectué leur jonction avec la deuxième

armée, les troupes de la subdivision, étant à bout de forces, eurent un jour de repos dans leurs cantonnements le long du Loir.

LA SITUATION DE LA DEUXIÈME ARMÉE

Deuxième quinzaine de novembre. — Le prince Frédéric-Charles avait fait marcher ses corps le plus vite possible, mais ceux-ci avaient eu à lutter avec bien des difficultés. Les routes étaient coupées ; les gardes nationaux et les francs-tireurs opposaient de la résistance, la population avait pris les armes. Néanmoins, le IXe corps atteignait dès le 14 novembre Fontainebleau avec la 1re division de cavalerie ; puis il continua sa marche sur Angerville. Le IIIe corps, qui suivait, arriva à Pithiviers. Quant au Xe, une de ses brigades, la 40e, était restée à Chaumont pour maintenir ouvertes les communications de la deuxième armée avec le XIVe corps, tandis que la 38e atteignait, le 21 novembre, Montargis et Beaune-la-Rolande. Mais dès le 24 les deux autres brigades durent soutenir un engagement des plus vifs à Ladon et à Maizières, où elles firent 170 prisonniers. Ces derniers se trouvèrent appartenir à un corps d'armée qui, comme le général de Werder en avait déjà avisé l'état-major de la deuxième armée, était placé sous les ordres du général Crouzat et venait d'être transporté par le chemin de fer de Chagny vers Gien ; l'un des prisonniers, un officier, avait été trouvé porteur du tableau de composition et d'organisation du corps d'armée.

Les rapports de nombreuses reconnaissances prouvaient jusqu'à l'évidence que, pendant la marche en avant de la subdivision d'armée, la deuxième armée, nullement rassemblée encore, s'était trouvée en face et à très peu de distance de forces ennemies considérables.

Le 24 novembre, des fractions du IX⁰ corps s'étaient avancées par la grande route. Leur artillerie lança quelques obus qui décidèrent l'ennemi à évacuer Artenay. La cavalerie le poursuivit jusqu'à la Croix-Briquet. Le même jour, de très grand matin, des fractions du III⁰ corps comprenant des troupes de toutes armes avaient atteint Neuville-aux-Bois. Deux détachements de la 38⁰ brigade s'étaient portés en avant dans la direction de Bois-Commun et de Bellegarde ; mais sur tous les points où l'on se portait on voyait apparaître presque immédiatement des forces ennemies en nombre supérieur.

On acquit la certitude que les positions françaises en avant d'Orléans s'étendaient sur une longueur de 60 kilomètres du ruisseau de Conie jusqu'au Loing, et comme l'ennemi avait accumulé ses forces en particulier à l'aile droite, on était parfaitement en droit de supposer qu'il projetait un mouvement offensif, par Fontainebleau, contre l'armée d'investissement. Cependant la situation n'était pas suffisamment éclaircie pour que le prince Frédéric-Charles eût pu se croire autorisé à abandonner totalement la grande route d'Orléans à Paris. Mais afin d'être à même, en tout état de cause, de soutenir son aile gauche en temps opportun, il donna l'ordre au III⁰ corps de faire appuyer la 5⁰ division et la 1ʳᵉ division de cavalerie plus à gauche vers Boynes, de façon à se rapprocher du X⁰ corps, très faible, la 6⁰ division remplaçant la 5⁰ à Pithiviers. Les cantonnements de cette dernière aux environs de Bazoches furent assignés au IX⁰ corps. Enfin l'ordre fut donné au grand-duc de faire en sorte que le 29, pour le moins, ses têtes de colonnes arrivassent à

Toury. Le prince avait pris toutes ces mesures juste à temps.

Immédiatement après le succès obtenu à Coulmiers, l'armée de la Loire ne s'était préoccupée que de se mettre à l'abri d'un retour offensif. Elle avait rétrogradé jusqu'à Orléans où l'on se mit à établir des retranchements fort étendus pour l'armement desquels on fit venir des pièces de la marine jusque de Cherbourg ; puis on attendit l'arrivée de nouveaux renforts. Aux 15e, 16e et 17e corps vinrent se joindre à Gien le 20e dont il vient d'être question et dont l'effectif était de 40 000 hommes, de plus une division du 18e qui se constituait à Nevers et finalement les corps francs de Cathelineau et de Lipowski. L'armée française sous Orléans était dès lors forte de 200 000 hommes ; l'armée allemande qu'elle avait devant elle ne comptait à ce moment-là que 45 000 hommes d'infanterie.

Aussi le ministre de la guerre Gambetta insistait-il pour qu'on prît l'offensive. Le général d'Aurelle faisant des difficultés pour se porter en avant par Pithiviers et Malesherbes, le dictateur prit lui-même la direction des opérations. Dans la nuit du 22 au 23 il envoya de Tours par le télégraphe l'ordre de concentrer immédiatement le 15e corps à Chilleurs-aux-Bois ; le 24, il devait atteindre Pithiviers tandis que le 20e arriverait à Beaune-la-Rolande, puis on se porterait en avant par Fontainebleau sur Paris.

Le général fit observer que, selon lui, on aurait à lutter, dans un terrain découvert, contre 80 000 Allemands et qu'on ferait mieux d'attendre qu'ils vinssent attaquer l'armée française dans ses positions retranchées. De la sorte on ne pouvait évidemment pas secourir la capitale assiégée et affamée. Pour le moment on se contenta de renforcer l'aile droite, où l'arrivée des 18e et 20e corps, le 24 novembre, avait déterminé les engagements mentionnés plus haut, à Ladon et à Maizières.

Se conformant à un ordre qui lui arrivait de Tours, le 26, le général Crouzat prit ses dispositions pour porter en avant, le 28, les deux corps dont il avait reçu le commandement supérieur, le 18ᵉ à droite par Juranville, le 20ᵉ à gauche par Bois-Commun afin de diriger une attaque enveloppante sur Beaune-la-Rolande. En outre, le 15ᵉ corps fut porté en avant sur Chambon et le corps franc de Cathelineau sur Courcelles, afin de soutenir les deux premiers.

Nous avons vu arriver, ce jour-là, la subdivision d'armée du grand-duc à l'extrême aile droite de la deuxième armée. A l'aile gauche, le Xᵉ corps avait une de ses brigades, la 38ᵉ, à Beaune, une autre, la 39ᵉ, aux Côtelles, tandis qu'on avait fait avancer la 37ᵉ avec l'artillerie de corps, entre les deux autres, jusqu'à Marcilly.

BATAILLE DE BEAUNE-LA-ROLANDE

28 novembre. — L'attaque exécutée le 28 novembre par les Français comprend deux actions distinctes qui n'exercèrent guère d'influence l'une sur l'autre. Sur la droite, les têtes de colonnes du 18ᵉ corps rencontrèrent de grand matin déjà les avant-postes de la 39ᵉ brigade en avant de Juranville et de Lorcy. A 9 heures, ceux-ci se retirèrent, non sans avoir opposé une vive résistance à l'ennemi, aux Côtelles, et derrière le remblai du chemin de fer de Corbeilles, dont ils occupèrent le parc.

Dès lors, les Français purent se déployer dans le terrain découvert en avant du Juranville et, s'étendant davantage à droite, ils portèrent en avant de fortes lignes de tirailleurs ;

puis ils pénétrèrent dans Corbeilles et en délogèrent les Prussiens qui durent se retirer dans la direction du nord et de l'ouest. Mais, sur le front, ceux-ci avaient été dans l'intervalle renforcés, aux Côtelles, par la réserve, depuis Marcilly, et le colonel de Valentini prit à son tour l'offensive et attaqua Juranville avec le 56ᵉ régiment d'infanterie. L'artillerie ne put pas le seconder et l'ennemi lui opposa une résistance des plus vives ; il ne commença à se retirer qu'à midi, mais la lutte continua encore ; on se disputait les maisons du village l'une après l'autre. Cependant de nouvelles colonnes françaises fort considérables s'avançaient aussi bien de Maizières que de Corbeilles et le régiment prussien dut abandonner le village qu'il venait d'enlever, non sans emmener les 300 prisonniers qu'il avait faits.

A 2 heures, la plus grande partie du corps français se déploya à Juranville afin d'attaquer la position où la 39ᵉ brigade s'était établie après avoir battu en retraite sur Long-Cour. Mais l'attaque des Français, qu'ils n'avaient pas fait préparer par l'artillerie, échoua grâce au feu de quatre batteries prussiennes.

La première attaque qu'ils dirigèrent sur les Côtelles fut de même repoussée ; mais quand, une heure après, ils la renouvelèrent les Prussiens durent évacuer la localité, et 50 des leurs furent faits prisonniers. Une pièce, dont sept des servants avaient été mis hors de combat, s'était enfoncée dans le sol détrempé, au point que les quelques survivants se virent hors d'état de la ramener en arrière.

Le corps français ne poussa pas plus loin ; comme il fit nuit de fort bonne heure, il se borna à ouvrir une canonnade qui ne produisit aucun effet, si bien que la 39ᵉ brigade put se maintenir à hauteur de Beaune.

A l'aile gauche de leur ligne de bataille, les Français

avaient également pu, dès le début, procéder à une attaque enveloppante, le 20ᵉ corps faisant marcher sa 2ᵉ division contre Beaune et la 1ʳᵉ contre Batilly. Cependant, on ne parvint que vers midi à refouler les troupes allemandes postées dans le bois de la Leu jusqu'au point d'intersection des routes au nord-ouest de Beaune, et encore fallut-il, pour cela, recourir à une partie de la 3ᵉ division, tenue en réserve. Mais bientôt la 38ᵉ brigade se vit, sur ce point aussi, battue par le feu de l'artillerie et de l'infanterie françaises, du nord, c'est-à-dire de Pierre-Percée, l'ennemi ayant encore davantage étendu sa ligne. Il fallut battre en retraite sur la voie de César et c'est là qu'une pièce, dont presque tous les servants ainsi que les chevaux avaient été blessés ou tués, tomba aux mains de l'ennemi. Au même moment, la 2ᵉ division française gravit la hauteur à l'est de Beaune et le colonel de Cranach ne fut à même de rallier le 57ᵉ régiment qu'à la Rue Boussier, les batteries accourues de Marcilly couvrant sa retraite et empêchant l'ennemi d'avancer davantage encore. D'ailleurs, celui-ci discontinua les attaques quand il vit son flanc droit menacé soudain par la 1ʳᵉ division de cavalerie qui s'élançait de Boynes et que les batteries à cheval de celle-ci ouvrirent le feu sur lui.

Cependant le 16ᵉ régiment d'infanterie, posté à Beaune même, se trouvait complètement isolé et cerné de trois côtés par l'ennemi.

La ville avec ses vieilles murailles en partie ruinées et le cimetière avaient été, autant que possible, organisés en vue de la défense. Après que les premières attaques de ses fortes lignes de tirailleurs eurent été repoussées, l'ennemi se mit à canonner la ville. Les obus trouèrent le mur du cimetière et mirent le feu à quelques maisons; mais toutes les tentatives qu'il fit pour enlever la ville restèrent infructueuses, grâce à la ténacité des Prussiens.

Pendant ce temps, le général de Woyna avait renouvelé les munitions de ses batteries et, tout en occupant Romainville sur sa droite et en prenant position également contre les taillis de Pierre-Percée, il parvint, à 3 heures, à ramener en avant sept compagnies contre la partie est de Beaune.

A ce moment arrivaient des secours du IIIe corps. Tandis que l'une de ses divisions, la 6e, était encore en marche sur Pithiviers, l'autre, la 5e, s'était, dès le matin, réunie en avant de cette ville. Mais les premières nouvelles de Beaune étaient si rassurantes, que l'on fit reprendre ses cantonnements à l'artillerie de corps. Plus tard, le tonnerre du canon augmentant sans cesse, et les renseignements reçus par l'état-major faisant supposer une rencontre des plus sérieuses, le général d'Alvensleben ordonna à son corps d'armée de marcher en avant, mouvement que d'ailleurs le général de Stülpnagel avait d'ores et déjà commencé sous sa propre responsabilité avec la 5e division. La 6e suivit en détachant un bataillon pour observer Courcelles, d'où le corps franc de Cathelineau ne tenta d'ailleurs absolument rien.

Le 52e régiment d'infanterie tenait la tête ; une fraction de ce corps marcha à droite et, soutenue par l'artillerie, elle engagea, à 4 heures et demie, un combat par les feux contre Arconville et Batilly. L'autre fraction pénétra dans le bois de la Leu et dans celui de la Pierre-Percée, où l'on reconquit la bouche à feu qu'on y avait perdue. Le long de la route de Pithiviers, en arrière de la Fosse des Prés, quatre batteries ouvrirent le feu sur l'ennemi posté à l'ouest de Beaune. Puis, le 12e régiment d'infanterie l'assaillit, le refoula et le poursuivit jusqu'à Mont-Barrois.

La nuit étant survenue, le X⁰ corps campa à Long-Cour, Beaune et Batilly, la 5ᵉ division s'établit en arrière de lui, tandis que la 9ᵉ était restée à Boynes, où la 1ʳᵉ division de cavalerie fut également logée chez l'habitant.

Dans la bataille de Beaune-la-Rolande, le général de Voigts-Rhetz avait dû tenir avec 11 000 hommes contre 60 000 hommes, avec trois brigades contre six divisions françaises, jusqu'à ce qu'on put le secourir, vers le soir. Ses pertes s'élevaient à 900 hommes, tant tués que blessés, tandis que les Français avaient perdu 1 300 hommes sans compter les 1 800 prisonniers que leur firent les Allemands.

Le soir, le 20ᵉ corps français rétrograda jusqu'à Bois-Commun et Bellegarde ; le 18ᵉ, par contre, s'était maintenu à Venouille et à Juranville, donc tout contre le front du Xᵉ corps, sur le terrain qui avait été conquis sur ce dernier. Il fallait par conséquent s'attendre à voir la bataille recommencer le lendemain.

Aussi le prince Frédéric-Charles prescrivit-il aux Xᵉ et IIIᵉ corps de prendre, le 29, la formation de combat. L'ordre fut donné au IXᵉ de se rapprocher en envoyant deux brigades à Boynes et à Bazoches, tandis que les autres suivraient dès que la subdivision d'armée du grand-duc aurait atteint la route de Paris. En effet, la 4ᵉ division de cavalerie qui tenait la tête de la subdivision arrivait à Toury dans le courant de la journée, tandis que l'infanterie atteignait Allaines et Orgères. La 5ᵉ division de cavalerie marchant sur le flanc droit n'avait rencontré de résistance qu'à Tournoisis.

Le général Crouzat, ayant envoyé son rapport à Tours dans la soirée du 28, fut invité à renoncer pour le moment à une nouvelle attaque. En conséquence, l'aile droite française aussi rétrograda. Le 30, les deux corps firent une conversion à gauche pour se rapprocher du 15ᵉ; afin de dérober à l'ennemi ce mouvement latéral, ils firent marcher des détachements dans la direction du nord qui engagèrent des combats, à Maizières, Saint-Loup et Mont-Barrois, avec les troupes du Xᵉ et du IIIᵉ corps chargées de faire des reconnaissances. Mais bientôt on constata que les Français marchaient de nouveau en avant, cette fois-ci à l'aile gauche.

Le gouvernement de Tours avait en effet été informé, de Paris, par le général Ducrot, que le 29 il tenterait, avec 100 000 hommes et 400 pièces, de forcer la ligne d'investissement et de tendre la main à l'armée de la Loire en marchant dans la direction du sud. Le ballon porteur de cette dépêche était allé tomber en Norvège, d'où elle avait été télégraphiée à Tours. Il était donc permis d'admettre que le général se trouvait déjà engagé à fond et, si on voulait le secourir, il n'y avait pas de temps à perdre. Au nom de Gambetta, M. de Freycinet soumit au conseil de guerre, réuni chez le général d'Aurelle, le plan d'un mouvement offensif que l'armée tout entière devait entreprendre sur Pithiviers. Au cas où ce dernier eût refusé de l'exécuter, M. de Freycinet devait produire le décret le révoquant en sa qualité de général en chef.

On résolut de faire exécuter d'abord à l'aile gauche une conversion à droite, pour laquelle Chilleurs-aux-Bois servirait de pivot. Une fois que l'armée ferait face à Pithiviers, les corps de l'aile droite portés à la même hauteur attendraient l'ordre de marcher en avant. Pour couvrir le flanc gauche, le 21ᵉ corps devait être porté en avant à Vendôme.

MARCHE DE L'ARMÉE DE LA LOIRE SUR PARIS

En conséquence, le 16ᵉ corps s'avança, le 1ᵉʳ décembre, vers la voie ferrée, dans la direction d'Orgères, le 17ᵉ suivit jusqu'à Patay et Saint-Péravy.

En face d'eux, la 17ᵉ division, de la subdivision du grand-duc qui formait l'aile droite de la deuxième armée, était arrivée à Bazoches, la 22ᵉ à Toury et le corps bavarois aux environs d'Orgères. Aussi ce dernier reçut-il le premier choc des ennemis. Attaquée de front par des forces considérablement supérieures, menacée d'être prise en flanc par la division de cavalerie Michel, la 1ʳᵉ brigade bavaroise dut se retirer à 3 heures à Villepion. La 2ᵉ, qui s'avançait d'Orgères, fit halte à l'ouest de Nonneville et la 4ᵉ se déploya entre Villepion et Faverolles. Dans cette position les Bavarois tinrent pendant un certain temps, en dépit des pertes graves qu'ils éprouvaient. A l'aile droite, le prince Léopold de Bavière, avec les quatre pièces de sa batterie qui se trouvaient en état de tirer, arrêta le mouvement en avant de l'ennemi sur Nonneville; mais conduits par l'amiral Jauréguiberry en personne, les Français pénétrèrent dans Villepion. La nuit survenant, les munitions commençant à manquer, la 1ʳᵉ brigade bavaroise rétrograda sur Loigny, la 2ᵉ, mais pas avant 5 heures, sur Orgères, où la 3ᵉ arriva dans la soirée, tandis que la 4ᵉ avec rejoint à Loigny.

L'engagement coûta aux deux parties environ 1 000 hommes et les fractions les plus avancées des Bavarois s'étaient vues refoulées, mais pas bien loin.

Ce succès et des nouvelles fraîches de Paris faisaient naître à Tours l'espoir, la certitude de vaincre. En effet, comme nous le verrons dans la suite du récit, le 30 novembre, les troupes sortant de Paris avaient réussi à occuper, pour un temps fort court, le village d'Épinay, compris dans la partie nord de la ligne d'investissement, et à Tours l'on s'imagina, sans approfondir les choses, qu'il était question d'Épinay, au sud de Longjumeau et que rien ne s'opposerait à ce que l'armée d'Orléans opérât sa jonction avec celle de Paris. Le corps franc de Cathelineau reçut la mission d'occuper la forêt de Fontainebleau, en déployant la plus grande célérité possible et l'on annonça au pays tout entier que les Allemands allaient être anéantis.

Mais les têtes de colonnes de l'armée d'Orléans n'avaient fait qu'une demi-journée de marche dans la direction de Paris et il fallait continuer la conversion à droite de l'aile gauche. En conséquence, le 16ᵉ corps fut invité à faire son possible pour atteindre, le 2 décembre, la ligne Allaines-Toury, tandis que le 17ᵉ suivrait et que le 15ᵉ viendrait se ranger à sa droite, de Chilleurs, par Artenay. Informé que l'ennemi portait en avant des masses considérables, le grand-duc résolut de lui barrer le passage avec toutes les forces de sa subdivision d'armée. Les ordres voulus parvinrent à 8 heures du matin aux divisions, réunies à leurs places de ralliement. Le corps bavarois fut invité à prendre position en face de Loigny, l'aile gauche s'appuyant à Château-Goury, la 17ᵉ division devait immédiatement marcher de Santilly à Lumeau, la 22ᵉ de Tivernon à Baigneaux. La cavalerie avait pour mission de couvrir les deux ailes.

BATAILLE DE LOIGNY-POUPRY

2 décembre. — Pendant que le corps bavarois était encore en marche venant de la Maladrerie, les Français gravirent les hauteurs à l'ouest de Loigny. En conséquence la 1ʳᵉ division se déploya à Villepion et la 2ᵉ occupa la ligne Beauvilliers-Goury.

A 8 heures du matin le général Chanzy s'était porté en avant avec ses 2ᵉ et 3ᵉ divisions contre Loigny et Lumeau. La 1ʳᵉ, formant la réserve, marchait derrière, et la division de cavalerie Michel couvrait le flanc gauche. Malgré le feu très vif des défenseurs, la 2ᵉ division arrivait à 9 heures dans le voisinage immédiat de Beauvilliers; elle dut rétrograder, les Bavarois ayant fait un retour offensif. Ceux-ci procédèrent à leur tour à l'attaque de Loigny. Mais à 10 heures et demie le corps français tout entier s'avança complètement déployé de Nonneville à Neuvilliers et les Bavarois durent se retirer en essuyant des pertes graves. Ils furent cependant recueillis à Beauvilliers où leur artillerie de corps arrêta la marche en avant de l'ennemi.

A partir de ce moment la lutte resta indécise jusqu'à 11 heures et demie, où la 2ᵉ brigade bavaroise intervint. La 4ᵉ division de cavalerie se porta en avant, au trot, dans le flanc gauche de l'ennemi et la division Michel battit en retraite sur le 17ᵉ corps. Les cavaliers allemands firent de nombreux prisonniers. Dans l'intervalle, l'infanterie bavaroise avait renouvelé son attaque contre la ferme Morâle. Là, elle se vit accueillie par un feu si meurtrier qu'elle dut rebrousser chemin. A ce moment les batteries à cheval prenant en flanc l'aile ennemie, leurs projectiles mirent le feu aux bâtiments de la ferme et le général d'Orff put en prendre définitivement possession.

Pendant ce temps, la 2ᵉ division n'avait pu qu'à grand'-peine résister, à Beauvilliers, à la poussée violente des Français. Leurs lignes de tirailleurs s'étaient tellement rapprochées que les batteries bavaroises furent obligées de prendre position plus loin, en arrière. Mais les succès remportés à l'aile droite allaient trouver leur écho à l'aile gauche aussi. Se précipitant en avant de Beauvilliers et de Château-Goury, les Bavarois refoulèrent la division Jauréguiberry sur Loigny.

Peu après midi le feu des Français redoubla de violence, en particulier dans la direction de Château-Goury, et les bataillons de l'aile gauche bavaroise furent refoulés vers le parc.

Pendant que les Bavarois se battaient, les deux divisions prussiennes avaient continué leur marche. L'artillerie de la 17ᵉ prit les devants afin d'ouvrir la lutte contre les batteries ennemies et les têtes de colonnes de l'infanterie atteignaient Lumeau juste à temps pour empêcher l'ennemi de s'emparer de la localité. A la vérité, de fortes lignes de tirailleurs français arrivèrent dans le voisinage immédiat de celle-ci; mais grâce au feu bien dirigé de l'infanterie et de l'artillerie tirant à obus, elles furent repoussées; puis la division dirigea une attaque de flanc contre les Français.

La 22ᵉ division aussi s'était avancée par Baigneaux sur Anneux. Elle aida la 17ᵉ à poursuivre l'ennemi qui lâchait pied. On lui fit de nombreux prisonniers et on lui enleva une batterie. En vain il essaya de tenir tête à Neuvilliers; finalement ses troupes, complètement débandées, refluèrent sur Terminiers.

Après l'issue heureuse du combat engagé à Lumeau, le

général de Tresckow put se porter au secours de l'aile gauche des Bavarois qui se trouvait dans une position fort critique. Soutenue par le feu de huit batteries, la 33ᵉ brigade prit en flanc des masses françaises qui attaquaient violemment Château-Goury. Surprises, elles rétrogradèrent sur Loigny. Ici aussi les bataillons mecklembourgeois entrèrent dans la localité en même temps que les Bavarois. Seul le cimetière situé à la lisière ouest du village fut défendu pendant quelque temps avec opiniâtreté. A Villepion, les Français battaient en retraite et 80 pièces allemandes mises en position à Loigny causèrent de terribles ravages dans leurs rangs.

A 2 heures et demie, le général von der Tann fit avancer encore une fois sa première division tout entière, après avoir remplacé les munitions, mais le feu violent de l'ennemi arrêta le mouvement.

La cavalerie de l'aile droite se vit arrêtée par la division Michel; mais celle-ci fit demi-tour dès qu'elle fut arrivée dans la zone battue par les projectiles de l'artillerie à cheval.

Au moment où il dut dégarnir son aile droite, le général Chanzy avait fait prendre à quelques bataillons, près de Terrenoire, une formation en potence. En arrière de celle-ci était arrivée une brigade du 17ᵉ corps à Faverolles et à droite de Villepion les zouaves pontificaux marchaient en avant contre Villours.

A ce moment le général de Tresckow engagea ses dernières réserves. Deux bataillons du 75ᵉ régiment d'infanterie pénétrèrent du premier coup dans la localité et, de concert avec toutes les fractions combattant à proximité, ils refoulèrent la colonne française sur Villepion.

La nuit survenant, l'engagement prit fin sur ce point.

Tandis que le 16ᵉ corps français luttait ainsi, tout seul,

pendant toute cette journée, en déployant la plus grande ténacité, le 15º s'avançait, conformément à l'ordre qui lui en avait été donné, par Artenay sur la grande route de Paris. Là il ne trouva en face de lui que la 3ᵉ brigade de cavalerie. La 3ᵉ division française attaqua cette brigade à midi déjà. C'était elle qui formait la colonne de l'aile gauche, les deux autres marchant bien plus à droite.

Dès que la cavalerie l'eut avisé de ce qui se passait, le général de Wittich se mit en marche avec la 22ᵉ division tout entière dans la direction de Poupry. La tête de la division, s'avançant au pas de course, parvint à atteindre la localité et à en débusquer l'ennemi qui y avait déjà pénétré ainsi que dans les parcelles boisées situées au nord. Puis six batteries s'appuyant, au sud, à la ferme Morâle, furent mises en position. Les Français se déployèrent entre Dambron et Autroches et engagèrent un combat par les feux traînant en attendant que leurs autres divisions entrassent en ligne.

Après avoir repoussé un retour offensif fait de Poupry par les Allemands, leur aile droite occupa les fermes situées en avant et à petite distance de la bande de terrain boisée, leurs batteries vinrent prendre position dans les intervalles et à 3 heures l'attaque eut lieu. Elle échoua grâce au feu des batteries allemandes tirant à mitraille et parce que les troupes françaises se virent exposées à être chargées par la 3ᵉ brigade de cavalerie que le général de Colomb portait en avant dans le terrain découvert à l'ouest de Dambron.

L'attaque que fit leur aile gauche, d'Autroches contre la ferme Morâle, échoua de même. Mais à 4 heures ils marchèrent en avant sur le front tout entier, en se faisant précéder par de fortes lignes de tirailleurs. Ils furent repoussés à Poupry, de même qu'à la ferme Morâle, où deux compagnies de pionniers furent engagées : par contre, leur aile droite pénétra dans la bande de terrain boisée ; elle contraignit les troupes allemandes, qui la défendaient, à se retirer. De Poupry, les bataillons prussiens, tenus jusqu'alors en réserve, se portèrent en avant et refoulèrent l'ennemi dans les bois, où il lui fallut soutenir de plus l'attaque de la cavalerie.

Mais il faisait déjà sombre et le combat dut être discontinué. La 22º division resta jusqu'à 11 heures du soir sur les positions où elle s'était maintenue, prête à les défendre de nouveau ; puis elle retourna à Anneux. La 3ᵉ division de cavalerie occupa des cantonnements à Baigneaux. Se rattachant à elle, la 17ᵉ division était postée à Lumeau. En avant de son front, des fractions de ses troupes occupaient Loigny, de concert avec les Bavarois, qui s'étendaient plus à droite jusqu'à Orgères.

Les Français avaient perdu ce jour-là 4 000 hommes, tant tués que blessés, les Allemands au moins autant, mais ils avaient fait prisonniers 2 500 Français non blessés et pris 8 bouches à feu, une mitrailleuse et un drapeau.

Quant aux corps français, le 15ᵉ rétrograda sur Artenay ; il reçut l'ordre d'y laisser une division destinée à le protéger pendant qu'il irait occuper la position défensive le long de la lisière de la forêt où il avait été précédemment posté.

Dès lors, l'aile gauche de l'armée d'Orléans n'avait pas pu continuer son mouvement en avant. Au contraire, le 16ᵉ corps, n'ayant pas été soutenu par le 17ᵉ, avait perdu du terrain tout en se maintenant, en première ligne, à Villepion, Faverolles et Terminiers. Aussi le général Chanzy fut-il autorisé à tenter, le lendemain, une nouvelle attaque contre l'aile droite des Allemands, s'il la jugeait praticable.

Ceux-ci avaient leurs cinq corps postés tout contre les positions françaises. On ne pouvait pas leur envoyer d'autres renforts; mais le grand état-major n'en trouva pas moins que le moment était venu d'en finir une fois pour toutes avec les forces françaises qui menaçaient sans cesse les lignes d'investissement par le sud.

Le 2 décembre, à midi, l'ordre parvint, du grand quartier général, au prince Frédéric-Charles, d'attaquer Orléans avec toutes ses forces et, ce jour-là même, il prit les dispositions voulues pour l'exécuter.

Il nous faut à présent revenir en arrière afin d'embrasser la situation telle qu'elle ressortait des événement survenus sur différents autres points.

PARIS EN NOVEMBRE

Le 14 novembre on avait appris à Paris l'issue heureuse de l'engagement soutenu le 9 à Coulmiers. On s'était remis à espérer. On était sûr que l'ennemi se verrait obligé d'envoyer de nouvelles forces dans cette direction et d'affaiblir de la sorte la ligne d'investissement, en particulier au sud.

Afin d'être à même de se porter au-devant des armées s'avançant pour débloquer Paris, en prenant soi-même l'offensive, on forma avec la garnison de Paris trois armées distinctes.

La première, placée sous les ordres du général Clément Thomas, comprenait 226 bataillons de garde nationale, présentant un effectif de 130 000 hommes en chiffres ronds. Elle avait pour mission de garder le mur d'enceinte et de maintenir l'ordre dans la ville. La deuxième armée, commandée par le général Ducrot, était composée des troupes dans lesquelles on pouvait avoir le plus de confiance, en particulier de celles qui avaient jusqu'alors formé les 13° et 14° corps. Cette armée, comprenant trois corps et une division de cavalerie, comptait 100 000 hommes, sinon plus, avec au moins 300 bouches à feu. Elle était destinée aux opérations en rase campagne et aux sorties dirigées contre les corps d'investissement.

La troisième armée enfin, forte de 70 000 hommes et commandée par le général Vinoy, comprenait six divisions de garde mobile, une division de cavalerie et on lui avait en outre adjoint la division de Maud'huy, composée de troupes de ligne. Sa mission consistait à soutenir les grandes sorties en exécutant des attaques simulées sur les fronts accessoires. Il y avait de plus dans les forts 80 000 gardes mobiles, et à Saint-Denis 35 000 hommes sous les ordres de l'amiral de la Roncière.

Les forces disponibles se montaient donc à plus de 400 000 hommes.

La garnison déployait une grande activité en exécutant, de nuit, de petites sorties.

Les pièces de gros calibre dont la place était armée lançaient leurs projectiles jusqu'à Choisy-le-Roi, voire même jusqu'à Beauregard, non loin de Versailles. Dans la presqu'île de Gennevilliers, on construisait force retranchements et l'on préparait l'établissement d'un pont militaire. Une foule de détails indiquaient que les Français allaient prendre l'offensive dans la direction de l'ouest. Mais tant que la deuxième armée n'avait pas fini de se concentrer, l'endroit vulnérable des lignes d'investissement était leur secteur sud, et le grand quartier général ordonna, comme nous l'avons dit plus haut, au II⁰ corps de prendre position en arrière de l'Yvette, de Villeneuve à Saclay. Au nord de Paris, la garde royale appuya à gauche jusqu'à Aulnay, une des brigades du XII⁰ passa sur la rive sud de la Marne et la division wurtembergeoise vint combler le vide laissé par le II⁰ corps entre la Marne et la Seine.

Le 18 octobre arriva une communication du gouvernement de Tours, invitant l'armée de Paris à tendre la main, sans délai, à l'armée de la Loire. Elle venait un peu prématurément car, comme nous l'avons vu, cette dernière ne songeait à ce moment qu'à rester sur la défensive.

Mais à Paris on prit toutes les dispositions voulues pour faire une grande sortie. Les attaques dirigées précédemment sur le front du VI⁰ corps ayant montré qu'il avait été considérablement renforcé grâce aux retranchements élevés à Thiais et à Chevilly, on résolut de se porter d'abord sur le plateau à l'est de Joinville et de ne prendre la direction du sud qu'une fois arrivé là.

Le 18 novembre, c'est-à-dire le jour même où l'armée d'Orléans tenta vainement de se frayer un passage à Beaune-la-Rolande, le général Ducrot réunit la deuxième armée de Paris aux alentours de Vincennes et une des divisions de la troisième, celle du général d'Hugues, occupa, le lendemain matin, le Mont-Avron. Mais comme la construction des ponts militaires à Champigny et à Bry avait subi des retards, la bataille fut remise au 30, les généraux chargés des opérations accessoires restant libres de les exécuter dès maintenant ou d'attendre jusqu'à la fin du mois. Aussi la division de Maud'huy s'était-elle réunie déjà dans la nuit du 28 au 29 derrière les retranchements des Hautes-Bruyères et, avant qu'il fît jour, elle se mit en marche sur l'Hay.

Mis en éveil par la canonnade violente des forts du sud, le général de Tümpling avait fait, de bonne heure déjà, prendre les armes à la 12ᵉ division, dans ses formations de combat et avait réuni la 11ᵉ à Fresnes.

A la faveur des ténèbres, les Français pénétrèrent dans l'Hay en traversant les vignobles ; mais on réussit à les refouler à coups de crosse et de baïonnette.

Il s'engagea alors un combat par les feux assez long. Puis à 8 heures et demie l'ennemi renouvela son attaque, sans plus de succès ; et cette fois-ci les défenseurs, ayant été renforcés par l'entrée en ligne de leurs réserves, le poursuivirent vigoureusement. A 10 heures il se retira sur Villejuif.

En même temps, l'amiral Pothuau s'était avancé en amont de Paris, le long de la Seine, avec des troupes de la marine et des gardes nationaux. Il surprit une grand'-garde allemande à la Gare-aux-Bœufs et la fit prisonnière : Choisy-le-Roi fut canonné simultanément par l'artillerie de campagne, les pièces de la place et les canonnières qui avaient remonté la Seine. Mais quand les grenadiers du 10ᵉ régiment s'apprêtèrent à prendre l'offensive à leur tour, le général Vinoy donna l'ordre de discontinuer le combat.

Cette démonstration coûta aux Français 1 000 hommes ; en outre, on fit prisonniers 300 des leurs nullement blessés ; les Allemands étant à l'abri derrière leurs couverts n'avaient perdu que 140 hommes. L'artillerie de la place ne cessa le feu qu'à midi. A ce moment une courte suspension d'armes fut accordée à l'assiégé, afin qu'il pût transporter en ville ses nombreux blessés.

Contre le front du Vᵉ corps aussi de forts détachements d'infanterie s'étaient portés en avant, à 8 heures du matin, sur Garches et la Malmaison et avaient mis en fuite une partie des grand'gardes. Mais bientôt ils se heurtèrent à des bataillons s'avançant en rangs serrés, et à midi ils battirent en retraite sur le Mont-Valérien.

L'ARMÉE DE PARIS ESSAYE DE FORCER LE BLOCUS

30 novembre et 2 décembre. — Le 30 novembre la deuxième armée de Paris se mit en marche pour livrer la bataille qui allait décider du sort de la capitale.

Afin d'empêcher les Allemands d'envoyer des renforts sur le front d'attaque proprement dit, on dirigea de nouveau des sorties sur presque tous les points de leur ligne d'investissement.

Le général Ducrot avait désigné la division Susbielle, de son 2ᵉ corps, pour marcher dans la direction du sud. Dès 3 heures du matin, elle commença sa marche, de Rosny, franchit la Marne sur un pont militaire établi à Créteil et, vigoureusement soutenue par les forts les plus rapprochés, elle ouvrit de ce point le feu sur les avant-postes de la division wurtembergeoise établis à Bonneuil et à Mesly.

Le général d'Obernitz[1] avait à défendre une position très étendue. Sa 1ʳᵉ brigade était postée à Villiers, dans la presqu'île de Joinville, la 2ᵉ à Sucy-en-Brie et la 3ᵉ à Brévannes. La division avait été subordonnée au général en chef de l'armée de la Meuse et ce dernier avait reçu de Versailles l'ordre de la soutenir vigoureusement avec les troupes du XIIᵉ corps, voire même celles de la garde royale.

---

1. Général commandant la division wurtembergeoise forte de trois brigades. (N. d. T.)

Mais voyant des forces ennemies considérables massées sur le Mont-Avron, le corps saxon, établi sur la rive droite, se crut directement menacé lui-même et se dispensa d'envoyer des renforts sur la rive gauche; cependant, le prince royal de Saxe donna l'ordre d'y faire passer le lendemain toute la 24e division.

Mais pendant la journée même les Wurtembergeois ne purent être soutenus que par l'une des ailes du IIe corps, postée à Villeneuve; la 7e brigade de ce corps se porta en avant à Valenton, tout à côté de Brévannes, et c'est grâce au feu de ses trois batteries, prenant position près de cette localité, qu'on parvint à arrêter la division française. Au début, les tentatives que firent les Wurtembergeois d'enlever Montmesly échouèrent; mais quand leur artillerie eut vigoureusement canonné l'ennemi, ils parvinrent, à midi, à gravir la hauteur, tandis que les bataillons prussiens pénétraient dans Mesly. La cavalerie wurtembergeoise sabra avec grand succès les tirailleurs ennemis battant en retraite. A 1 heure et demie le canon des forts retentit de nouveau, ce qui annonçait la fin de la sortie. Elle avait coûté 350 hommes aux Allemands et 1200 aux Français.

Pendant ce temps le front du VIe corps n'avait pas été inquiété du tout. Le général Vinoy, qu'on n'avait pas tenu au courant et qui ignorait la marche en avant de la division Susbielle, n'en fit pas moins ouvrir un feu vigoureux, du fort d'Ivry et des ouvrages voisins, quand il s'aperçut qu'elle battait en retraite; les canonnières de la Seine et les batteries blindées de chemin de fer se mirent de la partie aussi. Puis l'amiral Pothuau se mit en marche sur Choisy-le-Roi et Thiais. Une seconde fois les équipages de la flotte s'établirent solidement dans la Gare-aux-Bœufs après avoir refoulé les avant-postes prussiens. Mais ils ne purent pousser plus loin. D'ailleurs, le général Vinoy, voyant que l'engagement livré à Mesly avait pris fin, donna à ses troupes l'ordre de rebrousser chemin. Seule l'artillerie continua à tirer jusqu'à 3 heures.

Quant au front du V⁰ corps, des gardes mobiles étaient venus l'assaillir dès 7 heures du matin, après que leur attaque eut été préparée par l'artillerie du Mont-Valérien. Mais les avant-postes et les troupes de soutien tenues prêtes suffirent à les repousser et, à 11 heures, ils battaient en retraite.

Sur le front nord de Paris il s'était engagé également un combat fort vif. Le fort de la Briche, soutenu par l'artillerie de campagne et une batterie flottante, ouvrit un feu des plus violents sur le village d'Épinay, situé dans un terrain bas sur la rive droite de la Seine. A 2 heures, la brigade Hanrion se porta en avant, deux compagnies de troupes de marine pénétrèrent dans la localité en longeant la Seine et chassèrent l'unique compagnie prussienne qui gardait cette position. Une autre, établie dans les retranchements élevés plus au nord, se retira sur Ormesson. A 3 heures toute la localité, à l'exception de quelques fermes situées de l'autre côté du chenal du moulin et qui furent défendues avec opiniâtreté, était au pouvoir des Français.

Dans l'intervalle, les troupes du IV⁰ corps d'armée s'étaient réunies et sept batteries avaient pris position sur les hauteurs situées en avant d'elles. L'infanterie poussant ses hourrahs s'élança de toute part sur le village et, après une lutte acharnée, au cours de laquelle il fallut enlever l'une après l'autre toutes les maisons de la localité, la position perdue fut reconquise à 4 heures. C'était l'occupation temporaire de cette localité qui devait faire naître tant d'espérances à Tours. De part et d'autre on avait perdu 300 hommes.

Toutes ces attaques n'avaient été que simulées ; elles devaient faciliter l'entreprise principale et, tandis qu'on occupait et retenait de la sorte toutes les troupes de l'armée d'investissement, deux corps de la deuxième armée française franchirent à 6 heures et demie les ponts établis à Joinville et à Nogent. Après que les avant-postes allemands eurent été refoulés, les deux masses, tenant toute la largeur de la presqu'île, se déployèrent entre Champigny et Bry. Le 3ᵉ corps avait pris, sur la rive nord de la Marne, la direction de Neuilly, afin de franchir la rivière. De la sorte il menaçait en même temps les positions du corps saxon. Aussi celui-ci garda-t-il sur la rive droite la 47ᵉ brigade destinée à soutenir les Wurtembergeois. Il n'y avait donc en face des deux corps d'armée français que deux brigades allemandes, sur une longueur de 5 500 mètres, la 48ᵉ saxonne à Noisy et la 1ʳᵉ wurtembergeoise de Villiers à Chennevières.

A 10 heures la division de Maussion marcha contre le parc de Villiers ; soutenus par des détachements saxons venus de Noisy, les Wurtembergeois repoussent la première attaque, mais en se mettant à poursuivre l'ennemi, ils éprouvent de grandes pertes. En avant du parc, les Français mirent en position les batteries des deux divisions et leur artillerie de réserve. A leur aile droite la division Faron s'était emparée de Champigny, non sans perdre beaucoup de monde, puis elle avait établi des retranchements en avant de cette localité.

L'intention primitive du général Ducrot avait été de faire traîner le combat dans la presqu'île jusqu'à ce que son 3ᵉ corps pût intervenir à Noisy. Mais quand il fut informé qu'à 11 heures celui-ci se trouvait encore sur l'autre rive de la Marne, il donna immédiatement l'ordre aux deux autres corps de procéder à l'attaque générale.

A gauche, leur mouvement en avant fut arrêté pendant quelque temps par les batteries allemandes mises en position entre Noisy et Villiers et quand le colonel d'Abendroth exécuta, des deux localités, avec six compagnies de la 48ᵉ brigade, une attaque vigoureuse, les Français rétrogradèrent jusqu'aux vignobles couvrant le versant ouest du plateau ; ils abandonnèrent même deux pièces ; mais les Saxons, n'ayant pas d'attelages à leur disposition, ne purent les emmener.

Au centre de la ligne de bataille, la division Berthaut tenta de s'avancer au sud de Villiers, en dépassant cette localité ; mais le feu des cinq batteries mises en position près du village et près de Cœuilly la décimèrent au point qu'elle se déroba à l'attaque d'un bataillon saxon.

A l'aile droite enfin, les pièces que les Français avaient mises en batterie en avant de Champigny furent contraintes par le feu de l'artillerie allemande à remettre l'avant-train. Elles étaient allées s'abriter plus au nord près des fours à plâtre. Un détachement d'infanterie s'était porté, en longeant la rivière, jusqu'à la Maison-Blanche ; mais, dans l'intervalle, la 2ᵉ brigade wurtembergeoise, quoiqu'elle sevît attaquée elle-même à Sucy, avait envoyé deux compagnies et une batterie comme renforts à Chennevières.

Partant du pavillon de chasse, les Wurtembergeois firent aux Français 200 prisonniers à la Maison-Blanche. Par contre, leurs compagnies réunies à Cœuilly échouèrent lorsqu'elles voulurent gravir la hauteur en avant de Champigny et elles perdirent beaucoup de monde. Cependant une nouvelle attaque dirigée du pavillon de chasse contre le flanc de la division Faron, considérablement ébranlée déjà, la décida à battre en retraite sur Champigny.

Le général Ducrot résolut de s'en tenir là. Il lui suffisait d'avoir pris pied sur la rive gauche de la Marne et, pour s'assurer la possession de la coupure conquise, il fit mettre 16 batteries en position devant son front. Le lendemain, il voulait renouveler l'attaque avec ses trois corps réunis.

Les Allemands pouvaient se tenir pour satisfaits d'avoir tenu tête à un ennemi considérablement supérieur en nombre. De la sorte, la lutte cessa peu à peu dans le courant de l'après-midi. Soudain, elle reprit plus vive au nord.

Le 3ᵉ corps français avait en effet remonté la rive droite de la Marne, il avait fortement occupé Neuilly et délogé les avant-postes de la 23ᵉ brigade saxonne. Sous la protection de six batteries, on avait commencé, à 10 heures, en aval de Neuilly, la construction de deux ponts militaires et à midi ils étaient achevés. Mais précisément à ce moment, comme nous l'avons vu plus haut, les Français rétrogradaient sur le plateau. Aussi le passage ne s'effectua-t-il qu'à 3 heures. La division de Bellemare suivit la vallée pour marcher sur Bry, où elle établit les communications avec l'aile gauche du 3ᵉ corps. Un régiment de zouaves qui, de cette localité, tenta de gravir la hauteur, perdit la moitié de ses hommes et tous ses officiers. Malgré tout, le général Ducrot voulut employer immédiatement les renforts qui lui arrivaient pour renouveler l'attaque de Villiers.

La division, renforcée par quatre bataillons, marcha dans la direction de la localité; mais l'artillerie ne parvint pas à faire brèche dans le mur du parc; les lignes de tirailleurs s'élancèrent à plusieurs reprises; elles furent repoussées et finalement on battit en retraite dans la vallée. Simultanément les divisions Berthaut et Faron s'étaient portées en avant, celle-là le long de la voie ferrée, celle-ci contre le pavillon de chasse ; toutes deux échouèrent. La fusillade, de part et d'autre, ne prit fin qu'à la tombée de la nuit.

Voyant la direction que prenait le 3ᵉ corps français dans la matinée, le prince royal de Saxe avait concentré la 23ᵉ division à Chelles ; mais, dès qu'il put se rendre compte des intentions véritables de l'adversaire, il envoya une fraction de la 47ᵉ brigade et un groupe de l'artillerie de corps au secours des Wurtembergeois, dont la position était fort compromise. De son côté, le général d'Obernitz avait conduit trois bataillons au pavillon de chasse, dès que l'engagement soutenu à Mesly eut pris fin. Dans la nuit encore, le grand quartier général avait envoyé aux IIᵉ et VIᵉ corps l'ordre d'envoyer des renforts sur le point où la ligne d'investissement courait risque d'être forcée, et le lendemain, 1ᵉʳ décembre, la 7ᵉ et la 21ᵉ brigade arrivaient à Sucy.

L'état-major français considérait d'ores et déjà la tentative qu'il avait faite de forcer la ligne d'investissement comme à peu près manquée, à moins qu'on ne fût secouru du dehors, et, sans nul doute, ce fut la crainte seule d'exaspérer la population, qui le décida à maintenir plus longtemps encore la troisième armée sur la rive gauche de la Marne. Au lieu de renouveler leurs attaques, les Français se mirent à élever des retranchements ; une suspension d'armes fut conclue, afin que de part et d'autre on pût emmener les blessés et enterrer les morts. Le canon du Mont-Avron continuait à se faire entendre, afin de maintenir les Parisiens en belle humeur. De leur côté, les Allemands travaillèrent à fortifier leurs positions ; mais, le froid étant devenu très vif, ils firent regagner à une partie de leurs troupes les cantonnements situés plus en arrière.

Le général de Fransecky avait été chargé du commandement supérieur de toutes les troupes allemandes entre la Marne et la Seine. Le général en chef de l'armée de la Meuse avait prescrit au prince Georges d'attaquer par surprise Bry et Champigny, de très grand matin, avec toutes les forces disponibles du XIIe corps.

En conséquence, la 24e division se massa, le 2 décembre de bonne heure, à Noisy, la 1re brigade wurtembergeoise à Villiers, la 7e prussienne au pavillon de chasse.

Les bataillons de la division saxonne, qui tenaient la tête, refoulèrent, en prenant subitement leur élan, les avant-postes de l'ennemi; ils firent 100 prisonniers, et après avoir pris une barricade ils pénétrèrent dans Bry. Mais ici il s'engagea une lutte acharnée, on dut enlever les maisons du village l'une après l'autre, et le 107e régiment perdit presque tous ses officiers. Il ne s'en maintint pas moins dans la partie nord de la localité, en dépit du feu violent des forts.

Les Wurtembergeois pénétrèrent de même dans Champigny; mais bientôt ils rencontrèrent une vive résistance de la part de l'ennemi, qui avait mis les maisons en état de défense. On dut évacuer le bois de la Lande qu'on venait de conquérir, et alors le général Ducrot résolut de procéder lui-même à l'attaque. A 9 heures, la position d'artillerie très forte, en avant de son front, ouvrit le feu, et derrière elle se déployèrent deux de ses divisions.

Dans l'intervalle, le 3e bataillon du régiment de Colberg s'était de nouveau avancé, du pavillon de chasse, contre le bois de la Lande, et l'avait enlevé du premier coup. Les Poméraniens refoulèrent et tuèrent à coups de crosse et de baïonnette les Français qui avaient ouvert sur eux une fusillade violente du remblai du chemin de fer. En même temps, il s'était engagé une lutte des plus vives aux carrières de pierres à chaux où, à midi, 160 Français mirent bas les armes. Quand les batteries wurtembergeoises au nombre de six et neuf prussiennes, eurent l'une après l'autre ouvert le feu sur Champigny, le général Hartmann réussit à progresser jusqu'au chemin conduisant à Bry. Ces troupes masquant le feu des batteries, tout en se voyant décimées par les énormes projectiles des pièces des forts, on les fit rétrograder jusque dans la dépression, près du pavillon de chasse. A 2 heures, la 1re brigade wurtembergeoise et la 7e prussienne s'établirent solidement sur la ligne cimetière de Champigny-Bois de la Lande.

Sur ces entrefaites les divisions françaises de Bellemare et Susbielle s'étaient portées, de la rive droite de la Marne, sur le champ de bataille. Les deux bataillons allemands établis à Bry qui avaient déjà perdu 36 officiers et 636 hommes se virent, en face des forces ennemies considérablement supérieures qui les attaquaient, contraints d'évacuer la localité et de se retirer à Noisy, non sans emmener 300 prisonniers. Les autres bataillons saxons occupèrent Villiers, où les batteries encore disponibles vinrent prendre position.

A 2 heures, les Français mirent en batterie contre ce point, de fortes masses d'artillerie; mais 4 batteries du IIe corps se portèrent au galop, du creux évasé près du pavillon de chasse, dans le flanc de la ligne ennemie, et à 2 000 pas elles ouvrirent le feu. Au bout de dix minutes à peine les batteries françaises remirent l'avant-train et les prussiennes retournèrent dans leur position où elles étaient à couvert. Plusieurs bataillons ennemis, qui, à 3 heures, se portèrent en avant pour attaquer de nouveau Villiers, furent facilement repoussés, et à 5 heures la lutte prenait fin. Seule, l'artillerie de campagne et de place française continua à tirer jusqu'à ce qu'il fît nuit noire.

Dans le courant de la journée le général Ducrot avait été avisé que l'armée de la Loire était en marche sur Fontainebleau, et dès lors il résolut de tenir plus longtemps sur ses positions à l'extérieur de Paris.

Dans la nuit du 2 au 3 décembre on ravitailla les troupes, on procéda au remplacement des munitions pour les batteries et on compléta leurs attelages. Mais rien n'indiquait qu'il allait venir des secours du dehors. Les troupes étaient absolument épuisées par les luttes qu'elles avaient soutenues et qui leur avaient coûté beaucoup de monde, et le général en chef craignait, avec raison, d'être culbuté dans la Marne par les troupes intactes de l'adversaire. En conséquence, il donna l'ordre de commencer la retraite, tout en informant les troupes qu'on renouvellerait l'attaque dès qu'elles seraient mieux aguerries.

Peu après minuit, les divisions furent massées derrière les avant-postes; on fit rentrer d'abord les convois de l'armée et à midi les troupes purent à leur tour franchir les ponts de Neuilly, Bry et Joinville. Une seule brigade resta sur la rive gauche afin de protéger ces derniers.

On sut habilement cacher la retraite en faisant diriger des attaques contre les avant-postes ennemis. Dès l'aube, des batteries françaises avaient ouvert le feu au Plant et à Bry et, grâce à un épais brouillard, les Allemands ignorèrent absolument la retraite de l'armée ennemie.

Le général de Fransecky fit prendre leurs formations de combat aux divisions wurtembergeoise et saxonne à Cœuilly et à Villiers; la 7ᵉ brigade, avec l'artillerie de corps du IIᵉ et deux régiments du VIᵉ était postée à Chennevières. Il voulait dans ces positions attendre les renforts qu'on lui avait promis pour le 4, et que le VIᵉ corps s'apprêtait à lui fournir. La 23ᵉ division aussi devait, sur l'ordre du prince royal de Saxe, passer sur la rive gauche de la Marne, tandis que la garde royale fut invitée à étendre sa ligne d'avant-postes, pour le moment du moins, jusqu'à Chelles.

Dans la journée du 3, les troupes ne livrèrent que des escarmouches sans importance et à 4 heures du soir elles purent regagner leurs cantonnements. Quand, le 4, de grand matin, les patrouilles allemandes s'avancèrent vers Bry et Champigny, elles constatèrent que ces deux localités avaient été évacuées par l'ennemi, qui avait aussi abandonné la presqu'île de Joinville.

La deuxième armée française était rentrée à Paris fortement décimée; d'après les indications fournies par les Français eux-mêmes, elle avait perdu 12 000 hommes; le moral des troupes était singulièrement déprimé. Les Allemands avaient perdu 6 200 hommes. Ils réoccupèrent leurs positions dans la ligne d'investissement.

L'offensive énergique du général Ducrot est la tentative la plus sérieuse qu'on fit pour forcer les Allemands à lever le siège de Paris. L'attaque, dirigée contre le point de la ligne d'investissement qui, à ce moment, devait être le plus faible, n'avait obtenu quelques succès qu'au début [1].

---

[1]. Il s'est formé après coup une légende, d'après laquelle, dans un conseil de guerre tenu à Versailles, un seul général vota contre la proposition de transférer ailleurs le grand quartier général et fit de la sorte abandonner ce projet. D'abord, il n'a jamais été convoqué de conseil de guerre, au cours de toute la campagne; en outre, aucun des militaires de l'entourage du Roi n'a jamais songé à donner un aussi mauvais exemple à l'armée.

MARCHE DE LA PREMIÈRE ARMÉE EN NOVEMBRE

Dans le nord de la France, les unités nouvellement constituées n'étaient pas restées inactives. Les principaux points de concentration des forces françaises étaient Rouen et Lille. En avant de cette dernière ville, la Somme, avec des points de passage fortifiés, à Ham, Péronne, Amiens et Abbeville, formait un secteur qui favorisait tout autant l'offensive qu'il offrait une retraite assurée.

Jusqu'alors, des fractions de l'armée de la Meuse avaient repoussé les attaques isolées de l'ennemi; mais elles étaient trop faibles pour pouvoir, en le poursuivant à fond, le mettre pour un certain temps hors d'état d'incommoder l'armée allemande.

Après la chute de Metz, nous avons vu la première armée se mettre en marche vers les départements du nord de la France, tandis que la deuxième s'avançait dans la direction de la Loire.

Mais une grande partie des forces composant la première armée avait été retenue sur la Moselle par le transport des nombreux prisonniers et la nécessité de surveiller les places fortes qui interceptaient les communications avec l'Allemagne. Le VIIe corps tout entier était soit à Metz, soit devant Thionville et Montmédy. Quant au Ier, la 1re division s'était mise en marche sur Rethel, la 4e brigade avait été transportée par le chemin de fer devant la Fère qu'elle était chargée d'investir, et la 3e division de cavalerie avait été envoyée en avant dans la forêt de l'Argonne. Il ne restait plus que cinq brigades qui se mirent en marche le 7 novembre avec l'artillerie. S'avançant sur un front très étendu, on arriva sur l'Oise dès le 20, à Compiègne et à Chauny. En avant de l'aile droite, la cavalerie, renforcée par un bataillon de chasseurs, rencontra des gardes mobiles à Ham et à Guiscard; devant le front des colonnes d'infanterie, les fractions de troupes ennemies battaient en retraite sur Amiens. On fut informé qu'il y avait 15 000 hommes dans cette ville et qu'il y arrivait sans cesse de nouveaux renforts.

Le 25 novembre, la 3e brigade atteignit le Quesnel. Quant aux troupes du VIIIe corps, la 15e division fut portée au delà de Montdidier, la 16e atteignit Breteuil, d'où elle établit les communications avec les fractions du corps saxon postées à Clermont. La cavalerie battit le pays dans la direction de la Somme; elle constata que la rive droite de cette rivière était occupée par l'ennemi. Tout indiquait que celui-ci se contenterait de défendre ses positions. Aussi, le général de Manteuffel résolut-il de l'attaquer, sans attendre l'arrivée de la 1re division qui était en arrière et dont le transport, de Rethel par le chemin de fer, avait subi un retard considérable. Mais le 27, il décida de concentrer davantage les forces disponibles qui occupaient un front de 30 kilomètres. Or, ce jour même, la bataille, résultant d'une rencontre fortuite, s'engagea sur toute la ligne.

BATAILLE D'AMIENS

27 novembre. — Le général Farre [1] était posté avec ses 17 500 hommes, formant trois brigades, à droite d'Amiens, sur la rive sud de la Somme, à Villers-Bretonneux et à Lon-

---

1. Remplaçant provisoirement, à la tête de l'armée du Nord, le général Bourbaki appelé à Tours. (N. d. T.)

gueau, le long de la route de Péronne, occupant les localités et les bois situés en avant de son front. Il y avait en outre 8000 gardes mobiles, à 4 kilomètres en avant de la ville, dans une position défendue par des retranchements.

Se conformant aux instructions du général en chef, le général de Gœben ordonna que, le 27, la 15ᵉ division prendrait ses cantonnements à Fouencamps et Sains, la 16ᵉ à Rumigny, Plachy et dans les localités situées plus en arrière, et l'artillerie de corps à Grattepanche. Il ressort de là que le VIIIᵉ corps allait se concentrer devant Amiens entre la Celle et la Noye, mais qu'il se trouvait séparé du Iᵉʳ corps par ce ruisseau ainsi que par l'Arve, et éloigné de lui de près de 4 kilomètres. De son côté, le général de Bentheim[1] avait assigné à son avant-garde, la 3ᵉ brigade, des cantonnements autour de la Luce.

De bonne heure déjà celle-ci occupa les points de passage de ce ruisseau à Démuin, Hangard et Domart. A 10 heures elle continua d'avancer afin d'occuper les cantonnements qui lui avaient été assignés, et comme ces localités étaient occupées par l'ennemi, il s'engagea un combat qui peu à peu s'étendit aux autres troupes.

Les parcelles boisées sur les hauteurs de la rive septentrionale de la Luce furent enlevées sans que l'ennemi opposât une résistance bien vive; malgré plusieurs retours offensifs, les Prussiens purent s'y maintenir. L'artillerie vint prendre position dans les intervalles entre les bois. A gauche, le 4ᵉ régiment s'empara du village de Gentelles; à droite, le 44ᵉ, s'avançant par bonds successifs, s'approcha à la distance de 300 pas de l'aile gauche de la position française, puis prenant audacieusement son élan, il enleva

---

1. Commandant la 1ʳᵉ division, et, par intérim, le Iᵉʳ corps. (N. d. T.)

les retranchements élevés autour de la tranchée du chemin de fer, à l'est de Villers-Bretonneux. Peu après midi, la 3ᵉ brigade se trouvait postée sur une étendue de 7 kilomètres environ, ayant en face d'elle les masses compactes de l'ennemi à Villers-Bretonneux et à Cachy.

A l'aile gauche allemande, la 16ᵉ division avait atteint déjà à 11 heures les cantonnements qui lui avaient été assignés ; elle avait refoulé sur Dury l'ennemi, d'Hébecourt comme du bois qui s'étend au nord de cette localité. La 15ᵉ division avait marché, afin d'effectuer la concentration du VIIIᵉ corps, comme l'ordre en avait été donné, par la rive gauche de la Noye, de Moreuil vers l'ouest par Ailly à Dommartin, tandis que son avant-garde, postée à Hailles, s'était directement portée sur Fouencamps. De la sorte il advint que dans le courant de la matinée les routes de Roye et de Montdidier se trouvaient totalement dégarnies de troupes allemandes, tandis qu'à leur bifurcation était postée une brigade française qui, à la vérité, n'entreprit absolument rien. Ce vide fut quelque peu caché d'abord par la suite très nombreuse du général en chef et son escorte, puis quelque peu comblé aussi par le bataillon chargé de couvrir le quartier général. Quand, un peu après 1 heure, les Français procédèrent à l'attaque de la brigade, le général de Manteuffel donna l'ordre à la 15ᵉ division de faire son possible pour prendre part à la lutte qui se livrait à l'aile droite.

Après avoir fait une résistance opiniâtre, les compagnies du 4ᵉ régiment avaient été refoulées hors du bois de Hangard vers la pente de la hauteur en avant de Démuin. De même les troupes qui défendaient Gentelles durent rétrograder un peu plus tard sur Domart, leurs munitions étant totalement épuisées.

Le général de Strubberg [1], mis au courant de la situation telle qu'elle était en avant de la Luce, avait envoyé quatre bataillons dans cette direction. Ils franchirent l'Arve, mais du bois de Gentelles ils furent accueillis par une fusillade si vive que, ne pouvant plus avancer, ils durent faire front contre le bois. En arrière d'eux les autres troupes de la 30e brigade pénétrèrent dans Saint-Nicolas sur la rive droite du cours d'eau, dans Bove sur la rive gauche et, de concert avec la 29e brigade, elles refoulèrent les Français de la colline que couronne un château en ruine.

Dans l'intervalle, une fraction de la 1re division, qui marchait à la suite, était arrivée, en arrière de la 3e brigade. Les positions d'artillerie de cette dernière furent considérablement renforcées et leur feu dirigé sur les ouvrages en terre au sud de Villers-Bretonneux. Pour leur fournir immédiatement un soutien, le régiment Prince-Royal se porta en avant et bientôt les Français se virent refoulés hors du bois de Hangard. Les bataillons de la Prusse orientale, qui les poursuivaient, s'établirent en avant des ouvrages en terre et peu à peu plusieurs fractions des 4e et 44e régiments se trouvèrent réunies sur ce point : elles refoulèrent l'ennemi hors de cette position. Treize batteries prussiennes réduisirent alors au silence l'artillerie française et, après qu'elles eurent dirigé pendant quelque temps leur feu sur Villers-Bretonneux, cette localité fut occupée à 4 heures par les Prussiens qui, de toutes parts, s'avançaient tambour battant. Sur quelques points seulement, à l'intérieur du village, les Français leur opposèrent quelque résistance ; le plus grand nombre courut, à la faveur des

---

[1]. Commandant la 30e brigade (2e de la 15e division, VIIIe corps). (N. d. T.)

ténèbres, franchir la Somme à Corbie, laissant aux mains de l'adversaire 180 prisonniers non blessés.

Quand, plus tard, le général Lecointe s'avança sur Domart avec la brigade de réserve, il constata que ce point de passage avait déjà été réoccupé par la 1re division et rebroussa chemin. A Cachy seulement les Français tinrent jusque dans la soirée fort tard.

Pour cette nuit les troupes du Ier corps furent logées dans les localités situées au sud de la Luce, tandis que leurs avant-postes étaient établis sur la rive nord; on avait également laissé des troupes dans Villers-Bretonneux.

A l'aile gauche la 16e division s'était portée en avant sur Dury: elle avait délogé les Français du cimetière situé tout à côté; mais elle s'abstint de diriger une attaque contre la ligne des retranchements français très étendue et fortement occupée. Elle s'établit dans des bivouacs en arrière de Dury.

Dans le courant de la nuit seulement des rapports parvinrent au général de Manteuffel, lui annonçant avec certitude que l'ennemi avait subi une défaite complète. Le 28, de très grand matin, les patrouilles du Ier corps d'armée trouvèrent le terrain jusqu'à la Somme absolument abandonné et tous les ponts détruits. A midi, le général de Gœben fit son entrée dans Amiens, dont la citadelle capitula deux jours plus tard. La garnison était de 400 hommes et l'armement comportait 30 bouches à feu.

L'affaire du 27 novembre offre cette particularité que le champ de bataille avait une étendue hors de toute proportion avec le nombre des troupes engagées. Le général Farre occupait avec ses troupes, fortes de 25 000 hommes en chiffres ronds, un front de près de 24 kilomètres de long, de Pont-de-Metz au sud d'Amiens jusqu'à l'est de Villers-

Bretonneux et ayant la Somme sur ses derrières, à très peu de distance. Les Allemands faisant leurs attaques sur un front qui n'était guère moins étendu, il en résulta que leur ligne se trouva coupée au centre. Il y avait là un danger dont l'inaction de l'ennemi préserva la première armée dans le courant de la matinée et auquel on para plus tard en allant occuper Saint-Nicolas.

Les Allemands avaient la supériorité numérique car, quoique le seul régiment Prince-Royal pût prendre part à l'engagement, de tous ceux de la 1re division marchant en arrière des autres, leur effectif ne se montait pas à moins de 30 000 hommes. De toutes les brigades ce fut la 3e qui eut à soutenir la lutte la plus acharnée, aussi perdit-elle 34 officiers et 630 hommes des 1 300 qui furent tués ou blessés dans cette journée. Le chiffre des pertes fut le même pour les Français, mais ils comptaient en plus 1 000 disparus.

Une partie de la garde nationale avait brisé ses armes et s'était enfuie dans les villages. Le gros du corps français battit en retraite sur Arras.

Immédiatement après la bataille, la première armée s'accrut de la 4e brigade, devenue disponible à la Fère.

PRISE DE LA FÈRE

27 novembre. — Cette petite place avait acquis une certaine importance parce qu'elle interceptait le chemin de fer de Reims à Amiens, de même que la ligne de Paris. Située dans une plaine vaste et riche en cours d'eau — la Somme et ses affluents — la place est peu accessible ; au demeurant, les fortifications ne comprenaient qu'un mur demi-détaché de l'escarpe et quelques ouvrages avancés en terre; de plus, elle était complètement commandée à la distance de 1 500 mètres seulement par une hauteur s'élevant à l'est.

La 4ᵉ brigade avait procédé, le 15 novembre, à l'investissement provisoire de la Fère, et quand le parc de siège, comprenant 32 pièces de gros calibre, fut arrivé de Soissons, on établit et l'on arma dans la nuit du 24 au 25 novembre sept batteries sur la hauteur dont nous venons de parler. Le lendemain, elles ouvrirent le feu, et le 27 la place capitula. 2 300 gardes mobiles furent emmenés en captivité; on trouva dans le place 113 canons; ceux qui valaient quelque chose furent envoyés à Amiens pour servir à l'armement de la citadelle.

La première armée ne pouvait guère à ce moment-là encore être rejointe par le VIIᵉ corps; il lui restait différentes tâches à remplir sur la Moselle. C'est ainsi que, le 13 novembre, la plus grande partie d'une de ses divisions, la 14ᵉ, était arrivée devant Thionville.

PRISE DE THIONVILLE

24 novembre. — Cette place, commandée de deux côtés par des hauteurs, n'avait pas d'abris à l'épreuve de la bombe; par contre, il était difficile de l'approcher: au sud les abords étaient rendus impraticables par les inondations ordinaires qu'on avait tendues, au nord et à l'ouest par celles produisant des marécages. Aussi le général de Kameke résolut-il de procéder à un bombardement vigoureux avant d'entreprendre le siège en règle. On construisit des emplacements sur les deux rives de la Moselle et le 22 novembre, de grand matin, 85 pièces ouvrirent le feu. D'abord la place riposta vigoureusement. Dans la nuit qui suivit, l'infanterie se porta en avant jusqu'à 600 pas du front ouest, afin d'établir la première parallèle, mais il pleuvait à torrents, la nature du sol n'était pas favorable aux travaux, de sorte qu'ils n'avançaient guère. Le 24 à midi, le commandant de la place ne proposa pas moins d'entrer en pourparlers devant aboutir à la capitulation de la ville. La garnison, forte de 4000 hommes, fut emmenée prisonnière de guerre en Allemagne, à l'exception de la garde nationale sédentaire ; 199 pièces et, de plus, des approvisionnements considérables de vivres, d'armes et de munitions tombèrent entre les mains du vainqueur.

Il restait à la 14e division à faire le siège des places frontières situées plus au nord, ce qui devait lui prendre un certain temps. La 13e division au contraire avait été désignée, par le grand quartier général, comme devant participer aux opérations dans le sud de la France.

INVESTISSEMENT DE BELFORT EN NOVEMBRE

Dans la partie sud-est du théâtre de la guerre, Belfort servait de point d'appui aux colonnes mobiles françaises tentant sans cesse de petites opérations sur les derrières du XIVe corps avec lequel le général de Werder était venu se poster à Vesoul.

Après que les fractions de troupes occupées au siège de Strasbourg eurent été relevées par des bataillons nouvellement formés et que celles employées devant Neuf-Brisach furent devenues disponibles, toutes ces forces furent mises en marche vers la Haute-Alsace. Le 3 novembre, la 1re division de réserve se présenta devant Belfort et le 8 elle procéda à l'investissement provisoire de la place. La plus grande partie de la 4ᵉ division de réserve fut dirigée sur Vesoul afin de renforcer le XIVᵉ corps d'armée; un détachement, commandé par le général de Debschitz, occupa Montbéliard et le 67ᵉ régiment s'établit à Mulhouse et à Delle.

Si nous embrassons d'un coup d'œil les résultats obtenus pendant le mois de novembre et la situation telle qu'elle se dessine vers la fin de ce mois, nous verrons que la grande sortie de Paris a été repoussée, que la victoire du général de Manteuffel à Amiens a dispersé les forces qui menaçaient de prendre à revers, par le nord, l'armée d'investissement, que dans l'est les places de Thionville, Brisach, Verdun et la Fère sont prises, Montmédy et Belfort investis, et que dans le sud le prince Frédéric-Charles s'apprête à attaquer l'armée française en avant d'Orléans.

BATAILLE D'ORLÉANS

3 et 4 décembre. — Le 2 décembre peu après midi, l'ordre télégraphique du grand état-major arriva au général en chef de la deuxième armée d'attaquer Orléans. Ce jour même, le prince concentra le Xᵉ corps à Beaune-la-Rolande et à Boynes, le IIIᵉ à Pithiviers et le IXᵉ à Bazoches-les-Gallerandes. Dans la soirée encore on communiqua à qui de droit les dispositions prises en vue de porter en avant toutes les forces de l'armée.

L'attaque était répartie sur deux jours. En premier lieu, le IIIᵉ corps devait se porter vivement en avant par Chilleurs-aux-Bois sur Loury, le Xᵉ suivrait jusqu'à Chilleurs, tandis qu'à 9 heures et demie le IXᵉ attaquerait Artenay.

La 1ʳᵉ division de cavalerie, renforcée par des détachements d'infanterie, devait, à l'aile gauche, reconnaître le pays dans la direction de l'Yonne, la 6ᵉ suivrait l'aile droite. Le grand-duc, qu'on avait invité à prendre lui-même les dispositions concernant sa marche en avant à l'ouest de la route de Paris, ordonna à la 22ᵉ division de soutenir l'attaque dirigée sur Artenay, au corps bavarois de se porter en avant à Lumeau et à la 7ᵉ division de rester pour le moment à Anneux. La 4ᵉ division de cavalerie fut chargée du service de reconnaissance sur le flanc droit.

Le 3 décembre dès 9 heures du matin, le IIIᵉ corps d'armée rencontra l'ennemi, fort de 8 bataillons et de 6 batteries, à Santeau. En conséquence, la 6ᵉ brigade et l'artillerie de la 6ᵉ division, qu'on avait eu soin de faire marcher à la suite des bataillons les plus avancés, se déployèrent à la Brosse. Après que l'artillerie eut échangé à peine quelques coups de canon, une des batteries de l'aile gauche dut revenir en arrière; par contre, l'artillerie de corps venait prendre position à l'aile droite et à midi 78 pièces prussiennes avaient ouvert le feu.

Cédant à cette énorme supériorité, les Français battirent en retraite sur Chilleurs; mais les batteries allemandes s'étant portées en avant jusqu'à la distance de 2000 pas de cette localité et un bataillon de chasseurs menaçant de les prendre en flanc, ils rétrogradèrent davantage encore jusque dans la forêt ; à 3 heures, une partie de la 5ᵉ division les y suivit en prenant par la percée menant au sud, tandis que la 6ᵉ division s'avançait par la grande route. Celle-ci avait été rendue impraticable en beaucoup d'endroits, aussi les troupes n'atteignirent-elles qu'à 6 heures du soir la clairière de Loury.

Sur la droite on avait entendu une fusillade fort vive,

dans la direction de Neuville ; en outre, la nouvelle arriva que, sur la gauche, les Français avaient occupé Nancray.

Aussi fit-on avancer une partie des réserves qui étaient restées à Chilleurs; un régiment prit position en faisant front à l'ouest, un autre à l'est et, sous la protection des avant-postes placés au sud, les troupes s'établirent dans des bivouacs ou des cantonnements aux environs de Loury.

Le IX⁰ corps s'était d'abord concentré à Château-Gaillard, sur la grande route de Paris ; puis il se porta en avant sur celle-ci, par Dambron, dans la direction de Villereau.

On rencontra l'ennemi à Assas ; refoulé bien vite par l'artillerie, il se déroba en rétrogradant sur Artenay. Là, les batteries de la 2⁰ division française avaient pris position ; à 10 heures, il s'engagea un violent combat d'artillerie, auquel prirent bientôt part des fractions de l'artillerie de corps, puis des batteries de la 22⁰ division qui venait d'atteindre Poupry. Écrasé par le feu de 90 bouches à feu, le général Martineau rétrograda lentement, en échelons, sur la Croix-Briquet et la ferme d'Arblay, l'artillerie partant la première.

A midi, les Allemands occupèrent Artenay et, après que les troupes se furent reposées pendant une demi-heure, on renouvela l'attaque. L'infanterie et l'artillerie engagèrent un combat par les feux, assez long, pendant lequel la 22⁰ division continuait à avancer dans le flanc gauche de l'ennemi. A 2 heures, son artillerie remit l'avant-train, la colonne de gauche du IX⁰ corps enleva la ferme d'Arblay et le centre refoula l'ennemi sur la grande route où il soutint encore une lutte acharnée, par la Croix-Briquet jusqu'à Andeglou ; là, l'artillerie de marine avait formé une ligne de résistance et les Français purent tenir jusqu'à la tombée de la nuit.

Le général de Puttkamer avait mené en avant cinq batteries, à la distance de 600 pas seulement de Chevilly, et la 22ᵉ division s'était mise en marche contre cette localité qui brûlait, quand le grand-duc, ne voulant pas assumer la responsabilité d'un combat de nuit contre cette localité couverte par des retranchements, donna l'ordre de s'arrêter. Une patrouille de hussards venant annoncer peu après que l'ennemi l'avait abandonnée, le général de Wittich donna l'ordre de l'occuper.

Il s'était élevé une violente tourmente de neige pendant laquelle les troupes s'établirent dans des bivouacs à la Croix-Briquet et plus en arrière.

Au moment même où il avait commencé sa marche en avant, le IXᵉ corps avait envoyé sur sa gauche, dans la direction de Saint-Lyé, un détachement de quatre bataillons hessois. Ceux-ci ayant rencontré de la résistance à la Tour, refoulèrent l'ennemi sur Saint-Germain, d'où ils ne parvinrent pas à le déloger.

Le Xᵉ corps ayant fait un crochet par Pithiviers était arrivé dès 3 heures, en arrière du IIIᵉ, non loin de Chilleurs, sans rencontrer de résistance. Le soir même, une fraction de la 20ᵉ division se porta en avant dans la direction de Neuville, marchant au canon qu'on avait entendu à Loury.

Comme il faisait déjà sombre, son artillerie ne put agir; l'infanterie, il est vrai, pénétra sur quelques points dans la localité; mais l'ennemi, qui avait barricadé les rues, lui opposa une vigoureuse résistance, de sorte qu'il fallut remettre l'attaque au lendemain.

Les trois corps prussiens qui avaient attaqué ce jour-là, n'avaient en face d'eux que le seul 15ᵉ corps français. Les masses considérables appartenant à l'armée d'Orléans, et qui étaient postées à droite et à gauche, ne l'avaient soutenu que très faiblement. Seul le général Chanzy, quoiqu'il eût commencé dès le matin sa retraite sur Saint-Péravy et Boulay, envoya la 2ᵉ division de son 16ᵉ corps, à 2 heures, lorsque, entendant le canon, il comprit qu'il se livrait à Artenay un engagement des plus vifs. Mais celle-ci se heurta d'une part à la 17ᵉ division s'avançant d'Anneux et étant sur le point de prendre part à la lutte engagée à Andeglou, et d'autre part au corps bavarois se portant en avant de Lumeau. Les deux mirent en position une nombreuse artillerie à Chameul et à Sougy, et celle-ci força l'ennemi à battre en retraite. On enleva Douzy puis Huêtre, et la 17ᵉ division occupa en outre le château de Chevilly. Sur ce point aussi, la nuit vint mettre fin à l'engagement. Les troupes de l'aile droite campèrent à Provenchères, Chameul, et en arrière de ces localités.

L'armée allemande s'était donc rapprochée d'Orléans jusqu'à la distance de 15 kilomètres, sans avoir eu à soutenir des engagements très sérieux. A la vérité, les Français avaient tenu jusqu'au soir à Neuville et aux environs, mais dans la nuit ils firent revenir en arrière les détachements qu'ils y avaient laissés. On leur enjoignait de gagner la route de Pithiviers par Rebréchien, puis de se porter en avant sur Chevilly en faisant un crochet par Orléans. Mais, une fois en marche, ils essuyèrent le feu du IIIᵉ corps qui campait à Loury, ils se débandèrent, s'enfuirent dans la forêt et cherchèrent à atteindre par petits groupes le point qu'on leur avait indiqué.

Il était permis de supposer que les Français défendraient énergiquement, le lendemain, leurs retranchements de Gidy et de Cercottes, ne fût-ce que pour rendre possible leur retraite par Orléans. En conséquence, le prince Frédéric-Charles donna l'ordre à la subdivision d'armée du grand-duc et au IX⁰ corps de diriger, le 4 décembre, une attaque enveloppante sur chacun de ces deux points. Le III⁰ corps devait marcher de Loury sur Orléans, et le X⁰, formant de nouveau la réserve, suivre jusqu'à Chevilly.

Le général d'Aurelle était revenu vers le soir à Saran. Là il vit la 2⁰ division du 15⁰ corps passer toute débandée et il fut informé que la 1ʳᵉ n'avait pas pu tenir à Chilleurs. Les corps de l'aile droite étaient plus ou moins démoralisés depuis la bataille de Beaune-la-Rolande, ceux de l'aile gauche l'avaient été également par les luttes soutenues à Loigny. Le général en chef français devait craindre de se voir refoulé avec des masses de troupes désordonnées, contre la Loire et Orléans, seul et unique point de passage du fleuve. Il se décida donc à faire une retraite divergente. Seul, le 15⁰ corps passerait par Orléans, tandis que le général Crouzat franchirait la Loire à Gien, et le général Chanzy à Beaugency ; derrière la Sauldre les trois corps chercheraient à opérer leur jonction. Pendant la nuit, on prit les dispositions nécessaires et l'on transmit à Tours la résolution à laquelle on s'était arrêté. Le gouvernement envoya dès le matin l'ordre de tenir sur la position d'Orléans qui, de fait, se trouvait déjà forcée ; le général d'Aurelle ne modifia pas sa résolution.

Le 4 décembre, à 9 heures, le III⁰ corps d'armée s'avança de Loury en deux colonnes par la grande route et le chemin de communication passant par Vennecy. A midi, les deux colonnes atteignirent Boigny ; en fait d'ennemis, elles n'avaient trouvé que des isolés.

Sur la droite un détachement fut envoyé à Neuville. Il y prit 7 pièces que l'ennemi avait abandonnées ainsi que des fusils en grand nombre ; sur la gauche, un autre détachement alla occuper Chézy, sur la Loire.

Les deux colonnes se remirent en marche après une halte très courte. A 2 heures, la 6ᵉ division arriva devant Vaumainbert qu'occupaient des fractions du 15ᵉ corps français. Quoiqu'on dût se priver du concours de l'artillerie à cause du terrain trop couvert, les Brandebourgeois enlevèrent la localité malgré la résistance opiniâtre de l'infanterie de marine française. Les batteries allèrent s'établir sur la hauteur au nord de Saint-Loup et ouvrirent le feu contre le faubourg d'Orléans.

Dans l'intervalle, la 5ᵉ division avait engagé le combat en arrière de la 6ᵉ.

Le 20ᵉ corps français, qui se trouvait encore à Chambon, dans la partie orientale de la forêt en face de Beaune-la-Rolande, avait reçu à 4 heures du matin, directement de Tours, l'ordre de marcher sur Orléans. Le général d'Aurelle ayant fait des représentations, le gouvernement avait donné contre-ordre, mais trop tard pour qu'il pût parvenir au général Crouzat. Celui-ci avait eu la précaution d'envoyer son train par Jargeau sur la rive opposée, puis il s'était mis en marche dans la direction qui lui avait été indiquée. A 2 heures et demie il rencontra, à Pont-aux-Moines, le détachement prussien envoyé à Chézy ; il résolut de se frayer un chemin les armes à la main, mais il y renonça en voyant le général de Stulpnägel envoyer au secours de ces deux bataillons sa division tout entière ; il battit en retraite et franchit la Loire également à Jargeau.

Du côté des Allemands, l'attaque sur Saint-Loup avait échoué, et comme on n'avait pas de nouvelles concernant la situation des autres corps, que, de plus, il commençait à faire nuit, le général d'Alvensleben résolut d'attendre au lendemain pour marcher sur la ville même.

Au nord d'Orléans, le IXᵉ corps s'était porté en avant de

la Croix-Briquet contre la position retranchée de Cercottes. A 11 heures, les premières fractions d'infanterie pénétraient dans la localité. Le feu des batteries allemandes contraignit la 2ᵉ division du 15ᵉ corps français à rétrograder jusque dans les vignobles qui s'étendent en avant de la ville. Là, l'infanterie dut seule soutenir la lutte. Les Français tenaient dans tous les endroits susceptibles d'être défendus et opposèrent aux Allemands une résistance opiniâtre, en particulier à la gare, établie tout près de la ville. Située à côté de la route profondément encaissée, elle avait été renforcée par des barricades et des tranchées-abris et armée de pièces de la marine. Il faisait déjà nuit quand, à 5 heures et demie, cette position fut abandonnée par les défenseurs qui recommencèrent leur résistance un peu plus loin. Afin d'éviter un combat de nuit dans les rues, le général de Manstein discontinua la lutte à 7 heures du soir.

Quant à la subdivision d'armée du grand-duc, l'avant-garde de la 17ᵉ division, en arrivant devant Gidy, avait constaté que cette localité était couverte par des retranchements et fortement occupée. Mais la marche en avant du IXᵉ corps décida les Français à l'évacuer à 11 heures, en y abandonnant 8 pièces. La division, afin d'éviter la forêt, prit alors à l'est en se dirigeant sur Boulay, où la 22ᵉ ainsi que la 2ᵉ division de cavalerie la suivirent comme réserve.

Là elles rejoignirent le corps bavarois et la 4ᵉ division de cavalerie. Ils avaient refoulé l'ennemi hors de Brilly et de Janvry et continuaient à soutenir des engagements. L'artillerie ayant préparé l'attaque, le général von der Tann y procéda à midi. Mais l'ennemi n'attendit pas d'être assailli, il se retira en grande hâte en abandonnant une partie de son artillerie dans les retranchements.

La 2ᵉ division de cavalerie se mit à le poursuivre. Le 4ᵉ hussards (5ᵉ brigade), s'avançant au trot par Montaigu, se jeta sur une batterie française qui se mettait en position et la prit tout entière, tandis que la batterie à cheval forçait une autre, à Ormes, à remettre l'avant-train. Soudain une masse de cavalerie française se porta par Ormes sur le flanc de la 4ᵉ brigade, au moment où celle-ci franchissait la route de Châteaudun. Les hussards de Blücher, passant immédiatement de l'ordre en colonne à l'ordre en bataille, refoulèrent l'ennemi par Ormes jusqu'à Ingré.

La 4ᵉ division de cavalerie faisait le service de reconnaissance sur le flanc droit de la subdivision d'armée. C'est là que les hussards du 2ᵉ régiment du Roi culbutèrent et firent prisonniers 250 hommes formant l'escorte d'un convoi qui partait par la route de Châteaudun.

Tandis que les Allemands progressaient de la sorte de l'est et du nord dans la direction d'Orléans, le 17ᵉ corps français et la 1ʳᵉ division du 16ᵉ tenaient encore la campagne, à l'ouest, près de Patay et de Saint-Péravy. Le général Chanzy avait concentré cette dernière à Coinces et, afin de parer à l'attaque de flanc dont il se voyait menacé de là, le général von der Tann fit faire front, à Brilly, à la 3ᵉ brigade d'infanterie, aux cuirassiers et à l'artillerie de réserve. La 4ᵉ division de cavalerie se porta en avant sur Coinces, où le général de Bernhardi, franchissant un large fossé avec quatre escadrons de hulans, refoula sur Saint-Péravy des détachements de cavalerie française qui s'étaient bornés à décharger sur eux leurs carabines. D'autres escadrons de la 9ᵉ brigade culbutèrent les lignes de tirailleurs français et poursuivirent la cavalerie qui fut recueillie par de fortes fractions d'infanterie. La 8ᵉ brigade faisait le service de reconnaissance dans la direction de Patay; après qu'une batterie eut ouvert le feu de cette localité, le général Chanzy renonça à renouveler les attaques et se retira derrière la forêt de Montpipeau.

La 2ᵉ division de cavalerie marcha alors dans la direction de la Loire et l'atteignit en aval d'Orléans et tout près de cette ville. Son artillerie détruisit un pont établi près de Chapelle, sur lequel des convois passaient le fleuve et détermina des troupes, qui marchaient sur Cléry en longeant la rive opposée, à prendre la fuite pour rentrer dans Orléans. Deux trains militaires, expédiés d'Orléans, continuèrent à rouler malgré le feu des batteries ; un autre, par contre, venant de Tours et dans lequel se trouvait le ministre de la guerre Gambetta, rétrograda en toute hâte.

Dans l'intervalle, le corps bavarois avait marché en avant sur la grande route et la 22ᵉ division, maintenant le contact avec le IXᵉ corps, sur la vieille route de Châteaudun, tandis que la 17ᵉ s'avançait entre les deux dans la direction de la Borde.

Cette dernière dut, à 3 heures et demie, enlever d'abord le village d'Heurdy, que l'ennemi défendit sérieusement ; puis, quand les Bavarois se furent dirigés d'Ormes, à droite, sur Ingré, elle s'avança sur la grande route de Saint-Jean-de-la-Ruelle. Après qu'elle eut brisé la résistance que les ennemis lui opposaient dans cette localité, la tête de colonne arriva, à 6 heures du soir, aux portes d'Orléans.

Le général de Tresckow négociait avec l'autorité militaire française l'occupation de la ville. A 10 heures, une convention fut conclue et, peu après minuit, le grand-duc entra dans Orléans avec la 17ᵉ division, que vint rejoindre la 2ᵉ brigade bavaroise.

Avant toute chose on s'assura du pont de la Loire que l'ennemi n'avait pas eu le temps de faire sauter; les autres troupes s'établirent, pour cette nuit-là, dans des cantonnements à l'ouest et au nord de la ville.

Le gouvernement de Tours l'ayant sommé de tenir dans Orléans, le général d'Aurelle avait plus ou moins abandonné son premier dessein. Quand, dans le courant de la matinée, la plus grande partie du 15ᵉ corps était arrivée à Orléans, il résolut de tenter encore la résistance. Mais les officiers chargés de porter les ordres nécessaires aux corps de l'aile droite n'avaient pu passer; les corps de l'aile gauche ne purent plus exécuter ceux qu'ils avaient reçus et, à 5 heures du soir, le général en chef dut bien se rendre compte que la résistance était impossible. Il commença par expédier l'artillerie du 15ᵉ corps à la Ferté-Saint-Aubin; puis il fit suivre l'infanterie. Le 20ᵉ corps avait, comme nous l'avons vu plus haut, passé la Loire à Jargeau, le 18ᵉ à Sully, les 16ᵉ et 17ᵉ se dérobèrent en marchant dans la direction de l'ouest, vers Beaugency, tout en restant sur la rive droite du fleuve.

Cette bataille, qui avait duré deux jours, coûtait aux Allemands 1 700 hommes, tandis que les Français en perdirent 20 000, dont 1 800 prisonniers. Leur grande armée, concentrée en avant d'Orléans, se trouvait coupée en trois tronçons.

MARCHE DES ALLEMANDS VERS LE SUD, L'EST ET L'OUEST

Les troupes étant exténuées on ne poursuivit l'ennemi dans aucune de ces trois directions.

Seule la 6ᵉ division de cavalerie, renforcée par une fraction de la 18ᵉ division d'infanterie, reçut l'ordre de suivre l'ennemi qui battait en retraite, de voir où il s'arrêterait et de détruire à Vierzon les voies ferrées de Bourges, d'Orléans et de Tours. Cette division se trouvait cantonnée au nord d'Orléans quand cet ordre lui parvint, aussi le 15ᵉ corps français put-il prendre une avance considérable. Le gros de ses forces avait déjà atteint Salbris, quand le 6 décembre, c'est-à-dire deux jours après la bataille, le général de Schmidt arriva à la Ferté-Saint-Aubin après une marche forcée. Il y trouva une fraction de la 18ᵉ division qui finissait de refouler l'arrière-garde ennemie jusqu'à la Motte-Beuvron, mais qui venait de recevoir l'ordre de revenir sur le Loiret. Seules deux compagnies du 36ᵉ et une compagnie de pionniers restèrent avec la division de cavalerie qu'elles suivirent dans sa marche rapide, en partie sur des charrettes, en partie sur les coffrets d'avant-train des batteries.

Le 7 décembre, le 15ᵉ corps, sur un ordre direct de Tours, quitta la grande route menant au sud et fit une marche de flanc de 30 kilomètres dans la direction de l'est jusqu'à Aubigny-Ville. La division de cavalerie, très bien secondée par l'artillerie et le faible détachement d'infanterie, eut à soutenir un engagement fort vif avec l'arrière-garde ennemie à Nouan-le-Fuzelier, un autre encore, vers le soir, à Salbris, où les Français parvinrent à se maintenir. La région ne présentant que des localités fort clairsemées, la division dut rétrograder le soir même jusqu'à Nouant pour trouver un abri pendant cette nuit d'hiver très froide.

Le 8, bien avant l'aube, l'arrière-garde française avait évacué Salbris, afin d'éviter d'avoir derechef le contact avec l'ennemi dont elle s'exagérait considérablement la force.

Après avoir soutenu quelques petites escarmouches, la

division de cavalerie entra le soir dans Vierzon. Elle détruisit sur plusieurs points les voies ferrées et les lignes télégraphiques, et prit 70 wagons de marchandises ; elle informa l'état-major de la direction que suivait l'ennemi battant en retraite et du peu de probabilité qu'il y avait à le voir effectuer de quelque temps des retours offensifs.

La division avait rempli sa tâche. Elle reçut l'ordre de laisser une de ses brigades en observation, tandis que l'autre prendrait la direction de Blois. Le général von der Gœben se maintint jusqu'au 14 dans les environs de Vierzon et de Salbris.

La marche que venait de faire la 6ᵉ division de cavalerie en plein hiver avait été des plus pénibles. Il était presque impossible de quitter les grandes routes et, sur celles-ci même, il fallait souvent que les cavaliers conduisissent leurs montures par la bride à cause du verglas. La population de la Sologne manifestait une grande hostilité : dans toutes les localités les premiers cavaliers qu'on apercevait étaient reçus à coups de feu. Par contre, les troupes françaises n'opposaient qu'une faible résistance. Les nombreux prisonniers qu'on leur fit et les grandes quantités de matériel de guerre qu'elles abandonnèrent, prouvaient que leur retraite avait été précipitée ; en partie même elle avait dégénéré en fuite désordonnée. Malgré cela, les corps de l'aile droite de l'armée d'Orléans ne parvinrent que le 13 à se concentrer à Bourges par suite de plusieurs marches et contremarches faites à l'étourdie.

On peut se rendre exactement compte de l'état déplorable dans lequel les trois corps y parvinrent en consultant la *correspondance urgente* télégraphique du gouvernement avec le général Bourbaki qui venait de prendre le commandement, le général d'Aurelle ayant été relevé de ses fonctions.

On y verra M. de Freycinet, délégué du ministre de la guerre, qui était tenu parfaitement au courant par les habitants, donner au général Bourbaki l'assurance qu'il n'avait en face de lui qu'un faible corps de cavalerie et l'inviter à plusieurs reprises et de la manière la plus pressante à se porter en avant sur Blois, et le général de répondre que, s'il entreprenait cette marche en ce moment, il ne reverrait pas une pièce, pas un homme de ses trois corps : il avait l'intention, ajoutait-il, de battre en retraite de Bourges sur Saint-Amand, et plus loin encore s'il le fallait ; seulement on devait s'attendre à ce que, auparavant, il fût attaqué et qu'alors il y eût une catastrophe.

Le ministre de la guerre se rendit de sa personne à Bourges ; mais lui-même dut renoncer à toute offensive sérieuse après avoir constaté la désorganisation complète des troupes. « C'est encore ce que j'ai vu de plus triste ! » écrivait-il. Il ne put obtenir qu'à grand'peine que les troupes ne rétrogradassent pas davantage, mais qu'elles attendissent les événements à Bourges, sous la protection d'une fraction qu'on porterait en avant à Vierzon.

Le jour même où le général de Schmidt entrait à Vierzon, le 15ᵉ corps se trouvait posté aux environs d'Henrichemont, à peu près à la même distance de Bourges que lui-même. Les 18ᵉ et 20ᵉ étaient à Aubigny-Ville et à Cernay, éloignés de deux ou trois journées de marche. Il est permis d'admettre que, si la 18ᵉ division s'était mise en marche pour suivre la 6ᵉ division de cavalerie, Bourges et les grands établissements militaires qui s'y trouvaient seraient tombés au pouvoir des Allemands.

A l'est d'Orléans le IIIᵉ corps avait remonté la Loire par

Châteauneuf. Il ne rencontra que des isolés. Le 7 seulement, deux divisions du 18ᵉ corps français tentèrent de repasser à Gien sur la rive droite du fleuve. A Nevoy il s'engagea un combat d'avant-gardes à la suite duquel ces deux divisions repassèrent le pont dans la nuit même, afin de continuer leur marche sur Bourges.

LA LUTTE SOUTENUE PAR LE GRAND-DUC

7, 8, 9 et 10 décembre. — A l'ouest c'était la subdivision d'armée du grand-duc qui se trouvait le plus près de l'aile gauche ennemie battant en retraite, mais ayant encore de la cohésion, tout à l'opposé de l'aile droite désorganisée. Le général Chanzy, qui est certainement le plus capable de tous les chefs que les Allemands eurent à combattre en rase campagne, était parvenu en très peu de temps à rétablir le moral des troupes battues, au point que, non seulement elles tenaient tête à l'ennemi, mais qu'elles prenaient l'offensive elles-mêmes. A la vérité, il avait reçu des renforts considérables : le 21ᵉ corps nouvellement constitué et la division Camô venaient de le rejoindre. Cette dernière formait l'avant-garde à Meung, derrière elle étaient postés le 16ᵉ corps à Beaugency, le 17ᵉ à Cravant et le 21ᵉ à Saint-Laurent, près de la forêt de Marchenoir.

Après la bataille, un jour de repos avait été accordé aux troupes du grand-duc ; la cavalerie seule suivait l'ennemi. La 4ᵉ division de cavalerie atteignit Ouzouer, la 2ᵉ trouva, en arrière de Meung, des masses considérables d'infanterie.

Le 7, la subdivision d'armée se porta en avant sur un

front très étendu. A l'aile gauche la 17ᵉ division se dirigeait sur Meung, où son artillerie engagea la lutte avec les batteries ennemies. Les Français occupaient la rangée continue de fermes qui, un peu plus à l'ouest, intercepte la grande route de Beaugency. Vers 4 heures, un bataillon mecklembourgeois enleva Langlochère, mais il se vit menacé d'être pris en flanc à droite et à gauche par des colonnes ennemies qui s'avançaient. Cependant les Allemands occupèrent peu après Foinard, sur la gauche, tout en capturant une pièce, tandis qu'à droite la 1ʳᵉ brigade bavaroise marchait en avant sur la Bourie. La 2ᵉ division de cavalerie y arrivait presque en même temps ; elle avait fait un crochet par la Renardière après que ses batteries eurent refoulé l'ennemi hors du Bardon. Des masses ennemies s'avançant du Grand-Châtre, les Bavarois durent se déployer pour leur faire face. Ils engagèrent, avec le concours des batteries à cheval, un combat fort vif qui, à la tombée de la nuit, se termina par la retraite des Français sur Beaumont.

Pendant que l'aile gauche de la subdivision d'armée soutenait ces divers engagements, la 1ʳᵉ division bavaroise à une grande distance, à droite, s'était portée sur Baccon, la 22ᵉ division sur Ouzouer et, vu la résistance opiniâtre qu'avaient opposée les Français, le grand-duc résolut de concentrer davantage ses forces sur la gauche.

8 décembre. — A cet effet, la 22ᵉ division se porta en avant, le 8 décembre, d'Ouzouer dans la direction du sud par Villermain. Après avoir refoulé les lignes de tirailleurs qui à la faveur d'un épais brouillard s'étaient avancées sur son flanc gauche, le général de Wittich prit la direction de Cravant, afin de joindre l'aile droite des Bavarois engagés à fond. Ils avaient repoussé l'attaque de l'ennemi qui s'était vivement porté en avant de Villechaumont et leur 2ᵉ division s'était avancée vers la route de Cravant à Beaugency ; mais trois divisions françaises s'élançant de nouveau à l'attaque, la 2ᵉ division dut rétrograder sur Beaumont. Là elle fut recueillie par la 1ʳᵉ et successivement 17 batteries vinrent prendre position sur la ligne de bataille. Finalement, l'ennemi fut forcé de battre en retraite par le feu de ces batteries et la vigoureuse attaque de trois brigades bavaroises ; la position le long de la grande route fut réoccupée.

A leur tour, les Français mirent en position une nombreuse artillerie et leur 17ᵉ corps se disposa à marcher sur Cravant. Mais la 22ᵉ division venait d'y arriver à 1 heure, après avoir enlevé Beauvert et Layes, ainsi que la 4ᵉ division de cavalerie à sa droite et la 2ᵉ à sa gauche. Quand, à 3 heures, de profondes colonnes ennemies se portèrent en avant sur Cravant, elles furent repoussées par la 44ᵉ brigade, qui, de concert avec les Bavarois, exécuta un retour offensif vigoureux, et bientôt aussi elles se virent refoulées de Layes où elles avaient réussi à pénétrer. Cependant les cinq batteries les plus rapprochées de Cravant avaient subi des pertes si graves qu'on dut les ramener en arrière. Quand enfin, à 4 heures, les bataillons bavarois gravirent au pas de charge la hauteur située en avant de leur front, ils la trouvèrent garnie de troupes françaises toutes fraîches et durent se retirer sur la position d'artillerie de Beaumont, après avoir perdu la plupart de leurs officiers. Finalement, les Français évacuèrent quand même Villechaumont.

A l'aile gauche de la subdivision d'armée, la 17ᵉ division avait suivi l'ennemi qui battait en retraite par Vallées et Villeneuve. A midi et demi, elle avait procédé à l'attaque de Messas. L'ennemi lui opposa une résistance opiniâtre et elle ne parvint qu'à la tombée de la nuit à s'emparer complètement de la localité. L'artillerie ouvrit le feu sur des masses profondes postées à Vernon, l'infanterie enleva la hauteur de Beaugency et pénétra finalement dans la ville même où une batterie française tomba entre ses mains. La division Camô rétrograda alors jusqu'à Tavers et à minuit encore le général de Tresckow fit enlever Vernon, d'où l'ennemi totalement surpris battit vivement en retraite sur Bonvalet.

L'intention du général en chef de la deuxième armée avait été de mettre en marche, de Gien, d'Orléans, puis aussi de Blois, les IIIe, X^e et IXe corps d'armée contre Bourges. Mais voici que la subdivision d'armée avait rencontré, en marchant sur Blois, une résistance à laquelle on ne s'était nullement attendu et qui dura deux jours. Le grand quartier général de Versailles estimait qu'il était indispensable de renforcer avant tout le grand-duc directement en lui envoyant au moins une division. L'ordre en parvint à la deuxième armée, par télégramme, le 9 décembre à 10 heures. Le IXe corps, qui avait déjà commencé sa marche sur la rive gauche et qui n'y avait pas rencontré d'ennemis, ne pouvait pas fournir ce secours, car il trouva tous les ponts détruits. En conséquence, le IIIe corps fut invité à ne laisser en observation, à Gien, qu'une fraction de ses troupes et à revenir avec le gros de ses forces à Orléans. Le Xe corps devait attirer à lui celles de ses troupes qui étaient postées à l'est de la ville, puis s'avancer sur Meung. De la sorte, le 9 encore, la subdivision d'armée ne fut pas renforcée et en face de ses quatre divisions d'infanterie il y en avait onze françaises. De grand matin déjà le général Chanzy prit l'offensive.

9 décembre. — Les deux divisions prussiennes attendirent de pied ferme, à Beauvert et à Messas, l'attaque de l'ennemi. Les deux bavaroises, ayant essuyé des pertes graves, étaient en réserve à Cravant ; mais bientôt elles durent être portées en première ligne, car dès 7 heures du matin de fortes colonnes ennemies s'avancèrent contre le Mée.

On refoula, tout comme à Vernon, les lignes de tirailleurs fort denses de l'ennemi ; elles échouèrent, grâce à l'esprit de sacrifice dont étaient animés les artilleurs allemands et à l'efficacité de leurs feux qui réduisirent au silence les batteries françaises ; puis ils se mirent à canonner Villorceau. Malgré une défense opiniâtre, cette localité fut enlevée à 10 heures et demie par l'infanterie bavaroise qui s'y maintint. Des forces ennemies très supérieures en nombre s'étant avancées contre Villechaumont, elles furent refoulées avec le concours de trois bataillons et de deux batteries de la 22ᵉ division. Puis les bataillons thuringiens enlevèrent Cernay où 200 Français mirent bas les armes ; une de leurs batteries y perdit ses attelages et ses avant-trains.

A l'aile droite de la subdivision d'armée, Layes et Beauvert avaient été abandonnés par suite d'un malentendu, et les Français avaient réoccupé ces localités. Secondée par la 2ᵉ brigade bavaroise, la 44ᵉ les en délogea de nouveau. Plus au nord, la 4ᵉ division de cavalerie observait des colonnes ennemies qui marchaient dans la direction de Villermain.

A midi, les Français redoublèrent d'efforts : de fortes colonnes s'avancèrent sur Cravant, mais par Messas le général de Tresckow les prit en flanc. Ne laissant à Beaugency qu'un faible détachement, il en posta d'autres dans les localités plus à gauche pour se couvrir du côté de Tavers. Le gros de la division s'avança sur Bonvalet, renforça les Bavarois serrés de près à Villorceau et occupa Villemarceau, situé en avant de cette localité. Là, la division eut à soutenir une lutte des plus acharnées, à 3 heures, contre les épaisses colonnes des 16e et 17e corps français. L'infanterie s'élançant en poussant ses hourrahs parvint à refouler l'ennemi et à se maintenir malgré son feu violent. Au même moment, trois bataillons bavarois avec de la cavalerie et de l'artillerie s'étaient avancés de Cravant et avaient délogé l'ennemi de Villejouan. Plus à droite encore, un bataillon du 32e régiment s'empara d'Ourcelle. Une ligne tracée de cette localité jusqu'à Tavers marquera le mieux le terrain qu'on était parvenu, au prix des plus grands efforts, à conquérir sur l'ennemi.

La lutte se termina par la retraite des Français sur Josnes et Dugny.

Ce jour-là le IIIe corps était encore en marche sur Orléans. Le IXe n'avait pu prendre part à la lutte qu'en faisant ouvrir le feu à son artillerie, de la rive gauche, sur Meung et Beaugency. Il ne rencontra des troupes françaises que dans le voisinage de Blois. Cinquante hommes d'un bataillon hessois enlevèrent le château de Chambord, situé à côté et qui avait été mis en état de défense ; ils y firent 200 prisonniers et s'emparèrent de 12 caissons et de leurs attelages.

Quant au Xe corps, les têtes de colonnes de l'infanterie avaient seules atteint Meung; mais un régiment de hussards et huit batteries avaient pris les devants et étaient arrivés au Grand-Châtre à 3 heures de l'après-midi déjà.

Le général en chef de la deuxième armée avait décidé que le corps bavarois, qui avait essuyé des pertes considérables, serait renvoyé à Orléans pour se refaire. Mais, même après avoir été rejoint par le X⁰ corps, le grand-duc se trouvait encore en face d'un ennemi supérieur du double et il s'agissait non pas tant de le poursuivre que de se maintenir contre lui sur la défensive.

10 décembre. — Le 10 décembre dès l'aube, le général Chanzy renouvela son attaque et bientôt les Bavarois aussi durent s'avancer pour lui tenir tête.

En effet, les masses profondes du 17ᵉ corps s'élançaient à 7 heures contre Origny ; elles y firent 150 prisonniers et pénétrèrent dans Villejouan. La 43ᵉ brigade à Cernay, la 4ᵉ bavaroise et six batteries à Villechaumont résistaient sur le front, tandis que le général de Tresckow se mettait en marche sur Villorceau et Villemarceau pour se porter sur le flanc droit des Français. Dans cette dernière localité, deux de ses bataillons, soutenus par quatre batteries, résistaient à toutes les attaques que l'ennemi exécutait d'Origny et de Toupenay. A midi, le gros de la 17ᵉ division procéda à l'attaque de Villejouan. Là les Français opposèrent une résistance opiniâtre. Jusqu'à 4 heures on se disputa avec acharnement et en subissant des pertes graves les maisons de la localité ; à ce moment, de nouvelles masses ennemies arrivèrent pour reconquérir la position dont une ferme était encore aux mains des défenseurs. Mais toute l'artillerie de la division prussienne s'était mise en position au sud de Villemarceau, deux batteries à cheval du X⁰ corps vinrent se joindre à elle et de Cernay les batteries de la 22ᵉ division ouvrirent le feu. L'action concentrique de toutes ces batteries fit échouer les attaques ultérieures du 17ᵉ corps français.

Beaugency venait d'être occupé par des fractions du

X^e corps. Depuis quelques jours déjà, l'aile gauche de la ligne de bataille allemande avait pu s'appuyer solidement sur la Loire, tandis que l'aile droite se trouvait être absolument en l'air. Malgré cela, les Français n'avaient pas encore tenté de tirer parti de leur supériorité numérique en s'étendant davantage sur ce point. Ce jour-là seulement ils se portèrent en avant contre le flanc découvert de l'adversaire. C'était le 16e corps qui venait de déployer la plus grande partie de ses forces, face à ce flanc, entre Poisly et Mézières, et à 10 heures et demie de fortes colonnes s'avancèrent sur Villermain. Les Bavarois se virent contraints de faire prendre à leur 2e brigade une formation en potence sur la ligne Jouy-Coudray. Sept batteries vinrent prendre position sur cette ligne et, à leur aile droite, la 4e division se tint prête à intervenir. A 2 heures elles s'étaient vues renforcées par deux batteries à cheval et, de Cravant, par quatre batteries du Xe corps, dont trois brigades se concentrèrent là, pour servir de réserve. Le feu de plus de 100 pièces allemandes força les Français à ramener en arrière, à 3 heures, leur artillerie d'abord ; quant à leur infanterie, elle fit bien quelques attaques, mais avec si peu de vigueur que les Allemands, tout en restant strictement sur la défensive, n'eurent aucune peine à les repousser.

On ne connaît pas le chiffre exact des pertes éprouvées par les Français pendant ces quatre jours de lutte. Celles de la subdivision d'armée furent de 3 400 hommes, dont plus de la moitié supportée par les deux divisions bavaroises.

Si le grand-duc avait réussi à tenir bon contre trois corps d'armée ennemis jusqu'à l'arrivée des premiers secours, il le dut à la bravoure de toutes ses troupes et surtout à la persévérance de son infatigable artillerie. A elle seule, elle perdit 255 hommes et 356 chevaux. On avait tant tiré qu'à la fin les canons d'acier de presque toutes les batteries légères de la 22ᵉ division et la plupart des canons bavarois se trouvaient être hors de service, la surface de la mortaise étant calcinée.

Ce jour-là le IIIᵉ corps n'était arrivé qu'à Saint-Denis, le IXᵉ à Vienne, en face de Blois, et là encore il avait trouvé le pont sur la Loire détruit.

Du côté des Français, le général Chanzy avait vu, par la correspondance télégraphique de la délégation de Tours avec le général Bourbaki, que celui-ci ne ferait rien pour attirer sur lui une partie de la deuxième armée allemande. Il lui fallait donc s'attendre à être attaqué d'un jour à l'autre par toutes les forces allemandes réunies. En conséquence, il dut se décider à battre en retraite, ce qui entraîna le transfert du gouvernement de Tours à Bordeaux.

Dans le quartier général du grand-duc on s'attendait à être attaqué de nouveau le 11. On avait laissé de forts détachements dans les localités en avant du front et, après midi seulement, on constata le départ de l'ennemi. Il fut suivi, à gauche, par le Xᵉ corps, à droite, au sud de la forêt de Marchenoir, par la subdivision d'armée. La 4ᵉ division de cavalerie battait le pays au nord de la forêt.

Le dégel avait succédé au froid très vif des derniers jours; de part et d'autre les marches n'en furent que plus pénibles. Les Allemands trouvèrent les routes couvertes de voitures abandonnées, d'armes jetées; dans les champs gisaient les cadavres d'hommes et de chevaux, dans les villages des centaines de blessés, sans qu'il y eût personne pour les soigner. On fit prisonniers plusieurs milliers de traînards.

Les *directives* envoyées de Versailles, par le chef du grand état-major, portaient qu'il fallait tout d'abord poursuivre l'ennemi de façon à le mettre pour un certain temps hors d'état d'agir, mais qu'on ne devait pas pousser au delà de Tours. Puis la deuxième armée se réunirait à Tours, la subdivision d'armée à Chartres, où l'on accorderait aux troupes le repos dont elles avaient besoin. D'Orléans on observerait de près et constamment l'armée du général Bourbaki, et à cette fin on établirait le contact avec le général de Zastrow arrivant le 13 avec le VII° corps à Châtillon-sur-Seine; de ce côté là-aussi les opérations ne devaient pas s'étendre au delà de Bourges et de Nevers.

En conséquence, la deuxième armée continua à marcher en avant dans la direction du Loir. Le 13, elle atteignit la ligne Oucques-Conan-Blois. L'ennemi avait abandonné cette dernière ville.

Le 14, la 17° division atteignit Morée et le Loir à Fréteval. Sur les deux points il y eut des engagements. Les Français avaient bien rétrogradé jusque-là; mais sur le Loir, où des forces considérables occupaient Cloyes et Vendôme, ils semblaient vouloir opposer aux Allemands une résistance sérieuse.

Pour attaquer sans risquer un échec, le prince Frédéric-Charles résolut d'abord de concentrer toutes ses forces. Pour cela, il fallait que le III° corps, qui suivait à marches forcées, vînt combler le vide existant entre la subdivision d'armée et le X°, et que ce dernier fût mené en avant de Blois et d'Herbault dans la direction de Vendôme.

Le 15, quand le X° corps prit la direction qui lui avait été indiquée, le gros de ses forces rencontra, en avant de Vendôme et tout près de la ville, une résistance si vive qu'il ne parvint pas à la vaincre avant la tombée de la nuit. Aussi les troupes s'établirent-elles dans des cantonnements en arrière de Sainte-Anne. Les flanqueurs de gauche avaient trouvé Saint-Amand occupé par des forces ennemies considérables et s'étaient arrêtés à Gombergean. Ce jour-là le III⁰ corps avait atteint Coulommiers près Vendôme; dans différents engagements livrés à Bel-Essert il avait rejeté les Français de l'autre côté du Loir et rétabli les communications. Se conformant aux ordres reçus, le grand-duc restait pour le moment sur la défensive. Le IX⁰ corps put enfin suivre l'armée, le pont de Blois ayant été rétabli. Il laissa une brigade dans cette ville.

Dès lors on était parvenu à réunir devant les positions ennemies des forces numériquement bien supérieures, et l'on résolut de procéder à une attaque générale. Mais, pour accorder un peu de repos aux troupes harassées et exténuées, on la fixa au 17 et, dans l'intervalle, le général Chanzy battit en retraite, le 16.

A la vérité, son intention avait été de tenir plus longtemps sur la coupure du Loir. Mais les généraux lui déclarèrent que l'état où se trouvaient les troupes ne leur permettait pas de continuer la lutte. En conséquence, il décida qu'avant l'aube l'armée se mettrait en marche sur le Mans par Montoire, Saint-Calais et Vibraye.

De la sorte, le X⁰ corps trouva, au point du jour, la position de l'ennemi en avant de Vendôme abandonnée et il entra dans la ville sans rencontrer de résistance. A l'aile gauche française seulement, où l'ordre de la retraite n'était pas arrivé à temps, l'amiral Jaurès dirigea une attaque sur Fréteval; mais, le soir, son corps suivit le reste de l'armée.

SUSPENSION DES GRANDES OPÉRATIONS OFFENSIVES EN DÉCEMBRE

Le 17 décembre, le grand état-major expédia de Versailles des *directives* générales pour les deux armées opérant au nord et au sud de Paris.

Le général de Manteuffel ayant progressé au delà de la Somme et le prince Frédéric-Charles jusqu'au Loir, les Allemands occupaient tout près d'un tiers du territoire français. L'ennemi avait été refoulé sur tous les points et, pour ne pas éparpiller les forces, on jugea opportun de les masser davantage en trois groupes principaux. En conséquence, la première armée devait se réunir à Beauvais, la subdivision d'armée à Chartres et la deuxième armée à Orléans. Là, on accorderait aux troupes le repos dont elles avaient besoin, les vides seraient comblés, l'armement et l'équipement complétés, et elles se referaient de façon à être pleinement à même de tenir de nouveau la campagne. Au cas où l'ennemi tenterait de nouvelles attaques, on le laisserait s'approcher de très près et on le repousserait en prenant vigoureusement l'offensive.

La deuxième armée ne pouvait plus guère compter rejoindre dès maintenant les Français de l'autre côté du Loir ; en outre, les nouvelles venant du cours supérieur de la Loire contraignaient l'état-major à veiller davantage à ce qui se passait dans ces parages. On annonçait de Gien que le détachement qui y avait été laissé venait d'être refoulé sur Ouzouer-sur-Loire, et il était permis de supposer que le général Bourbaki mettrait à profit l'occasion pour se porter en avant par Montargis sur Paris ou du moins sur Orléans et, à ce moment-là, ce point si important n'était occupé que par une fraction du Ier corps bavarois.

Le prince Frédéric-Charles s'était, selon toute apparence, débarrassé pour un certain temps de son adversaire dans l'ouest : il résolut, conformément aux *directives* venues de Versailles, de concentrer ses forces à Orléans et d'attendre. Seul, le Xe corps devait rester en observation sur le Loir. Afin que le corps bavarois pût immédiatement être soutenu par des forces considérables, le IXe reçut, le 16 décembre, au moment même où il arrivait de Blois à la Chapelle-Vendômoise, l'ordre de se rendre ce jour-là encore à Beaugency et le lendemain à Orléans. Il fit, par le temps le plus abominable, 83 kilomètres en 24 heures. Le IIIe corps le suivit.

Mais bientôt on constata que les troupes ennemies qui avaient attaqué les Allemands à Gien ne faisaient pas partie d'un corps considérable et que, pour se mettre elles-mêmes à couvert, elles se retranchaient à Briare. Aussi l'armée s'établit-elle dans des cantonnements prolongés fort commodes, le Ier corps bavarois à Orléans, le IIIe de là à Beaugency, le IXe dans la région riveraine en amont d'Orléans jusqu'à Châteauneuf, avec un fort détachement à Montargis.

Peu de temps après, le corps bavarois fut transporté à Étampes afin de pouvoir reconstituer son armement, son équipement et se refaire en toute sécurité.

La subdivision d'armée du grand-duc n'avait pas davantage été à même de suivre le général Chanzy au delà du Loir. Ses forces étaient épuisées par six semaines de marches et de combats. Par suite des intempéries de la saison et de l'état déplorable des chemins, l'équipement et la chaussure des hommes ne pouvaient plus servir, et une reconnaissance faite au delà du Loir avait montré que pour rejoindre l'ennemi il faudrait des marches forcées. Aussi le grand-duc accorda-t-il, le 18, à ses troupes un repos de plusieurs jours dans les cantonnements de la rive gauche.

Par contre, la troisième armée avait porté en avant sa cavalerie vers l'ouest ; les trois brigades de la 5ᵉ division, sous les ordres du général de Rheinbaben, étaient postées à Courtalin, Brou et Chartres, avec cinq bataillons de la Landwehr de la garde et quatre batteries. Une lettre du chef du grand état-major, datée de Versailles, portait que sans nul doute cette cavalerie pourrait obtenir des résultats considérables en prenant à revers et en flanc les colonnes ennemies battant en retraite, et le prince royal lui avait envoyé l'ordre de porter en avant toutes ses forces réunies au delà de Brou. Mais le grand-duc, auquel cette division n'avait pas été subordonnée, lui fit transmettre l'ordre de prendre position sur l'Yères.

Ce jour-là, des patrouilles avaient constaté que les routes de Montmirail et de Mondoubleau étaient libres ; elles n'avaient rencontré de l'infanterie française qu'en avant de Cloyes ; mais, après un court engagement, elle s'était dérobée. Sur la gauche, on avait établi le contact avec la 4ᵉ division de cavalerie. Le 17, la 12ᵉ brigade de cavalerie entra dans Cloyes que l'ennemi avait déjà abandonné, la 13ᵉ se porta en avant sur Arrou ; seul, le général de Barby[1] marcha avec un détachement comprenant les trois armes sur Droué ; il surprit les Français en train de faire la soupe et fit un riche butin.

Le 18, la 12ᵉ brigade fit à la vérité prisonniers quelques traînards dans cette même localité ; mais les deux autres ne

---

1. Commandant la 11ᵉ brigade qui avec la 12ᵉ et la 13ᵉ brigade constituait la 5ᵉ division de cavalerie Rheinbaben (N. d. T.)

firent qu'une marche fort courte dans la direction de l'ouest sur la Bazoche-Gouet et Arville où elles ne trouvèrent plus d'ennemis. Au sud de cette dernière localité, un bataillon de la Landwehr de la garde délogea de Saint-Ail un détachement d'infanterie française.

C'est par là que se termina la poursuite; le 19, sur le désir exprimé par le grand-duc, la division partit pour Nogent-le-Rotrou et plus tard elle fut placée en observation sur la rive gauche de la Seine, à Vernon et à Dreux.

Quant à la subdivision d'armée, elle quitta, le 21, ses cantonnements le long du Loir. Le 24, la 22e division occupait Nogent-le-Roi et la 17e Chartres. La 4e brigade bavaroise rejoignit son corps d'armée à Orléans.

Dans la seconde quinzaine de décembre, le seul Xe corps eut à soutenir des engagements; il était posté à Blois et Vendôme et avait pour mission d'observer le pays au delà du Loir.

Le 20, deux brigades s'étaient mises en marche sur Tours. Après avoir dépassé Monnaie, elles rencontrèrent le corps de troupes, nouvellement formé, du général Ferri-Pisani, qui comptait de 10 à 15 000 hommes et s'était porté en avant depuis Angers jusqu'au delà de Tours.

Le sol était tellement détrempé que l'artillerie et la cavalerie eurent la plus grande peine à se déployer. Cette dernière ne put poursuivre l'ennemi, qui se dérobait, qu'en colonne profonde marchant sur la grande route, mais les Français ayant ouvert le feu à courte distance, elle subit des pertes graves.

Le lendemain, le général de Woyna s'avança, sans rencontrer de résistance, avec six bataillons, jusqu'au pont de Tours. Une de ses batteries légères fut mise en position sur la rive et dispersa la population armée qui avait ouvert le feu de la rive opposée. Mais on n'eût pas pu enlever la ville sans s'exposer à perdre beaucoup de monde et depuis que le siège du gouvernement avait été transféré à Bordeaux, Tours n'avait plus une bien grande importance. Aussi le détachement fut-il rappelé à Monnaie et le corps s'établit dans des cantonnements, la 19ᵉ division à Blois, la 20ᵉ à Herbault et Vendôme.

C'est de là que, le 27, un détachement comprenant deux bataillons, un escadron et deux bouches à feu, s'avança par Montoire à Sougé sur le ruisseau de la Braye, où il se heurta à des forces ennemies de beaucoup supérieures. En effet, le général Chanzy avait fait marcher une division du 17ᵉ corps sur Vendôme pour que les Prussiens fussent obligés d'interrompre leur marche sur Tours. En arrière de Saint-Quentin, le faible détachement allemand, au moment où il se trouvait engagé dans un défilé formé par une paroi de rochers et le cours d'eau, se vit cerné de toute part et exposé à un feu très nourri. Le lieutenant-colonel de Boltenstern n'en parvint pas moins à se dégager. Sans tirer un coup de fusil, les deux bataillons hanovriens se jetèrent sur les lignes de tirailleurs fort denses qui les prenaient à revers et se frayèrent un chemin en engageant le combat corps à corps. Les deux pièces, après avoir fait une décharge à mitraille, suivirent au galop par la trouée que venait de faire l'infanterie et purent revenir à Montoire, quoiqu'elles eussent perdu une partie de leurs attelages. De son côté, l'escadron s'était frayé un passage à travers deux lignes de tirailleurs et put rejoindre l'infanterie.

Tous ces événements décidèrent le général de Kraatz qui avait attiré à lui les autres fractions de la 20ᵉ division à exécuter le 31 décembre une nouvelle reconnaissance afin de se rendre un compte exact de la situation. Quatre bataillons devaient se porter en avant de Vendôme et la 1ʳᵉ brigade de cavalerie fut invitée à battre le pays de Fréteval vers Épuisay. Mais ce jour-là même, le général de Jouffroy[1] procéda à l'attaque de Vendôme avec deux divisions.

Quand, à 10 heures, le détachement partant de Vendôme, en reconnaissance, atteignit le ruisseau d'Azay il fut accueilli de la rive opposée par un feu des plus vifs. Peu après six bataillons ennemis le prirent en flanc, du sud, et plusieurs rapports, arrivant successivement, portaient que des masses ennemies considérables avançaient, au nord d'Azay, par Espéreuse, directement sur Vendôme. Le général de Kraatz comprit qu'il se trouvait en face d'un ennemi numériquement bien supérieur et exécutant une attaque mûrement pesée, il résolut de se borner à la défense de Vendôme même. Sous la protection d'un bataillon qui tint opiniâtrément à Huchepie, le détachement exécuta sa retraite avec un ordre parfait; puis il alla prendre position sur le remblai du chemin de fer à l'ouest de la ville.

Plus au nord la colonne ennemie, s'avançant par Espéreuse, avait déjà atteint Bel-Air. Un bataillon, accouru de Vendôme, réoccupa, il est vrai, le château; mais, tourné sur sa droite, il ne put tenir tête à un ennemi considérablement supérieur et prit également position derrière le chemin de fer. Les lignes de tirailleurs fort denses des Français s'élancèrent à l'assaut du remblai, à 2 heures, mais six batteries mises en position sur les hauteurs situées en arrière de Vendôme ouvrirent sur eux un feu rapide, qui contraignit leur aile droite à rétrograder. A la vérité, une colonne française se porta en avant, de Varennes, sur la rive gauche du Loir, contre cette position d'artillerie, mais

[1]. De Jouffroy d'Abbans, commandant la 3ᵉ division du 17ᵉ corps. (N. d. T.)

bientôt elle aussi dut se soustraire à l'effet du feu des batteries prussiennes.

Les attaques exécutées de Bel-Air et des Tuileries contre la voie ferrée étaient plus sérieuses ; elles n'en furent pas moins repoussées par huit compagnies qui y avaient pris position. A 4 heures les Français se remirent à avancer énergiquement ; la lutte resta longtemps indécise ; finalement ils se retirèrent à la tombée de la nuit.

Ce jour-là la 1re brigade de cavalerie, à laquelle avaient été adjointes deux compagnies d'infanterie et une batterie à cheval, s'était avancée jusqu'à Danzé. Deux batteries françaises y avaient été mises en position. Le capitaine Spitz se jeta sur elles avec un petit nombre de fusiliers westphaliens ; il s'empara de 2 pièces et de 3 avant-trains. Avec ces prises et 50 prisonniers, le général de Lüderitz revint à 1 heure à Fréteval, après avoir poursuivi l'ennemi jusqu'à Épuisay.

L'entreprise tentée par les Français contre Vendôme avait totalement échoué. Ils se retirèrent assez loin en arrière. Le général de Kraatz reçut l'ordre — motivé par une entreprise importante dont nous parlerons plus tard — de rester posté sur le Loir sans rien entreprendre.

LE XIVe CORPS EN DÉCEMBRE

Sur le théâtre des opérations du sud-est, les Français s'étaient enfin décidés à agir.

Le 24 novembre le corps de Garibaldi, qui avait été réuni à Autun, marcha sur Dijon.

Par Sombernon et Saint-Seine les différentes fractions du corps parvinrent jusque dans le voisinage immédiat de la ville après avoir soutenu différents combats avec des alternatives de revers et de succès, et exécuté de nuit plusieurs surprises. Du sud la division Crémer atteignit Gevrey. Mais les Allemands ayant reçu, à Dijon, des renforts de Gray et d'Is-sur-Tille, parvinrent à refouler l'ennemi et, de son côté, le général de Werder donna à la 1ʳᵉ brigade [1] l'ordre de marcher sur Autun. Poussant devant lui les fractions du corps ennemi, le général Keller arriva devant la ville le 1ᵉʳ décembre. Il avait déjà pris toutes ses dispositions pour attaquer la ville, le 2, quand il reçut l'ordre de revenir au plus vite ; c'est qu'il fallait envoyer d'autres détachements sur Châtillon où celui qui y était posté, pour garder le chemin de fer, avait été surpris, et, de plus, sur Gray où l'on se voyait menacé par les entreprises tentées par la garnison de Besançon, et enfin sur Langres, afin d'observer cette place.

Ce fut la brigade prussienne qui, avec deux régiments de cavalerie et trois batteries, fut envoyée dans cette direction. Le 16 décembre elle rencontra, aux environs de Longeau, l'ennemi fort d'environ 2 000 hommes. Il fut refoulé en laissant aux mains des Prussiens 200 blessés, 50 prisonniers, 2 pièces et 2 caissons. Dans les quelques jours qui suivirent, le général von der Goltz contourna Langres, refoula dans l'intérieur de la ville les gardes mobiles cantonnés au dehors et prit position sur le front nord de la place afin de garder les voies ferrées.

Au sud de Dijon aussi on avait constaté de nouveaux rassemblements ennemis.

Afin de les disperser, le général de Werder s'avança, le 18, dans la direction de Nuits avec deux brigades badoises.

---

[1]. Voir page 170 la composition du XIVᵉ corps. (N. d. T.)

A Boncourt, à l'est de la ville et tout près de celle-ci, l'avant-garde rencontra une résistance vigoureuse, mais à midi elle enleva la localité. Grâce au feu de leurs batteries établies sur les hauteurs à l'ouest de Nuits, les Français purent tenir opiniâtrément la tranchée profonde du chemin de fer et le ruisseau de Meuzin. Quand le gros de la brigade arriva à 2 heures, le général de Glümer donna l'ordre de procéder à l'attaque sur toute la ligne. Tout en perdant beaucoup de monde, en particulier beaucoup d'officiers supérieurs, l'infanterie, procédant par bonds successifs dans une plaine qui n'offrait aucun abri, s'avança contre l'ennemi bien couvert. Celui-ci, après avoir déchargé ses armes presque à bout portant et engagé le combat corps à corps, ne fut refoulé qu'à 4 heures sur Nuits. Vers 5 heures il abandonna la ville aux bataillons qui s'élançaient à l'assaut.

On avait eu affaire à la division Crémer forte de 10 000 hommes. Elle perdit 1 700 combattants, dont 650 prisonniers non blessés. La division badoise, de son côté, avait perdu 900 hommes. Les troupes passèrent la nuit, campées sur la place du Marché et dans les localités les plus rapprochées, à l'est de la ville. Le lendemain de bonne heure, on constata que l'ennemi continuait à battre en retraite, mais on ne disposait pas de forces suffisantes pour se mettre à sa poursuite. En effet, le XIVᵉ corps avait dû céder encore sept bataillons au corps d'investissement de Belfort.

Aussi le général de Werder revint-il à Dijon; il attira à lui tous les corps détachés, il fit même revenir de Langres le général von der Goltz, puis il attendit pour voir si l'ennemi viendrait de nouveau l'attaquer. Mais jusqu'à la fin de décembre il ne fut plus inquiété.

LA PREMIÈRE ARMÉE EN DÉCEMBRE

Pendant que la deuxième armée soutenait la lutte sur la Loire, le général de Manteuffel, après avoir battu l'ennemi à Amiens, s'était mis en marche sur Rouen.

Le général Farre, il est vrai, était posté à Arras, sur ses derrières; mais son armée avait, après la bataille, opéré la retraite dans un état de désorganisation tel qu'on pouvait compter le voir rester inactif au moins pendant quelque temps. De plus, on avait laissé à Amiens la 3ᵉ brigade, deux régiments de cavalerie, trois batteries pour y tenir garnison et garder l'importante ligne de chemin de fer menant à Soissons.

L'armée d'investissement de Paris était bien plus sérieusement menacée par des forces ennemies s'avançant de l'ouest. Le général Briand était posté à Rouen avec quelque 20 000 hommes; les troupes placées aux avant-lignes étaient établies sur l'Epte où elles eurent, en avant de Beauvais et de Gisors, le contact avec le régiment des dragons de la garde et la division de cavalerie saxonne, battant le pays sur les derrières de l'armée de la Meuse. Le détachement d'infanterie adjoint à cette dernière division avait perdu, dans une surprise nocturne, 150 hommes et une bouche à feu.

Quand, le 3 décembre, les corps de la première armée atteignirent l'Epte, les dragons de la garde et la division de cavalerie saxonne continuèrent à marcher en avant avec eux: les troupes françaises rétrogradèrent derrière l'Andelle. Le VIIIᵉ corps arriva, tout en soutenant des engagements sans importance, aux environs de Rouen; il trouva abandonnée une position retranchée établie à Isneauville, et le 5 décembre le général de Gœben fit son entrée dans la capitale de la Normandie. La 29º brigade se porta en avant jusqu'à Pont-Audemer, le Ier corps franchit la Seine en amont, aux Andelys et à Pont-de-l'Arche. On occupa Vernon et Évreux d'où les gardes mobiles avaient été ramenés à Lisieux par le chemin de fer. Sur la rive nord, les dragons de la garde avaient couru jusqu'à Bolbec, et à Dieppe la brigade de hulans ne trouva pas d'ennemis.

Les Français s'étaient retirés au Havre et une grande partie de leurs forces avait immédiatement été transportée sur la rive opposée par des bateaux tenus prêts à cet effet. La 16ᵉ division continua aussitôt sa marche et atteignit, le 11, Bolbec et Lillebonne.

Le chef du grand état-major avait déjà envoyé de Versailles les *directives* dont il a été question plus haut. Pour s'y conformer, le général de Manteuffel résolut de ne laisser sur la basse Seine que le Ier corps et de revenir sur la Somme avec le VIIIᵉ, les Français recommençant à tenir la campagne du côté d'Arras.

Il y avait eu quelques rencontres sans importance, mais on avait surtout pu le constater, le 9 décembre, quand une compagnie, envoyée pour protéger les travaux exécutés dans le but de remettre en état le chemin de fer, fut surprise à Ham et faite en grande partie prisonnière. En outre, on vit, le 11, plusieurs bataillons ennemis s'approcher de la Fère.

Afin d'empêcher l'ennemi de continuer à avancer, l'armée de la Meuse avait, en attendant, envoyé des détachements à Soissons et à Compiègne. Le général comte von der Grœben prit position avec une partie de la garnison d'Amiens à Roye et, le 16, il rejoignit, à Montdidier, la

15ᵉ division qui s'était immédiatement mise en marche vers la Somme.

A Amiens on n'avait laissé de troupes que dans la citadelle. Le général de Manteuffel, qui n'était pas d'avis d'évacuer la ville, donna l'ordre de la réoccuper immédiatement. La population d'ailleurs était restée calme. Le 20 arriva aussi la 16ᵉ division, par Dieppe, après avoir renoncé à l'attaque du Havre.

Un combat soutenu pendant une reconnaissance à Querrieux démontra, d'une façon indubitable, que des forces ennemies considérables étaient postées sur l'Hallue, et le général de Manteuffel concentra le VIIIᵉ corps tout entier à Amiens. Il était sûr de se voir renforcé sous peu, car la 3ᵉ division de réserve était en marche et avait déjà atteint Saint-Quentin. Le Iᵉʳ corps également avait été invité à envoyer par le chemin de fer une autre brigade encore, de Rouen ; mais le général en chef résolut d'attaquer l'ennemi, sans plus tarder, avec les 22 600 hommes dont il disposait.

Le général Faidherbe avait réuni ses deux corps, les 22ᵉ et 23ᵉ, pour se porter en avant sur Ham et la Fère. En agissant de la sorte, il voulait empêcher les Allemands d'attaquer le Havre et, ce but, il l'avait atteint. Puis il s'était avancé sur Amiens dont il n'était plus éloigné que de 15 kilomètres. Faisant front à l'ouest, il avait pris position derrière l'Hallue avec 43 000 hommes et 82 pièces. Deux divisions occupaient la rive gauche du cours d'eau depuis son confluent à Daours jusqu'à Contay, sur une étendue de 11 kil. 250 ; deux autres étaient postées en arrière à Corbie et Franvillers. La Somme couvrait son flanc gauche.

Le 23 décembre, le général de Manteuffel s'avança avec le VIIIᵉ corps par la route d'Albert. La 3ᵉ brigade du

Iᵉʳ corps était en réserve. Son plan était de faire tourner l'aile droite de l'ennemi par la 16ᵉ division, tandis que la 15ᵉ l'occuperait de front et à l'aile gauche. Il ne put l'exécuter, l'aile droite française étant trop étendue, et sur toute la ligne la lutte s'engagea de front. La rive orientale très dominante fournissait aux Français d'excellentes positions d'artillerie et partout il fallut que les Allemands enlevassent d'abord les villages situés au pied de cette rive.

C'est là que s'étaient retirés les avant-postes français quand la tête de la 15ᵉ division atteignit, à 11 heures, le petit bois de Querrieux et qu'une batterie allemande fut mise en position. A midi, deux bataillons de la 29ᵉ brigade enlevèrent du premier coup cette localité ; ils franchirent le ruisseau et délogèrent les Français de Noyelles sur la rive orientale; mais là, l'artillerie et l'infanterie ennemies les couvrirent d'une grêle de projectiles. Les bataillons de la Prusse orientale gravirent, il est vrai, à 4 heures, la hauteur au pas de charge ; ils s'emparèrent de 2 pièces pendant qu'elles tiraient encore, mais devant les masses ennemies qui se précipitaient sur eux, ils durent rétrograder jusque dans le village.

Peu après midi aussi, Fréchencourt sur la gauche et Bussy sur la droite avaient été enlevés et l'ennemi s'était vu refoulé de l'autre côté du cours d'eau après n'avoir opposé qu'une faible résistance. Par contre, l'artillerie ne réussit pas pour le moment à lutter avec succès contre celle de l'ennemi qui était fort nombreuse et établie dans des positions avantageuses. Vecquemont n'en fut pas moins enlevé. Mais là les défenseurs avaient opposé une résistance des plus vives : il fallut conquérir la localité maison par maison. La lutte dura toute l'après-midi.

La 15ᵉ division avait été, contre le gré du général en

chef, engagée trop tôt pour que la 16°, qui se portait plus à gauche pour exécuter l'attaque, pût lui venir en aide. Vers 4 heures seulement la 31° brigade arriva en avant de Béhencourt et, franchissant le cours d'eau sur des passerelles, elle refoula l'ennemi dans le village où il lui opposa une résistance opiniâtre ; finalement, il dut battre en retraite. A l'extrême aile gauche, la 32° brigade, franchissant l'Hallue, pénétra dans Bavelincourt.

De la sorte, tous les villages situés le long du cours d'eau se trouvaient au pouvoir des Allemands, mais on était en décembre, le jour baissait et il fallut attendre au lendemain pour progresser davantage. Dans la soirée encore, les Français essayèrent à plusieurs reprises de reconquérir les positions qu'ils avaient perdues, surtout de Contay où ils débordaient l'aile allemande. Mais là comme à Noyelles leurs attaques furent repoussées. Ils pénétrèrent, il est vrai, dans Vecquemont, mais ils en furent délogés et les Prussiens, qui les poursuivirent jusque sur l'autre bord, leur enlevèrent Daours, si bien que ceux-ci finalement occupaient tous les points de passage.

L'engagement prit fin à 6 heures. Les troupes furent logées dans les villages conquis où il leur était facile de prendre immédiatement les armes; leurs avant-postes étaient établis sur la lisière même des localités.

L'attaque avait coûté aux Allemands 900 hommes ; les Français, quoiqu'ils défendissent leurs positions, en avaient perdu environ 1 000. On fit en outre prisonniers plus de 1 000 d'entre eux qui n'étaient pas blessés et qui furent conduits à Amiens.

Le 24 décembre, à l'aube, l'ennemi ouvrit le feu sur la coupure de l'Hallue.

Après qu'il se fut rendu compte qu'il avait affaire à un

ennemi supérieur du double, le général allemand resta ce jour-là sur la défensive ; il attendit l'arrivée de ses renforts et fortifia les positions conquises la veille. La brigade de réserve fut portée en avant dans la direction de Corbie afin de menacer le flanc gauche des Français.

Mais à 2 heures du soir déjà le général Faidherbe commença la retraite. Ses troupes, mal équipées, avaient extrêmement souffert de cette froide nuit d'hiver et étaient profondément découragées par l'insuccès de la veille. Aussi les ramena-t-il vers les places fortes où elles trouvèrent un abri. Quand les deux divisions prussiennes et la cavalerie se mirent, le 25, à les suivre, au delà d'Albert puis dans le voisinage immédiat d'Arras et jusque sous Cambrai, elles ne rencontrèrent plus nulle part des unités constituées et ne ramassèrent que quelques centaines de traînards.

Le général de Manteuffel s'étant de la sorte débarrassé de l'ennemi, envoya le général de Mirus devant Péronne pour investir cette place et lui-même retourna à Rouen.

Après avoir envoyé six bataillons, comme renforts, à Amiens, le Iᵉʳ corps n'était plus fort que de deux brigades. En face de lui, il y avait 10 000 hommes sur la rive droite et 12 000 sur la rive gauche de la basse Seine. Ces forces s'étaient en outre rapprochées de Rouen, en particulier au sud, où elles n'en étaient plus éloignées que de 15 kilomètres.

Le général en chef ayant fait revenir la 2ᵉ brigade d'Amiens on dut, avec son concours, refouler de nouveau les corps ennemis.

PRISE DE MÉZIÈRES

Au moment où l'année prit fin, le siège de Mézières, sur le théâtre des opérations dans le nord, allait aboutir à la capitulation de la place.

Après la bataille de Sedan, le commandant avait aidé à nourrir les nombreux prisonniers français en prélevant des vivres sur les approvisionnements de la place ; aussi n'avait-il pas été attaqué à ce moment-là. Mais la ville interceptait le chemin de fer ; au début, on se contenta de l'observer. Montmédy ayant capitulé, la 14e division se présenta le 19 décembre devant Mézières.

La garnison n'était que de 2 000 hommes ; mais au dehors les corps francs lui prêtaient un appui efficace ; sur ce point, le terrain en avant de la place étant très coupé et boisé, ils déployèrent une activité vraiment extraordinaire. Le 15 seulement on parvint à investir complètement la place.

Mézières est située sur un ressaut de la montagne que la Meuse baigne de trois côtés, mais qui d'autre part est entouré de toute part par des hauteurs. Les fortifications renforcées par Vauban, avec de nombreux ouvrages avancés, ne pouvaient tenir contre l'artillerie moderne. A la distance de 2 000 à 3 000 mètres on apercevait à nu la maçonnerie de la place et, quoiqu'on eût mis à profit le temps fort long qui s'écoula avant qu'elle fût investie pour parer à cet inconvénient en élevant des ouvrages en terre, les batteries de brèche devaient forcément réduire bien vite la ville.

Après la reddition de Verdun on put faire transporter

par le chemin de fer, depuis Clermont, des pièces de gros calibre jusqu'au pied même du front sud de la place. Le sol était gelé à un demi-mètre de profondeur; ce fut la seule difficulté contre laquelle on eut à lutter en construisant les emplacements. Le 31 décembre, à 8 heures et quart, 68 pièces de siège et 8 pièces de campagne ouvrirent le feu.

D'abord la place riposta vigoureusement, mais dans le courant de l'après-midi déjà les pièces du rempart cessèrent de tirer et le lendemain le drapeau blanc fut hissé.

La garnison fut faite prisonnière de guerre; des approvisionnements considérables et 132 pièces tombèrent aux mains des assiégeants; mais le principal avantage était qu'on disposait d'une nouvelle ligne de chemin de fer conduisant à Paris.

PARIS EN DÉCEMBRE

A Paris, le général Ducrot avait fait son possible pour combler les vides causés par la bataille livrée à Villiers. On dut, il est vrai, placer en réserve le 1ᵉʳ corps et donner une nouvelle organisation à la deuxième armée. Le général avait proposé de se frayer un passage par la presqu'île de Gennevilliers et les hauteurs de Franconville, mais le gouvernement refusa son autorisation. On était certain que sous peu l'armée d'Orléans paraîtrait devant la capitale et, dès le 6 décembre, on s'apprêtait à faire une nouvelle sortie pour lui tendre la main, quand une lettre du général de Moltke informa le gouvernement de la défaite que venait d'essuyer le général d'Aurelle et de la réoccupation d'Orléans. Il n'y avait donc plus aucun intérêt à faire la trouée dans la direction du sud et, après une longue délibération, on convint qu'on ferait une sortie en masse afin de forcer les lignes d'investissement au nord.

Là le ruisseau de Morée offrait, il est vrai, quelque protection à l'ennemi, mais seulement tant que les cours d'eau ne seraient pas couverts d'une épaisse couche de glace. En outre, il n'y avait, sur une étendue de 45 kilomètres, que trois corps allemands présentant un effectif de 81 200 hommes.

Pour préparer la sortie on fit élever, le 13, plusieurs ouvrages en terre entre Bondy et la Courneuve, l'artillerie des forts du front nord fut renforcée et le Mont-Avron garni de batteries. On distribua aux troupes 90 cartouches et six jours de vivres par homme, quatre jours de fourrage par cheval. On n'emporterait pas les sacs, mais les couvertes de campement pourraient servir à se garantir la poitrine. On fixa le 19, puis le 21, comme date de la sortie.

De la sorte l'armée d'investissement n'avait presque pas été inquiétée pendant la plus grande partie du mois de décembre. Les troupes étaient régulièrement nourries; elles avaient de bons effets d'hiver, l'administration des postes fort active leur apportait d'abondants envois du pays; aussi leur état sanitaire était-il fort satisfaisant.

Les dispositions que prenait l'ennemi, en vue d'une nouvelle entreprise, n'échappaient pas à l'attention de l'assiégeant. On apprit aussi par des transfuges qu'une sortie se préparait. Le 20, les postes d'observation annoncèrent que des forces considérables se massaient à Merlan et à Noisy-le-Sec et le 21, de très grand matin, la 2ᵉ division d'infanterie de la garde vint prendre position aux points de passage du ruisseau de Morée, sur l'ordre du général en chef de l'armée de la Meuse. Une partie de la 1re division était en réserve à Gonesse, l'autre fraction pouvait d'un moment à l'autre être relevée par la 7e division et se trouverait dès lors disponible. A l'aile droite, la division de Landwehr de la garde avait occupé la ligne Chatou-Carrières-Saint-Denis, à l'aile gauche une brigade du corps saxon était venue prendre position à Sevran. Pour que, en cas de besoin, les Wurtembergeois aussi pussent être soutenus, vis-à-vis desquels les Français avaient maintenu leur position de Joinville, la 4e division d'infanterie (IIe corps) s'avança jusqu'à Malnoue.

Afin de détourner l'attention des Allemands du véritable objectif de la sortie, le Mont-Valérien devait de grand matin ouvrir un feu nourri, de forts détachements se porteraient en avant contre l'aile droite de la garde royale et le général Vinoy mènerait la troisième armée contre les Saxons, tandis que l'amiral de La Roncière attaquerait le Bourget avec son corps d'armée. Une fois qu'on aurait de la sorte bien provoqué l'ennemi sur tous ces points, le général Ducrot franchirait avec la deuxième armée de Paris le ruisseau de Morée à Blanc-Mesnil et Aulnay.

COMBAT DU BOURGET

21 décembre. — Le Bourget n'était occupé que par quatre compagnies du régiment Reine-Élisabeth et par une compagnie du 2e bataillon de chasseurs de la garde. Quand, à 8 heures moins le quart, le brouillard se dissipa, cette troupe fut couverte d'une grêle de projectiles lancés par les forts, par de nombreuses batteries, même des batteries blindées roulantes. Une demi-heure plus tard, de profondes colonnes ennemies s'avancèrent de l'est et de l'ouest. Il fallut, à l'est, défendre, pendant un temps assez long, la lisière du village contre sept bataillons français et, du côté opposé, en arrêter cinq autres en avant du cimetière, en ouvrant sur eux un feu rapide; mais, malgré tout, une fraction des fusiliers de la marine pénétra dans la localité par la lisière nord. Serrés de près, de tous côtés, par des forces considérablement supérieures, les défenseurs durent se retirer dans la partie sud du village. Le détachement prussien qui défendait le cimetière tenta de se frayer un passage pour rejoindre les autres; il fut fait prisonnier, en partie. Mais les Français ne gagnaient du terrain que fort péniblement, ils étaient obligés d'enlever une maison après l'autre et perdaient beaucoup de monde; de plus, ils ne parvinrent pas à s'emparer de l'usine à gaz. La réserve française, forte de cinq bataillons, se porta en avant de Saint-Denis, contre cet établissement; l'artillerie démolit le mur du jardin, mais rien ne put vaincre la résistance des Allemands.

Ceux-ci ne furent renforcés qu'à 9 heures, où une compagnie fut envoyée à leur secours, puis, à 10 heures, où il en arriva sept. Engageant la lutte corps à corps et essuyant des pertes graves, elles s'avancèrent jusqu'au cimetière et à l'usine à gaz. A 11 heures et demie, les derniers détachements ennemis se voyaient refoulés et le Bourget fut occupé par quinze compagnies, car on s'attendait à voir les Français renouveler l'attaque. Deux batteries de l'artillerie de campagne mise en position sur la Morée vinrent s'établir dans le voisinage du village.

Pendant ce temps, le général Ducrot attendait en vain le signal qui lui annoncerait la prise du Bourget. Il avait porté ses têtes de colonnes au delà de Bondy et de Drancy, quand il reçut l'ordre de renoncer à l'attaque de la ligne de la Morée, vu l'issue malheureuse de l'engagement à l'aile gauche.

La grande sortie qu'on avait eu l'intention de faire se transforma en une simple canonnade à laquelle l'artillerie de campagne allemande riposta le mieux qu'elle put. Dans le courant de l'après-midi, les Français battirent en retraite.

Leurs pertes, d'après les indications fournies par eux-mêmes, se montaient à 600 hommes; la garde en perdit 400; par contre, elle fit 360 prisonniers. Le soir, les avant-postes allemands réoccupaient leurs emplacements antérieurs.

Les différents simulacres d'attaque faits par la garnison de Paris n'avaient pas été efficaces et n'avaient pu déterminer en rien les Allemands à modifier leurs dispositions. Quand les Français se portèrent en avant de Saint-Denis sur Paris, ils furent repoussés, et quatre batteries de campagne allemandes établies sur la butte d'Orgemont forcèrent deux canonnières françaises à se retirer. La sortie sans importance dirigée sur Chatou passa presque inaperçue.

Sur la rive droite de la Marne, le général Vinoy fit, il est vrai, une sortie avec des forces considérables; mais il ne la fit qu'à midi, alors que la lutte au Bourget avait déjà pris fin. Les avant-postes saxons rétrogradèrent jusque dans la position principale du Chenay. Un des bataillons qui y étaient postés refoula l'ennemi; le soir même, de Maison-Blanche, un autre attaqua Ville-Evrard, où la lutte dura jusqu'à minuit; il y perdit 70 hommes, mais il y fit 600 prisonniers. Battu par un feu très nourri de l'artillerie allemande établie sur la rive opposée dominante, l'ennemi évacua le lendemain Ville-Evrard aussi.

Il y avait trois mois que Paris était investi. Le bombardement, moyen qu'il est toujours désagréable de devoir employer, ne suffisait pas à lui seul à réduire une place d'une étendue si énorme, et l'état-major allemand s'était très bien rendu compte qu'il n'arriverait à ses fins qu'en faisant le siège en règle de la ville. Or le génie ne pouvait pas encore procéder à l'attaque, l'artillerie n'étant pas en mesure de le soutenir.

Nous l'avons vu plus haut, l'artillerie de siège était tout entière occupée aux sièges de places qui, étant situées sur les derrières de l'armée, interceptaient les communications avec l'Allemagne. Il y avait, il est vrai, à Villacoublay 250 pièces de gros calibre toutes prêtes, mais on n'était pas encore parvenu à transporter jusque-là les munitions indispensables à l'attaque qui, une fois commencée, ne devait plus, à aucun prix, se voir interrompue.

Dès les derniers jours de novembre, il est vrai, les trains de chemin de fer arrivaient jusqu'à Chelles; mais la plus grande partie des munitions avaient été débarquées auparavant déjà à Lagny, et de ce point il fallait les transporter au parc par voie de terre. On avait constaté que les charrettes à deux roues en usage dans le pays ne se prêtaient absolument pas au transport des projectiles. Par voie de réquisition on ne put se procurer que 2000 voitures à quatre roues, quoiqu'on opérât dans un rayon des plus étendus. On dut donc en faire venir 960 autres de Metz, qu'on avait pourvues de chevaux tirés d'Allemagne; on eut même recours aux attelages de la troisième armée, quoiqu'ils fussent presque indispensables au ravitaillement de l'armée combattant sur la Loire. Finalement, on dut employer encore au transport des munitions tous les chevaux de trait des équipages de ponts de campagne, des colonnes de pontons et de pionniers.

Les difficultés s'accrurent encore quand, par suite de la débâcle des glaces, on dut replier les ponts militaires jetés sur la Seine.

Les voitures mettaient neuf jours pour l'aller et le retour, entre Nanteuil et Villacoublay, tant les chemins vicinaux étaient en mauvais état. Beaucoup d'entre elles se rompaient sous la charge et fort souvent les charretiers s'enfuyaient. L'artillerie allait, en outre, à ce moment même, avoir à résoudre une autre tâche qui lui fut imposée sur la proposition du chef du grand état-major.

La garnison de Paris n'avait pas jusqu'alors réussi à se frayer un passage les armes à la main ; elle recourut à la bêche, afin de refouler toujours plus loin et finalement de forcer le cercle d'investissement par des contre-approches. Au sud, ses retranchements s'étendaient déjà au delà de Villejuif et de Vitry jusqu'à la Seine et, au nord, elle établit entre Drancy et le fort de l'Est un système très étendu de tranchées et de batteries s'avançant jusqu'à la distance de 1 000 mètres du Bourget, qui, de la sorte, se voyait l'objet d'un siège en règle. A la vérité, un froid très vif vint bientôt empêcher les Français de continuer leur travaux ; mais les ouvrages achevés reçurent leur armement d'artillerie et la deuxième armée vint les occuper. Leur point d'appui le plus solide leur permettant de progresser aussi bien dans la direction de l'est que dans celle du nord, c'était le Mont-Avron qui, dominant au loin la contrée et armé de 70 pièces de gros calibre, s'avançait dans la vallée de la Marne, en forme de coin, entre la partie nord et la partie sud de la ligne d'investissement.

BOMBARDEMENT DU MONT-AVRON

27 décembre. — Pour déloger l'ennemi de cette position, on mit à la disposition du colonel Bartsch 50 pièces de gros calibre envoyées directement d'Allemagne et 26 autres, devenues disponibles par suite de la reddition de la Fère. On mit à la besogne des bataillons entiers de travailleurs et, de la sorte, on put établir, quoiqu'il gelât très fort, deux groupes d'emplacements sur le versant occidental des hauteurs situées en arrière du Raincy et de Gagny et sur le bord gauche de la vallée de la Marne, à Noisy-le-Grand, qui, à la distance de 3 000, et de 2 000 mètres seulement, prenaient le Mont-Avron entre deux feux.

Le 27 décembre, à 8 heures et demie du matin, les 76 pièces ouvrirent le feu. Il était survenu une forte tourmente de neige qui ne permettait ni de régler le tir, ni d'observer ses effets. Le Mont-Avron ainsi que les forts de Nogent et de Rosny ripostèrent immédiatement par un feu des plus nourris.

Les batteries allemandes perdirent 2 officiers et 25 hommes, plusieurs affûts se brisèrent pendant que la pièce tirait, et tout le monde pensait que ce jour-là on n'avait guère obtenu de résultats.

Mais les batteries avaient mieux tiré qu'elles ne le supposaient elles-mêmes. Le 28, le temps étant très clair, on put régler le tir très exactement, les projectiles prussiens produisirent l'effet voulu et causèrent de terribles ravages dans les rangs de l'infanterie française pour laquelle on ne disposait pas de réduits. L'artillerie du Mont-Avron cessa de tirer, seuls les forts continuèrent à riposter faiblement.

Le général Trochu, qui s'était rendu de sa personne sur les lieux, ordonna d'abandonner la position. L'énergique commandant du Mont-Avron, colonel Stoffel, procéda à l'évacuation avec une habileté telle qu'il n'y laissa qu'une seule bouche à feu hors d'état de servir.

Le 29, les Français ne tirant plus, on constata qu'ils avaient abandonné le Mont-Avron qu'on n'avait pas l'intention d'occuper définitivement. Les batteries se contentèrent de diriger leur feu sur les forts qui souffrirent considérablement et sur les ouvrages en terre établis près de Bondy.

Dans les derniers jours de l'année, on avait réussi à transporter à Villacoublay les munitions indispensables. Le général de Kameke reçut la direction de l'attaque par siège, le général prince de Hohenlohe celle de l'attaque par bombardement. Les emplacements étaient achevés depuis un certain temps déjà et, au 1er janvier, 100 pièces du plus fort calibre se tenaient prêtes à ouvrir le feu sur le front sud de Paris.

L'ARMÉE DE L'EST SOUS LE GÉNÉRAL BOURBAKI

Pendant que les forces françaises soutenaient continuellement des engagements dans le nord, sur la Seine et la Somme, dans le sud, sur la Loire et la Saône, l'armée du général Bourbaki n'avait pas donné signe de vie. Depuis que la 6e division de cavalerie avait constaté, le 8 décembre, sa présence aux environs de Vierzon, on en avait perdu la trace. Il était essentiel, pour le grand état-major, de connaître exactement la région où stationnaient des forces aussi considérables ; la deuxième armée seule était à même de fournir des renseignements à ce sujet et, **le 22 décembre,** elle reçut l'ordre de faire des reconnaissances afin qu'on pût être fixé à ce sujet.

A cet effet, le général de Rantzau se porta en avant, sur la rive droite de la Loire, de Montargis dans la direction de Briare; le 25, il constata que cette position avait été abandonnée par les Français; dans les jours qui suivirent il eut à soutenir des engagements dont l'issue ne lui fut pas favorable.

On renforça ce détachement (hessois) de façon qu'il comptait dès lors 3 bataillons, 4 escadrons et 6 bouches à feu. Il n'en fut pas moins refoulé sur Gien, le 1er janvier. En fait de Français on avait constaté la présence, dans ces parages, de plusieurs milliers de gardes mobiles, de 12 pièces et de fractions d'infanterie de marine. Ce qui semblait être un indice très important, c'est qu'une partie des prisonniers qu'on leur avait faits appartenaient au 18e corps, faisant partie de la première armée de la Loire.

Un régiment de la 6e division de cavalerie, envoyé en reconnaissance dans la Sologne, annonça à son retour que de fortes colonnes ennemies s'avançaient sur Aubigny-Ville. Tout au contraire des conducteurs du train faits prisonniers avaient déclaré que les troupes avaient d'ores et déjà quitté Bourges par le chemin de fer; les articles de journaux semblaient indiquer la même chose; mais c'étaient là de simples bruits auxquels on ne pouvait pas ajouter foi en présence des rapports fournis par les reconnaissances; à Versailles, on était tenu d'admettre que la première armée de la Loire était encore à Bourges et que le général Bourbaki, une fois qu'elle serait de nouveau en état de tenir la campagne, agirait de concert avec le général Chanzy.

Les deux armées pouvaient attaquer de deux côtés les Allemands postés à Orléans, ou bien l'une des deux pouvait les y occuper et les y maintenir, tandis que l'autre s'avancerait au nord pour débloquer la capitale.

Telle était en effet l'intention du général Chanzy. Depuis le 21 décembre son armée était cantonnée au Mans et dans les environs pour se refaire. Les troupes avaient, il est vrai, à lutter contre bien des difficultés. On ne disposait pas de logements suffisants pour des masses si considérables, une partie de l'armée couchait sous la tente, dans la neige ; elle souffrait beaucoup du froid qui était intense. Les ambulances se remplissaient chaque jour davantage de blessés et de varioleux. Mais d'autre part cette étroite concentration permettait de reconstituer les unités et de les mettre à même de tenir la campagne. Et les nouvelles venues de Paris montraient qu'il fallait agir à tout prix.

Le général Trochu avait écrit que Paris ne pouvait pas se débarrasser de l'ennemi s'il restait abandonné à lui-même. Même si on parvenait à faire la trouée, on ne pourrait emmener les convois nécessaires pour faire vivre toute une armée ; pour cela l'intervention de forces venant du dehors était indispensable. Le général Chanzy était tout disposé à marcher sur Paris, mais il fallait qu'il sût ce qu'entreprendraient les généraux Bourbaki et Faidherbe.

Seul le chef suprême de l'armée pouvait ordonner l'action commune des trois grandes armées et leur imprimer l'unité de direction indispensable. Aussi le général envoyat-il, à Lyon, un des officiers de son état-major auprès de Gambetta pour lui dire qu'il était convaincu que seule une marche en avant combinée immédiate pourrait sauver la capitale. Mais le ministre croyait posséder un moyen bien meilleur. Le 29 décembre, Chanzy eut pour la première fois connaissance d'un projet, déjà en cours d'exécution, et d'après lequel l'armée de Bourbaki serait employée à tout autre chose. Au demeurant, le ministre, dans sa réponse, ne lui donnait ni ordres précis, ni renseignements suffisants : « Vous avez décimé les Mecklembourgeois, les Bavarois n'existent plus, le reste de l'armée est déjà envahi par l'inquiétude et la lassitude. Persistons et nous renverrons ces hordes hors du sol, les mains vides [1]. » Le plan suivi par la délégation du gouvernement, ajoutait-il, est celui « qui démoralisera le plus l'armée allemande [2] ».

Malgré cette phraséologie obscure le général Chanzy, confiant en sa propre force, résolut d'entreprendre la marche sur Paris sans être soutenu. Mais bientôt il se vit attaqué lui-même très énergiquement.

Les Allemands n'avaient pas un moment à perdre s'ils voulaient tirer parti de l'avantage qu'offre la position entre deux armées ennemies tant qu'elles ne se sont pas encore rapprochées de très près. Or les attaques simultanées du 31 décembre, à Vendôme sur le Loir, à Briare sur la Loire, semblaient indiquer que toutes deux avaient déjà commencé à agir de concert.

Aussi le prince Frédéric-Charles reçut-il dès le 1er janvier l'ordre télégraphique de franchir le Loir afin de s'avancer contre le général Chanzy, l'ennemi le plus rapproché et le plus redoutable.

A cet effet la deuxième armée fut renforcée par le XIIIe corps (17e et 22e divisions) placé sous les ordres du grand-duc de Mecklembourg, ainsi que par la 2e et la 4e division de cavalerie. En outre, la 5e division de cavalerie fut chargée de couvrir son flanc droit pendant sa marche en avant.

---

1. En français dans le texte. — 2. En français dans le texte. (N. d. T.

La seule 25ᵉ division (hessoise) devait rester à Orléans en face du général Bourbaki; elle était en outre chargée d'observer l'ennemi du côté de Gien. Mais afin de repousser la première armée de la Loire, si elle se portait en avant, le général de Zastrow reçut l'ordre de s'avancer avec le VIIᵉ corps sur l'Armançon, et l'armée d'investissement détacha le IIᵉ corps qui se mit en marche sur Montargis.

Le prince Frédéric-Charles comptait réunir trois de ses corps, à la date du 6 janvier, sur la ligne Vendôme-Morée et diriger le XIIIᵉ de Chartres sur Brou.

MARCHE DE LA DEUXIÈME ARMÉE SUR LE MANS

On pouvait espérer surprendre l'ennemi dans ses quartiers d'hiver, mais le général Chanzy s'était mis à l'abri du danger en plaçant aux avant-lignes des fractions de troupes considérables. Sur la gauche, Nogent-le-Rotrou était occupé pas la division Rousseau et de nombreux corps francs; de là jusqu'au ruisseau de la Braye, par Vibraye et Saint-Calais, il y avait des détachements considérables. Sur ce ruisseau le général Jouffroy avait pris position après sa dernière attaque dirigée contre Vendôme. A droite, le général Barry était posté à la Chartre et la division de Curten à Château-Renault.

Dès le 5 janvier, les deux ailes de l'armée allemande marchant en avant allèrent se heurter à ces avant-lignes.

A l'aile gauche, le général Baumgärth avait réuni, à Saint-Amand, trois bataillons, deux régiments de cavalerie et deux batteries. Dans la direction de Château-Renault, le 57ᵉ régiment d'infanterie enleva Villeporcher; la localité fut évacuée quand on vit s'avancer quatre bataillons français, puis on la leur reprit et l'on s'y maintint définitivement. Mais on s'était surtout rendu compte que des forces considérables se trouvaient sur le flanc gauche de l'armée allemande avançant dans la direction de l'ouest. Marchant en avant en même temps qu'elle, le général Baumgarth reçut la mission de couvrir ce flanc, et à cet effet il fut renforcé par la 6e division et la 1re brigade de cavalerie.

A l'aile droite aussi, la 44e brigade, se portant en avant sur Nogent-le-Rotrou, eut à soutenir un engagement où l'ennemi lui opposa une résistance opiniâtre. Elle enleva la position qu'il occupait à la Fourche, lui fit un grand nombre de prisonniers et captura 3 pièces. Le gros du corps[1] atteignit Beaumont-les-Autels et Brou, mais la cavalerie ne parvint pas à pénétrer dans la forêt au nord de Nogent.

6 janvier. — Le 6 au matin, l'avant-garde du détachement du général Baumgarth se mit en marche sur Prunay, mais le gros ne put la suivre : à 9 heures et demie, il fut vivement attaqué par l'ennemi. Pour pouvoir mieux l'observer, l'infanterie se trouvait éparpillée en petits postes sur la ligne très étendue Ambloy-Villeporcher, n'ayant qu'une faible réserve à la Noue. L'engagement prit bientôt des proportions considérables et les défenseurs purent à grand'peine tenir sur la ligne les Haies-Pias, leur aile gauche étant menacée sérieusement d'être tournée. La 6e division de cavalerie arriva, il est vrai, sur ce point; mais elle n'engagea qu'une de ses batteries à cheval. Par contre,

---

1. Le XIIIe, nouvellement formé et placé sous les ordres du grand-duc de Mecklembourg. (N. d. T.)

la réserve marcha en avant, par la grande route, sur Château-Renault et refoula des Haies l'ennemi qui y avait déjà pénétré ; mais celui-ci porta de nouveau en avant quatre fortes colonnes et mit en position, contre la localité, quatre batteries : les Allemands durent se retirer derrière le ruisseau de la Brenne.

Dans l'intervalle, le 16ᵉ régiment d'infanterie qui, s'étant mis en marche sur Vendôme, avait déjà atteint Ambloy, était revenu à Saint-Amand pour porter secours aux troupes engagées. La 38ᵉ brigade, dès lors au complet, se déploya entre Neuve-Saint-Amand et Saint-Amand, ayant une masse considérable de cavalerie sur les deux ailes. Mais comme la ville fut évacuée par suite d'un malentendu, le général commandant la 6ᵉ division de cavalerie, duc Guillaume de Mecklembourg, ordonna la retraite. L'infanterie, il est vrai, s'arrêta à Huisseau où elle s'établit dans des cantonnements. L'avant-garde retourna à Ambloy, la cavalerie y revint aussi, ainsi qu'à Villeromain.

Pendant les engagements soutenus à Saint-Amand, le Xᵉ corps s'était avancé, en deux colonnes, sur la rive gauche du Loir, dans la direction de Montoire, tout en laissant, sur la rive droite, un bataillon en avant de Vendôme, afin de permettre au IIIᵉ corps de déboucher en toute sécurité par cette ville.

Quand, à 1 heure, la 20ᵉ division atteignit Saint-Rimay, elle trouva les hauteurs s'étendant de l'autre côté du Loir occupées par les troupes du général Barry. Toutes les batteries se mirent en position sur le bord gauche, et bientôt elles eurent refoulé l'ennemi du fond très large de la vallée ; mais sur le front de la division le défilé des Roches résistait à toutes les attaques. En conséquence, on fit rétablir par les pionniers, plus en aval, le pont de Lavardin qui avait été détruit. Dans l'intervalle, la 19ᵉ division était arrivée sur ce point; plusieurs bataillons furent postés en avant, par le sud, contre les Roches d'où elles réussirent facilement à déloger l'ennemi. La nuit étant survenue, le corps ne put reprendre sa marche; il s'établit dans des cantonnements à Montoire et aux environs.

Le général commandant en chef le IIIᵉ corps avait résolu de s'arrêter ce jour-là en avant de Vendôme et de ne faire passer le ruisseau d'Azay qu'à sa seule avant-garde; mais celle-ci rencontra bien vite une résistance si vive que le gros du corps dut marcher à son secours. Afin de dégager le général de Curten, le général de Jouffroy avait dirigé une nouvelle attaque contre Vendôme et quand l'avant-garde de la 5ᵉ division arriva, à 1 heure et demie, à Villiers, elle y trouva le 10ᵉ bataillon de chasseurs qui avait suivi son corps en longeant la rive droite du Loir, ayant à soutenir, depuis quatre heures, une lutte des plus acharnées. Les deux batteries furent mises en position sur le plateau au nord de la localité et le 48ᵉ régiment d'infanterie se porta vivement en avant jusqu'au versant du cours inférieur du ruisseau d'Azay. La vallée fort large et toute en prés était commandée par le fusil Chassepot à longue portée des Français et, de plus, battue par leur artillerie dans le sens de la longueur. Aussi leurs lignes de tirailleurs fort denses prirent-elles l'offensive.

D'abord on fit avancer le 8ᵉ régiment pour soutenir les troupes engagées; après une lutte fort courte, à l'aile gauche, il s'empara du gué du Loir; puis arriva la 10ᵉ brigade d'infanterie, et successivement l'artillerie vit s'accroître le nombre de ses pièces de façon qu'elle en eut finalement 36 au feu. L'artillerie française ne put lui tenir tête et, une demi-heure après, elle put se mettre à canonner l'infanterie. A 4 heures et demie les bataillons franchirent le fond de la vallée ; ils s'emparèrent des vignobles et des fermes situés sur la côte opposée et finalement ils enlevèrent Mazange. A la faveur des ténèbres, les Français se dérobèrent en se dirigeant sur Lunay.

Plus à droite l'avant-garde de la 6ᵉ division avait trouvé au moment même où elle débouchait de Vendôme, à 11 heures, le bataillon que le Xᵉ corps avait laissé posté à Courtiras, engagé à fond contre des forces ennemies considérablement supérieures. La 11ᵉ brigade continua à avancer, non sans éprouver des pertes graves, vers la coupure d'Azay, et quand à 3 heures et demie elle eut été rejointe par la 12ᵉ et que l'artillerie eut ouvert un feu des plus efficaces, on parvint à enlever Azay et à s'établir sur les hauteurs situées de l'autre côté. On repoussa avec succès différents retours offensifs de l'ennemi et à 5 heures la lutte prenait fin, les Français battant en retraite.

Le IIIᵉ corps d'armée s'établit dans des cantonnements entre le ruisseau d'Azay et le Loir. Un détachement occupait Danzé, situé plus en amont. Le corps avait perdu 39 officiers et plus de 400 hommes, mais par contre il avait fait 400 prisonniers.

Le IXᵉ corps franchit ce même jour, sans qu'on lui opposât de résistance, le cours supérieur du Loir à Fréteval et à Saint-Hilaire et se porta en avant sur la grande route de Saint-Calais jusqu'à Busloup. Le XIIIᵉ avait fait halte à Unverre, Beaumont et la Fourche.

L'attaque exécutée par les Français à Saint-Amand et la résistance opiniâtre qu'ils opposèrent à Azay ne parvinrent pas à faire abandonner son dessein au prince Frédéric-Charles. Il prescrivit au XIIIᵉ corps d'atteindre Montmirail le 7, au IXᵉ de se porter sur Épuisay, tandis que le IIIᵉ continuerait à attaquer la coupure d'Azay. Mais il se crut obligé, après que l'engagement de Saint-Amand se fut terminé par un échec, de ne pas négliger le fort détachement ennemi menaçant son flanc gauche. Le duc Guillaume avait été invité de vive voix par le prince, au quartier général de Vendôme, à retourner immédiatement avec la 6ᵉ division de cavalerie à Saint-Amand ; mais, en outre, le général de Voigts-Rhetz avait reçu l'ordre de soutenir le général Baumgarth, avec le Xᵉ corps tout entier, s'il le fallait.

La région qui s'étend entre le Loir et la Sarthe, que les Allemands devaient traverser, présente les plus grands obstacles pour l'armée envahissante, tandis qu'elle offre les avantages les plus considérables aux défenseurs.

De nombreux cours d'eau coulant dans de larges vallées couvertes de prés et profondément encaissées coupent perpendiculairement toutes les routes menant au Mans. Des parcelles boisées, des villages, des châteaux entourés de parcs clos de murs couvrent ce pays de collines admirablement cultivé ; les champs de vignes, les vergers et les jardins sont entourés de haies, de fossés et de levées de terre.

Dans les luttes qu'on allait livrer, l'infanterie était donc seule à faire toute la besogne ; nulle part il n'y avait l'espace nécessaire pour déployer la cavalerie, et l'effet de l'artillerie, qui ne pouvait faire agir ses pièces qu'isolément, était extrêmement réduit dans ce terrain absolument couvert. On ne pouvait s'approcher de la position centrale de l'ennemi que par les seules quatre grandes routes existantes et les communications entre les colonnes, qui au début du moins s'avanceraient sur un front de 45 kilomètres, ne pouvaient s'établir que par un nombre extrêmement réduit de chemins de traverse en quelque sorte impraticables par suite de la mauvaise saison et l'hostilité de la population. Pour commencer, il ne fallait pas compter pouvoir se prêter un mutuel appui.

Dans de pareilles circonstances, le général en chef était obligé de se borner à donner des *directives* générales pour les opérations et les généraux commandant en sous-ordre devaient agir selon leur inspiration personnelle. Il a bien été donné des ordres spéciaux pour chaque jour ; mais en bien des cas ils ne purent être exécutés. Le général en chef n'était pas à même de se rendre compte de la situation telle qu'elle résultait, pour chacun de ses corps d'armée, des engagements qu'ils soutenaient journellement. Les rapports n'arrivaient la plupart du temps que fort tard dans la nuit et les ordres préparés d'avance n'étaient souvent remis aux généraux commandant les corps d'armée que quand les troupes, dans ces journées si courtes, s'étaient déjà mises en marche.

7 janvier. — Se conformant aux instructions du général en chef, le général de Voigts-Rhetz fit revenir à Saint-Amand, le 7, les fractions de la 19ᵉ division qui avaient déjà atteint Vendôme, afin de renforcer le général Baumgarth.

De bonne heure déjà la 38ᵉ brigade avait réoccupé cette localité et le général de Hartmann, qui prit le commandement, se porta en avant, la cavalerie couvrant les deux ailes, sur la grande route de Château-Renault.

A midi seulement la colonne rencontra l'ennemi à Ville-chauve. Le feu de l'artillerie n'eut aucun effet à cause d'un épais brouillard, et l'on ne parvint à enlever la localité, et en outre Pias ainsi que différentes fermes, qu'au prix de pertes considérables. Mais on constata que Villeporcher et les villages les plus rapprochés étaient occupés par les Français et à 2 heures ceux-ci prirent eux-mêmes l'offensive en faisant avancer plusieurs bataillons sur la grande route. Dans l'intervalle le brouillard s'était dissipé et l'on se rendit compte bien vite que cette attaque n'avait d'autre but que de cacher la retraite de l'ennemi dans la direction de l'ouest.

Les troupes cantonnèrent dans les localités où elles se trouvaient, et les renforts qui leur étaient destinés restèrent à Saint-Amand.

Attendant leur retour, le Xe corps resta lui-même dans ses cantonnements à la Chartre ; seule, la 14e brigade de cavalerie s'avança jusqu'à la Richardière pour établir les communications avec le IIIe corps. Mais elle ne réussit pas à faire enlever cette localité par des cavaliers qui avaient mis pied à terre.

Le général d'Alvensleben espérait atteindre l'ennemi encore de ce côté-ci de la coupure de la Braye et, enveloppant son aile gauche, le refouler sur le Xe corps qui avait promis sa coopération. Laissant une brigade à Mazange, il porta en avant le IIIe corps dans la direction d'Épuisay et quand, pendant la marche encore, il fut informé que les Français avaient évacué Lunay et Fortan, il donna l'ordre à la brigade laissée en arrière de venir le rejoindre par cette dernière localité.

On constata qu'Épuisay était fortement occupé par l'ennemi. Dans l'intervalle, l'avant-garde du IXe corps, qui s'avançait de Busloup, était également arrivée. Malgré ce renfort on n'était parvenu à déloger qu'à 1 heure et demie les Français de la petite ville dont ils avaient fortement barricadé les rues ; de plus, ils opposèrent de nouveau de la résistance de ce côté-ci du ruisseau de Braye en défendant des localités et des fermes en grand nombre. Au milieu d'un épais brouillard il s'engagea alors un combat par les feux qui dura assez longtemps ; mais finalement la 12ᵉ brigade gagna, à 4 heures, le bord de la vallée. Savigny avait été occupé par la 9ᵉ brigade qui n'y avait rencontré qu'une faible résistance et Sargé fut enlevé au pas de charge quand il faisait déjà nuit.

Le IIIᵉ corps avait perdu 45 hommes et fait 200 prisonniers. Il s'établit dans des cantonnements à Braye, tout en portant les avant-postes de l'autre côté du cours d'eau.

Le IXᵉ corps fut logé à Épuisay et aux environs ; de la sorte deux corps, il est vrai, se trouvaient massés sur une seule des quelques routes dont on disposait. Sur la droite, la 2ᵉ division de cavalerie s'était portée en avant dans la direction de Mondoubleau, afin de prendre le contact avec le XIIIᵉ corps, les Français se retirèrent à Saint-Calais.

L'ordre transmis par le général en chef au XIIIᵉ corps, de marcher sur Montmirail, avait été donné dans la supposition que ce corps aurait, dès le 6, occupé Nogent-le-Rotrou, tandis que, en réalité, il s'était, comme nous l'avons vu plus haut, arrêté à la Fourche, Beaumont et Unverre. Le grand-duc, qui s'attendait à une résistance vigoureuse, ne procéda que le 7 à l'attaque de Nogent. Quand la 22ᵉ division arriva devant la ville, elle constata que l'ennemi avait évacué toutes les localités de la vallée supérieure de l'Huisne et elle put y entrer, à 2 heures, sans avoir à livrer de combat. Elle y prit ses cantonnements, tandis que la 4ᵉ division de cavalerie prenait les siens à Thiron-Gardais et qu'une avant-garde seule suivait l'ennemi.

Les Français s'étaient retirés à la Ferté-Bernard.

La 17ᵉ division avait d'abord suivi la 22ᵉ comme réserve. Mais voyant quelle était la teneur des rapports qui lui parvenaient, le grand-duc lui fit faire, dès 1 heure, un crochet vers le sud sur Authon et, afin de se conformer, dans la mesure du possible, aux ordres du général en chef, il porta sur Montmirail au moins un détachement de deux bataillons, de deux régiments de cavalerie et d'une batterie sous le commandement du général de Rauch.

8 janvier. — Le 8 au matin, voyant que l'ennemi ne reprenait pas l'offensive contre Saint-Amand, le général de Hartmann avait renvoyé, dès 9 heures, les troupes qui devaient lui servir de renforts. A 10 heures, il reçut l'ordre de rejoindre le X⁰ corps ; mais les Français occupaient toujours Villeporcher ainsi que la forêt située en arrière de cette localité et, sur la route de Château-Renault, ils s'étaient établis dans une position très favorable derrière la coupure de la Brenne. Le général se rendit compte qu'il fallait leur tenir tête sur ce point et il employa le meilleur moyen, qui était de prendre lui-même l'offensive. Soutenues par le feu de sa batterie et flanquées à droite et à gauche par la cavalerie, six compagnies du 60⁰ régiment d'infanterie s'avancèrent contre Villeporcher, elles refoulèrent l'ennemi qui s'enfuit jusque dans la forêt de Château-Renault et lui firent 100 prisonniers. Sur la gauche, le 9⁰ hulans poursuivait les chasseurs d'Afrique. A la tombée de la nuit seulement, le général de Hartmann prit la direction de Montoire.

De grand matin déjà, le général de Voigts-Rhetz avait quitté cette localité avec son corps. Par suite de la gelée survenue pendant la nuit, les chemins étaient couverts de verglas, ce qui rendait extraordinairement difficiles tous les mouvements des troupes. La route longeant la rive droite du Loir avait été interceptée sur différents points. Elle traverse une série de défilés et, en débouchant, l'avant-garde se heurta à un détachement d'environ 1 000 gardes mobiles qui avaient pris position en avant de la Chartre. Deux pièces allemandes contraignirent les mitrailleuses françaises à remettre l'avant-train au plus vite ; mais l'infanterie, avançant péniblement, ne parvint qu'après un engagement assez long à pénétrer dans la ville, à 4 heures. Elle y fut cantonnée. Deux bataillons poussèrent plus loin, il leur fallut enlever les localités où ils devaient coucher, et toute la nuit ils échangèrent des coups de fusil avec l'ennemi qui était tout près et auquel d'ailleurs ils firent 230 prisonniers.

La 39ᵉ brigade, partie dans la matinée d'Ambloy, ne put suivre le corps que jusqu'à Sougé.

Afin de rétablir les communications avec le IIIᵉ corps, le général de Schmidt avait été envoyé à droite avec la 14ᵉ brigade de cavalerie. En avant de Vancé, celle-ci fut accueillie par un feu très nourri. L'escadron qui tenait la tête céda la place à la batterie à cheval : la première pièce, tirant à mitraille, délogea les cuirassiers français qui avaient mis pied à terre derrière les haies. Après qu'on eut réussi à mettre en position deux pièces, leurs obus dispersèrent une longue colonne de cavalerie ennemie qui s'enfuit en tous sens.

Le colonel d'Alvensleben la poursuivit à la tête du 15ᵉ régiment de hulans jusqu'à ce qu'elle fut recueillie par l'infanterie qui avait pris position sur le ruisseau d'Étangsort. La brigade resta à Vancé après avoir tué ou blessé aux Français environ 100 hommes

Quant au IIIᵉ corps, une de ses divisions, la 6ᵉ, s'était portée en avant par Saint-Calais. L'ennemi chercha à défendre les coupures de la route, interceptée sur beaucoup de points, mais nulle part il n'attendit d'être sérieusement attaqué; la plupart du temps il battait en retraite en se servant de voitures tenues prêtes à cet effet. L'autre division du corps, la 5e, qui s'avançait à la même hauteur, à gauche de la 6e, ne rencontra de résistance nulle part; mais l'état des chemins rendait partout la marche extraordinairement difficile. Aussi le corps s'arrêta-t-il à Bouloire. Derrière lui, le IXe entra à Saint-Calais.

Pour ce qui est du XIIIe, le grand-duc avait porté en avant ses deux divisions sur la Ferté-Bernard. Pendant la marche elles ne rencontrèrent que des isolés; mais les routes étaient interceptées sur tant de points qu'elles n'atteignirent la localité qu'à 4 heures et y prirent leurs cantonnements. Les Français avaient battu en retraite sur Connerré. A partir de là, la 4e division de cavalerie devait couvrir le flanc droit du corps, mais elle ne réussit pas à atteindre Bellême. Par contre, le détachement du généra de Rauch, envoyé sur la gauche, vers Montmirail, surprit l'ennemi à Vibraye et s'empara du pont de la Braye.

Le 8 au soir, le corps formant l'aile gauche et celui qui était à l'aile droite se trouvaient à distance égale du Mans sur la seule grande route traversant obliquement la région, de la Ferté-Bernard par Saint-Calais et la Chartre, tandis, que, au centre, le IIIe était bien plus avancé et éloigné de chacun des deux autres d'une journée de marche. On ne pouvait les concentrer davantage qu'en les faisant progresser sur les routes convergeant toutes au Mans. Aussi, le prince Frédéric-Charles donna-t-il l'ordre, à 10 heures du soir, au Xe corps de se porter le lendemain sur Parigné-l'Évêque, au IIIe d'atteindre Ardenay et au XIIIe d'arriver à hauteur de Montfort, les avant-gardes des trois corps dépassant ces localités. Le IXe suivrait, au centre, et le général de

Hartmann continuerait à couvrir Vendôme avec la 38ᵉ brigade et la 1ʳᵉ division de cavalerie.

Rien que la distance à franchir ne permettait pas aux Xᵉ et XIIIᵉ corps d'atteindre depuis la Chartre et la Ferté-Bernard les buts qui leur étaient assignés. De plus, le 9, des tourmentes de neige, le verglas et un épais brouillard allaient rendre plus difficile encore la marche en avant.

9 janvier. — Le général de Hartmann fit avancer la 38ᵉ brigade contre Château-Renault; à 1 heure il entrait dans la ville. Depuis le matin la division de Curten battait en retraite sur Saint-Laurent.

Ce jour-là, le Xᵉ corps, dont l'effectif n'était pas au complet, se mit en marche sur deux colonnes. L'une constituant le détachement du général de Woyna devait partir de Pont-de-Braye pour se rendre à Grand-Lucé par Vancé tandis que les autres troupes du corps, partant de la Chartre, atteindraient le même objectif en prenant par Brives.

Quand sur cette route la 20ᵉ division déboucha de l'Homme elle fut accueillie par l'artillerie des Français tirant à obus et leurs mitrailleuses. Par exception il se trouvait là un terrain permettant de mettre en position trois batteries, mais il neigeait à gros flocons; elles ne purent régler leur tir. L'infanterie refoula cependant l'ennemi de différentes fermes et localités jusqu'au delà du ruisseau de Brives. Pour le poursuivre sur la rive opposée, on perdit d'abord beaucoup de temps à établir une passerelle provisoire, puis à enlever encore Chahaignes.

Après cela il fallait franchir la vallée fort étroite et là on avait eu raison de s'attendre à une résistance des plus sérieuses. La route était dans un tel état qu'artilleurs et cavaliers avaient dû mettre pied à terre pour mener les chevaux par la bride. Le général commandant le corps d'armée avait pris place sur un coffret d'avant-train ; son état-major suivait à pied. Mais toute la colonne se vit arrêtée parce que, à la tête, un certain nombre de chevaux étaient tombés. Il fallut renvoyer l'artillerie de corps en lui recommandant de chercher, le lendemain, à avancer par Vancé.

Afin de faciliter la marche de la 20e division, le général de Woyna avait reçu l'ordre de se détourner de sa direction primitive et de se porter dans le flanc gauche de l'ennemi. Quand il s'approcha de la vallée il n'entendit rien qui annonçât que l'engagement durait encore et son détachement revint sur Vancé ; mais à Brives la colonne principale rencontra de nouveau de la résistance à 3 heures et demie. L'ennemi ouvrit sur elle un feu très nourri de la hauteur située au nord-est de la localité. Même pour l'infanterie il était impossible d'avancer en quittant la grande route ; il fallut donc se porter en avant sur celle-ci ; mais la 39e brigade attaqua l'ennemi avec une vigueur telle qu'il rétrograda.

Il faisait nuit noire quand, à 6 heures et demie, le colonel de Valentini continua la marche avec quatre bataillons jusqu'à Saint-Pierre ; il y fit 100 prisonniers et captura un convoi de 100 voitures chargées.

Les troupes qui tenaient la tête du Xe corps passèrent la nuit à Brives et à Vancé ; mais pour les autres les cantonnements s'étendaient en arrière, jusque tout près de la vallée du Loir. La 14e brigade de cavalerie n'était pas davantage parvenue à gagner du terrain.

En ce qui concerne le IIIe corps, la 6e division s'était portée en avant avec l'artillerie de corps sur la grande route par Bouloire, la 5e à sa gauche en prenant des chemins latéraux.

L'avant-garde de la 6ᵉ division, dans un combat par les feux fort vif, refoula l'ennemi hors de ses positions en avant d'Ardenay ; mais dans la localité même il lui opposa une résistance des plus vigoureuses. Après que le général de Jouffroy se fut retiré de Saint-Calais vers le sud, le général Chanzy avait fait avancer la division Paris pour couvrir la grande route de Saint-Calais au Mans. Cette division avait pris position à Ardenay ; elle avait occupé le château sur sa droite et, sur sa gauche, à la Butte, elle avait mis en position 4 pièces et 2 mitrailleuses. Les Allemands ne purent leur opposer que 2 pièces, faute de place sur la grande route ; au bout d'une demi-heure elles eurent réduit au silence les mitrailleuses, puis elles continuèrent à soutenir avec la plus grande constance la lutte inégale contre les 4 pièces françaises. A 4 heures, cinq compagnies de la 12ᵉ brigade enlevèrent le château d'Ardenay, tandis qu'à droite d'autres franchissaient le fond de la vallée couvert de prés et s'avançaient sur la Butte en passant par les parcelles boisées. A la tombée de la nuit les Français firent une attaque d'ensemble le long de la chaussée ; elle échoua et les Brandebourgeois, sans riposter à la violente fusillade de l'ennemi, se jetèrent, en poussant leurs hourrahs, sur la Butte et Ardenay. L'ennemi fut repoussé dans la vallée du Narais ; on lui fit de nombreux prisonniers.

A droite un détachement de 1 bataillon, 2 escadrons et 2 pièces avait flanqué la 6ᵉ division pendant sa marche.

Il chassa devant lui des bandes de francs-tireurs, mais en avant de la Belle-Inutile il rencontra une résistance opiniâtre. Les hommes du 24ᵉ régiment enlevèrent la position ennemie où ils firent prisonniers plus de 100 ennemis non blessés et capturèrent en plus un convoi de munitions et un autre de vivres. Le comte de Lynar, commandant le détachement, mit la localité en état de défense.

La 5e division n'avait rencontré aucune résistance ; mais l'état des chemins ne lui avait permis d'avancer qu'au prix des plus grands efforts. Dans le courant de l'après-midi seulement ses têtes de colonnes atteignirent le ruisseau de Narais à Gué-de-l'Aune ; elle s'établit dans des cantonnements de là à Saint-Mars-de-Locquenay, tandis que son avant-garde continua à avancer jusqu'à la Buzardière. De la sorte elle se trouvait tenir la tête de toute la deuxième armée. Elle constata que sur son flanc gauche Parigné-l'Évêque était occupé par l'ennemi.

Le IXe corps avait marché à la suite du IIIe jusqu'à Bouloire.

Il n'était pas encore arrivé d'ordres du quartier général à la Ferté-Bernard quand, à 9 heures, le grand-duc mit en marche le XIIIe corps, sur la grande route, dans la direction de Connerré. Peu après midi, la 17e division rencontra l'ennemi à Sceaux et, progressant lentement tout en combattant, elle le refoula hors des localités situées sur la route même et dans son voisinage immédiat. Les Français, qui par une longue marche de nuit étaient revenus à Connerré, perdirent dans ces engagements sans importance plus de 500 prisonniers. Mais la journée, si courte, allait finir et l'avant-garde s'arrêta à Duneau, à la tombée de la nuit. Un détachement qui avait continué à marcher trouva Connerré occupé par l'ennemi et dans la vallée de la Due on voyait de nombreux feux de bivouac. Le gros de l'infanterie cantonna à Sceaux et aux environs.

Le détachement de Rauch ayant reçu l'ordre de rejoindre son corps d'armée, occupa le Croset, il s'empara du pont de la Due, situé en avant du village, et délogea l'ennemi de Thorigné.

Les Français ne s'étaient maintenus dans Connerré que jusqu'au soir ; ils y laissèrent quelques compagnies et continuèrent leur retraite. Partant de la rive gauche de l'Huisne, il leur fallait forcément passer par les localités où le IIIe corps était déjà cantonné ; de la sorte celui-ci fut dérangé toute la nuit par des détachements ennemis courant à l'aventure ; il en arriva même à Nuillé, où était le quartier général d'une des divisions du corps.

A l'extrême aile droite, la 4e division de cavalerie avait poussé jusqu'à Bellême, après que le bataillon qui lui était adjoint eut refoulé l'ennemi hors de cette localité.

De la sorte, le centre de la deuxième armée avait, ce jour-là, progressé de façon à n'être plus qu'à la distance de 15 kilomètres du Mans, tandis que les deux ailes s'en trouvaient bien plus éloignées. Selon toute probabilité les Français allaient accepter la bataille derrière l'Huisne, dans des positions préparées d'avance, et l'on se demandait s'il ne vaudrait pas mieux attendre que les Xe et XIIIe corps fussent arrivés à hauteur ; mais de la sorte on laissait à l'ennemi le temps de se fortifier davantage encore. Si, au contraire, on l'attaquait de suite, deux de ses divisions qui avaient été portées à Château-Renault et la Chartre ne pourraient plus guère atteindre le Mans, et les autres, qui avaient été refoulées concentriquement sur cette ville, avaient eu le dessous dans tous les engagements. En conséquence, le prince Frédéric-Charles donna l'ordre au IIIe corps d'attaquer l'ennemi au delà d'Ardenay, tandis que le Xe se porterait sur Parigné et le XIIIe sur Saint-Mars-la-Bruyère ; mais ces points, les deux corps n'étaient guère à même de les atteindre depuis les localités où ils s'étaient arrêtés la veille au soir.

Nous avons vu le 6 janvier encore l'armée française réunie au Mans prendre l'offensive, le général de Jouffroy marchant sur Vendôme et le général de Curten sur Saint-Amand. Dès le 7 les Français étaient réduits à rester sur la défensive, ayant été refoulés sur tout leur front, long de 75 kilomètres. A l'aile gauche, le général Rousseau avait évacué Nogent-le-Rotrou, puis, sans être poursuivi, il avait continué à battre en retraite sur Connerré, par une marche de nuit. Au centre, le général de Jouffroy s'était vu enlever la coupure du ruisseau de Braye. De Saint-Calais il ne se retira pas sur le Mans mais, en marchant dans la direction du sud, il alla se rapprocher du général Barry. A l'aile droite, le général de Curten s'était dérobé en marchant sur Château-Renault et, sans être poursuivi, il avait pris la direction de Château-du-Loir. Afin de faire agir avec ensemble les trois divisions de son aile droite, le général Chanzy les subordonna à l'amiral Jauréguiberry; sur la grande route dégarnie de troupes par suite de la retraite du général de Jouffroy, il porta en avant la division Paris sur Ardenay et à l'aile droite il renforça le général Rousseau en faisant prendre position à trois divisions sur les deux côtés de la route par laquelle il se retirait. Le général de Jouffroy devait revenir à Parigné-l'Évêque et, afin de le recueillir, on envoya au-devant de lui une division jusqu'à cette localité et sur Changé.

Le 9, le général de Curten réussit à arrêter pendant un certain temps, à Chahaignes, la marche en avant de l'aile gauche allemande, mais la division Paris fut refoulée au delà d'Ardenay; de la sorte le général Rousseau se trouva sur le point d'être cerné à Connerré, et le soir même il l'évacua. Les deux divisions de l'aile droite se trouvaient postées plus en arrière jusqu'à Jupilles et Neuillé-Pont-Pierre.

Étant donnée cette situation, le général Chanzy ordonna, pour le 10, à la division de Jouffroy de s'avancer vers Parigné-l'Évêque et à la division Paris de se porter de nouveau en avant sur Ardenay. Il envoya les trois divisions du 16ᵉ corps, qui lui restaient, au-devant du général Rousseau, afin qu'on réoccupât Connerré et Thorigné.

Des deux côtés on était donc décidé à prendre l'offensive et des mouvements exécutés à cet effet il résulta des engagements fort vifs que, du côté des Allemands, le IIIᵉ corps dut soutenir sans recevoir le moindre appui des trois autres.

BATAILLE DU MANS

10, 11, et 12 janvier. (10 *janvier, combats de Parigné et de Changé.*) — La configuration du terrain ne permettant pas de déployer des colonnes profondes sans une perte de temps considérable, le général d'Alvensleben donna à son front une plus grande étendue et fit avancer ses troupes en détachements isolés ; au centre les 9ᵉ et 11ᵉ brigades d'infanterie s'avancèrent de la sorte de Gué-de-l'Aune et d'Ardenay sur Changé. A droite la 12ᵉ se portait en avant par la grande route sur le Mans ; à gauche, après qu'on eut constaté que l'ennemi avait évacué Parigné, la 10ᵉ, laissant cette localité à gauche, devait, de Volnay, s'avancer également sur Changé.

De fait, il est vrai, Parigné avait été abandonné par les Français, mais à l'aube une brigade de la division Deplanque l'avait réoccupé et, avant même que les Allemands se fussent mis en marche, l'ennemi attaqua énergiquement leurs grand'gardes placées très loin en avant vers le bois de Loudon. Il fallut déployer peu à peu la plus grande partie de la 9ᵉ brigade entre l'extrémité du bois et Blinières, mais on ne put mettre en batterie que 7 pièces en face de la nombreuse artillerie ennemie. Le général de Stülpnagel résolut de ménager ses forces en vue de la lutte qu'il lui faudrait soutenir à Changé et de n'engager pour le moment qu'un combat traînant qui prendrait fin tout naturellement dès que la 10ᵉ brigade entrerait en ligne sur la gauche. Mais celle-ci, retardée par l'état déplorable des chemins, n'arriva qu'à midi par Challes ; deux de ses batteries vinrent renforcer la ligne d'artillerie allemande, qui dès lors put préparer d'une manière efficace l'attaque que l'infanterie allait diriger sur Parigné situé sur une hauteur. Une demi-heure après, les bataillons, au cri de : « Hourrah Brandebourg ! » s'élancèrent contre la localité tout en prenant une pièce abandonnée et deux mitrailleuses, tirant encore. Les Français tentèrent de reprendre la position ; ils furent refoulés et perdirent une autre pièce encore, deux drapeaux et plusieurs fourgons. On leur fit 2150 prisonniers ; les autres allèrent s'abriter dans le bois de Ruaudin.

Afin d'observer cette localité le général de Stülpnagel laissa à Parigné deux bataillons et se mit immédiatement en marche sur Changé, en deux colonnes.

En avant de cette localité, la 11ᵉ brigade avait rencontré à 3 heures sur le ruisseau de Gué-Perray une résistance des plus opiniâtres de la part de la seconde brigade de la division Deplanque. Dans un engagement fort vif aux Gars le 2ᵉ bataillon du 35ᵉ régiment d'infanterie perdit 9 officiers et plus de 100 hommes. Le général commandant le corps d'armée qui était présent envoya des détachements prendre en flanc, à droite et à gauche, la forte position ennemie ; sur la gauche, deux compagnies réussirent à franchir le cours d'eau à la Goudrière.

Là elles rencontrèrent dès 4 heures l'avant-garde de la 4ᵉ brigade que le colonel comte von der Grœben amenait de Parigné et qui s'était emparée du château de Girardrie. Quand les compagnies de la 11ᵉ brigade détachées à droite eurent atteint Amigné, elles entendirent la sonnerie : « Tout le monde en avant. » Amigné fut enlevé au pas de charge, on franchit le pont au nord de Gué-la-Hart et cette localité fut en même temps occupée après une lutte acharnée par des troupes venant du sud. L'ennemi se décida alors à battre en retraite : on lui fit plus de 1 000 prisonniers.

Il faisait déjà nuit et l'objectif assigné, Changé, n'était pas atteint. On y arriva cependant et, enlevant une barricade à l'entrée de la localité, on la trouva occupée par la 10ᵉ brigade. Celle-ci se portant en avant par la route de Parigné avait rencontré de la résistance aux châteaux de Chef-Raison et de la Paillerie. Deux pièces furent mises en batterie ; elles ne parvinrent pas à réduire au silence l'artillerie ennemie, mais là encore le général de Stülpnagel, ne laissant en observation qu'un seul bataillon, avait couru avec une fraction de la brigade vers Gué-la-Hart afin de soutenir les troupes qui y avaient engagé la lutte, tandis que l'autre marchait sur Changé même. Là une partie des troupes françaises était déjà dans ses cantonnements ; mais elles reprirent vivement les armes et opposèrent aux Allemands une résistance vigoureuse. Une lutte acharnée s'engagea dans les rues ; au bout d'une heure, l'ennemi, au nombre de 800 hommes, se voyant refoulé sur la place du Marché, dut mettre bas les armes.

La 12ᵉ brigade ne s'était mise en marche, d'Ardenay, qu'à 11 heures; par la grande route elle était arrivée, sans rencontrer de résistance, jusqu'à Saint-Hubert, où elle prit un convoi de vivres abandonné. Étant à la hauteur des autres brigades du IIIᵉ corps, elle s'arrêta pour le moment; mais à 1 heure l'artillerie française se mit à la canonner, l'infanterie ennemie se porta en avant, à plusieurs reprises sur la grande route; aussi, le général de Buddenbrock procéda-t-il à l'attaque : il refoula l'ennemi, de Champagné, en partie de l'autre côté de l'Huisne, en partie sur les hauteurs situées en arrière de la localité. Deux pièces ayant soutenu avec avantage la lutte contre l'artillerie ennemie à Lune-d'Auvours, l'infanterie refoula les Français sur ce point également.

Plus à droite un bataillon avait, après un engagement peu important, enlevé Saint-Mars-la-Bruyère. Là il fut rejoint par le détachement du comte de Lynar.

Le IIIᵉ corps avait, dans ces engagements heureux, menés avec une grande habileté, perdu, il est vrai, 450 hommes, mais il avait fait plus de 5 000 prisonniers et conquis des trophées honorables.

Le Xᵉ corps s'était mis en marche, ce jour-là, de Vancé et de Brives; il atteignit, sans avoir été arrêté par l'ennemi mais par des chemins fort mauvais, Grand-Lucé à 3 heures seulement; c'est là qu'il prit ses cantonnements.

Le IXᵉ corps était resté à Nuillé.

Quant au XIIIᵉ, la 17ᵉ division avait continué sa marche sur la rive gauche de l'Huisne; quand elle arriva à Connerré, l'ennemi n'y était plus. Par contre on constata que, sur la rive opposée, la 3ᵉ division du 16ᵉ corps français avait occupé les hauteurs de Cohernières, la gare et la forêt s'étendant au nord de celle-ci. Le général de Rauch s'avança, par le sud, contre cette position avec deux bataillons, tandis que la 22ᵉ division, ayant franchi l'Huisne à Sceaux et pris, sur la rive droite, la direction de Beillé, l'abordait par l'est. Les Français opposèrent la résistance la plus vive et la lutte dura, avec des alternatives de succès et de revers, jusqu'à la tombée de la nuit. On enleva, il est vrai, le château de Couléon et différentes localités situées au pied de la hauteur boisée; mais sur celle-ci même, comme à Cohernières, les Français tenaient sur leurs positions.

Pendant ce temps, la 17ᵉ division avait continué sa marche par la chaussée que le verglas rendait lisse comme un miroir; elle atteignit la Belle-Inutile, tandis que la 22ᵉ cantonna à Beillé.

Dès le matin les flanqueurs de celle-ci avaient marché sur Bonnétable, où se porta la 4ᵉ division de cavalerie. La 13ᵉ brigade de cavalerie suivit jusqu'à Bellême. Puis le colonel de Beckedorff continua à marcher en avant jusqu'à Chanteloup d'où il délogea l'ennemi, malgré une résistance fort vive.

Le général Chanzy était décidé à accepter la bataille en avant du Mans. La division de Curten, il est vrai, ne l'avait pas encore rejoint, la division Barry n'était arrivée qu'en partie; par contre il venait de recevoir un renfort de 10000 hommes, du camp de Conlie. A l'aile droite la position française s'appuyait à la Sarthe, à Arnage, sur une étendue de 7 kilomètres et demi elle longeait le chemin aux Bœufs, puis, décrivant une ligne courbe, elle rejoignait le ruisseau de l'Huisne. La division Barry, affaiblie par les échecs qu'elle avait subis dans les engagements soutenus par elle et les gardes nationaux mal armés du général Lalande, qui n'avaient reçu qu'une instruction militaire des plus imparfaites, étaient à l'aile droite, qui se trouvait être la moins menacée, tandis qu'au centre et à l'aile gauche il y avait les divisions Deplanque et de Roquebrune, la brigade Desmaisons et la division de Jouffroy, cette dernière directement en face du général d'Alvensleben. En arrière de cette ligne la division Bouëdec et la subdivision du colonel Marty formaient la réserve.

En tout une masse de 50 à 60 000 hommes, sous les ordres de l'amiral Jauréguiberry, occupaient, sans vide aucun, tout le front entre les deux cours d'eau, dont les points les plus importants avaient été couverts de retranchements. Cinq autres divisions, sous les ordres du général de Colomb, se trouvaient réparties sur la rive droite de l'Huisne jusqu'à la distance de 15 kilomètres ; c'étaient : la division Paris à Yvré, la division Gougeard qui occupait en outre les hauteurs d'Auvours sur la rive opposée, au nord de Champagné, puis la division Rousseau à Montfort et à Pont-de-Gesnes, enfin la division Collin, en potence à Lombron. La cinquième, la division de Villeneuve, se trouvait absolument sur le flanc, faisant front à Chanteloup.

11 janvier. — Du côté des Allemands le III° corps se trouvait directement opposé à la masse principale de l'ennemi. Pour le moment il ne lui fallait pas compter être soutenu par les corps formant les ailes et il devait se préparer à une lutte des plus sérieuses.

Sur la gauche le X° corps se trouvait encore à Grand-Lucé le 11 au matin, et sur la droite le XIII° avait été retenu et arrêté, la veille, par la résistance opiniâtre des Français. Ceux-ci avaient tenu entre les Cohernières et la Chapelle et, en avant de leur front, ils occupaient le Chêne.

Les corps de troupe de la 22° division s'étaient confondus au cours des engagements soutenus sous bois ; il fallut commencer par les reformer ; puis les deux généraux de division reconnurent la position ennemie ; à 11 heures enfin, on procéda à une nouvelle attaque.

La 17ᵉ division avait laissé deux bataillons et une batterie sur la rive sud de l'Huisne pour observer Pont-de-Gesnes ; sur la rive nord les bataillons mecklembourgeois enlevèrent Cohernières dans le courant de l'après-midi, après un engagement des plus vifs, et à 4 heures ils s'avancèrent, de concert avec les Hessois, dans la direction de l'ouest jusqu'au ruisseau du Gué et vers Lombron.

Dans l'intervalle, la 22ᵉ division avait fait enlever, plus à droite, par deux compagnies du 90ᵉ régiment, le Chêne, quoique l'ennemi opposât une résistance opiniâtre aux troupes qui l'attaquaient vigoureusement. Le 83ᵉ avait enlevé au pas de charge les fermes de Flouret et de la Grande Métairie après avoir soutenu un combat par les feux très vif. Le colonel de Beckedorff, dès que la 4ᵉ division de cavalerie l'eut relevé à Chanteloup, avait refoulé l'ennemi de Saint-Célerin et, se portant à la Chapelle-Saint-Remy, il avait rejoint l'aile droite de la 22ᵉ division qui s'établit dans des cantonnements étendus, en arrière des points conquis.

Les grenadiers mecklembourgeois s'étaient maintenus pendant assez longtemps au Gué et à la Brosse contre l'ennemi en nombre supérieur qui les attaquait par Pont-de-Gesnes ; mais vers le soir, le gros de la 17ᵉ division reçut l'ordre de rétrograder sur Connerré.

Le général d'Alvensleben, se voyant réduit à ses seules forces, se rendit compte qu'il était essentiel pour lui de les tenir étroitement concentrées.

Or l'ennemi avait des forces supérieures sur la hauteur

d'Auvours, dans le flanc, presque sur les derrières du IIIe corps ; la 12e brigade seule l'y retenait, et celle-ci pour le moment ne pouvait rejoindre le gros du corps.

Et ce fut là précisément que la lutte s'engagea d'abord. Les Français avaient réoccupé Champagné et, sur les hauteurs en arrière de la localité, ils avaient mis en batterie leur artillerie. Quatre pièces de la 12e brigade forcèrent celle-ci à ralentir son feu et deux bataillons procédèrent à l'attaque du village. Une lutte violente s'engagea dans les rues et à 11 heures seulement on put refouler l'ennemi sur les hauteurs et occuper le pont de l'Huisne.

Le général de Buddenbrock laissa ces deux bataillons en observation, un autre resta à la Lune-d'Auvours et avec le reste de la brigade il se mit en marche, à midi, pour rejoindre le IIIe corps.

Dans l'intervalle, la lutte s'était engagée avec une telle intensité sur le front de celui-ci que, à midi, le prince Frédéric-Charles envoya de Saint-Hubert, au général de Voigts-Rhetz, l'ordre de marcher avec le Xe corps, par le chemin le plus court, vers le champ de bataille. En même temps, le général de Manstein fut invité à enlever, avec le IXe, la hauteur d'Auvours.

Il était déjà 1 heure quand l'avant-garde de ce dernier corps gravit le chemin creux encombré de neiges ; les deux bataillons de la 12e brigade la suivirent et au prix des plus grands efforts on put mener à leur suite deux batteries. Passant devant la forêt fortement occupée par l'ennemi, l'infanterie s'élança droit sur Villiers, les tirailleurs du 3e bataillon du 11e régiment prirent 3 mitrailleuses qui tiraient encore, puis ils se dirigèrent sur la forêt après que les Français eurent évacué le village.

Plus à gauche, deux bataillons du 85e, détachés du gros

de la 18ᵉ division, avaient marché à 3 heures, sur la partie occidentale de la hauteur ; ils étaient soutenus par les chasseurs et deux batteries qui prirent position aux Hêtres. Afin de protéger l'artillerie, deux compagnies se portèrent sur la Lune et empêchèrent pour le moment l'ennemi d'avancer sur la grande route. Mais les batteries françaises établies dans une position dominante en arrière d'Yvré ouvrirent un feu nourri sur ces différentes troupes en mouvement. Cependant les Holsteinois s'élancèrent, sur la gauche, contre une batterie ennemie à laquelle ils enlevèrent 3 pièces et sur la droite ils s'emparèrent des fermes les plus rapprochées. A 5 heures les Français avaient évacué le plateau, à l'exception de l'extrême lisière occidentale.

Mais par cette lisière ils tentèrent, ce soir-là encore, un retour offensif des plus vigoureux, une fraction de la division Gougeard gravissant la pente par Yvré. Ils ne purent pas regagner le terrain perdu, mais ils se maintinrent sur ce point pendant la soirée et la nuit tout entière. Malgré tout, la lutte soutenue sur ce point par la 18ᵉ division avait eu pour résultat que le IIIᵉ corps ne fut pas inquiété dans son flanc ni sur ses derrières. Ce soir-là encore l'ordre parvint à la division d'avoir à assurer pour le lendemain le passage de l'Huisne. Trois bataillons et une batterie se portèrent immédiatement sur la rive nord et délogèrent du pont les troupes ennemies qui y étaient postées. La division avait perdu 275 hommes.

Pour permettre à la 12ᵉ brigade de le rejoindre, le général d'Alvensleben avait attendu jusqu'à 11 heures avant de faire commencer son mouvement en avant au IIIᵉ corps.

Pendant la nuit, les Français avaient complété leurs retranchements sur la lisière de la forêt où ils s'étaient postés ;

ils avaient en outre établi sur la rive dominante de l'Huisne de nombreuses batteries. L'attaque de front devait forcément coûter beaucoup de monde et il était, d'autre part, impossible d'envelopper cette ligne si étendue. Aussi le général d'Alvensleben résolut-il de n'attaquer d'abord que l'aile gauche ennemie. Il désigna à cet effet la 11ᵉ brigade. La 10ᵉ et la 9ᵉ devaient, en attendant, rester en réserve à Changé et à Gué-la-Hart. La 12ᵉ devenue disponible devant le mont Auvours était, il est vrai, en marche pour le rejoindre ; mais elle avait dû prendre des chemins détournés, les batteries françaises établies sur la hauteur balayant la grande route dans toute sa longueur.

La 11ᵉ brigade, forte à peine de 3 000 hommes s'avança le long du ruisseau de Gué-Perray, en contournant l'extrémité nord de la forêt. Afin de couvrir la marche en face des batteries qui la menaçaient de la hauteur, le 35ᵉ régiment d'infanterie dut faire front sur le ruisseau ; en outre, il occupa le château des Arches. Le 20ᵉ chercha à progresser le long du chemin aux Bœufs et, laissant des détachements pour occuper le château des Noyers et le pont sur l'Huisne qui se trouve près de là, il refoula, dans une lutte acharnée, l'ennemi sur les Granges. Mais bientôt celui-ci mena en avant de nouvelles forces en si grand nombre que successivement il fallut faire entrer en ligne toute la brigade. L'ennemi à plusieurs reprises réoccupa les Granges, chaque fois on les lui reprit et, tout en subissant des pertes graves, en officiers surtout, les Brandebourgeois continuaient la lutte sur ce point avec une grande ténacité.

Dans l'intervalle la 10ᵉ brigade se montra sur la gauche. Elle était partie à 1 heure de Changé. A 2 heures, le 52ᵉ régiment, après avoir lutté toute une heure et perdu beaucoup de monde, s'empara de la ferme du Pavillon, de la hauteur boisée située en avant et de la ferme du Grand-Auneau. On refoula de fortes colonnes ennemies qui se portaient en avant de Pontlieue ; deux batteries s'avancèrent, malgré le feu des chassepots, jusqu'à la distance de 800 pas du Tertre ; malgré cela, le 12e régiment ne parvint à pénétrer dans cette ferme que quand deux bataillons de la 9e brigade arrivèrent de Changé, à la rescousse. De concert avec les grenadiers du 8e (régiment du Roi), on enleva à 5 heures au pas de charge cette ferme qu'on se disputait depuis si longtemps.

On avait dû faire rétrograder le 52e régiment qui avait totalement épuisé ses munitions, mais les bataillons de grenadiers continuaient à progresser dans la direction du chemin aux Bœufs ; dans une mêlée sanglante, 2 pièces françaises, qui avaient ouvert le feu, furent capturées ; l'ennemi fit à différentes reprises des retours offensifs pour les reconquérir, il se vit toujours repoussé. Une batterie ennemie essayant de se mettre en position à l'ouest de la forêt, on l'en empêcha en ouvrant sur elle un feu rapide.

Quand, pour renforcer le 20e régiment, le 35e avait dû abandonner le ruisseau de Gué-Perray, les Français avaient réoccupé les Arches. A midi, la 12e brigade, ne comptant que trois bataillons, y était arrivée d'Auvours. Après un engagement fort court, le 64e reprit le château. La canonnade et la fusillade ennemies, ouvertes des hauteurs situées de l'autre côté du cours d'eau, étaient si violentes, que l'artillerie ne parvint pas à se mettre en position ; les servants, fort décimés, eurent toutes les peines du monde à ramener en arrière leurs pièces ; par contre, toutes les attaques que les Français dirigeaient d'Yvré sur le château, furent opiniâtrément repoussées.

Il faisait complètement nuit ; l'artillerie seule tirait encore. Le III⁰ corps avait fait 600 prisonniers ; lui-même, par contre, avait perdu 500 hommes. Il avait pénétré comme un coin au milieu de la position française et ses avant-postes avaient le contact immédiat avec l'ennemi. A ce moment-là, quoiqu'il fût déjà tard, un secours puissant lui arrivait.

Le matin, le X⁰ corps s'était mis en marche de très bonne heure, dans la direction de l'ouest, afin de gagner la grande route de Tours au Mans. De nouveau, sa marche fut retardée par le verglas dont les chemins étaient recouverts ; il n'arriva à Téloche que dans le courant de l'après-midi.

Le canon s'entendant au nord indiquait nettement que le général d'Alvensleben était engagé à fond. A midi, il est vrai, le général de Voigts-Rhetz avait reçu l'ordre expédié de Saint-Hubert par le général en chef ; mais il se dit avec raison qu'il porterait le secours le plus efficace en apparaissant non sur le champ de bataille où était engagé le III⁰ corps, mais bien dans le flanc de l'ennemi. Aussi continua-t-il sa marche sans retard aucun, malgré la grande fatigue de ses troupes qui n'avaient pas pu faire la soupe en route.

Afin de couvrir sa marche contre la division de Curten qu'on s'attendait à voir apparaître par Château-du-Loir, il avait envoyé un bataillon à Écomoy. En y arrivant, celui-ci fut accueilli par une fusillade ouverte sur lui de toutes les maisons, il se vit cerné de toutes parts et dut abandonner la localité ; mais il garda la route menant sur les derrières du X⁰ corps.

La tête de colonne de la 20⁰ division constata que Mulsanne n'était pas fortement occupé ; elle refoula les détachements ennemis de l'autre côté de la coupure de la Monnerie.

Le terrain qui restait à parcourir au X⁰ corps était fort avantageux pour l'ennemi. Les tirailleurs trouvaient des couverts excellents derrière les fossés et les levées de terre; les fermes et les parcelles boisées offraient de solides points d'appui au défenseur. On ne put d'abord mettre en position, en face de l'artillerie française, que huit pièces; malgré tout, quatre bataillons westphaliens et brunswickois refoulèrent, sans s'arrêter, les Français et arrivèrent au Point-du-Jour, à la tombée de la nuit. Ils ne s'arrêtèrent qu'au chemin des Bœufs, en avant des Mortes-Aures. Là, plusieurs rangées superposées de tranchées-abris permettaient à l'ennemi de battre tout le terrain de ses feux roulants.

La lutte, pendant quelque temps, resta indécise, mais bientôt les Allemands commencèrent à progresser à l'aile gauche. Le 1ᵉʳ bataillon du 17ᵉ régiment se jeta sur l'ennemi; celui-ci ouvrit, il est vrai, son feu sur lui presque à bout portant, mais immédiatement il se déroba en rétrogradant dans la forêt. Quand ils entendirent, au Point-du-Jour, les tambours du 1ᵉʳ bataillon du 56ᵉ battre la charge, les Français ramenèrent leurs mitrailleuses et abandonnèrent les Mortes-Aures.

Le général commandant le corps d'armée avait donné l'ordre à ce bataillon de mettre fin à la lutte en chargeant l'ennemi à la baïonnette. Le capitaine de Monbart le mena en avant, en rangs serrés, au pas de charge, toutes les fractions de troupes se trouvant à proximité se joignirent à lui et, malgré un feu très vif ouvert depuis la forêt, on atteignit la Tuilerie à 8 heures et demie. Là, la 40ᵉ brigade se déploya, tandis que la 37ᵉ prit position en avant de Mulsanne, prête à la soutenir. L'ennemi disparut au milieu des ténèbres. On entendit le roulement continu des voitures, le bruit de trains de chemin de fer qui s'éloignaient, des cris et des appels. Tout cela indiquait que l'ennemi battait en retraite. Mais sans cesse les détachements allemands ramenaient de nouveaux prisonniers, ils étaient unanimes à déclarer qu'il y avait encore dans la forêt des masses françaises considérables. On y voyait briller des feux de bivouac en grand nombre et, au lieu de pouvoir se reposer, les troupes durent se tenir prêtes à repousser de nouvelles attaques. En effet, à 10 heures et demie, les avant-postes annonçaient que de profondes colonnes ennemies s'avançaient par Pontlieue.

Jusqu'ici on n'avait eu affaire qu'aux gardes nationaux du général Lalande, troupes fort peu solides; mais à présent l'amiral mettait en marche la division Bouëdec contre la Tuilerie et donnait au général de Roquebrune l'ordre de la soutenir.

Pendant une bonne heure, les bataillons allemands placés en première ligne furent accablés de front et sur le flanc par une grêle de projectiles; mais l'ennemi ne fit pas d'attaque véritable. D'après les rapports français, les officiers s'efforçaient en vain de mener en avant leurs hommes, ceux-ci reculaient en se débandant. Plus tard encore, les gardes mobiles firent un retour offensif qui eut le même résultat négatif.

Mais les troupes n'allaient pas encore pouvoir se reposer. A 2 heures du matin, un nouveau fracas annonçait qu'on se battait à droite. C'étaient les flanqueurs de la 40ᵉ brigade qui étaient allés donner dans la division Deplanque. Pour être prêt à toute éventualité, ce détachement s'était avancé sur le chemin de Ruaudin à Pontlieue et, sans répondre au feu des ennemis, il s'était jeté sur le détachement français établi aux Épinettes; il s'y maintint et se trouvait de la sorte logé tout contre le chemin aux Bœufs.

12 janvier. — L'état-major allemand ne pouvait compter que sur les III⁰ et X⁰ corps pour soutenir la lutte qu'il lui fallait livrer ce jour-là devant le Mans. Les deux autres ne pouvaient prêter qu'un appui très indirect en retenant des fractions de la masse ennemie.

En ce qui concerne le XIII⁰ corps, la 17⁰ division devait se porter par Lombron sur Saint-Corneille sans engager de combat avec l'ennemi posté le long de l'Huisne, la 22⁰ devait avancer de la Chapelle à Savigné. On posta quelques faibles détachements sur le ruisseau du Gué et une partie de l'artillerie resta à Connerré avec la 17⁰ brigade de cavalerie.

En avançant, on trouva Lombron et de même Pont-de-Gesnes et Montfort abandonnés par les Français. Des armes et des effets d'équipement jetés le long du chemin montraient combien leur retraite s'était faite précipitamment. On ramassa de nombreux traînards, et à midi seulement, au ruisseau de Merdereau, la 17⁰ division rencontra de la résistance. Par une attaque enveloppante, on enleva à 4 heures le château de Hyre et Saint-Corneille et l'on fit prisonniers 500 Français, puis l'ennemi fut encore refoulé derrière le ruisseau de Parance où l'avant-garde fit halte à la tombée de la nuit.

Quant à la 22⁰ division, le détachement du colonel de Beckedorff s'était avancé de Sillé par Chanteloup; il avait refoulé l'ennemi sur la Croix où des masses françaises considérables tinrent tête au colonel. Celui-ci s'arrêta pendant un certain temps; quand le gros de la division fut arrivé, on procéda immédiatement à l'attaque. Des colonnes françaises entières mettaient bas les armes : 3 000 hommes, avec de nombreux officiers, furent faits prisonniers.

La cavalerie tenta de s'avancer de l'autre côté de la Sarthe, pour détruire la voie ferrée ; cette entreprise n'eut aucun succès.

Le IX⁰ corps fut chargé d'occuper complètement les hauteurs d'Auvours. La 35⁰ brigade se déploya à Villiers ; les patrouilles furent envoyées en avant ; bientôt elles annoncèrent que les Français s'étaient retirés de l'autre côté de l'Huisne.

Quand à midi on entendit de Saint-Corneille le bruit de la lutte soutenue par la 17⁰ division, la brigade reçut l'ordre de s'avancer dans la direction du nord afin de la secourir. Se portant en avant par la Commune, le 84⁰ régiment prêta un appui efficace aux troupes qui attaquaient le château de Hyre. Les avant-postes s'établirent, le soir venu, sur le ruisseau de Parance, le gros de la 35⁰ brigade revint à Fatines et la 36⁰ s'établit dans des cantonnements entre Villiers et Saint-Mars-la-Bruyère.

Par suite des engagements soutenus la veille, la position française en avant du Mans était forcée au centre ; mais l'ennemi tenait encore derrière l'Huisne et son aile gauche ayant été refoulée sur le centre, il se trouvait, sur ce point, considérablement renforcé. Il fallait que les Allemands franchissent encore le cours d'eau, et qu'ils gravissent le bord élevé de la vallée, où les haies des vignobles qui s'élevaient en terrasses étaient occupées par des lignes de tirailleurs très denses, tandis que sur la crête même on voyait de nombreuses batteries. Sur la gauche, le point de passage, à Yvré, avait été couvert de retranchements avec un soin tout particulier et en avant du front l'ennemi avait rendu impraticable, en partie du moins, la forêt de Pontlieue en y établissant des abatis d'arbres.

Contre une telle position, l'effet de l'artillerie ne pouvait être que minime, la cavalerie ne pouvait pas agir du tout et l'infanterie se voyait entravée dans ses mouvements par une neige épaisse.

En conséquence, le général d'Alvensleben résolut, pour le moment, de rester sur la défensive à l'aile droite, tandis que son aile gauche soutiendrait la marche en avant du général de Voigts-Rhetz.

Dès 6 heures du matin, les troupes durent prendre les armes après s'être reposées pendant bien peu de temps. Deux compagnies françaises chargées de sacs à poudre s'avancèrent contre le pont du château des Noyers; mais elles durent rétrograder en abandonnant leurs charges. A 8 heures, les Français attaquèrent sérieusement les avant-postes du 12e régiment dans la forêt et les refoulèrent sur le Tertre. Une seconde fois une lutte acharnée s'engagea autour de cette ferme qui fut absolument criblée de projectiles. Successivement on dut engager sur ce point jusqu'aux derniers bataillons de la 10e brigade, afin de permettre à d'autres fractions de troupes, qui avaient presque épuisé leurs munitions, de revenir en arrière. Quatre pièces seulement purent ouvrir le feu; mais, à 11 heures, l'ennemi ralentit peu à peu le sien et l'on constata qu'il battait en retraite sur Pontlieue. Les bataillons de l'aile gauche le suivirent dans cette direction, et sur la route de Parigné, ils se trouvèrent en communication directe avec le Xe corps.

Pour se couvrir du côté d'Écomoy, le général de Voigts-Rhetz avait laissé deux bataillons à Mulsanne; il avait dû, en outre, faire d'autres détachements indispensables. A 7 heures et demie il concentra toutes les forces disponibles de son corps pour s'avancer contre Pontlieue. Sur la route de Mulsanne, le gros de la 20ᵉ division marcha en colonne serrée dans la direction de la Tuilerie. Afin de renforcer les flanqueurs aux Épinettes, trois bataillons de la 19ᵉ division furent réunis à Ruaudin et sur le chemin de Parigné deux bataillons marchèrent en avant avec la 14ᵉ brigade de cavalerie et l'artillerie de corps qu'on ne pouvait employer dans le terrain s'étendant plus à gauche.

Dans l'intervalle, des renforts étaient arrivés de Ruaudin et le général de Woyna se porta en avant par la forêt, sans rencontrer de résistance, jusqu'à la Source où, à 1 heure, il fit halte, à hauteur de la 20ᵉ division.

Celle-ci avait déjà délogé les mitrailleuses mises en position en avant de Pontlieue, en faisant ouvrir le feu à une batterie de grosse artillerie. A droite, une batterie légère de la 19ᵉ division s'établit à la Source, et 10 pièces d'artillerie à cheval prirent position, jusqu'à la route de Parigné. L'atmosphère, à la vérité, était si peu claire qu'on ne put régler le tir qu'au moyen de la carte.

A 2 heures, le général de Kraatz se porta en avant en colonne serrée contre Pontlieue ; le général de Woyna s'était également mis en marche sur cette localité.

La lisière sud fut enlevée après un engagement peu sérieux ; mais, de l'autre côté de l'Huisne, les Français occupaient les maisons situées le long du cours d'eau et, au moment où les Allemands furent près du pont, celui-ci sauta. Mais il n'était qu'imparfaitement détruit, et les bataillons qui tenaient la tête, franchissant la rivière en se servant du pont en ruines, pénétrèrent dans la localité à la suite de l'ennemi. Deux d'entre eux s'avancèrent par la rue principale et un autre tourna à gauche vers la gare, où l'on entendait les coups de sifflet des trains qui partaient. Là aussi il y avait uu pont qu'on n'avait pas pu empêcher l'ennemi de faire sauter. Cependant on fit de nombreux prisonniers et on captura 150 wagons de vivres et 1000 quintaux de farine.

L'artillerie alors ouvrit le feu sur la ville du Mans elle-même.

Dans l'intervalle, on avait rencontré les fractions du III° corps qui s'étaient confondues au cours de la lutte soutenue en forêt. On distribua aux troupes une ration de viande, — elles n'en avaient plus mangé depuis trois jours, — et la 16ᵉ brigade se remit en marche. Le bataillon de chasseurs brandebourgeois franchit le cours d'eau près de la papeterie de l'Epau et deux batteries allèrent s'établir au Château-Funay afin de renforcer la ligne d'artillerie qui avait ouvert le feu sur le Mans.

Quand l'infanterie pénétra dans la ville, il s'engagea une mêlée confuse dans les rues, absolument obstruées par les convois de l'armée française. L'artillerie dut forcer l'entrée de certaines maisons; des Français en grand nombre furent faits prisonniers et l'on captura une grande quantité de voitures. La lutte dura jusqu'au soir. Le X° corps et la moitié du III° furent cantonnés dans la ville de manière à pouvoir se rassembler à la première alerte. La 6° division occupa Yvré que l'ennemi avait évacué, et les avant-postes s'établirent aux Noyers et aux Arches, de l'autre côté de l'Huisne.

Les engagements que les Français avaient soutenus ce jour-là n'avaient d'autre but que de donner à l'armée le temps de se retirer.

L'amiral Jauréguiberry lui ayant annoncé que toutes les tentatives qu'il avait faites pour mener les troupes en avant avaient échoué et que ses dernières réserves étaient mises en pièces, le général Chanzy avait donné, dès 8 heures du matin, l'ordre de commencer la retraite. Elle devait se faire sur Alençon, où le ministre avait promis d'envoyer deux divisions du 19ᵉ corps, de Carentan.

La marche de la deuxième armée sur le Mans avait duré sept jours et n'avait été qu'une série continue d'engagements. Elle eut lieu à un moment où les troupes avaient à supporter toutes les rigueurs de l'hiver. Le verglas et les tourmentes de neige rendaient plus difficiles encore tous les mouvements. Il était impossible de faire bivouaquer les troupes et, pour les cantonner, il fallait souvent les faire revenir en arrière à la distance de 10, de 15 kilomètres, qu'elles refaisaient en avant le matin. Il se passait des heures avant qu'elles fussent rassemblées le lendemain matin, et les journées étaient si courtes qu'on ne pouvait plus guère mettre à profit les résultats obtenus dans les engagements de la veille. La garde des prisonniers absorbait des bataillons entiers. L'état des chemins était tel que le train n'avait pu suivre l'armée, les officiers et la troupe étaient mal couverts, insuffisamment nourris. Mais, à force de bonne volonté, de persévérance et grâce à la discipline, on vainquit toutes les difficultés.

Dans ces luttes continues, l'armée perdit 3200 hommes et 200 officiers, le IIIᵉ corps figure à lui seul dans ces pertes pour plus de la moitié du chiffre total. Beaucoup de compagnies n'étaient plus commandées que par des sergents-majors.

Les Français disent avoir perdu 6200 hommes; cependant 20000 des leurs figurent comme prisonniers au nombre des trophées conquis par les Allemands, avec 17 bouches à feu, 2 drapeaux et un matériel de guerre considérable.

Après les efforts inouïs qu'elles avaient faites, les troupes avaient besoin d'un peu de repos. Les *directives* du grand quartier général prescrivaient de ne pas étendre les opérations au delà d'une certaine mesure et, de plus, il pouvait se faire qu'on eût besoin sous peu de la deuxième armée sur la Seine et sur la Loire. Aussi le prince Frédéric-Charles résolut-il de n'envoyer à la suite de l'ennemi battant en retraite que des détachements peu considérables.

Pour que l'on pût assigner à chacun des corps français une route différente en vue de la retraite sur Alençon, il fallait que deux d'entre eux marchassent d'abord dans la direction de l'ouest. Dès le soir du dernier jour de bataille, les 16e et 17e corps se mirent en route, protégés par leurs arrière-gardes pour gagner, celui-là Chauffour sur la route de Laval, celui-ci Conlie sur celle de Mayenne. Le 19e, restant sur la rive gauche même de la Sarthe, se rallia à Ballon. De ces trois points on voulait battre en retraite dans la direction du nord. Le général Chanzy espérait pouvoir se porter au secours de la capitale assiégée, en passant par Évreux. De la sorte, il lui eût fallu décrire un vaste arc de cercle sur la corde duquel les Allemands l'eussent facilement prévenu et, dans l'état où se trouvaient ses troupes, elles eussent été anéanties, combattant cette fois-ci dans un terrain où les trois armes auraient produit leur plein effet. En outre, l'armée battue au Mans se voyait déjà refoulée depuis la Sarthe vers l'ouest.

Le 13, à midi, après qu'on eut fait aux troupes une distribution de vivres et de fourrages, le général de Schmidt se mit en marche avec 4 bataillons, 11 escadrons et 10 pièces, et, après avoir soutenu un engagement de peu d'importance, il atteignit Chauffour. Le XIIIe corps se porta sur la Sarthe, la 17e division établissant ses avant-postes de l'autre côté de la Sarthe, à Neuville, et la 22e délogea l'ennemi de Ballon d'où il rétrograda sur Beaumont, absolument désorganisé. Ce jour-là, le 16ᵉ corps français s'était établi dans des cantonnements à Sillé. Les gardes nationaux bretons épeurés s'enfuirent en désordre à Evron, puis s'en retournèrent chez eux. Les troupes qui étaient restées dans le camp de Conlie se joignirent à eux, après l'avoir mis à sac. Le 17ᵉ corps aussi partit de là sans s'arrêter sur la Vègre, comme l'ordre lui en avait été donné; il rétrograda jusque vers Sainte-Suzanne. Le 16ᵉ partit dans la direction de Laval en laissant la division Barry comme arrière-garde à Chassillé. Partout des voitures abandonnées en grand nombre et des armes jetées montraient dans quel état se trouvait l'armée qui venait d'être battue au Mans.

Le 14, les Français furent délogés de Chassillé. Au 16ᵉ corps également le désordre était complet; dans la nuit même il reflua jusqu'à Saint-Jean-sur-Erve.

Les Allemands trouvèrent encore dans le camp de Conlie 8000 fusils, 5 millions de cartouches et d'autre butin.

Sur la rive droite de la Sarthe, le grand-duc avait marché dans la direction d'Alençon. A Beaumont, les Français n'opposèrent qu'une faible résistance à l'avant-garde de la 22ᵉ division; on leur fit 1 400 prisonniers.

Quand, le lendemain, le général de Schmidt continua à avancer sur la route de Laval, il trouva l'ennemi déployé à Saint-Jean; celui-ci avait mis en position une nombreuse artillerie sur les hauteurs en arrière de l'Erve. A la vérité, les bataillons oldenbourgeois réussirent à pénétrer jusqu'à l'église de la petite ville et ceux de Brunswick à refouler, plus en amont, l'ennemi de Sainte-Suzanne; mais on ne put pousser plus loin.

Selon les Français, les divisions Deplanque et Barry ne

comptaient pas plus de 6000 hommes en état de combattre et la division de Curten ne les avait pas rejointes encore; elles n'en étaient pas moins numériquement très supérieures à la faible subdivision qu'elles avaient en face d'elles. Le reste du IX⁰ corps venait d'être mis en marche pour se porter à son secours, mais il n'était encore arrivé qu'à Chassillé.

Un bataillon se portant en avant de Conlie se vit engagé, à Sillé, dans un combat avec le 21ᵉ corps français tout entier qui y était rassemblé et perdit beaucoup d'hommes. En ce qui concerne le XIIIᵉ corps, la 22ᵉ division rencontra, en avant d'Alençon même, une résistance vigoureuse de la part des corps francs et des gardes nationaux réunis sous le commandement de Lipowski; elle remit au lendemain l'attaque de la ville.

Mais ce jour-là on constata que les Français avaient évacué les positions où ils s'étaient établis à Alençon, à Sillé et à Saint-Jean. Toutes ces localités furent occupées par les Allemands et le général de Schmidt s'avança jusque tout près de Laval. On ramassa un grand nombre de traînards.

En arrière de la rivière de la Mayenne, où était arrivée la division de Curten, les débris de la deuxième armée de la Loire purent se rallier. Elle n'avait plus que la moitié de son effectif primitif, les troupes étaient profondément démoralisées; elle ne pouvait plus agir de longtemps et le but que la deuxième armée avait poursuivi en marchant sur le Mans était entièrement atteint.

Mais au nord de Paris les Allemands allaient être de nouveau attaqués. Il fallut faire revenir sur la Somme les fractions de la première armée qui se trouvaient encore sur la basse Seine, et le grand quartier général envoya à la deuxième armée l'ordre de mettre le XIII° corps en marche sur Rouen.

Sur le cours supérieur de la Loire, des troupes françaises s'étaient également portées en avant contre les détachements hessois postés à Briare; ils les avaient refoulés, le 14, sur Ouzouer, et, de la Sologne, on annonçait qu'un corps nouvellement formé, le 25°, se portait en avant.

En conséquence, le IX° corps, après avoir démoli le camp de Conlie d'où tous les approvisionnements avaient été retirés au préalable, se mit en marche sur Orléans. Le prince Frédéric-Charles concentra autour du Mans ce qui restait de la deuxième armée, c'est-à-dire les III° et X° corps et trois divisions de cavalerie, au total 27 000 hommes d'infanterie, 9 000 chevaux et 186 pièces. La cavalerie, qui observait l'ennemi sur le front et les flancs de l'armée, eut à soutenir de nombreux engagements peu importants; mais on n'entreprit plus rien de sérieux.

A l'aile droite, la 4° division de cavalerie occupa Alençon, et sur la gauche, le général de Hartmann entra dans Tours sans rencontrer de résistance.

LES ÉVÉNEMENTS DANS LE NORD DE PARIS PENDANT LE MOIS DE JANVIER

Dans les premiers jours de l'année, une partie considérable de la première armée était occupée à investir Péronne qui constituait pour l'ennemi un point de passage assuré lui permettant de déboucher sur la rive sud de la Somme.

Le général de Barnekow avait investi avec la 3° division de réserve et la 31° brigade cette petite place. Jusqu'alors on s'était contenté de la faire observer par la cavalerie, mais en ce moment elle avait une grande importance à cause de sa situation; toutes les forces du VIIIe corps disponibles étaient postées sur un grand arc de cercle d'Amiens jusqu'au delà de Bapaume, au nord de la place, afin de couvrir les lignes d'investissement.

Le Ier corps porté à Rouen n'était fort que de trois brigades, la 4e était en route pour le rejoindre, après avoir été relevée devant Péronne.

La première armée n'avait pas été renforcée. La 14e division, après avoir conquis Mézières et pris Rocroy peu après, venait de recevoir, du grand quartier général, une nouvelle mission qui l'appelait sur un autre théâtre d'opérations.

Le général Faidherbe avait réuni derrière la Scarpe des troupes qui s'étaient refaites dans leurs cantonnements au sud d'Arras, et le 2 janvier il les avait portées en avant. Avec le 22e corps il s'avança par Bucquoy pour débloquer Péronne. Le 23e suivait son mouvement par la grande route de Bapaume. La division Derroja, appartenant au premier de ces corps, contraignit, dès 10 heures et demie, la 3e division de cavalerie et les bataillons de la 32e brigade qui avaient été adjoints à celle-ci, à rétrograder jusqu'à Miraumont; mais elle ne les suivit que jusqu'à Achiet-le-Petit.

L'autre division du 22e corps, celle du général Bessol, ne s'était avancée que dans le courant de l'après-midi, sur Achiet-le-Grand. Là, deux compagnies du 68e régiment d'infanterie, un peloton de hussards et deux pièces lui opposèrent une vigoureuse résistance, pendant plusieurs heures, et ne se retirèrent que vers le soir à Avesnes. Les Français ne les y suivirent pas ; ils se contentèrent d'établir des avant-postes à Bihucourt.

La division Payen s'était déployée sur la grande route, à Béhagnies et ses batteries avaient ouvert le feu sur Sapignies. Là le général de Strubberg réunit cinq bataillons. Ceux-ci résistèrent à l'attaque dirigée contre eux ; à 2 heures ils s'élancèrent à leur tour et pénétrèrent dans Béhagnies, firent prisonniers 240 hommes et mirent le village en état de défense. L'ennemi rétrograda sur Ervillers et s'y déploya une seconde fois, mais ne renouvela pas son attaque.

La division Robin, du 23° corps, ne comprenant que des gardes nationaux mobilisés, avait fait un crochet à gauche sur Mory. On ne put lui opposer qu'un seul bataillon, avec un escadron de hussards. Se déployant outre mesure sur les hauteurs de Beugnâtre ils parvinrent à induire l'ennemi en erreur qui crut avoir en face de lui des forces bien plus considérables. Il faisait sans cesse des marches et des contre marches, il mit même en position de l'artillerie mais il n'attaqua pas et resta posté à Mory.

La 30° brigade et la 3° division de cavalerie se réunirent à Bapaume et aux alentours pour y passer la nuit. La 29° brigade occupa les villages les plus rapprochés à droite et à gauche de la route d'Arras.

BATAILLE DE BAPAUME

3 janvier. — Le général Faidherbe avait conduit ses forces tout contre les positions prussiennes couvrant l'investissement de Péronne. Ses quatre divisions étaient fortes de 57 bataillons, en face desquels les Allemands n'en avaient que 17. Il résolut de s'avancer, le 3, en quatre colonnes, sur Grévillers et Biefvillers, par la grande route et plus à l'est en passant près de Favreuil.

Mais le général de Gœben n'avait nullement envie d'abandonner sa position de Bapaume. Tout en continuant à occuper Favreuil, le général de Kummer réunit de grand matin la 30e brigade en avant de la ville et, en arrière de celle-ci, la 29e, dont trois bataillons restèrent postés dans les villages situés à droite et à gauche. On forma une réserve, plus en arrière, à Transloy, où l'on envoya le 8e bataillon de chasseurs, avec deux batteries, et le général de Barnekow reçut l'ordre de tenir prêts à Sailly-Saillisel trois bataillons et le deuxième groupe d'artillerie à pied, sans renoncer pour cela à l'investissement de Péronne. Enfin le détachement du prince Albert (fils), fort de 3 bataillons, 8 escadrons et 3 batteries, reçut l'ordre de se rapprocher du théâtre de la lutte en se portant sur Bertincourt. Ainsi réparties les troupes allemandes attendirent l'attaque des Français; le temps était couvert et froid.

De bonne heure déjà le général comte von der Grœben avait envoyé en avant la 7e brigade de cavalerie dans le flanc droit de l'ennemi; mais elle ne réussit pas à pénétrer dans les localités qu'occupait l'infanterie française.

A l'aile droite, deux bataillons du 65e opposèrent, de concert avec deux batteries à cheval envoyées de Transloy, un feu si énergique à la division Robin, qu'elle rétrograda sur Mory.

Les troupes qui occupaient Favreuil avaient également été renforcées par deux bataillons et deux batteries pour tenir tête à la division Payen s'avançant sur la grande route. Ils se déployèrent à l'est de la localité. La première pièce française débouchant de Sapignies fut immédiatement démontée; mais bientôt plusieurs batteries se mirent en position à droite et à gauche, et les Français pénétrèrent dans Favreuil et Saint-Aubin.

A midi, le 40ᵉ régiment d'infanterie s'avança de Bertincourt contre ces deux localités ; après une lutte acharnée, il les occupa, mais il dut de nouveau abandonner Favreuil et il alla, de concert avec le 2ᵉ hulans de la garde et une batterie à cheval, occuper, à côté de Frémicourt, une position qui couvrait l'aile droite de la division.

Sur la gauche, la division Bessol avait refoulé hors de Biefvillers les faibles détachements allemands qui l'occupaient. Le 1ᵉʳ bataillon du 33ᵉ régiment d'infanterie se porta en avant pour réoccuper le village ; une lutte violente s'engagea, au cours de laquelle il perdit tous ses officiers à l'exception de trois ; puis il dut se retirer sur Avesnes. La division Derroja avait également pris part à cet engagement. Les Français mirent en position une nombreuse artillerie et étendirent leur ligne de tirailleurs dans la direction du sud jusque dans le voisinage immédiat de la route d'Albert.

Aussi le général de Kummer résolut-il, à midi, de se borner à défendre Bapaume seul. L'artillerie se dévoua pour permettre à l'infanterie de s'y retirer. La première batterie de grosse artillerie qui, la dernière, remit l'avant-train, perdit 2 officiers, 17 hommes et 3 chevaux et ne put ramener ses pièces qu'avec l'aide de l'infanterie.

A Bapaume, la 29ᵉ brigade s'organisa de façon à pouvoir défendre opiniâtrément le vieux mur d'enceinte ; la 30ᵉ se concentra en arrière de la ville ; les Français avaient suivi jusque dans le faubourg, mais sans se montrer bien pressants. Puis la lutte subit un temps d'arrêt assez long.

Le général Faidherbe espérait se rendre maître de la ville en faisant un mouvement enveloppant étendu, sans avoir besoin de recourir au bombardement par lequel il eût fallu préluder à l'assaut. Une brigade de la division

Derroja chercha à gagner du terrain en passant par Tilloy ; mais là une résistance sérieuse lui fut opposée par le bataillon de chasseurs et deux batteries envoyées de Péronne. En même temps, 24 pièces, appartenant aux batteries qu'on avait amenées en arrière de Bapaume, ouvrirent le feu sur les colonnes françaises qui avançaient et qui, à 3 heures et demie, durent rétrograder de l'autre côté de la route d'Albert. Mais bientôt elles revinrent à la charge et cette fois-ci elles purent pénétrer dans Tilloy. Toutes les batteries les plus rapprochées dirigèrent alors leur feu sur ce village. Le général de Mirus, qui avait été laissé à Miraumont quand la 3e division de cavalerie s'était portée en avant, ne voyant pas d'ennemi devant lui et entendant le canon de Bapaume, s'avança de l'ouest pour tenter une nouvelle attaque, tandis que le général de Strubberg se portait en avant depuis la ville même. Mais les Français n'attendirent pas d'être attaqués ; ils furent également délogés du faubourg et d'Avesnes.

Les divisions françaises passèrent la nuit à Grévillers, Bihucourt, Favreuil et Beugnâtre, entourant de la sorte Bapaume de trois côtés.

La journée avait coûté aux Allemands 52 officiers et 698 hommes, aux Français 53 officiers et 2 066 hommes.

Mais le VIIIe corps n'était parvenu à tenir tête aux attaques des Français, bien supérieurs en nombre, qu'en mettant en ligne absolument toutes ses forces disponibles. On n'avait pas pu procéder au remplacement des munitions, et le général de Gœben résolut d'aller se battre derrière la Somme. On avait déjà commencé le mouvement de retraite quand les patrouilles annoncèrent que l'ennemi aussi évacuait les localités les plus rapprochées.

Les troupes françaises, peu aguerries encore, avaient

été extraordinairement éprouvées par les engagements soutenus la veille et par le froid qui était survenu pendant la nuit. Le général Faidherbe pouvait supposer que les forces allemandes postées devant Péronne avaient été amenées à Bapaume et que les Allemands, renforcés de la sorte, prendraient l'offensive. Le but qu'il s'était proposé en premier lieu, était dès lors atteint, Péronne était débloqué et le général pensa bien faire de ne pas compromettre ce résultat en engageant une nouvelle lutte. Il ramena ses corps en arrière, dans la direction d'Arras. Des fractions de la cavalerie allemande le suivirent. Le 8ᵉ cuirassiers réussit à forcer un carré français. La 15ᵉ division rétrograda derrière la Somme en passant en aval de Péronne et tout près de cette place et la cavalerie saxonne vint joindre l'aile droite à Saint-Quentin.

COMBATS SUR LA BASSE SEINE

Au même moment l'autre corps de la première armée avait engagé la lutte avec l'ennemi sur la basse Seine.

Sur la rive droite, les Français n'avaient plus rien tenté, mais sur la rive gauche ils étaient restés postés sur les hauteurs boisées du bois de la Londe, très rapprochées et qui forment l'extrémité sud de la presqu'île de Grand-Couronne, formée par le fleuve. C'est ici que le général de Bentheim, afin de se dégager dans cette direction aussi, avait concentré la moitié du Iᵉʳ corps, et le 4 janvier il se portait en avant sur les Moulineaux.

Dès avant le lever du soleil, le lieutenant-colonel de Hüllessem surprit les avant-postes ennemis, il enleva le cône que surmontent les ruines du château dit de Robertle-Diable et fit prisonniers tous les ennemis qui s'étaient jetés dans ces ruines. Les Allemands gravirent également, malgré le feu violent de l'ennemi, les hauteurs de Maison-Brulet ; ils lui enlevèrent en outre 2 pièces. Après avoir résisté encore à Saint-Ouen, les Français se retirèrent, dans l'après-midi, au delà de Bourgachard ; le soir, à 6 heures, on lança à leur poursuite un demi-escadron de dragons, deux pièces et une compagnie d'infanterie montée sur des voitures, qui capturèrent deux pièces rayées de 12 mises en batterie à l'entrée de Rougemontiers et un caisson, après avoir sabré les servants.

De Bourgtheroulde aussi l'ennemi fut refoulé après un engagement peu important dans la direction de Brionne. L'aile droite française postée à Elbeuf se déroba pendant la nuit en battant vivement en retraite : la situation était devenue fort grave pour elle depuis que le reste des troupes s'était vu refoulé.

Ces succès avaient coûté aux Allemands 5 officiers et 167 hommes. Les pertes des Français se montèrent, selon toute apparence, au même chiffre ; mais, en plus, on leur avait fait 300 prisonniers et capturé 4 pièces.

Le général Roye rallia ses troupes derrière la Rille sur la ligne Pont-Audemer-Brionne ; les Allemands, mirent de forts détachements dans Bourgachard, Bourgtheroulde et Elbeuf ; à Grand-Couronne trois bataillons se tenaient prêts à les soutenir. Les autres troupes revinrent à Rouen.

Ce jour-là même les Français avaient tenté de se porter en avant sur la rive nord de la Seine, mais ils s'étaient arrêtés à Fauville déjà, d'où ils rétrogradèrent de nouveau dans la direction d'Harfleur.

Dans l'intervalle, les postes d'observation du VIIIe corps avaient fort bien constaté que cette fois-ci les Français n'étaient pas allés s'abriter derrière les places fortes du nord, ce qui prouvait qu'ils avaient le dessein de renouveler sous peu leurs attaques contre les troupes qui investissaient Péronne.

En conséquence, le général de Gœben résolut, pour les protéger, de revenir sur la rive septentrionale de la Somme, d'y prendre une position sur le flanc de l'armée française, devant le front de laquelle celle-ci serait obligée de passer en se portant en avant.

Après qu'on eut accordé un jour de repos aux troupes et procédé au remplacement des munitions, la 30ᵉ brigade marcha, le 6 janvier, sur Bray et la 29ᵉ sur Albert. C'était la 3ᵉ division de cavalerie qui se trouvait le plus près de l'ennemi, à Bapaume ; en arrière d'elle était postée une brigade de cavalerie de la garde. Pour couvrir le flanc droit, le lieutenant-colonel de Pestel occupa Acheux. Quant au corps d'investissement, il porta la 3ᵉ division de réserve à Feuillières, à l'ouest de la place. L'artillerie de corps resta pour le moment sur la rive gauche de la Somme ; car on pouvait croire que l'ennemi dirigerait peut-être son attaque sur Amiens.

Mais pendant les quelques jours qui suivirent, les Français ne tentèrent aucune entreprise sérieuse et, le 9, Péronne capitulait.

PRISE DE PÉRONNE

9 janvier. — Cette petite place avait été investie pendant quinze jours par 11 bataillons, 16 escadrons et 10 batteries. Des prés inondés, d'un côté, et de l'autre des vieilles murailles flanquées de tours qui dataient du moyen âge la mettaient à l'abri d'un coup de main ; au demeurant, des hauteurs la commandaient de toute part, à petite distance.

Malgré cela, le feu ouvert par 58 pièces de campagne n'avait pas produit grand effet, d'autant plus qu'elles durent bientôt cesser le tir, les munitions étant épuisées. Puis on canonna la ville avec des pièces françaises provenant d'autres places de guerre, encore sans résultat aucun. La place tirait sans discontinuer, et la garnison, forte seulement de 3500 hommes, tenta même des sorties.

Le jour de la bataille de Bapaume, une partie du corps d'investissement dut, comme nous l'avons vu plus haut, marcher au secours du VIIIe corps et, comme l'issue de la journée semblait douteuse, il fallut prendre des dispositions afin de mettre en lieu sûr le matériel de siège. Les troupes qui étaient restées devant Péronne se tenaient prêtes à partir et une partie des pièces de gros calibre fut retirée des emplacements. Mais la garnison attendit sans rien entreprendre.

Deux jours plus tard, arrivait un parc de siège de 55 pièces de gros calibre, constitué à la Fère. Un deuxième, comprenant 28 pièces françaises venant de Mézières, était encore en route. Toutes les dispositions en vue du siège en règle étaient prises quand enfin, le 8, arriva un convoi considérable de munitions et le commandant de la place fut invité à cesser une résistance devenue absolument inutile.

Le 10 janvier le général de Barnekow entrait dans cette place abondamment pourvue d'armes, de munitions et de vivres. La garnison fut prisonnière de guerre.

Le 7 janvier, Sa Majesté le Roi avait appelé le général de Manteuffel sur un autre théâtre d'opérations et confié le commandement en chef de la première armée au général de Gœben.

N'ayant plus d'inquiétude au sujet de Péronne, celui-ci n'avait pas d'autre tâche à résoudre qu'à couvrir l'armée d'investissement de Paris. Pour cela, la Somme, dont à présent tous les points de passage étaient au pouvoir des Allemands, formait une ligne de défense naturelle derrière laquelle on pouvait même attendre les attaques d'un ennemi disposant de la supériorité numérique. En outre, le VIII° corps d'armée reçut à ce moment quelques renforts. L'accalmie qui s'était produite sur la basse Seine permettait de faire revenir à Amiens deux autres régiments et deux batteries. Le grand quartier général, de son côté, tenait prête une brigade de l'armée de la Meuse qui, en cas de besoin, pouvait être portée dans le nord par le chemin de fer.

Quant au point où l'ennemi frapperait un coup, on n'en savait rien. Aussi le général de Gœben déploya-t-il ses forces, en arrière de la Somme, sur une ligne ayant une étendue de 75 kilomètres, tout en continuant à occuper les points importants sur la rive droite, afin de pouvoir, si besoin était, reprendre l'offensive. Vers le milieu du mois, les fractions du Ier corps placées sous le commandement du général comte von der Grœben occupèrent Amiens, Corbie et la ligne de l'Hallue, de façon à prendre une position sur le flanc de l'ennemi. La 15° division, tout en continuant à occuper Bray, s'établit dans des cantonnements au sud de cette localité. Le plus près d'elle étaient, à gauche de Péronne, la 3° division de réserve, à droite la 16° division et la 3° brigade de cavalerie de réserve, qui, en avant d'elles, avaient des détachements dans Roisel et Vermand. La 12° division de cavalerie se trouvait aux environs de Saint-Quentin.

Déjà l'armée française s'était mise en marche sur la grande route de Cambrai; son 22ᵉ corps refoula derrière l'Hallue la 3ᵉ division de cavalerie, d'abord de Bapaume puis aussi d'Albert. Le 23ᵉ corps suivait par la même route et d'après cela il semblerait qu'on voulait réellement attaquer Amiens. Mais une reconnaissance faite dans cette direction avait permis de se rendre compte des difficultés que présenterait l'exécution de ce dessein; en outre, une dépêche télégraphique du ministre de la guerre annonçait que, dans les quelques jours qui suivraient, l'armée de Paris allait faire une dernière tentative, un effort désespéré pour briser le cercle de fer de l'investissement et que l'armée du nord devait attirer sur elle-même le plus de forces ennemies qu'elle pourrait afin qu'il y en eût moins devant Paris.

En conséquence, le général Faidherbe résolut de marcher immédiatement sur Saint-Quentin, ville sur laquelle il avait déjà dirigé, de Cambrai, la brigade Isnard. En attaquant l'aile droite des ennemis où, pour le moment, il n'y avait que de la cavalerie, on menaçait en même temps leurs communications avec l'intérieur de l'Allemagne, tandis que la proximité des places du nord permettait aux Français de s'y retirer et leur donnait une bien plus grande liberté de mouvements dans leurs opérations.

Mais le général de Gœben avait prévu cette marche par le flanc gauche de l'ennemi et, afin d'y mettre obstacle, il avait rassemblé toutes ses forces.

Jusqu'aux convalescents capables de faire le service, il mit en marche tout son monde, ne laissant à Amiens que de faibles détachements, en faisant encore venir, de la basse Seine sur la Somme, le 3ᵉ régiment de grenadiers et une batterie de grosse artillerie, car le XIIIᵉ corps était en marche de la Sarthe sur Rouen.

Bientôt on sut, par les reconnaissances faites par la cavalerie, que les Français avaient quitté Albert et que leurs corps s'étaient mis en marche sur Combles et Sailly-Saillisel. Une de leurs brigades, celle du général Pauly, nouvellement formée, occupa Bapaume ; la brigade Isnard entra dans Saint-Quentin, d'où le général zur Lippe se retira sur Ham, conformément à l'ordre qu'il avait reçu. Alors le général de Gœben aussi se mit en marche dans la direction de l'est en se servant des routes de la rive droite comme de la rive gauche de la Somme, afin d'atteindre l'ennemi à temps encore.

17 janvier. — Le 17, la 12ᵉ brigade de cavalerie continua à marcher à droite, vers la Fère, la 16ᵉ division sur Ham. La 3ᵉ division de réserve et la brigade de cavalerie de la garde arrivèrent à Nesle, la 15ᵉ division et l'artillerie de corps atteignirent Villers-Carbonnel. On avait constitué une réserve générale avec les troupes qui étaient venues de Rouen en dernier lieu ; elle suivit l'armée jusqu'à Harbonnières. Sur la rive nord de la Somme, la subdivision du général comte von der Grœben s'avança jusqu'au delà de Péronne, qu'elle ne dépassa pas de beaucoup.

Les quatre divisions françaises avaient marché en avant dans la direction de Vermand, de telle façon que le lendemain elles pouvaient opérer leur jonction à Saint-Quentin. Le 23ᵉ corps devait se diriger sur la ville par la route directe, tandis que le 22ᵉ franchirait la Somme plus en aval et prendrait position au sud de Saint-Quentin.

18 janvier. — Du côté des Allemands, la 16ᵉ division et la 3ᵉ division de réserve se portèrent en avant, sur la rive sud de la Somme, vers Jussy et Flavy, la réserve suivant jusqu'à Ham. La 12ᵉ division de cavalerie, établie à Vendeuil, constata que dans la région à l'est de l'Oise il n'y avait pas de forces ennemies.

Afin de prendre le contact avec l'ennemi qui s'avançait, le 15ᵉ division devait par contre franchir la Somme à Brie, et se porter sur Vermand et Étreillers de concert avec les troupes du général comte von der Grœben. Le général de Kummer avait pour instruction, au cas où il trouverait les Français établis dans une position, de simplement les observer ; au cas où ils se retireraient dans la direction du nord, de les suivre, tandis que, si par hasard ils se portaient en avant vers le sud, il devait immédiatement les attaquer avec toutes ses forces.

A peine eut-elle dépassé Tertry, que la 29ᵉ brigade rencontra à 10 heures et demie l'arrière-garde du 22ᵉ corps et son train. Les hussards dispersèrent l'un des bataillons d'escorte et firent revenir les colonnes de voitures, dans le plus grand désordre, à Caulaincourt ; mais l'infanterie française s'approchant et ouvrant le feu, ils durent abandonner leur butin et leurs prisonniers. La brigade française avait fait demi-tour et de Trefcon elle procéda à l'attaque. Le 65ᵉ régiment d'infanterie et trois batteries leur tinrent tête jusqu'après 2 heures ; à ce moment, le général du Bessol arrivait sur les lieux : il donna l'ordre à l'infanterie de se remettre en marche sur Saint-Quentin.

Le 23ᵉ corps avait également interrompu sa marche pour détacher une de ses brigades dans le flanc gauche de la 15ᵉ division. Mais à la ferme de Cauvigny, celle-ci rencontra deux bataillons allemands qui, après avoir soutenu un combat par les feux d'assez longue durée, suivirent l'ennemi qui s'était remis en marche et pénétrèrent, à 3 heures, à Caulaincourt où ils firent 100 prisonniers et capturèrent 14 fourgons de vivres.

Dans l'intervalle, le comte von der Grœben avait marché au canon. Il se rendit compte qu'il porterait le secours le plus efficace aux troupes engagées, en marchant droit sur Vermand. Quatre batteries furent mises en position contre Pœuilly, que l'ennemi avait occupé, et quand le 4° régiment de grenadiers aborda la localité, les Français l'évacuèrent. Un certain nombre d'entre eux furent faits prisonniers. Des gardes mobiles en grand nombre furent dispersés par les hulans. Mais à Vermand, on trouva le 23° corps en train de se déployer.

Aussi le comte von der Grœben concentra-t-il ses troupes derrière la dépression de Pœuilly; en rétrogradant jusque-là, ses troupes faisaient front toutes les fois que l'ennemi les poursuivait. La 15° division avait pris ses cantonnements à Beauvois et Caulaincourt.

Les généraux français ne semblent avoir ce jour-là poursuivi qu'un seul but : atteindre Saint-Quentin. Ils ne profitèrent pas de l'occasion qui s'offrait à eux d'assaillir à la fois avec leurs deux corps la 15° division qui se trouvait isolée. Le 23° passa la nuit à Saint-Quentin et à l'ouest de la ville, le 22° au sud, après avoir franchi la Somme à Seraucourt. Allaient-ils pouvoir continuer la marche, soit sur Paris, soit contre les lignes de communication des Allemands? Cela dépendait, maintenant que ceux-ci se trouvaient dans leur voisinage immédiat, de l'issue de la bataille, et cette bataille, le général Faidherbe voulut attendre à Saint-Quentin qu'on la lui offrît.

Il était essentiel qu'il restât posté là, au cas où la sortie de Paris aurait réussi. La configuration du sol était avantageuse à certains égards : les hauteurs autour de la ville offraient un champ de tir libre et permettaient de tenir abritées les troupes tenues en réserve. La Somme, il est vrai, séparait son armée en deux tronçons; mais le pont de Saint-Quentin leur permettait de se prêter un mutuel appui. L'adversaire aussi était posté sur les deux bords de la rivière et le général français, enfin, avait, en comptant les brigades Isnard et Pauly qui venaient de le rejoindre, à opposer 40 000 hommes à un ennemi plus faible. De fait les Allemands, en comptant absolument tout leur monde, étaient au nombre de 32 580 combattants, dont tout près de 6 000 cavaliers.

BATAILLE DE SAINT-QUENTIN

19 janvier. — Pour le 19 le général de Gœben avait ordonné d'attaquer sur toute la ligne.

Sur la rive sud de la Somme le général de Barnekow s'avança, tout en occupant Seraucourt, avec la 16ᵉ division et la 3ᵉ division de réserve de Jussy par Essigny, la 12ᵉ division de cavalerie se portant en avant sur la route qui montait de la Fère.

Les colonnes françaises étaient encore en marche pour aller occuper leurs positions, tournant le dos à la ville; mais Grugies était déjà occupé par un de leurs détachements. Tandis que la 32ᵉ brigade se déployait au nord d'Essigny et que la division de réserve faisait halte en arrière de cette localité, la 31ᵉ brigade se porta en avant sur Grugies, à 10 heures moins le quart.

Cette brigade, avançant de la sorte à l'attaque, se vit prise en flanc, à gauche, par la brigade française de Gislain, qui dans l'intervalle avait occupé Contescourt et

Castres. De front elle fut accueillie par les brigades Fœrster et Pittié.

L'artillerie française riposta immédiatement du moulin de Tout-Vent par un feu bien nourri à celui de la première batterie allemande mise en position. A 11 heures, le 2ᵉ bataillon du 69ᵉ régiment d'infanterie s'avança en colonnes de compagnie en franchissant un terrain absolument découvert, contre la hauteur située de l'autre côté de Grugies ; quatre fois il renouvela l'attaque, quatre fois les feux croisés absolument meurtriers de l'ennemi la firent échouer. Ce bataillon isolé avait presque épuisé ses munitions quand six compagnies du 29ᵉ se portèrent à leur tour en avant; dans une lutte acharnée où l'on combattait corps à corps on parvint à refouler les Français qui s'arrêtèrent et tinrent de nouveau tête, en avant de Grugies, à la raffinerie de sucre.

A l'aile droite, la 12ᵉ division de cavalerie s'était avancée le long de la route de la Fère. La brigade Aynès, qui avait été tenue en réserve jusqu'alors, se porta au-devant d'elle au pas de course, et comme le comte zur Lippe n'avait à sa disposition qu'un bataillon d'infanterie, il se vit refoulé pour le moment jusqu'à Cornet-d'Or. A midi, des renforts lui arrivèrent de Tergnier; les chasseurs saxons enlevèrent le parc qui s'étend le long de la grande route, tandis que les fusiliers du Schleswig-Holstein s'emparèrent de la Neuville. Les Français rétrogradèrent vivement, laissant entre les mains des Allemands un grand nombre de prisonniers; ils furent vigoureusement poursuivis et ne purent être recueillis qu'arrivés dans le faubourg de Saint-Quentin.

Mais pendant ce temps la 31ᵉ brigade avait engagé, en avant de Grugies, un combat par les feux, fort vif, des deux côtés du chemin de fer; en arrière de son aile droite, la 32ᵉ se trouvait postée dans la dépression, le long de la grande route, où elle eut à souffrir beaucoup des obus ennemis; et sur la gauche, le détachement s'avançant de Seraucourt n'avait pas réussi à pénétrer dans Contescourt, Or, à ce moment, les Français exécutèrent, de Grugies, une attaque violente, avec des forces tellement supérieures que la 16ᵉ division dut être ramenée en arrière jusqu'à Essigny.

Quand, à midi, le général Faidherbe se rendit de sa personne au 23ᵉ corps, il pouvait espérer, à bon droit, que le 22ᵉ tiendrait sur ses positions. Mais à la vérité le coup décisif devait être porté sur la partie nord du champ de bataille.

La division Robin y avait pris position entre Fayet et Francilly. A sa gauche la brigade Isnard était entrée en ligne, puis venait la brigade Lagrange, de la division Payen, qui s'étendait jusqu'à la Somme. La brigade Michelet était en réserve et à Gricourt était postée la brigade Pauly, chargée d'assurer les lignes d'approvisionnements.

A l'aile gauche allemande le général comte von der Grœben s'était mis en marche dès 8 heures du matin avec 8 bataillons et 28 bouches à feu de Pœuilly le long de la voie romaine. La brigade de cavalerie suivait sur sa gauche.

Immédiatement les bataillons de la Prusse orientale refoulèrent les Français d'Holnon, ils les délogèrent de Selency, puis ils s'avancèrent contre Fayet et sur la hauteur de Moulin-Coutte en prenant à l'ennemi une pièce tirant encore, avec son caisson et de nombreux prisonniers.

Successivement les 28 pièces furent toutes mises en position sur la hauteur du moulin; elles engagèrent la lutte avec l'artillerie de la division Robin, mais au bout d'une demi-heure les munitions commencèrent à leur manquer, les chariots envoyés la veille aux colonnes de munitions du VIII⁰ corps n'étant pas encore revenus. Les batteries exposées en outre à la fusillade ennemie durent se replier sur Holnon et, comme Francilly, situé immédiatement dans leur flanc et sur leurs derrières, était resté occupé par l'ennemi, on ne put plus, pour le moment, gagner du terrain.

Sur la droite, le général de Kummer s'était mis en marche avec la 15ᵉ division de Beauvois et à 10 heures il atteignait Etreillers. Les hussards du Roi s'avancèrent tout en refoulant la cavalerie ennemie jusqu'à l'Épine de Dallon et la 22ᵉ brigade pénétra dans Savy. Au nord de cette localité, trois batteries engagèrent la lutte avec l'artillerie de la division Payen, puis le 65ᵉ régiment d'infanterie procéda à l'attaque des parcelles boisées situées en avant. La plus petite des deux, celle du sud, fut enlevée ; mais, tout comme à Francilly, la brigade Isnard tint dans la plus grande, située au nord.

A midi, la brigade Lagrange s'avança pour réoccuper la petite parcelle, elle y pénétra ; mais au bout de quelque temps le 65ᵉ l'en délogea de nouveau.

Sur le flanc droit de la 29ᵉ brigade qui se trouvait menacé, vint se porter le 33ᵉ régiment, et l'artillerie de corps arrivant précisément à ce moment-là à Savy, on mit en position deux de ses batteries de grosse artillerie à côté de celles qui avaient déjà ouvert le feu. Puis la 30ᵉ brigade entra en ligne par Roupy, sur la droite de la 29ᵉ.

Dans l'intervalle, le colonel de Massow avait repris à 1 heure l'offensive à l'aile gauche qui se trouvait avoir bien plus progressé. Six compagnies du 44ᵉ régiment se portèrent en avant sur Fayet et, déchargeant leurs fusils presque à bout portant, elles refoulèrent les Français hors de la localité. Deux batteries suivirent et engagèrent une seconde fois la lutte avec la grande position d'artillerie de l'ennemi au moulin de Cépy.

Le général Paulze d'Ivoy voyant que les communications de son corps d'armée avec Cambrai allaient être coupées, avait déjà attiré à lui la brigade Michelet de la position où elle était en réserve à l'ouest de la ville et, avec ces forces intactes, il se porta en avant contre Fayet. Les troupes prussiennes qui s'y trouvaient durent se replier sur Moulin-Coutte, mais on empêcha l'ennemi de progresser davantage vers la hauteur en le prenant en flanc depuis Selency et en enlevant en même temps la ferme du Bois-des-Roses. Les Français rétrogradèrent jusqu'à Fayet.

Ils y tenaient encore, tout comme dans la parcelle boisée du nord, à Francilly, à 1 heure et demie ; à ce moment les brigades allemandes étaient toutes les trois entrées en ligne. La réserve générale s'était, il est vrai, portée en avant de Ham à Roupy, mais le général de Gœben, qui, de ce point, voyait le peu de progrès que faisait la 16ᵉ division, l'avait, dès 11 heures, envoyée au secours de celle-ci par Seraucourt.

C'est de là que le colonel de Bœcking s'avança sur Contescourt avec 3 bataillons, 3 escadrons et 2 batteries. Prenant lui-même les devants avec la cavalerie, il avait d'abord fait ouvrir le feu à l'artillerie, puis le 41ᵉ régiment procéda à l'attaque dès qu'il fut arrivé. De concert avec le bataillon du 19ᵉ qui se trouvait déjà posté en cet endroit, il refoula vivement l'ennemi hors de la localité, comme aussi hors de Castres sur la hauteur de Grugies, tout en lui faisant un grand nombre de prisonniers. L'artillerie, ayant atteint peu à peu le chiffre de 30 pièces, ouvrit le feu sur cette hauteur.

Afin de pouvoir y tenir plus longtemps encore, le général Lecointe fit avancer plusieurs bataillons de la brigade Pittié et même de la brigade Aynès pour renforcer celle du général de Gislain. Les bataillons de la Prusse orientale n'en réussirent pas moins, à 2 heures et demie, à refouler l'ennemi par une attaque enveloppante, dans la dépression de Grugies.

La vigoureuse intervention du colonel de Bœcking se fit sentir sur tout le front de bataille.

Afin que le mouvement en avant pût s'exécuter de nouveau sur toute la ligne, le général de Barnekow avait attiré à lui, d'Essigny, tout ce qui lui restait de forces disponibles; mais la brigade Pittié fit inopinément, à 3 heures, un retour offensif le long du chemin de fer. Prise en flanc, à droite, par l'artillerie allemande qui de Castres avait ouvert le feu, elle se vit soudain chargée, sur le flanc gauche, par cinq escadrons de la cavalerie de réserve, de la dépression d'Urvillers. En même temps le colonel de Hertzberg portait en avant la 32ᵉ brigade qui refoula l'ennemi sur le moulin de Tout-Vent.

La brigade Fœrster tenait encore opiniâtrément au sud de Grugies, quoique sa droite fût menacée très sérieusement de Giffécourt et que son flanc gauche ne fût pas moins exposé aux charges de la 12ᵉ division de cavalerie. Le recul de la brigade Pittié découvrant absolument son aile gauche, les hommes étant totalement épuisés par la longue lutte qu'ils avaient soutenue, la brigade dut se résoudre à abandonner la position qu'elle avait tenue si longtemps. La 31ᵉ brigade s'avança le long du chemin de fer jusqu'à la raffinerie et le colonel de Bœcking délogea de Grugies les dernières troupes françaises. Puis il fit préparer par son artillerie l'attaque du moulin de Tout-Vent.

Le 41ᵉ régiment, les bataillons qu'on avait fait avancer

d'Essigny et la 32ᵉ brigade dirigèrent alors sur cette position une attaque concentrique. Les Français ne leur opposèrent plus qu'une résistance de courte durée ; ils avaient d'ores et déjà commencé à battre en retraite. Toute la ligne de bataille allemande, la 12ᵉ division de cavalerie marchant à l'aile droite, se porta en avant sur la ville que l'artillerie était à présent à même de canonner, de Gauchy. La cavalerie enfonça à plusieurs reprises les colonnes ennemies qui rétrogradaient ; la gare et le faubourg, où l'on rencontra encore l'arrière-garde française, furent occupés après un engagement fort court.

Pendant que les événements prenaient dans la partie sud du champ de bataille la tournure que nous venons de dire, on avait continué à attaquer l'ennemi sur la partie nord.

A 2 heures déjà, le 28ᵉ régiment d'infanterie, s'avançant de Roupy, avait enlevé au pas de charge, sur la route de Ham, la ferme de l'Épine de Dallon et presque en même temps l'infanterie du comte von der Grœben reprenait l'offensive.

Tandis que sur la droite quelques compagnies des 4ᵉ et 44ᵉ régiments tenaient tête aux troupes françaises qui débouchaient de la parcelle boisée du nord, le major d'Elpons se portait vivement en avant d'Holnon et de Selency, sur Francilly avec six compagnies des grenadiers Prince-Royal et, malgré le feu violent des défenseurs, il pénétra dans ce village qu'on se disputait avec tant d'acharnement et y fit de nombreux prisonniers. Mais quand les compagnies de la Prusse orientale continuèrent à avancer au sud de la voie romaine, elles se virent à leur tour vigoureusement attaquées.

Afin de couvrir sa ligne de retraite menacée, la brigade Michelet s'avança de nouveau, contre ces compagnies, de

Fayet, tandis que la brigade Pauly marchait de Gricourt sur le Moulin-Coutte. Mais le 44ᵉ régiment tint opiniâtrément sur cette position qui, dans l'intervalle, avait été renforcée par de l'artillerie : les compagnies de grenadiers faisant une conversion à gauche, vers la voie romaine, on parvint à repousser, sur ce point aussi, l'attaque des ennemis.

Dans l'intervalle, la 29ᵉ brigade, que suivait la 30ᵉ, avait déjà commencé sa marche en avant dans la direction de Saint-Quentin, flanquée à droite par le 33ᵉ régiment, à gauche par le 65ᵉ. Ce dernier s'empara alors totalement de la grande parcelle boisée et 48 pièces se mirent en batterie à droite et à gauche du chemin de Savy. Les Français s'étant, à ce moment-là, mis à lancer une grêle d'obus, les Allemands n'avancèrent plus qu'en colonnes de compagnie et même en ordre dispersé. Mais les brigades Isnard et Lagrange n'attendirent plus d'être attaquées ; à 4 heures elles se replièrent sur Saint-Quentin en abandonnant une pièce.

Leur artillerie prit encore, à la vérité, position à Rocourt, mais à 5 heures déjà elle dut remettre l'avant-train et, à partir de ce moment, les Français se bornèrent à défendre l'entrée du faubourg Saint-Martin, où ils avaient élevé des barricades.

Six batteries prussiennes vinrent prendre position en face de celles-ci, et pendant un certain temps la 29ᵉ brigade soutint un combat par les feux traînant contre les ennemis fort nombreux qui occupaient les maisons et les jardins. Ensuite plusieurs compagnies pénétrèrent dans la ville, de Rocourt ; on continuait encore à se battre dans les rues quand déjà le lieutenant-colonel de Hüllessem était entré, par le sud, dans la ville même, en franchissant le pont du canal.

Dès 4 heures, le général Faidherbe s'était rendu compte que sans nul doute le 23ᵉ corps ne parviendrait pas à tenir tête aux Allemands. Dès lors, il ne lui restait que deux partis à prendre : battre en retraite pendant la nuit ou se laisser enfermer dans Saint-Quentin. Il n'avait pas encore pris de résolution quand il fut rejoint, dans la ville, par le général Lecointe. Celui-ci lui annonça qu'il avait renoncé à continuer la lutte sur la rive sud. Grâce à la résistance que le 23ᵉ corps faisait encore aux Allemands sur la rive nord, le 22ᵉ avait pu commencer sa retraite sur le Cateau sans être inquiété.

Le général en chef envoya l'ordre au général Paulze d'Ivoy de se retirer dans la même direction ; mais celui-ci n'en eut connaissance qu'à 6 heures du soir, alors que les brigades de l'aile gauche — Pauly et Michelet — s'étaient déjà, de leur propre initiative, mises en marche sur Cambrai. Donc plus les deux brigades qui restaient, mettaient d'acharnement à défendre le faubourg Saint-Martin, plus l'issue de la lutte devait être fatale pour elles. Prises à revers par les bataillons du colonel de Bœcking, la plus grande partie de ces troupes fut faite prisonnière. Le 41ᵉ régiment prit à lui seul 54 officiers, 2260 hommes et 4 pièces ; le général Faidherbe ne put s'échapper qu'avec l'aide de quelques habitants.

La lutte prit fin à 6 heures et demie du soir, et les troupes allemandes furent cantonnées dans la ville et dans les villages qu'elles venaient de conquérir.

Cette victoire, remportée non sans peine, leur coûtait 96 officiers et 2304 hommes. On trouva sur le champ de bataille 3000 Français blessés ; on avait fait prisonniers plus de 9000 d'entre eux qui n'avaient aucune blessure.

Théoriquement, toute victoire doit être suivie immédiatement de la poursuite ; tous, même les dilettantes, sont de cet avis, et pourtant dans la pratique cela n'a lieu que rarement. L'histoire militaire nous fournit peu d'exemples de victoires de ce genre, et la célèbre poursuite de Belle-Alliance[1] est un fait isolé. Il faut au général en chef une volonté bien forte, une volonté sourde à la pitié pour imposer de nouveaux efforts et de nouveaux dangers à des troupes qui pendant dix ou douze heures ont marché, combattu et souffert la faim, au lieu de leur accorder le repos et le pain qu'elles espéraient. Mais, même si le général victorieux est doué de cette volonté, la poursuite dépendra tout autant des conditions dans lesquelles la victoire aura été remportée. On ne pourra guère la faire si toutes les unités, comme ce fut le cas à Königgrätz[2], se sont tellement confondues et emmêlées sur le champ de bataille qu'il eût fallu des heures pour les reconstituer, ou si, comme à Saint-Quentin, on aura dû engager absolument toutes les troupes, jusqu'aux dernières réserves, si bien qu'on ne disposait plus d'une seule troupe d'infanterie compacte. Et sans le secours d'une telle troupe, la cavalerie ne saurait à elle seule se charger de la poursuite, surtout de nuit, alors qu'elle se verra arrêtée par le plus petit obstacle que présentera le terrain et la plus petite fraction ennemie qui lui tiendra tête.

Aussi le général de Gœben ne se mit-il à poursuivre que le lendemain l'ennemi qu'il venait de battre. La cavalerie prit les devants et courut le pays jusqu'aux faubourgs de Cambrai, aux glacis de Landrecies. Elle ne rencontra de résistance nulle part et ramassa quelques centaines de traînards. Les divisions d'infanterie suivirent jusqu'à la

---

1. Waterloo. — 2. Sadowa. (N. d. T.)

distance de 7 kilomètres et demi de Cambrai. Il ne fallait pas songer à investir la place, on n'avait pas de matériel de siège ; de plus, au point de vue militaire, on n'avait aucun intérêt à pousser plus loin au nord. Des nouvelles arrivant de toute part il ressortait qu'une grande partie de l'armée française du nord s'était repliée sur Lille, Douai et Valenciennes. Dès lors, on n'avait pas à craindre de la voir tenter de nouvelles opérations et le général de Gœben ramena ses troupes sur la Somme où, vers la fin du mois, elles s'établirent dans des cantonnements prolongés entre Amiens et Saint-Quentin.

Le 25, le grand-duc avait atteint Rouen, sur la basse Seine, avec le XIIIe corps. En route, il n'avait guère eu affaire qu'à des francs-tireurs. Quoique le général Loysel eût reçu des renforts de Cherbourg et qu'il se trouvât dès lors à la tête de près de 30 000 hommes, il n'avait rien entrepris du tout.

Le général de Gœben résolut donc d'attirer à lui, sur la Somme, les fractions du Ier corps qui se trouvaient encore à Rouen ; mais, par dépêche télégraphique, le grand quartier général lui prescrivit de les y laisser ; pour des raisons politiques il y jugeait leur présence nécessaire encore.

LES ÉVÉNEMENTS SUR LE THÉATRE D'OPÉRATIONS DANS LE SUD-EST JUSQU'AU 17 JANVIER

Investissement de Belfort. — Les forces destinées à opérer contre Belfort s'étaient peu à peu réunies sur le théâtre d'opérations du sud-est, sous la protection du XIVe corps.

La ville a une enceinte bastionnée. La citadelle s'élève

sur un roc élevé, dominant au loin la contrée; elle est entourée d'ouvrages s'élevant en terrasses, afin d'augmenter l'effet des feux. Le faubourg et la gare situés sur la rive gauche de la Savoureuse avaient été protégés par des ouvrages nouvellement construits. Sur les hauteurs, qui au nord-est se rapprochent de très près de la ville, les forts de la Miotte et de la Justice formaient un camp retranché très spacieux, grâce aux communications qui les rattachaient à la place. La hauteur des deux Perches eût pu présenter un grand danger pour la place; elle s'approche, au sud, de la Citadelle, à la distance de 1 000 mètres seulement et, de là, les ouvrages de la rive gauche même peuvent être canonnés. Mais deux forts en maçonnerie y avaient été établis, on les avait achevés avant l'arrivée des Allemands; on avait en outre couvert de retranchements les parcelles boisées et les localités les plus rapprochées, Pérouse et Danjoutin en particulier.

La place avait assez d'abris à l'épreuve de la bombe. Elle était armée de 341 pièces de gros calibre et pourvue de cinq mois de vivres.

Dès le début de la campagne, le 7ᵉ corps français avait évacué l'Alsace et il n'était resté à Belfort qu'environ 5 000 gardes mobiles; mais la garde nationale ayant été organisée, la garnison atteignit le chiffre de 17 000 hommes.

Le commandant de la place, colonel Denfert, était un homme intelligent. Il attacha le plus grand prix à tenir vigoureusement le terrain situé en avant de la place. Les postes avancés étaient tenus de faire chaque jour des entreprises que l'artillerie de la place devait soutenir en tirant aux plus grandes distances.

Au début, le général de Tresckow n'avait à lui opposer que 20 bataillons de Landwehr, peu nombreux, 5 escadrons et

6 batteries de campagne, à peine 15000 hommes en tout. Il dut se borner d'abord à simplement investir la place. Les troupes établirent des retranchements dans les villages situés autour de la ville, et à une assez grande distance de celle-ci. Il leur fallut repousser un grand nombre de sorties.

Le grand quartier général avait envoyé l'ordre de procéder au siège en règle de la place. Le général de Mertens était chargé de diriger les travaux du génie et le lieutenant-colonel de Scheliha commandait l'artillerie de siège.

La difficulté de l'entreprise sautait aux yeux. La nature rocheuse du sol rendait forcément très difficiles tous les terrassements, et la mauvaise saison allait venir. On ne pouvait attaquer avec des chances de succès que du sud le réduit principal de la place, c'est-à-dire la citadelle. A ce moment-là on ne disposait que de 50 pièces de gros calibre et l'effectif de l'infanterie était si faible qu'elle ne suffisait même pas à investir rigoureusement la place de toute part.

Étant donnée cette situation, le grand état-major dut laisser au général de Tresckow liberté pleine et entière de chercher à réduire Belfort en bombardant simplement la place. Pour cela, le mieux était de l'attaquer de l'ouest, où l'infanterie, après avoir délogé l'ennemi de Valdoye, s'était emparée des villages d'Essert et de Bavilliers, de même que des hauteurs boisées voisines. Le 2 décembre, 3000 hommes, protégés par deux bataillons, construisirent des emplacements pour 7 batteries sur le plateau qui s'étend entre ces deux localités. Le sol était durci par le froid, les travaux n'avaient pu être exécutés qu'au prix de grands efforts; mais, quoiqu'il fît clair de lune, les assiégés, à ce qu'il semble, ne se doutèrent de rien. Quand, le lendemain matin, le soleil eut dissipé les brouillards et que les buts furent devenus visibles, on ouvrit le feu.

La place riposta faiblement au début; mais peu à peu tous les ouvrages se mirent à tirer avec une violence qui allait sans cesse en augmentant; les forts de la Miotte et de la Justice eux-mêmes avaient ouvert le feu à la distance de 4000 mètres, et les troupes allemandes essuyèrent des pertes graves dans les tranchées.

On arma quatre nouvelles batteries en avant de Bavilliers; l'infanterie ayant enlevé la Tuilerie se rapprocha jusqu'à la distance de 150 mètres des retranchements les plus avancés de l'assiégé. Les projectiles allemands mirent aussi le feu à différents bâtiments de la ville; mais bientôt les munitions commencèrent à manquer, tandis que le château continuait à tirer sans qu'on parvînt à lui faire même ralentir son feu et que la garnison renouvelait sans cesse des sorties qu'il fallait bien repousser. On dut se rendre compte que le moyen qu'on venait d'employer ne donnerait aucun résultat et qu'il fallait recourir au siège en règle.

Au sud, le colonel d'Ostrowski avait, le 13 décembre, enlevé aux Français Adelnans et les hauteurs boisées du Bosmont et de la Brosse. Malgré les plus grandes difficultés et quoique par suite du dégel le sol ne fût plus qu'un bourbier, on construisit deux batteries à l'extrémité orientale de ce dernier bois et quatre autres sur la lisière nord, et le 7 janvier 50 pièces purent ouvrir le feu. Bientôt la supériorité de l'artillerie allemande se fit sentir; le fort de Bellevue était considérablement endommagé et l'on était surtout parvenu à réduire au silence les batteries des Basses-Perches.

Mais le village de Danjoutin, que l'ennemi tenait solidement occupé et où il avait élevé de forts retranchements, empêchait à présent les Allemands de progresser. Dans la nuit du 7 au 8 janvier, sept compagnies attaquèrent cette position par le nord; en même temps elles occupaient le remblai du chemin de fer. Les hommes de la Landwehr, n'ayant pas même chargé leurs fusils, se jetèrent sur l'ennemi qui avait ouvert sur eux un feu des plus violents, et par la rue principale du village ils se portèrent en avant jusqu'à l'église. Des troupes françaises accourant de la place au secours des défenseurs furent repoussées près du remblai de la voie ferrée; mais dans la partie sud du village on continua à se disputer les maisons une à une, jusque vers midi. Vingt officiers et 700 hommes de la garnison furent faits prisonniers.

Une épidémie de fièvre typhoïde et de variole avait éclaté à Belfort; les troupes du siège voyaient de leur côté s'accroître considérablement le nombre des malades, par suite des travaux pénibles qu'il fallait exécuter et des rigueurs de la saison. La plupart des bataillons ne pouvaient mettre sur pied que 500 hommes et il fallut en outre que le général de Tresckow employât la moitié des forces disponibles à couvrir les lignes d'investissement au dehors, en particulier dans la direction du sud.

D'après des renseignements tout à fait sûrs, les Français étaient réunis à Besançon au nombre de 62 000 hommes. Jusqu'alors ils étaient restés absolument inactifs, mais à présent ils semblaient décidés à s'avancer le long du Doubs pour porter secours à la place étroitement assiégée.

Sur cette ligne de marche les Allemands avaient mis en état de défense le château de Montbéliard, ils y avaient laissé un bataillon comme garnison et l'avaient armé de pièces de gros calibre. Entre le Doubs et la frontière suisse était posté le général de Debschitz avec 8 bataillons, 2 escadrons et 2 batteries, à Delle, et le général de Werder concentrait le XIV⁰ corps à Noroy, Aillevans et Athesans, afin d'opposer toutes ses forces à toute troupe ennemie qui tenterait d'inquiéter le corps de siège.

A partir du 5 janvier il s'engagea en avant de Vesoul toute une série de combats et l'ennemi s'avançant du sud et de l'ouest arriva jusqu'à la distance de 7 kilomètres et demi de la ville. Il était visible que des forces très considérables avaient commencé leur mouvement en avant. A l'est de l'Ognon aussi, des troupes ennemies, quoique plus faibles, s'avançaient par Rougemont. Dans ces engagements on fit 500 prisonniers et l'on constata par la même occasion qu'ils appartenaient non seulement au 18⁰ corps, mais encore aux 24⁰ et 20⁰, à l'armée de Bourbaki par conséquent, et ce fait fit voir que la situation avait totalement changé.

Transport de l'armée de l'Est française sur le théâtre d'opérations du sud-est, fin décembre. — On ne s'était pas trompé, au grand quartier général, à Versailles, en admettant que dans les premiers jours de janvier les généraux Chanzy et Bourbaki avaient l'intention d'agir de concert. Nous avons vu plus haut le prince Frédéric-Charles s'opposer, sur le Loir, à la marche en avant du premier de ces deux généraux. Le second avait, de fait, commencé sa marche en avant par Montargis, dans le but de débloquer Paris, étroitement assiégé. Mais elle fut retardée jusqu'au 19 décembre, et alors la deuxième armée allemande était déjà revenue à Orléans de sa marche sur le Mans. Le général Bourbaki devait donc s'attendre à se voir pris en flanc par elle, s'il continuait à marcher au nord; dès lors, il se montra tout disposé à accepter un plan tout autre que le délégué du ministre de la guerre, M. de Freycinet, venait d'élaborer et qui avait reçu l'approbation du dictateur M. Gambetta.

Le 15ᵉ corps resterait aux environs de Bourges afin de couvrir cette ville en allant occuper une position couverte par des retranchements à Vierzon et à Nevers. Les 18ᵉ et 20ᵉ corps au contraire seraient immédiatement transportés par le chemin de fer à Beaune afin d'occuper Dijon, de concert avec Garibaldi et Crémer, présentant de la sorte un effectif total de 70 000 hommes. Le chemin de fer transporterait de même de Lyon à Besançon le 24ᵉ corps nouvellement formé; se réunissant aux troupes qui se trouvaient déjà dans cette dernière ville, ce corps atteindrait le chiffre de 50 000 hommes. Opérant de concert avec « les victorieux de Dijon[1] », on parviendrait facilement, « même sans coup férir[1] », à débloquer Belfort. La seule présence de ces masses fortes de plus de 100 000 hommes suffirait à faire lever le siège de toutes les places du nord; en tout cas, on serait sûr de couper toutes les lignes de communication des armées ennemies et plus tard on pourrait même songer à combiner les opérations avec celles de Faidherbe.

Le 23 décembre déjà, on avait commencé à transporter des troupes par chemin de fer, de la Loire sur la Saône. Les dispositions nécessaires n'ayant pas été prises, il se produisit, il est vrai, des retards et des interruptions multiples, et les troupes eurent à souffrir beaucoup du froid intense et du manque de vivres. Après qu'on eut atteint Chagny et Chalon-sur-Saône, on apprit que les Allemands avaient déjà évacué Dijon. Dès lors, on résolut d'embarquer

---

1. En français, dans le texte. (N. du T.)

derechef les deux corps afin de les mener plus près de Besançon par les voies ferrées; il y eut de nouveaux retards et, dans les premiers jours de janvier seulement, l'armée de l'Est se trouva prête entre Dijon et Besançon. Le 15ᵉ corps reçut également l'ordre de se transporter dans l'Est : il lui fallut quinze jours pour arriver sur les lieux.

Le plan de M. de Freycinet a l'air grandiose ; il promettait bien des choses et son exécution avait été surtout favorisée par ce fait que le transport d'une grande armée sur un théâtre d'opérations fort éloigné put rester caché pendant quinze jours à la deuxième armée et au XIVᵉ corps et dès lors aussi au grand quartier général. On en avait bien entendu parler vaguement; les journaux en avaient dit quelque chose à mots couverts, mais la dépêche télégraphique lancée par le général de Werder, le 5 janvier, fut la première nouvelle certaine qui permit de se rendre compte que la situation était totalement modifiée. Aussi l'on prit à Versailles, sans retard aucun, les dispositions nécessaires; on procéda surtout à la formation d'une nouvelle armée, l'armée du sud.

On disposait à cet effet du IIᵉ corps, à Montargis, et de la moitié du VIIᵉ qui, sous les ordres du général de Zastrow, avait, pendant cette période d'incertitude, été, à plusieurs reprises, portée tantôt vers la Saône, tantôt vers l'Yonne, selon qu'on se croyait menacé plutôt ici que là. Le commandement supérieur de ces corps, auxquels se joignit plus tard le XIVᵉ, fut confié au général de Manteuffel. On ne put pas renforcer pour le moment le général de Werder, qui resta réduit aux seules forces du XIVᵉ corps.

Malgré leur grande supériorité numérique, les Français semblaient plutôt vouloir manœuvrer qu'attaquer. Le général Bourbaki voulait envelopper l'aile gauche du XIVe corps et l'isoler absolument de Belfort.

Le 5 janvier, le 18ᵉ corps s'était, il est vrai, porté par Grandvelle sur Vesoul, tandis que le 20ᵉ s'avançait vers la même ville par Echenoz-le-Sec; mais, comme nous l'avons vu plus haut, les Allemands leur avaient tenu tête et quand le 24ᵉ corps, envoyé à droite sur Esprels, apprit que les Allemands avaient occupé Villersexel, le général qui le commandait résolut de s'étendre plus à l'est encore pour commencer son mouvement tournant. Le 8, les deux corps formant l'aile gauche se mirent en marche par la droite, le 18ᵉ se dirigeant sur Montbozon, le 20ᵉ sur Rougemont; mais le 24ᵉ se replia sur Cuse. En même temps, le général Crémer recevait l'ordre de marcher de Dijon sur Vesoul. Le 9, les 24ᵉ et 20ᵉ corps s'établirent, à Vellechevreux et à Villargent, sur la route d'Arcey à Villersexel, tandis que les têtes de colonnes du 18ᵉ arrivaient dans cette dernière localité de même qu'à Esprels.

Le général de Werder n'avait qu'une chose à faire : suivre le plus vite possible ce mouvement latéral. Il donna l'ordre à la division badoise de se rendre à Athesans, à la 4ᵉ division de réserve de marcher sur Aillevans et à la brigade von der Goltz d'atteindre Noroy-le-Bourg. Le train fut mis en marche sur Lure.

COMBAT DE VILLERSEXEL

9 janvier. — En conséquence, la division de réserve s'était portée en avant, le 9 janvier, à 7 heures, de Noroy sur Aillevans, et afin de pouvoir continuer sa marche, elle avait commencé la construction d'un pont sur l'Ognon. Les flanqueurs de droite du 25ᵉ régiment d'infanterie furent accueillis par des coups de feu à Villersexel ; ils tentèrent de pénétrer dans la localité en franchissant le pont de pierres, mais pour le moment ils échouèrent. La ville située sur une éminence, de l'autre côté du cours d'eau, avait été occupée par deux bataillons et demi français. Mais bientôt le détachement allemand reçut des renforts. Deux batteries ouvrirent le feu sur la localité de même que sur les colonnes ennemies qui s'avançaient. Le détachement du 25ᵉ franchit la rivière sur une passerelle en fil de fer ; il pénétra dans le parc clos de murs et dans le château. A 1 heure, on avait refoulé les Français hors de la ville, après leur avoir fait un grand nombre de prisonniers. Puis il se produisit sur ce point un temps d'arrêt dans la lutte.

La subdivision prussienne était, il est vrai, pendant l'engagement même, sérieusement menacée d'être prise en flanc par la 1ʳᵉ division du 18ᵉ corps français qui s'avançait d'Esprels avec l'artillerie de réserve. Mais le général von der Goltz l'arrêta en allant occuper le village de Moimay.

De plus, il envoya neuf compagnies du 30ᵉ régiment d'infanterie à Villersexel afin d'y relever les hommes du 25ᵉ qui devaient rejoindre leur division et continuer à marcher avec elle. Lui-même avec sa brigade mixte devait former l'arrière-garde du corps.

Le général de Werder en voyant que les Français s'avançant du sud sur Villersexel étaient extrêmement nombreux, s'était rendu compte qu'il importait moins de pousser en avant en franchissant l'Ognon que d'empêcher l'ennemi de passer le cours d'eau qui lui eût offert un point d'appui lorsqu'il opérerait afin de se rapprocher de Belfort. Aussi donna-t-il à son infanterie qui débouchait déjà de la ville, au sud, l'ordre de rebrousser chemin et aux batteries de se reporter sur la rive nord. C'est ici que le gros de la 4ᵉ division de réserve s'établit dans une position défensive et, afin d'être à même de l'y soutenir si besoin était, le général donna l'ordre à la division badoise, qui s'était mise en marche, de faire halte à Arpenans et à Lure.

Vers le soir, de fortes colonnes ennemies se portèrent en avant sur Villersexel ; leur artillerie ouvrit le feu sur la ville.

A la faveur des ténèbres, les Français pénétrèrent dans le parc et le château d'où les troupes allemandes avaient déjà été retirées, et comme la situation générale n'exigeait pas d'une façon absolue qu'on tînt à Villersexel, les officiers commandant sur ce point ordonnèrent d'évacuer la ville. Quoique l'ennemi les serrât de près, l'évacuation était à peu près achevée quand arriva l'ordre du général de Werder de se maintenir dans la ville.

Immédiatement, quatre bataillons de la division de réserve procédèrent à l'attaque. Le détachement du 25ᵉ fit demi-tour au pont et alla se joindre à eux. Les hommes de la Landwehr pénétrèrent dans le rez-de-chaussée du château, vaste bâtisse dont les étages supérieurs et les caves étaient défendus par les Français. Le château brûlait ; sur les escaliers et dans les corridors il s'engagea une lutte violente où tantôt les uns, tantôt les autres avaient le dessus ; il en était de même dans les rues de la ville. Le général commandant le corps d'armée ayant autorisé les officiers à discontinuer le combat, les troupes se retirèrent peu à peu ; il était alors 1 heure ; à 3 heures du matin la retraite était achevée, la division de réserve repassa sur l'autre rive par le pont d'Aillevans et occupa Saint-Sulpice sur sa droite.

Le général von der Goltz avait tenu jusqu'au soir à Moimay.

Au total, 15 000 hommes du XIVe corps avaient ce jour-là pris part à la lutte; il avait perdu 26 officiers et 553 hommes. Les Français avaient de leur côté perdu 27 officiers et 627 hommes; mais on avait en outre fait prisonniers 700 des leurs qui n'étaient pas blessés. C'étaient surtout des fractions des 18e et 20e corps qui avaient été engagées; le 24e, entendant sans doute la lutte sur ses derrières, s'était arrêté à Sevenans dans sa marche sur Arcey. Des fractions du 15e corps, qui entrait peu à peu en ligne, s'avançaient du sud sur Belfort.

Le 10 janvier, de grand matin, le général de Werder concentra son corps aux environs d'Aillevans, se tenant prêt à offrir la bataille à l'ennemi, s'il voulait se porter en avant par Villersexel. Mais les Français ne l'attaquèrent pas et il put, dans le courant de la matinée, continuer sa marche. Dans le fait, les trois corps d'armée français se trouvaient tout aussi près de Belfort que les trois divisions allemandes. Afin de couvrir la marche rétrograde de celles-ci, la division de réserve prit position à Athesans et le lendemain les trois divisions atteignirent et occupèrent la ligne de la Lisaine. A l'aile droite la division badoise était postée à Frahier et à Chalonvillars, la brigade de réserve était au centre entre Chagey et Couthenans, à l'aile gauche se trouvait la division de réserve à Héricourt et à Tavey. Au sud, le général de Debschitz était en observation à Delle et le colonel de Bredow à Arcey, tandis qu'à l'ouest le colonel de Willisen se trouvait à Lure avec le détachement venu de Vesoul, fort de 8 compagnies, 13 escadrons et 2 batteries.

Dès lors, les Allemands avaient réussi à se glisser entre l'ennemi et Belfort.

Le général en chef français, grisé par sa victoire, était resté absolument inactif. « Le général Billot, écrivait-il au gouvernement de Bordeaux, a occupé Esprels et s'y est maintenu[1] »; or nous savons que, à Esprels, il ne fut pas attaqué et qu'il n'était pas parvenu à déloger le général von der Goltz de Moimay, situé tout à côté. « Le général Clinchant a enlevé avec un entrain remarquable Villersexel[2] »; mais ce jour-là une fraction seulement du XIV⁰ corps avait engagé la lutte afin de couvrir le flanc droit du gros pendant sa marche. Et pendant qu'il continuait cette marche sans se donner un moment de répit, l'armée française resta immobile, pendant deux jours, sous les armes et convaincue que cet ennemi, qu'on disait battu, allait l'attaquer elle, pourtant si supérieure en nombre. Le 13 seulement, le 24ᵉ corps se porta en avant sur Arcey, le 20ᵉ sur Saulnot et le 18ᵉ sur Sevenans. Le 15ᵉ devait appuyer l'attaque qu'on dirigerait sur Arcey, par Sainte-Marie.

Dans l'intervalle, le général de Werder prenant les devants avait couru sur la Lisaine pour voir s'il pourrait y prendre position et pour se concerter avec le général de Tresckow.

En étudiant le terrain, on constate que la Lisaine, petit cours d'eau sans importance, coule, à Frahier, à travers un creux fortement évasé et couvert de prairies ; mais, arrivée à Chagey, elle longe le pied de hauteurs boisées escarpées. A Héricourt la vallée se transforme en plaine large et découverte, seulement elle se trouve être absolument dominée par la hauteur rocheuse du Mont-Vaudois. Plus en aval, de nouvelles hauteurs longent le cours d'eau jus-

---

1. En français dans le texte. — 2. En français dans le texte. (N. d. T.)

qu'à Montbéliard, ville qui forme, de concert avec l'Allaine, un point d'appui très solide et le point terminus des lignes.

A l'ouest de la Lisaine, le terrain étant très boisé, l'ennemi ne pouvait que difficilement déployer ses grandes masses et sa nombreuse artillerie. Le cours d'eau, il est vrai, était pris partout par suite du grand froid; mais deux grandes routes seulement menaient dans la vallée depuis la région d'où s'avançait l'armée française : l'une conduisant à Montbéliard, l'autre à Héricourt. Les autres voies étaient des chemins creux, étroits et peu praticables à cause du verglas.

Déjà le général de Tresckow avait garni les points les plus importants de pièces de siège ; il avait mis six canons de gros calibre au château de Montbéliard et cinq sur les hauteurs voisines de la Grange-Dame. A Héricourt il y en avait 7 au Mont-Vaudois et, de plus, 21 bouches à feu commandaient la vallée de l'Allaine dans la direction du sud, jusqu'à Delle.

Quant aux troupes d'investissement, toutes les fractions dont on put se passer devant Belfort furent envoyées également sur la Lisaine. Malgré cela, on craignait de n'avoir pas assez de forces pour occuper toute la ligne en nombre suffisant. La partie la plus faible de toute la position, au point de vue de la configuration du terrain, c'était l'aile droite ; mais ici il n'y avait guère à craindre l'attaque principale de l'ennemi, l'armée française fort nombreuse et mal équipée était tenue de s'écarter du chemin de fer le moins possible pour pouvoir vivre. Or la ligne de Vesoul par Lure était détruite sur quatre points, et celle de Besançon aboutissait à l'aile gauche allemande, très forte. On put donc mettre moins de troupes dans le terrain s'étendant au nord de Chagey et constituer, avec la plus grande partie de la division badoise, une réserve qui, en arrière du centre de l'aile gauche, fut postée à Mandrevillars, Brévilliers et Charmont.

On mit en outre à profit le répit qu'accordait l'ennemi pour construire des tranchées-abris et des emplacements, établir des lignes télégraphiques et des relais, mettre en état les chemins et approvisionner les troupes de vivres et de munitions.

13 janvier. — Dans la matinée du 13, les Français attaquèrent les positions de la 3ᵉ division de réserve à Arcey, Sainte-Marie et Gonvillars. Les troupes avaient pour instruction de se replier devant un ennemi par trop supérieur, tout en lui tenant tête assez longtemps pour contraindre ses colonnes à se déployer.

Aussi soutinrent-elles pendant un certain temps la lutte avec l'artillerie des Français qui s'était mise en position sur un arc de cercle très étendu ; puis elles résistèrent pendant trois heures à leur infanterie et finalement, se voyant serrées de très près, elles allèrent s'établir dans une seconde position en arrière du ruisseau de Rupt et, à 4 heures de l'après-midi seulement, elles battirent en retraite sur Tavey. L'avant-garde du général von der Goltz postée à Chavanne, ayant amené toute une brigade française à se déployer, alla prendre position à Couthenans, à hauteur de la division de réserve.

En avant du front de l'Allaine, les Français n'avaient pas réussi à refouler hors de Dasle et de Croix les troupes du général de Debschitz qui y étaient postées.

14 janvier. — Le 14, le colonel de Willisen délogea de Lure, avec 50 dragons qui avaient mis pied à terre, l'ennemi qui venait d'entrer dans la ville ; puis il ramena son détachement à Ronchamp.

Mais ce jour-là encore l'armée française n'attaqua pas sérieusement le XIV⁰ corps. Ses 15ᵉ, 24ᵉ et 20ᵉ corps se trouvaient étroitement concentrés en face de l'aile gauche et du centre des Allemands, à la distance d'à peine 8 kilomètres. Le général Bourbaki supposait l'aile droite allemande appuyée au Mont-Vaudois. Son plan était de franchir avec des forces très considérables la Lisaine en amont de ce point d'appui et de faciliter, en tournant de la sorte l'ennemi, l'attaque qu'on dirigerait de front sur sa position. Le 18ᵉ corps et la division Crémer étaient désignés pour exécuter ce mouvement enveloppant. Le plan était pratique ; ce qui en rendait l'exécution difficile, c'est que les troupes qui, selon les instructions du général en chef, devaient engager la lutte le 14, avaient la ligne de marche la plus longue à parcourir. Le 18ᵉ corps, ce jour-là, traversait un terrain montagneux et boisé peu praticable; aussi ses têtes de colonnes seules atteignirent-elles Lomont lorsque la division Crémer partait à ce moment-là même de Vesoul. Les Allemands eurent donc encore un jour de répit, jusqu'au 15.

Ils devaient s'attendre d'heure en heure à être attaqués sur toute la ligne par un ennemi disposant d'une supériorité numérique écrasante et le général de Werder se crut obligé de porter à la connaissance du grand état-major, à Versailles, par le télégraphe, toute la gravité de sa situation. Les barrières qu'opposaient en temps ordinaire les cours d'eau, disait-il, l'ennemi peut les passer grâce à la gelée, l'obligation de couvrir Belfort lui ayant enlevé toute liberté de mouvement, l'existence même du XIV⁰ corps se trouvait être mise en jeu. Aussi demandait-il instamment qu'on tranchât cette question : Faut-il ou ne faut-il pas continuer à couvrir le siège de Belfort?

Au grand quartier général, on se disait que tout mouvement de recul du XIV⁰ corps aurait pour conséquence immédiate la levée du siège et la perte du matériel très considérable qui se trouvait devant la place, qu'on ne savait pas d'avance où s'arrêterait ce mouvement de retraite et qu'il ne pourrait que retarder l'action de l'armée du général de Manteuffel s'avançant à marches forcées. En conséquence, le général de Werder reçut le 15 janvier à 3 heures l'ordre formel d'accepter la bataille en avant de Belfort Comme de juste, on lui déclarait qu'il n'aurait pas à assumer la responsabilité morale des conséquences qu'entraînerait une issue peut-être malheureuse de la lutte qu'il allait engager. Mais avant que cet ordre lui fût parvenu, le général avait, de sa propre initiative, pris les dispositions qui y étaient conformes.

BATAILLE DE LA LISAINE[1]

15 janvier. — Le 15 janvier de grand matin, le 15ᵉ corps français porta en avant sur Montbéliard deux de ses divisions renforcées par de l'artillerie, tandis que la 3ᵉ suivait pour servir de réserve. Pendant longtemps les bataillons de Landwehr de la Prusse orientale, occupant une position avancée à la ferme du Mont-Chevis et à Sainte-Suzanne, s'y maintinrent; ils prirent eux-mêmes l'offensive et refoulèrent les têtes de colonnes de l'ennemi jusqu'au ruisseau du Rupt. Mais celui-ci ayant, dans l'après-dînée, déployé des

---

1. Ou d'Héricourt. (N. du T.)

forces considérables sur la lisière des bois, les troupes allemandes d'avant-ligne reçurent, à 2 heures, l'ordre de revenir sur la rive gauche de la Lisaine ; on évacua, sans y être le moins du monde contraint, la ville de Montbéliard, dominée à très petite distance et de toutes parts par les hauteurs, et l'on se contenta d'occuper le château fort. Mais à l'est de la ville le général de Glümer avait pris position avec la 1re brigade badoise ; il avait fait, de plus, mettre en position, sur le plateau de la Grange-Dame, quatre batteries à côté des pièces de siège qui s'y trouvaient.

Huit batteries françaises canonnèrent longtemps cette position sans obtenir de résultats ; puis, à la tombée de la nuit, l'infanterie ennemie prit possession de la ville, mais sans s'avancer plus loin.

Elle avait tout aussi peu réussi à franchir la Lisaine à Béthoncourt. Un officier et 60 hommes, qui étaient allés s'abriter contre le feu fort vif des Allemands dans un cimetière clos de murs, furent faits prisonniers.

Plus au nord, le 24e corps français se porta en avant ; mais à 2 heures seulement ses colonnes parvinrent à se déployer en débouchant de la forêt. Quatre bataillons s'emparèrent, il est vrai, du village de Bussurel situé sur la rive occidentale de la Lisaine ; mais ils ne purent avancer davantage, les feux des Allemands établis solidement derrière le remblai du chemin de fer et ceux des bataillons et batteries badois envoyés par la réserve les en empêchant.

La petite ville d'Héricourt, située à 7 kilomètres et demi seulement de Belfort, sur la grande route de Besançon, constituait une position très importante de la ligne de bataille allemande. Là, l'aile droite de la 4e division de réserve se porta au-devant de l'ennemi, en avant de la Lisaine.

La petite éminence boisée de Mougnot en effet forme,

sur la route qui s'engage dans une gorge étroite, une sorte de tête de pont que les pionniers avaient renforcée en construisant des abatis d'arbres, des emplacements et des tranchées-abris; en arrière du mamelon, la ville elle-même avait été mise en état de défense; de plus, à droite et à gauche, les hauteurs étaient couvertes de positions d'artillerie. Il y avait là quatre bataillons de Landwehr de la Prusse orientale; sur la droite, leur position était attenante à celle de la brigade de réserve qui occupait, derrière le cours d'eau, le versant du Mont-Vaudois jusqu'à Luze.

Vers 10 heures, les Français déployèrent leur artillerie sur les hauteurs non boisées longeant leur ligne de marche aux environs de Trémoins. Quand leur infanterie se porta en avant, à gauche, par Byans, le détachement allemand qui était resté jusqu'à ce moment à Tavey se replia sur Héricourt pour servir de réserve, et une première attaque dirigée par les Français sur la hauteur de Mougnot fut repoussée par les défenseurs et grâce au feu de 61 pièces mises en position sur la rive opposée. Ils n'attaquèrent plus ce jour-là, mais s'en tinrent à une canonnade très nourrie qui ne produisit aucun effet.

Le 20ᵉ corps, en effet, devait, d'après les instructions du général Bourbaki, attendre que le grand mouvement enveloppant eût produit son effet. Ce mouvement devait être exécuté par le 18ᵉ et la division Crémer, sous les ordres du général Billot. Comme on ne le voyait pas apparaître, la réserve dut se porter en avant sur Coisevaux pour couvrir le flanc du général Clinchant.

Les ordres du général en chef n'étaient parvenus qu'à minuit au 18ᵉ corps. Celui-ci en outre avait à faire une marche des plus pénibles par des chemins de forêt encombrés par les neiges, et non seulement les colonnes d'aile de la 1re et de la 3e division mais encore, à Lyoffans, celles de la division Crémer, s'entre-croisèrent et s'arrêtèrent réciproquement. Cette dernière avait, au prix des plus grands efforts, atteint Lure dans la nuit et, à 9 heures du matin, elle n'avait pu qu'arriver à Béverne. Un nouveau retard se produisit quand l'ordre arriva de faire passer devant l'infanterie l'artillerie, même celle de la réserve qui marchait à la queue, et c'est ainsi qu'entre midi et 2 heures seulement deux des divisions du 18e corps purent se déployer en face de Luze et de Chagey.

La 1re fit occuper Couthenans par un bataillon et établit cinq batteries sur le versant postérieur de la hauteur située au nord de la localité; mais elles ne purent tenir tête au feu des pièces allemandes établies sur la rive opposée et, peu après, plusieurs d'entre elles n'avaient plus que deux pièces qui ne fussent pas démontées, quoique les Allemands ménageassent le plus possible leurs munitions, au remplacement desquelles il n'eût guère été possible de procéder. A 2 heures, il se produisit un arrêt dans la lutte soutenue par l'artillerie; elle ne reprit que quand les batteries françaises eurent été renforcées et que l'artillerie de leur 24e corps y prit part depuis Byans. Mais l'infanterie ne tenta aucune attaque importante.

La 3e division ne montra guère plus d'énergie en s'avançant sur Chagey, qui n'était occupé que par un seul bataillon badois, et c'était pourtant sur ce point que devait s'effectuer le mouvement qui, tournant le Mont-Vaudois, envelopperait l'aile droite allemande. La forêt s'étend jusqu'aux premières maisons du village et l'escarpement seul de la pente constituait une difficulté pour les troupes françaises. Deux de leurs bataillons se précipitèrent en avant de la gorge au sud du village; ils refoulèrent les avant-postes badois ; d'autres troupes devaient soutenir l'attaque de ces deux bataillons, de Couthenans ; mais les batteries allemandes de la rive opposée contraignirent l'infanterie française, qui s'avança en effet de cette localité, à se replier. Elles renouvelèrent l'attaque et, cette fois-ci, les zouaves pénétrèrent dans Chagey où s'engagea une lutte violente entre eux et les Badois qui se défendaient dans les maisons. Mais ceux-ci se virent soutenus par deux bataillons de leur division ; à 5 heures, l'ennemi était refoulé du village dans la forêt. La réserve lui envoya de nouveaux renforts ; mais cette courte journée d'hiver touchait à sa fin et, pendant la nuit, les Français ne tentèrent plus d'attaque. La 2ᵉ division du corps français n'était arrivée qu'à Béverne ; la cavalerie s'était arrêtée à Lyoffans.

Quoique arrivée fort tard à Lure, la division Crémer s'était de très grand matin remise en marche. Après s'être, comme nous l'avons vu plus haut, croisée avec d'autres colonnes et avoir subi de ce chef un retard, la 1ʳᵉ brigade se porta en avant sur Etobon où elle engagea, à midi, le combat avec le détachement du général de Degenfeld. Quand la 2ᵉ brigade fut entrée en ligne, la 1ʳᵉ se mit en marche par le bois de la Thure, afin de franchir la Lisaine en amont de Chagey. Les sapeurs du génie durent, sur plusieurs points, lui frayer le chemin et il se produisit des arrêts en grand nombre. Quand il fit nuit, la 2ᵉ brigade suivit, en laissant un détachement en observation à Etobon. Il y eut encore un engagement avec des troupes badoises, ce qui décida le général Crémer à faire éteindre tous ses feux de bivouac.

Par cette froide nuit d'hiver, ses troupes restèrent sous les armes.

Du côté des Allemands, toutes celles qui n'étaient pas de

service aux grand'gardes furent cantonnées dans les localités voisines. Seuls les pionniers passèrent la nuit à casser la glace sur la Lisaine.

Dans les engagements de ce jour, on avait perdu de part et d'autre environ 600 hommes sans avoir obtenu un résultat quel qu'il fût; mais, pour le défenseur, chaque jour de répit constituait un avantage.

Le général de Werder, posté sur la hauteur au nord d'Héricourt, s'était fait tenir au courant de toutes les phases de l'engagement par des officiers d'état-major placés en observation sur différents points; d'après leurs rapports, il réglait l'envoi des renforts. Il n'avait au fond qu'une grande préoccupation : c'était le remplacement des munitions qui n'étaient pas abondantes, un convoi attendu du grand-duché de Bade n'étant pas encore arrivé.

Le général Bourbaki annonça à son gouvernement qu'il avait pris Montbéliard, sans le château, il est vrai; que les villages situés sur la rive orientale de la Lisaine étaient occupés par ses troupes et que, le 16, il attaquerait les Allemands. Le général Billot l'avait informé que l'aile droite de ceux-ci s'étendait bien au delà du Mont-Vaudois; il conclut qu'il devait leur être arrivé des renforts considérables; selon lui, l'effectif de l'ennemi était de 80 000 à 100 000 hommes. Cependant, il espérait obtenir de grands résultats en s'étendant plus à gauche encore pour exécuter son mouvement enveloppant.

16 janvier. — A 6 heures et demie du matin, le 16, les Allemands reprirent les armes dans les positions qu'ils avaient occupées la veille.

Ce fut encore l'aile droite des Français qui commença l'attaque. Des maisons de Montbéliard qu'ils avaient crénelées, ils tiraient sur la compagnie de Landwehr postée au château, leur feu lui infligea quelques pertes de même qu'aux servants des pièces de gros calibre. On somma les Allemands de se rendre ; ils refusèrent ; leurs pièces de siège ouvrirent un feu si efficace sur deux batteries qui tentaient de se mettre en position sur la hauteur voisine, qu'elles durent remettre l'avant-train en abandonnant deux de leurs pièces. Trois autres batteries vinrent les renforcer ; elles s'établirent dans une nouvelle position près de la ferme du Mont-Chevis ; elles ne purent prendre le dessus sur la batterie allemande de la Grange-Dame, mais elles n'en continuèrent pas moins la canonnade jusqu'à la tombée de la nuit. Les Français n'essayèrent pas de forcer les lignes allemandes depuis Montbéliard.

Plus à gauche, la 1re division du 15e corps français se porta en avant, après avoir été renforcée, sur Béthoncourt. Le feu de son artillerie, du Mont-hCevis et de Byans, contraignit, à 1 heure, une batterie badoise à demander des chevaux pour remplacer ceux qu'elle avait perdus ; puis les pièces françaises dirigèrent leur feu sur le village même. De fortes masses d'infanterie s'étaient concentrées dans la forêt située auprès ; à 3 heures, elles en débouchèrent. Mais, dans l'intervalle, le général de Glümer avait envoyé des renforts sur le point menacé. Les Français s'élancèrent à deux reprises et arrivèrent tout près du village ; chaque fois le feu meurtrier de l'infanterie et de l'artillerie allemandes les contraignit à se replier. A 4 heures, une brigade tout entière se prépara à attaquer ; mais elle ne parvint même pas à se déployer entièrement. Les pertes subies par les Français étaient considérables.

La campagne blanche de neige était couverte de taches noires, c'étaient leurs blessés et leurs morts ; on fit prisonniers un certain nombre d'entre eux qui n'avaient reçu aucune blessure.

Une division du 24ᵉ corps français avait pris position, à couvert, dans les bois s'étendant en arrière de Byans et comme, la veille déjà, elle avait occupé Bussurel, la position défensive occupée par les Allemands derrière le remblai du chemin de fer se trouvait directement menacée. En conséquence, le général commandant le corps d'armée envoya de Brevilliers, dans cette direction, le général Keller avec deux bataillons de fusiliers bavarois et une batterie de grosse artillerie. Celle-ci vint prendre position à côté des deux autres qui, depuis le matin, soutenaient la lutte sur le versant de la hauteur. Le feu de cinq batteries françaises se ralentit bien vite, grâce aux obus que les pièces allemandes lançaient au milieu d'elles. A midi déjà, l'artillerie française s'éloigna de Byans, abandonnant sur ce point aussi deux pièces qu'on ne put aller prendre que plus tard. L'infanterie, une division tout entière, avait simplement fait semblant de vouloir attaquer, elle ne s'avança pas.

Deux divisions du 20ᵉ corps se portèrent contre la ligne Héricourt-Luze. Un épais brouillard cachait le fond de la vallée, et les Allemands ripostèrent à peine à la canonnade française qui avait commencé de très bonne heure. Deux de leurs compagnies s'étaient portées sur la hauteur à l'ouest de Saint-Valbert, afin de pouvoir se rendre quelque peu compte de ce que l'ennemi entreprendrait; elles accueillirent ses colonnes qui s'avançaient de Byans par un feu rapide d'une violence telle qu'elles durent rebrousser chemin. Mais peu après, à 9 heures et demie, plusieurs bataillons français s'élancèrent de Tavey sur la colline de Mougnot. Les bataillons de Landwehr leur tinrent tête avec le plus grand calme, et une troisième attaque entreprise contre la lisière sud d'Héricourt échoua également. Vers 4 heures du du soir, de nouvelles colonnes d'infanterie se massèrent, il est vrai, pour attaquer la colline de Mougnot; mais les batteries du Mont-Salamon ayant ouvert le feu sur elles, leur attaque n'eut pas de suite; tout se borna à une canonnade sans résultat qui dura jusqu'à la nuit.

A Chagey deux divisions du 18ᵉ corps français étaient postées en face des Allemands. Elles ne firent absolument rien.

Le peu d'énergie avec laquelle, le 16 janvier, les Français soutinrent la lutte sur tout le front, de Montbéliard à Chagey, permet de supposer que sur la ligne tout entière on voulait attendre l'effet du mouvement enveloppant dirigé contre l'aile droite allemande.

Le général Crémer fut chargé de l'exécuter. La 2ᵉ division du 18ᵉ corps vint se joindre à lui à Etobon.

De ce point deux divisions se portaient donc en avant contre Chenebier où le général de Degenfeld était posté avec 2 bataillons, 2 batteries et 1 escadron. On était certain d'avance du résultat. La division Penhoat, du 18ᵉ corps, attaqua à 11 heures en faisant son mouvement tournant de l'ouest et du nord, tandis que la division Crémer, pour couper à l'ennemi la ligne de retraite sur Belfort, attaquait depuis le sud, où la forêt de la Thure cachait sa marche. Les batteries des deux divisions prirent position, dans l'après-midi, sur la lisière nord de la forêt et ouvrirent le feu. Elles tirèrent pendant deux heures, puis les masses d'infanterie avancèrent de trois côtés. Conduits par le général Crémer en personne, les Français refoulèrent les fusiliers badois de la partie sud du village dans la partie nord et, quand les troupes qui avaient exécuté le mouvement tournant par la forêt de Montedin apparurent à leur tour, le général de Degenfeld, tout en opposant la plus vive résistance, dut commencer, à 3 heures, la retraite dans la direction du nord, sur Frahier. Mais, arrivé là, il fit un crochet au sud-est et prit position en avant de Chalonvillars près du moulin Rougeot, situé sur une éminence, et c'est là qu'à 6 heures du soir il fut renforcé par le colonel Bayer.

Les Français ne l'avaient pas poursuivi. La division Crémer, qui avait perdu plus de 1 000 hommes, revint dans la forêt de la Thure, tandis que la division Penhoat se contentait d'occuper Chenebier.

Dès lors, la ligne de défense des Allemands n'avait été forcée, ce jour-là, sur aucun point; seule son extrême aile droite se trouvait refoulée jusqu'à la distance de 5 500 mètres de Belfort.

La place tira le canon en l'honneur de la victoire remportée par les armes françaises; mais elle ne fit aucune sortie sérieuse contre les troupes d'investissement affaiblies par les détachements qu'elles avaient dû faire; celles-ci, de leur côté, continuèrent tranquillement la construction des batteries.

Pour rétablir, avant toutes choses, la situation sur son aile droite, le général de Werder ne disposait plus que de 4 bataillons, 4 escadrons et 2 batteries, dont il fit une réserve générale, en les tirant des points le moins menacés, de Belfort même, sur Brevilliers et Mandrevillars. A 8 heures du soir encore le général Keller reçut l'ordre de reprendre Chenebier. A cet effet il se mit en marche à 11 heures, avec deux bataillons badois, de Mandrevillars;. à minuit il atteignait le moulin Rougeot et constata que le colonel Bayer avait déjà réoccupé Frahier.

17 janvier. — Le 17 au matin, il y avait dans cette localité 8 bataillons, 2 escadrons et 4 batteries. Trois des bataillons s'avancèrent contre la partie nord de Chenebier, trois contre la partie sud, les deux autres restèrent en réserve au moulin où l'on avait en outre mis en position 3 canons de 15 centimètres.

A 4 heures et demie du matin, les troupes s'étaient mises en marche dans le plus profond silence; la première colonne surprit à Échavanne une grand'garde ennemie; celle-ci avait ouvert le feu et les Français établis à Chenebier furent de la sorte prévenus, malgré tout, du danger qui les menaçait. Dans la forêt au nord de la localité, déjà les Allemands rencontrèrent une résistance sérieuse et, comme on courait risque de voir ses propres troupes tirer les unes sur les autres, il fallut les ramener sur la lisière extérieure.

L'autre colonne, s'avançant dans la vallée de la Lisaine, avait, dès qu'elle entendit les premiers coups de fusil, hâté le pas, de Moulin-Colin. Le 2ᵉ bataillon du 4ᵉ régiment badois pénétra, en poussant ses hourrahs, dans la partie sud de Chenebier où s'engagea une mêlée confuse. Aux premières lueurs du jour, les Allemands virent que les hauteurs à l'ouest du village étaient fortement occupées et que d'Etobon s'avançaient des colonnes comprenant les trois armes. A 8 heures et demie, le colonel Bayer dut se résoudre à évacuer le village qui était déjà conquis à moitié; il emmena 400 prisonniers et alla occuper une position au Bois-Féry, afin de couvrir la route de Belfort par Chalonvillars.

A ce moment la colonne de droite, renforcée par un bataillon de la réserve, avait renouvelé son attaque contre la forêt; après avoir soutenu pendant deux heures une lutte qui lui coûta beaucoup de monde, elle put enfin s'en emparer. Mais les tentatives qu'elle fit ensuite pour pénétrer dans le village, défendu par des barricades et occupé par de nombreuses troupes françaises, échouèrent toutes. Les Français avaient ouvert sur les assaillants un feu des plus meurtriers; c'est ainsi qu'une mitrailleuse, d'un seul coup, étendit à terre 21 Badois montant à l'assaut. Aussi le général Keller réunit-il, à 3 heures, ses forces à Frahier, où elles furent soutenues par quatre batteries.

Vu la faiblesse de l'effectif d'un côté et la supériorité numérique de l'autre, il ne fallait plus songer à rejeter l'ennemi au delà de Chenebier, une fois que la surprise n'avait pas eu de résultat; on dut se borner à l'empêcher d'avancer davantage dans la direction de Belfort. Ce but se trouva atteint; les Français ne poussèrent pas plus avant. Au lieu d'envelopper l'aile droite des Allemands, ils se montrèrent fort inquiets au sujet de leur aile gauche à eux. Ils défendirent opiniâtrément Chenebier, mais ils ne firent aucun mouvement offensif.

En attendant cette attaque qui ne se produisait pas, le général Bourbaki semble avoir voulu occuper l'ennemi sur le front et le retenir. Pendant la nuit déjà les Allemands durent prendre les armes à Béthoncourt et en avant d'Héricourt par suite d'une alerte, tandis qu'eux-mêmes surprenaient les Français à Bussurel et dans le bois de la Thure. L'infanterie de part et d'autre tirailla pendant de longues heures et, par cette nuit d'hiver si froide, de nombreuses fractions de troupes durent rester sous les armes. Le matin venu, deux divisions du 18ᵉ corps marchèrent contre Chagey et Luze; mais leurs batteries, quoiqu'elles fussent soutenues par l'artillerie de la réserve, ne parvinrent pas à tenir tête à celles des Allemands; aussi les attaques que l'infanterie dirigea à plusieurs reprises, contre ces deux localités, n'eurent-elles aucun succès. A partir de 1 heure l'artillerie seule continua sa canonnade. En avant d'Héricourt aussi on se contenta de se lancer mutuellement des obus et le village de Bussurel occupé par les Français fut incendié.

Pour déloger l'ennemi de Montbéliard, les batteries de la Grange-Dame et celle du château ouvrirent le feu sur la ville; celle-ci ayant demandé à être ménagée, en assurant que les troupes françaises l'avaient évacuée, les batteries cessèrent de tirer. Plus tard on reconnut que cette évacuation n'était pas absolument complète. Dix bataillons du 15° corps français avaient, dans la matinée, débouché des bois et cherchèrent à se porter en avant par Montbéliard ; mais ils subirent des pertes extrêmement considérables, les pièces de gros calibre établies à la Grange-Dame les prenant en flanc; quelques-uns seulement purent atteindre le fond de la vallée de la Lisaine. La lisière ouest de Montbéliard et les hauteurs situées tout contre celle-ci restèrent au pouvoir des Français qui, d'ailleurs, à partir de 2 heures, n'attaquèrent plus.

Plus au sud, les troupes du général de Debschitz, postées en avant de l'Allaine, avaient, sans peine, refoulé les fractions de l'armée française qui les attaquaient.

Du côté des Allemands on était convaincu que l'attaque ne serait pas renouvelée.

L'état dans lequel se trouvaient les troupes françaises, très peu aguerries, était en effet déplorable. Elles avaient bivouaqué pendant plusieurs nuits par un froid des plus vifs, quelques fractions étaient restées l'arme au pied et la plupart n'avaient pas reçu de vivres. Elles avaient essuyé des pertes sensibles et les officiers généraux que le général en chef réunit autour de lui, à 3 heures, non loin de Chagey, ne lui cachèrent pas qu'il serait presque impossible de continuer le mouvement enveloppant à gauche : de la sorte il serait encore plus difficile de pourvoir au ravitaillement de l'armée et de plus les Allemands, pourraient fort bien couper ses communications en se portant en avant par Montbéliard. A cela s'ajoutait que l'on venait d'être informé de l'apparition des têtes de colonnes de l'armée du général de Manteuffel à Fontaine-Française, par conséquent dans le voisinage de Gray.

Étant donnée cette situation, le général Bourbaki crut devoir se résoudre à commencer la retraite. Il télégraphia au gouvernement qu'il avait dû, sur l'avis des généraux, et à son grand regret, se décider à aller occuper plus en arrière une nouvelle position et qu'il ne désirait qu'une chose, c'est que l'ennemi l'y suivît. Mais sans nul doute ce général plein d'expérience se rendait compte que son armée, du moment que ses attaques sur la Lisaine avaient échoué, se trouvait dans une situation des plus critiques à laquelle elle ne pourrait se soustraire qu'en continuant à battre en retraite.

18 janvier. — Le 18 au matin, les Allemands étaient sous les armes dans les positions sur lesquelles ils avaient tenu la veille ; les masses françaises toutes réunies leur faisant face sur le front tout entier. Mais, chose caractéristique, on les vit faire des terrassements. L'ennemi avait quitté Montbéliard la veille, en désordre, tout en continuant à occuper solidement les villages à l'ouest de la ville, où il éleva des retranchements.

Dans le courant de la journée il n'y eut que des canonnades et des engagements sans importance entre tirailleurs. A l'aile droite le général Keller avait amené des renforts et comme l'ennemi se retira sur Etobon, il put, dans le courant de l'après-midi, réoccuper Chenebier. Plus au nord, le colonel de Willisen s'avança de nouveau dans la direction de Ronchamp. Au centre on s'empara de Couthenans et l'artillerie contraignit l'ennemi à évacuer Byans; par contre, on ne réussit pas à pénétrer dans la zone boisée. Sur la rive sud de l'Allaine, les troupes du général de Debschitz rejetèrent l'ennemi au delà de la ligne Exincourt-Croix.

Dans ces trois jours de lutte sur la Lisaine, les Allemands avaient perdu 1 200 hommes, les Français de 4 à 5 000 hommes.

Devant Belfort les travaux du siège n'avaient pas été interrompus, quoiqu'on eût dû céder au XIVe corps une partie des troupes d'investissement et que le reste se trouvât très exposé par suite de la proximité de l'ennemi. Les troupes détachées rejoignirent leur poste et le général de Werder suivit à Etobon, Saulnot et Arcey l'ennemi qui battait en retraite

LE BOMBARDEMENT DE PARIS

Janvier. — Devant Paris le IIe corps cédé à l'armée du sud avait été remplacé par le Ier bavarois dont M. Gambetta avait dit : « Les Bavarois n'existent plus [1]. » Il avait si bien profité du repos dans ses cantonnements prolongés, au sud de Longjumeau, qu'au commencement de l'année il comptait de nouveau 17 500 hommes et 108 pièces. Il alla se poster sur les deux rives de la Seine entre le VIe prussien et la division wurtembergeoise. Cette dernière s'étendait d'Ormesson à la Marne, et de là les Saxons occupaient la

---

1. En français dans le texte. (N. d. T.)

ligne d'investissement jusqu'au ruisseau de Sausset, afin que le front gardé par la garde royale fût moins étendu, le ruisseau de Morée étant gelé et ne constituant dès lors plus de couvert pour elle.

D'une manière générale, l'investissement d'une place de guerre aussi énorme que Paris exigeait de la part des troupes beaucoup de persévérance et une grande force de résistance.

Les Français ayant encore étendu davantage leurs ouvrages en terre, du côté de Villejuif et de Bruyères, ils menaçaient de déborder par les ailes le IIe corps bavarois. Afin de parer à une attaque de flanc qui aurait pu être tentée sur ce point, le VIe corps dut constamment tenir prêtes, à l'Hay, des fractions importantes de ses troupes.

D'une manière générale on n'avait pu éviter qu'en avant du front sud les troupes de soutien fussent atteintes par les pièces de gros calibre des forts et les avant-postes par le feu du fusil Chassepot. Ces derniers n'étaient quelquefois pas relevés de plusieurs jours et la relève se faisait la plupart du temps de nuit. Moins ils avaient eu de succès en engageant la lutte en rase campagne, plus les Français se montraient prodigues de leurs munitions depuis les ouvrages de la place. Le Mont-Valérien lançait ses projectiles monstres à 7 ou 8 kilomètres de distance; mais cette canonnade continuelle, au fracas de laquelle on s'était bien vite habitué, ne faisait guère de mal.

L'ATTAQUE PAR BOMBARDEMENT DU FRONT SUD

Jusqu'à la prise du Mont-Avron les Allemands n'avaient pu opposer à l'artillerie de forteresse de l'ennemi que leur artillerie de campagne. Mais dans les premiers jours de janvier enfin, toutes les dispositions furent prises pour armer de pièces de gros calibre 17 emplacements construits depuis longtemps en avant du front sud de Paris. A l'aile gauche se trouvait une batterie isolée, dans le parc de Saint-Cloud, au nord de Sèvres; il y en avait quatre l'une à côté de l'autre sur la pente escarpée de la hauteur à l'ouest du château de Meudon, cinq couronnaient le plateau du Moulin de la Tour où l'on fit sauter le moulin qui constituait un objectif des plus favorables pour l'ennemi. Plus bas, entre Fontenay et Bagneux, il y avait encore quatre batteries. Pour qu'elles ne pussent être prises en écharpe de Villejuif, on en avait établi deux autres entre Chevilly et la Rue; l'artillerie de campagne du IIe corps bavarois et du VIe prussien avait également été mise en position sur ce point. On avait préparé des lieux de pansement et des dépôts intermédiaires servaient au remplacement des munitions fournies par le dépôt central de Villacoublay.

Sous la haute direction des généraux de Kameke et prince Hohenlohe, les colonels de Rieff et de Ramm dirigeaient l'attaque par bombardement et le général Schulz l'attaque par siège. Le service des hommes était réglé de telle sorte qu'après avoir été employés dans les batteries pendant vingt-quatre heures ils se reposaient pendant quarante-huit; les officiers étaient de service un jour sur deux.

Les pièces de gros calibre furent transportées dans les emplacements masqués, le 3 janvier, de jour, sans que rien vînt déranger les travailleurs, de nuit dans les emplacements ordinaires après qu'on eut porté les avant-postes plus près de la place. Le 4 au matin, 98 pièces se tenaient prêtes à ouvrir le feu; 28 étaient dirigées contre Issy,

28 contre Vanves, 18 contre Montrouge et 10 contre les emplacements élevés par les Français entre les deux premiers de ces forts. Mais un épais brouillard cachait encore les buts et, le 5 janvier seulement, à 8 heures et demie du matin, retentit le coup de canon, signal convenu pour qu'on ouvrît partout le feu.

5 janvier. — L'ennemi riposta immédiatement. Il y avait au Mont-Valérien 106 bouches à feu, 90 à Issy, 84 à Vanves, 52 à Montrouge, environ 70 sur le corps de place principal du front attaqué et à Villejuif; c'étaient pour la plupart des canons de 16 centimètres et, dans la matinée, l'artillerie des assaillants ne put leur tenir tête qu'à grand'-peine. Mais quand, à midi, toutes leurs batteries prirent part à la lutte, la situation s'améliora peu à peu et la grande sûreté du tir allemand commença à produire ses effets. Dès 2 heures, le fort d'Issy cessa le feu à peu près complètement, à Vanves 9 pièces étaient démontées, la garnison du fort avait perdu 30 hommes et Montrouge seul ripostait encore vigoureusement. A ce moment, il est vrai, l'artillerie du corps de place ouvrit le feu; quant à celle des forts, elle n'eut plus jamais le dessus. Des canonnières se montrèrent sur la Seine au Point-du-Jour; elles durent bien vite se retirer. L'artillerie de campagne du II⁰ corps bavarois et du VI⁰ prussien intervint avec une efficacité telle que, de ses ouvrages de Villejuif, l'ennemi ne put ni entreprendre de sortie ni même tirer un seul coup de canon sur les batteries de Bagneux. Un certain nombre de carabines de rempart et des fusils Chassepot à longue portée qu'on avait pris à l'ennemi rendirent de tels services que peu à peu les Français évacuèrent le terrain s'étendant en avant de la place. Les avant-postes allemands allèrent s'établir dans la redoute de Clamart et pendant la nuit ils la mirent en état d'agir contre la ville.

Dans celle-ci on avait lancé, comme premier avertissement, quelques obus de 15 centimètres ; mais pour le moment il s'agissait avant tout de réduire absolument au silence les ouvrages extérieurs, et c'est sur eux que les batteries dirigèrent leur feu pendant les quelques jours qui suivirent. Elles s'en prenaient surtout à Montrouge et à une batterie de mortiers établie en arrière du remblai très élevé du chemin de fer à l'est d'Issy, sur un point des plus avantageux, puis en second lieu au front sud du corps de place s'étendant en ligne droite sur une longueur de près de 7 kilomètres. Certains jours, le temps étant couvert, il fallait ralentir et même discontinuer absolument le bombardement. Mais pendant ce temps les avant-postes s'étaient avancés d'une part à la distance de 750 mètres et de l'autre à celle de 450 mètres des ouvrages ennemis. On établit de nouvelles batteries en avant des anciennes qui fournirent 36 pièces pour leur armement.

10 janvier. — La garnison française s'était, sur ces entrefaites, mise à déployer de nouveau une activité plus grande. Le 10 janvier elle réussit, à la faveur des ténèbres, à surprendre le petit poste de Clamart. Trois bataillons allemands y prirent alors position et l'on établit de là à Châtillon une tranchée-abri longue de 1 200 mètres.

13 janvier. — La deuxième armée de Paris était encore postée au dehors de Paris, en avant du front est et nord, de Nogent à Aubervilliers. Après quelques alertes sans importance, des fractions considérables de cette armée, soutenues par le feu très nourri des forts, se portèrent en avant, dans la soirée du 13, de la Courneuve et de Drancy, dans la direction du Bourget. Les troupes allemandes y étaient sur leurs gardes. Renforcées immédiatement par quelques compagnies, elles repoussèrent les assauts réitérés de l'ennemi. A 2 heures du matin tout était fini.

14 janvier. — Le 14, les Français firent une nouvelle sortie contre Clamart ; 500 soldats d'infanterie de marine et plusieurs bataillons de gardes mobiles marchèrent contre la redoute. Ces derniers s'étant rassemblés très bruyamment près de la gare procédèrent à l'attaque à minuit. La lutte dura bien une heure ; elle se termina par la retraite désordonnée des assaillants. Les patrouilles allemandes les suivirent jusqu'aux fossés du fort d'Issy.

On n'avait jusqu'alors pas réussi, à cause de la grande distance, à réduire au silence l'artillerie du corps de place.

La batterie n° 1, isolée dans le parc de Saint-Cloud, en avait le plus à souffrir : elle était canonnée depuis deux bastions, du Point-du-Jour et du Mont-Valérien. En arrière de cette batterie il y avait une paroi de rochers qui permettait à l'ennemi de régler facilement son tir. Le parapet fut écrêté à plusieurs reprises et l'on ne put continuer la lutte que grâce à la persévérance et à l'esprit de sacrifice des artilleurs. L'ennemi dirigeait de même un feu des plus violents sur les batteries avancées n°ˢ 19 et 21 qui constituaient un danger considérable pour le fort de Vanves. Les projectiles lancés de très loin, du corps de place, allaient donner à angle droit tout contre le parapet et en arrière de lui ; ils trouaient les pare-éclats et blessaient ou tuaient un grand nombre d'hommes. Dans deux batteries les poudrières sautèrent, les deux capitaines commandants et plusieurs officiers supérieurs furent blessés.

Sur le front est de Paris, il y avait 151 pièces françaises en face de 58 allemandes qui y étaient restées depuis le bombardement du Mont-Avron. Bientôt ces dernières, quoiqu'en petit nombre, eurent le dessus ; les forts n'ouvraient le feu que de temps en temps. Les Français retirèrent leurs avant-postes jusqu'aux ouvrages et évacuèrent complètement la presqu'île de Saint-Maur. Peu à peu les pièces de siège de gros calibre purent être transférées dans les emplacements du ruisseau de Morée.

Dans l'intervalle, les forts du front sud avaient considérablement souffert. On voyait, à l'œil nu, que le fort d'Issy tombait en ruine ; des incendies y éctatèrent à plusieurs reprises et la garnison ne put, dans la nuit du 16 au 17 janvier, déménager les poudres qu'en s'exposant aux plus grands dangers. Le fort de Vanves avait perdu 70 hommes ; d'ordinaire, le matin, il ouvrait le feu ; mais bientôt il le discontinuait. Montrouge, par contre, tirait encore, à de certains jours, plus de 500 coups avec ses 18 pièces ; mais là aussi les casemates n'offraient plus aucun abri et l'un des bastions n'était plus qu'un monceau de décombres.

Malgré le feu violent des pièces mises en batterie sur le corps de place, Paris lui-même commençait à se ressentir de l'effet d'une partie des pièces de 15 centimètres allemandes. Grâce à un dispositif spécial, on était parvenu à obtenir le tir à 30 degrés au-dessus de l'horizon et, de la sorte, les projectiles volaient jusqu'au milieu de la ville et au delà. Journellement on y lançait de 300 à 400 obus.

Sous la pression de l' « opinion publique », le gouvernement résolut, après de longues délibérations, de tenter de nouveau une sortie en masse, cette fois-ci contre les batteries allemandes de Châtillon. Les généraux présents au conseil firent observer, à la vérité, que des sorties faites sans qu'il y eût au dehors une armée prête à vous tendre la main n'avaient guère de chances de réussir. Mais le 8 janvier le ministre Gambetta avait annoncé la « victoire » remportée par l'armée du nord à Bapaume ; il promettait de plus que les deux armées de la Loire allaient marcher en avant. Le général Trochu, prenant alors la parole, dit qu'il faudrait au moins attendre le moment où l'armée d'investissement de Paris se verrait obligée de s'affaiblir en détachant des troupes contre les deux armées ; mais les autres membres du gouvernement ne se rangèrent pas de son avis. M. Jules Favre en particulier déclara que les maires étaient mécontents du bombardement, que les représentants de la ville avaient le droit de connaître la situation militaire et que d'ailleurs on aurait dû agir depuis longtemps.

Le 15 janvier, le conseil prit une résolution définitive d'après laquelle on devait forcer les lignes allemandes à Montretout, Garches et Buzenval.

Tandis que, de la sorte, Paris était en proie à la discorde et au désarroi, on proclamait solennellement à Versailles, le 18, l'unité de la nation allemande sous l'empereur Guillaume.

BATAILLE DU MONT-VALÉRIEN[1]

19 janvier. — La sortie projetée devait se faire le 19 janvier.

Ce jour-là, comme nous l'avons vu plus haut, le général Faidherbe s'avança dans la direction de Paris jusqu'à Saint-Quentin, et l'armée de sortie était postée sur le front

---

1. Ou de Montretout. (N. d. T.)

est et nord de la capitale. On n'en tenta pas moins de faire la trouée du côté opposé. La presqu'île de Gennevilliers, était, à la vérité, le seul endroit où des masses de troupes considérables pouvaient encore se déployer sans être exposées, des heures durant, aux projectiles allemands pendant le déploiement même.

L'avant-veille déjà, les bataillons de la garde nationale mobilisée étaient venus relever les trois divisions de l'armée de sortie dans les positions qu'elles occupaient. Formées sur trois colonnes et représentant un effectif de 90 000 hommes, elles devaient exécuter l'attaque simultanément. À l'aile gauche, le général Vinoy, soutenu par le feu des batteries du corps de place, enlèverait la hauteur de Montretout; au centre, le général de Bellemare se porterait en avant par Garches, et à l'aile droite, le général Ducrot par le château de Buzenval.

On devait commencer l'attaque à 6 heures du matin; mais il y eut des à-coups et des arrêts aux ponts d'Asnières et de Neuilly, l'état-major ayant négligé de prendre les dispositions nécessaires pour régler le passage. Quand à 7 heures le Mont-Valérien donna le signal de la marche en avant, les têtes de colonnes seules du général Vinoy étaient prêtes à engager la lutte; les autres colonnes ne s'étaient pas encore déployées et les régiments marchant à la queue étaient encore à Courbevoie. Ils n'avaient pas rejoint leurs places de ralliement que déjà 15 bataillons, à l'aile gauche, se portaient en avant sur Saint-Cloud.

Ils ne rencontrèrent d'abord que des patrouilles et des postes isolés, 89 hommes au total qui se jetèrent dans la gorge de la redoute de Montretout ; ils y résistèrent pendant un certain temps, puis, courageusement, ils tentèrent de se frayer un passage. Beaucoup d'entre eux furent faits prisonniers. A Montretout et dans la partie septentrionale de Saint-Cloud, les Français mirent immédiatement les bâtiments en état d'être défendus.

La colonne du centre, sous les ordres du général de Bellemare, put également, sans grand'peine, occuper la hauteur de la Maison-du-Curé.

A ce moment-là seulement, c'est-à-dire peu après 9 heures, la ligne des avant-postes allemands reçut les premiers renforts. Jusqu'alors les observatoires n'avaient pu que mander à l'état-major qu'il y avait « un épais brouillard »; mais les rapports arrivant de l'aile droite et de l'aile gauche permirent bientôt de discerner que tout le front, du château de Saint-Cloud jusqu'à Bougival, était menacé d'être très sérieusement attaqué. Le V⁰ corps fut appelé aux armes et le général de Kirchbach[1] se rendit au milieu de la 9⁰ division. La 17⁰ brigade était postée à droite dans le parc de Saint-Cloud, la 20⁰, à gauche, en arrière de la porte de Longboyau; les autres troupes du corps s'avançaient de leurs cantonnements de Versailles et des localités au nord de cette ville, sur Jardy et Beauregard. Le prince royal ordonna d'amener à Versailles six bataillons de Landwehr de la garde et une brigade bavaroise, puis il se rendit à l'hospice Brezin, tandis que le roi allait à Marly.

Dans l'intervalle, les Français avaient déjà occupé les premières maisons de Garches; ils pénétraient, par l'est, dans le parc du château de Buzenval dont le mur était démoli en différents endroits. Mais le 5⁰ bataillon de chasseurs étant accouru, il refoula l'ennemi hors de Garches avec l'appui de quelques compagnies des 58⁰ et 59⁰ régiments d'infanterie; puis il occupa le cimetière situé au

---

1. Général commandant le V⁰ corps. (N. d. T.)

nord et atteignit à temps encore le poste avancé de la Bergerie. Les autres troupes du général de Bothmer [1] soutinrent, sous la direction de leur chef, un combat traînant sur la lisière du parc de Saint-Cloud, afin de gagner du temps. A 9 heures et demie elles repoussèrent une attaque de la colonne de Bellemare, elles empêchèrent l'ennemi de s'avancer par la rue Impériale, à Saint-Cloud, et prirent l'offensive en se jetant sur l'ennemi, de la grille d'Orléans et de la porte Jaune. C'est en vain que cinq bataillons français assaillirent la Bergerie. Une section de sapeurs du génie avait cherché, au mépris de la mort, à abattre le mur qui entourait la ferme ; mais leur dynamite était gelée et n'éclata pas, et les chasseurs prussiens tinrent opiniâtrément sur cette position pendant tout le jour.

Jusqu'ici les Français avaient exécuté leurs attaques sans le concours de l'artillerie. Celle du général Vinoy s'étant croisée avec la colonne du centre avait subi de ce fait un retard considérable et, pour tenir tête aux retours offensifs que les Allemands tenteraient peut-être, on la fit rester à la Briqueterie. Les batteries du général de Bellemare essayèrent de gravir la hauteur de Garches, mais leurs chevaux furent bien vite essoufflés et elles durent prendre position à Fouilleuse. Sur ces entrefaites, les batteries de la 9ᵉ division allemande étaient arrivées une à une et, à midi, 36 pièces ouvraient le feu. A Saint-Cloud une lutte violente s'était engagée, les assaillants cherchant à débusquer les défenseurs des maisons où ceux-ci s'étaient retranchés.

A l'aile droite française seulement, le général Ducrot avait fait préluder à l'attaque par sa nombreuse artillerie qui s'était déployée à droite et à gauche de Rueil. Puis ses

---

[1]. Commandant la 17ᵉ brigade (1ʳᵉ de la 9ᵉ division, Vᵉ corps). (N. d. T.)

tirailleurs se portèrent en avant et, traversant le parc de Buzenval ils atteignirent le mur d'enceinte occidental d'où le 3ᵉ bataillon du 40ᵉ régiment, accourant en hâte, parvint à les repousser.

A 10 heures et demie eut lieu l'attaque principale qui fut soutenue par une partie de la colonne du centre. A la Malmaison, les Prussiens n'avaient qu'un poste commandé par un sous-officier; aussi les Français poussèrent-ils jusqu'à la lisière est de Bougival où ils furent arrêtés, à la Jonchère et à la porte de Longboyau, par les détachements de la 20ᵉ brigade d'infanterie qui avaient déjà été renforcés. Le général de Schmidt[1] retenait encore à Beauregard la réserve de la 10ᵉ division. L'infanterie très bien postée à couvert ouvrit un feu des plus meurtriers, qui contraignit les Français à s'arrêter dans leur mouvement en avant. A midi ce n'était plus qu'un combat par les feux traînant, auquel l'artillerie allemande prit part également et d'une manière fort efficace. Deux batteries de la 10ᵉ division avaient pris position à Saint-Michel, elles furent renforcées par deux batteries de la garde, qui, de Saint-Germain, étaient venues à Louveciennes, tandis qu'une troisième prenait position à Chatou et contraignit le train de wagons blindés, qui s'était arrêté à la station au nord de Rueil, à retourner au plus vite à Nanterre. Quatre batteries du IVᵉ corps enfin lancèrent, de Carrières, et sans tenir compte du feu du Mont-Valérien, leurs projectiles au milieu des masses compactes de l'infanterie française qui se trouvaient en arrière de Rueil.

Vers 2 heures, les Français se décidèrent à renouveler l'attaque.

---

1. Général commandant la 10ᵉ division (2ᵉ du Vᵉ corps). (N. d. T.)

Deux de leurs batteries couvrirent d'une grêle d'obus la porte de Longboyau; puis une de leurs brigades se mit en marche sur ce point, tandis qu'une autre se dirigeait sur le mur occidental de Buzenval et qu'une troisième suivait comme réserve. Une autre section du génie, 10 hommes et un officier, tenta de démolir le mur avec la même intrépidité qu'à la Bergerie, mais avec aussi peu de succès. Tous furent tués. Les colonnes d'attaque s'étaient rapprochées à la distance de 200 pas, mais treize compagnies allemandes se portèrent au-devant d'elles et, ouvrant le feu à distance voulue pour qu'il fût le plus efficace possible, elles arrêtèrent l'élan des Français et peu après ceux-ci se retiraient en désordre malgré tous les efforts de leurs officiers, qui s'exposaient à tous les dangers pour les ramener à l'ennemi.

Cependant le mur du parc constituait pour eux un solide point d'appui et très habilement ils avaient su en fort peu de temps le mettre en état d'être défendu. C'est contre ce mur que vint se briser l'attaque que quelques compagnies tentèrent de Brezin et de la Bergerie. Elles se replièrent en subissant des pertes graves.

Mais déjà l'énergie des Français était brisée : ils n'attaquaient plus que mollement. Dès 3 heures, on constata que leur aile droite battait en retraite et, à la tombée du jour, le centre aussi se mit peu à peu à évacuer la hauteur de la Maison-du-Curé. Le colonel de Köthen se mit à le suivre avec des forces peu considérables; quelques bataillons français lui tinrent tête et firent même semblant de vouloir exécuter un vigoureux retour offensif; mais des renforts arrivèrent à temps de la Bergerie, de Garches et de la porte Jaune; les batteries ouvrirent le feu pour soutenir l'infanterie qui continua la poursuite. Les grenadiers du régiment du Roi suivirent l'ennemi jusque tout près de Fouilleuse.

On n'avait pas encore réussi à reprendre la redoute de Montretout. La cause principale en était que dans la ville de Saint-Cloud même on n'était pas parvenu à progresser. Mais comme cette position était indispensable pour couvrir l'aile droite, le général de Kirchbach donna l'ordre de l'enlever le soir même ou, au plus tard, le lendemain matin. Le général de Sandrart[1] résolut de procéder immédiatement à l'attaque, et à 8 heures du soir, cinq bataillons furent mis en marche sur Saint-Cloud. Dans la redoute même, ils ne trouvèrent qu'un petit nombre de Français qui furent faits prisonniers, mais dans la ville ils rencontrèrent une résistance plus opiniâtre. Finalement, ils durent se borner à cerner, provisoirement, les maisons occupées par l'ennemi. Celui-ci tint également pendant toute la nuit derrière le mur extérieur du parc de Buzenval. En conséquence, la Landwehr de la garde et la brigade bavaroise furent cantonnées à Versailles afin qu'on disposât le lendemain, si besoin était, d'une forte réserve. Les autres troupes retournèrent dans les cantonnements qu'elles occupaient précédemment.

A 5 heures et demie, le général Trochu avait donné l'ordre de commencer la retraite. Il se rendait compte qu'on n'obtiendrait aucun résultat en continuant la lutte, à cause surtout de l'indiscipline de la garde nationale. On avait oublié totalement les braves défenseurs de Saint-Cloud. Ils ne se rendirent le lendemain que quand les Allemands mirent en batterie des canons devant les maisons qu'ils occupaient. De même les défenseurs du mur du parc ne quittèrent ce poste que dans la journée du 20.

---

1. Général commandant la 9e division (1re du Ve corps). (N. d. T.)

L'attaque des Français avait échoué, le 19, avant même qu'ils eussent atteint la position principale des Allemands. Les réserves que ceux-ci avaient tenues prêtes n'avaient pas eu besoin d'intervenir, le V⁰ corps ayant à lui seul repoussé un ennemi quatre fois supérieur. Ses pertes étaient de 40 officiers et de 570 hommes; celles des Français, par contre, se montèrent à 145 officiers et 3 423 hommes, tant tués que blessés. On avait, en outre, fait prisonniers 44 officiers et 458 hommes.

Le 20, il faisait un brouillard épais ; quand, à 11 heures, il se dissipa, on vit les longues colonnes des Français se retirer sur Paris par la presqu'île de Gennevilliers.

SUITE DU BOMBARDEMENT DE PARIS JUSQU'A L'ARMISTICE

Après que cette dernière tentative, faite par la garnison, de forcer les lignes d'investissement eut été repoussée par les Allemands, ceux-ci procédèrent aussi à l'attaque par bombardement du front nord de la place. Les pièces de gros calibre devenues disponibles devant les petites places fortes françaises et sur la Marne avaient été réunies dans un parc de siège à Villiers-le-Bel. L'armée de la Meuse avait réuni le matériel considérable qu'exigeait la construction des emplacements et constitué, par voie de réquisitions, un train de 600 voitures. Déjà douze batteries étaient construites sur les lignes entre le Bourget et le lac d'Enghien ; elles furent armées pour la plupart de nuit. Le 21 janvier, 81 pièces de gros calibre se tenaient prêtes à ouvrir le feu et le colonel Bartsch se mit à canonner, à 9 heures du matin, la Briche, la Double-Couronne et le fort de l'Est.

Les forts, armés de 143 pièces de gros calibre, ripostèrent vigoureusement; le lendemain, les Allemands ne purent ouvrir le feu que dans l'après-midi, le temps ayant été couvert le matin. Mais les Français avaient évacué le terrain s'étendant en avant des forts, et les avant-postes de la garde royale et du IVᵉ corps furent portés à Villetaneuse et à Temps-Perdu.

De nuit, les batteries d'attaque dirigeaient le feu sur Saint-Denis; on cherchait le plus possible à ménager la cathédrale; en ville, plusieurs incendies éclatèrent.

Le bombardement ayant été mené vigoureusement, l'artillerie du défenseur se trouva, dès le 23, à peu près réduite au silence. Celle de la Briche ne tirait plus du tout; les deux autres forts fournissaient de temps en temps encore une salve.

Dans la nuit du 25 au 26, quatre batteries furent transférées en avant à la distance, les uns de 1 200, les autres de 1 800 mètres des ouvrages principaux. On put alors procéder à l'attaque par siège; on construisit une série de nouvelles batteries; mais celles-ci n'eurent plus besoin d'ouvrir le feu.

Six jours de bombardement avaient suffi pour produire l'effet voulu.

Les forts avaient souffert d'une manière extraordinaire. C'est que sur ce front ils n'avaient pas, comme c'était le cas pour celui du Sud, l'appui très solide du corps de place situé en arrière; ils ne possédaient pas, en outre, d'abris à l'épreuve de la bombe. Les obus perçaient les traverses creuses provisoires; les poudrières menaçaient de sauter à tout moment et la garnison ne savait plus où s'abriter. Les habitants de Saint-Denis s'enfuyaient en foule à Paris; les ouvrages étaient endommagés au point qu'ils n'étaient plus capables de résister à un assaut, et cet assaut, on le savait imminent, si on continuait la résistance.

L'attaque par bombardement du front nord avait coûté aux Allemands un officier et 25 hommes; les Français disent avoir perdu 180 hommes.

Sur le front est, l'artillerie des forts était réduite au silence et l'artillerie de campagne wurtembergeoise suffit à elle seule pour empêcher l'ennemi de s'établir de nouveau dans la presqu'île de Saint-Maur.

Le front sud enfin avait été mis dans un état des plus déplorables par le bombardement continu. Seuls le corps de place et la batterie de mortiers enfoncée, établie derrière le remblai du chemin de fer, tiraient encore, tandis que dans les forts les casernes n'étaient plus que des monceaux de ruines, les unes par suite du bombardement, les autres par suite des incendies qui avaient éclaté, et la garnison dut s'abriter dans les poudrières qu'on avait vidées. On ne pouvait plus circuler sur les terre-pleins des remparts ni derrière les parapets. A Vanves, les embrasures étaient bouchées avec des sacs à sable; à Issy, cinq pieds-droits dans les murs de la gorge de la courtine sud étaient renversés. Même les murs de la gorge demi-détachés de l'escarpe des forts de Vanves et de Montrouge s'étaient écroulés; 40 pièces étaient démontées, 70 affûts brisés par les projectiles allemands.

La situation politique et militaire de la France tout entière et surtout celle de Paris était telle, que le gouvernement forcément se trouvait en proie aux préoccupations les plus graves.

Depuis que M. Thiers était revenu de son voyage diplomatique, on savait qu'il ne fallait pas compter sur l'intervention médiatrice des puissances étrangères. L'état de la capitale devenait de plus en plus précaire. Depuis longtemps la population souffrait de la cherté et du manque de vivres. Les approvisionnements étaient épuisés ; les vivres de réserve de la garnison même étaient fortement entamés. L'hiver avait été très rude, aussi manquait-on de combustible ; il n'y avait plus de gaz, et l'éclairage au pétrole était des plus insuffisants. L'ennemi avait longtemps tardé à bombarder la ville, mais à présent les habitants de la rive gauche étaient obligés de se réfugier dans les caves ou dans les quartiers moins exposés, et quand le front nord fut à son tour bombardé, les habitants de Saint-Denis affluèrent de leur côté dans la ville.

La grande sortie du 19 avait échoué ; il n'était plus permis de compter sur des secours de la province depuis que Gambetta avait annoncé l'échec subi par la deuxième armée de la Loire au Mans. Il accusait l'armée de Paris d'être restée dans l'inaction ; mais le froid, les maladies et la désertion l'avaient réduite aux deux tiers de son effectif primitif et les entreprises malheureuses qui avaient été tentées, l'avaient profondément découragée. Pour qu'on pût fournir de la viande à la population, elle avait dû céder ses chevaux ; le général Trochu déclara que toute opération offensive qu'on tenterait ne donnerait aucun résultat et que, même pour la résistance passive, toutes les ressources étaient épuisées.

Jusqu'alors le gouvernement avait su, par ses rapports où il affectait de tout voir en beau, maintenir l'entrain et la bonne humeur de la population ; mais on ne pouvait lui cacher plus longtemps la situation déplorable où l'on se trouvait et, dès lors, les Parisiens ne se firent pas faute de blâmer toutes les mesures prises par le gouvernement.

Il y avait à Paris une classe fort nombreuse de gens que la

détresse générale touchait peu. Les défenseurs de la patrie recrutés dans la population civile étaient nourris et grassement payés par le gouvernement sans qu'ils aient eu besoin de grandement s'exposer. A ceux-ci se joignaient tous les individus sans aveu qui trouvaient leur compte à ce que le désordre se perpétuât. Ces gens-là étaient parfaitement contents de la situation telle qu'elle résultait de la révolution du 4 septembre et, peu de temps après, ils allaient inaugurer l'horrible régime de la Commune. Pendant le siège déjà on n'avait pu disperser les émeutiers qu'en ayant recours aux armes et une partie de la garde nationale s'était associée à ces manifestations subversives. Soutenus par la presse, les clubs démagogiques demandaient à présent encore qu'on tentât de nouvelles entreprises, voire même la sortie en masse de tous les habitants de Paris. De la sorte le gouvernement, très faible parce qu'il relevait uniquement de la faveur populaire, se trouvait pris entre les exigences irréalisables d'une foule aveugle et l'inéluctable gravité de la situation réelle.

Incontestablement la seule issue possible était de capituler. Tout retard augmentait la détresse et amenait l'ennemi à imposer des conditions plus dures. Si toutes les voies ferrées n'étaient pas, dans une zone très étendue, immédiatement mises au service du ravitaillement de Paris, deux millions d'hommes allaient réellement éprouver les horreurs de la famine, à laquelle on ne pourrait plus parer, si on attendait davantage encore. Mais personne n'osait prononcer le mot néfaste de capitulation, ni assumer la responsabilité de la chose qui s'imposait absolument.

Le 21, on tint un grand conseil de guerre. Tous les généraux d'un certain âge déclarant impossible de tenter de nouvelles entreprises offensives, on crut devoir consulter des militaires plus jeunes, aucune résolution ne fut prise. Mais puisqu'il fallait rendre quelqu'un responsable de tous ces malheurs, le général Trochu, lui, jadis le membre le plus populaire du gouvernement, fut dépossédé de ses fonctions de gouverneur de Paris et le général Vinoy fut placé à la tête de l'armée tout entière. Le général Ducrot se démit de son commandement.

La situation n'était pas meilleure pour cela. Aussi, le 23 janvier, M. Jules Favre se rendit à Versailles pour entamer des négociations devant porter d'abord sur un armistice.

L'état-major allemand se montra disposé à l'accorder; mais, bien entendu, il lui fallait des garanties que la capitale, une fois ravitaillée, ne continuerait pas la résistance. Il exigea donc qu'on lui remît tous les forts, y compris le Mont-Valérien et la ville de Saint-Denis, et qu'on procédât au désarmement du corps de place. Le négociateur accepta ces conditions.

Le 26 au soir, les hostilités devant Paris devaient prendre fin et les Allemands devaient laisser entrer dans la ville tous les convois d'où qu'ils vinssent. On convint qu'à la date du 31 janvier, un armistice général de vingt et un jours entrerait en vigueur, dont n'étaient exclus que les départements du Doubs, du Jura et de la Côte-d'Or, ainsi que la place de Belfort où, à ce moment-là, étaient en cours d'exécution des opérations dont, de part et d'autre, on attendait des résultats heureux.

Cet armistice donnait au gouvernement de la Défense nationale le temps voulu pour convoquer à Bordeaux une assemblée librement élue, qui déciderait la cessation ou la reprise des hostilités, ou bien les conditions auxquelles on pourrait conclure la paix. L'élection des députés serait absolument libre, même dans les territoires occupés par les Allemands, qui ne feraient rien pour influencer les électeurs.

La garnison de Paris, troupes de la ligne, troupes de la marine et gardes mobiles, devait immédiatement déposer les armes. Douze mille seulement resteraient armés avec la garde nationale, dans l'intérieur de la ville, afin de veiller au maintien de l'ordre. Pendant la durée de l'armistice, la garnison y serait internée pour être emmenée en captivité quand il aurait pris fin. On avait renoncé à la transporter immédiatement en Allemagne, où, d'ailleurs, toutes les localités pouvant tant soit peu servir à l'internement étaient bondées de prisonniers, puisqu'il y avait des chances que la paix se ferait sous peu.

Le 29 janvier, on procéda à l'occupation des forts que rien ne vint entraver.

L'armée de campagne livra 602 bouches à feu, 1 770 000 fusils et plus de 1 000 caissons de munitions ; la place, 1 362 pièces de gros calibre, 1 680 affûts, 860 avant-trains, 3 500 000 gargousses et cartouches, 4 000 quintaux de poudre, 200 000 obus et 100 000 bombes.

On était donc arrivé à la fin de l'investissement de Paris, qui avait duré 132 jours ; la plus grande partie des forces allemandes immobilisées par cet investissement se trouvait disponible pour terminer la guerre en opérant en rase campagne.

LES OPÉRATIONS DE L'ARMÉE DU SUD
SOUS LE COMMANDEMENT DU GÉNÉRAL DE MANTEUFFEL

Les deux corps d'armée placés sous les ordres du général de Manteuffel comptaient à eux deux 56 bataillons, 20 escadrons et 168 pièces. Quand le général arriva le 12 janvier à Châtillon-sur-Seine, le II° corps était posté à droite, le VII° à gauche, de Noyers à Montigny, sur un front de 72 kilomètres. Une brigade, placée sous les ordres du colonel de Dannenberg, qui avait eu, à plusieurs reprises déjà, le contact avec l'armée des Vosges, occupait une position avancée à Vilaines et était chargée de couvrir le flanc droit de l'armée du sud.

Des logements de marche qu'elle occupait, plusieurs bonnes routes menaient dans la direction de Dijon, tandis que pour gagner Vesoul on ne disposait que de mauvais chemins obstrués à ce moment par les neiges et passant par le versant sud du plateau de Langres, peu praticable. Le général en chef ne se décida pas moins à marcher dans cette deuxième direction afin de secourir le plus tôt possible le général de Werder, ne fût-ce qu'indirectement, en apparaissant sur les derrières de l'ennemi qui le menaçait.

Il fallait faire passer l'armée entre Dijon et Langres, villes que toutes deux les Français tenaient fortement occupées. Les colonnes marchaient isolées les unes des autres par des hauteurs boisées et de profondes vallées rocheuses ; elles ne pouvaient pas se prêter un mutuel appui, il fallait que chacune d'elles pourvût à sa propre sécurité, dans toutes les directions. Les troupes allaient avoir à faire les plus grands efforts et quelque grand que fût leur besoin de se reposer, on ne pouvait ni leur accorder un seul jour de séjour, ni donner aux hommes de bonnes chaussures, tout aussi peu qu'il avait été possible de renouveler la ferrure des chevaux. Dès le 14 janvier, elles se mirent en marche par un épais brouillard, un froid très vif, sur des chemins que le verglas rendait lisses comme un parquet.

Le plus difficile était de les faire vivre et, dès le début, la 8ᵉ brigade dut rester en arrière, afin de garder le tronçon du chemin de fer de Tonnerre à Châtillon par Nuits, extrêmement important, jusqu'à ce qu'on pût établir les lignes d'approvisionnement par Épinal.

Le jour même du départ, l'avant-garde du VIIᵉ corps eut à soutenir un engagement en avant de Langres. Une fraction de la garnison, forte de 15 000 hommes en tout, fut refoulée dans la place en perdant un drapeau ; mais il fallut bien se décider à laisser un détachement en observation devant cette ville. Il constituait d'ailleurs un rideau derrière lequel le lendemain tout le corps passa devant la place, tandis que le IIᵉ se portait en avant, jusque sur l'Ignon.

Dans la nuit du 15 au 16 janvier, le temps changea. On avait eu jusqu'à 14 degrés de froid ; maintenant, il pleuvait et il ventait. Au-dessus de la couche de verglas qui couvrait les chemins, il y en avait une autre d'eau, et ce fut au prix des plus grandes fatigues que le VIIᵉ corps parvint à Prauthoy et le IIᵉ, après avoir appuyé à gauche, à Moloy.

Le 18, l'aile gauche s'avança dans la direction du sud-est sur Frettes et Champlitte, l'aile droite se réunit aux alentours d'Is-sur-Tille et son avant-garde, fournissant une marche de 50 kilomètres, atteignit les ponts de Gray. Sur le flanc et les derrières des deux corps avaient eu lieu de petits engagements, mais on avait réussi à franchir le plateau de Langres, ce qui n'était pas chose facile, et l'on se trouvait dans la vallée de la Saône, bien cultivée.

Déjà, le général de Manteuffel était informé de la bonne tournure qu'avait prise la bataille pendant le premier jour de lutte sur la Lisaine. Des dépêches télégraphiques que le général de Werder lui envoya plus tard lui permirent de discerner que très probablement l'armée française de l'est serait obligée de faire une retraite qui pourrait avoir des conséquences fâcheuses pour elle, et le général allemand prit dès lors la résolution de la lui couper en se portant sur le Doubs, en aval de Besançon.

L'armée ennemie, même battue, restait, il est vrai, considérablement supérieure en nombre à l'armée allemande. Il faudrait imposer aux troupes de nouvelles fatigues, de nouveaux efforts. Elles allaient, derechef, opérer dans un pays montagneux, à population clairsemée, où l'on aurait bien de la peine à les faire vivre et à les loger à couvert pendant la nuit. Il fallait, de plus, laisser sur les derrières de l'armée des forces ennemies considérables, à Langres, à Dijon et à Auxonne, qu'observaient simplement de faibles détachements allemands. Sans tenir compte de tous ces obstacles, on prit, le 19 janvier, la direction de Besançon.

Tout d'abord, la Saône, cours d'eau profond et large de 60 mètres, charriant des glaces à ce moment, pouvait constituer une ligne de défense pour l'ennemi; mais celui-ci avait abandonné Gray et quand l'avant-garde du II⁰ corps y arriva, elle trouva les deux ponts intacts et occupa la ville. L'avant-garde du VII⁰ corps passa également le fleuve par le pont du chemin de fer, à Savoyeux, que l'ennemi avait aussi négligé de détruire et sur un pont de pontons que les pionniers établirent plus en amont.

Le lendemain, les deux corps se portèrent en avant dans la direction du sud, le VII⁰ sur Gy, le II⁰ sur Pesmes. Là il franchit l'Ognon sur un pont militaire, après que l'artillerie eut dispersé un détachement ennemi qui cherchait à en entraver la construction.

Le 21, l'avant-garde du II⁰ corps arriva devant Dôle, à 2 heures et demie; l'ennemi occupait la ville. Le général de Koblinski procéda immédiatement à l'attaque. Une lutte violente s'engagea dans les rues, les habitants y prirent part, mais les grenadiers du 2ᵉ régiment d'infanterie n'en pénétrèrent pas moins dans la ville, la traversèrent et à l'extrémité opposée s'emparèrent d'un train de 230 wagons chargés de vivres et d'effets d'équipement qui devait être dirigé sur Besançon, mais était resté abandonné dans la gare.

A Dôle, le IIᵉ corps avait franchi le Doubs ; le VIIᵉ à Marnay et à Pin avait passé l'Ognon et s'était remis en marche.

Le général de Werder avait été invité à suivre l'ennemi battant en retraite en le serrant de près et tandis que, en avant du front du XIVᵉ corps, les Français tenaient encore sur leur position, la 2ᵉ brigade badoise, à l'aile droite, s'était portée en avant sur Étobon, et le colonel de Willisen avec ses 12 escadrons sur Lure et au delà. A l'aile gauche, le colonel de Zimmermann, à la tête de la Landwehr de la Prusse orientale, avait délogé l'ennemi de Sainte-Marie. Partout les troupes allemandes trouvaient des armes et des effets d'équipement jetés par les Français qui se laissaient faire prisonniers par centaines, sans opposer la moindre résistance.

Pendant les quelques jours qui suivirent, le général de Werder fit faire à tout son corps d'armée une conversion à gauche, front au sud. L'aile droite occupa Villersexel et, seule, l'aile gauche rencontra des masses ennemies considérables, d'abord à l'Isle-sur-le-Doubs, puis encore à Clerval et à Baume-les-Dames.

Dès le 18, le général Bourbaki avait quitté la Lisaine. Son 24ᵉ corps seul resta sur la rive gauche du Doubs. Il devait défendre contre l'ennemi, qui s'avançait du nord, les défilés de la chaîne escarpée du Lomont, à l'est de Clerval ; les autres corps se retirèrent tous entre le Doubs et l'Ognon, la division Crémer formant l'arrière-garde. L'Ognon eût pu constituer une protection naturelle pour le flanc droit de l'armée française et l'ordre avait été donné de détruire tous les ponts; mais, comme nous l'avons vu plus haut, on n'y avait pas donné suite.

Le 21, les 15ᵉ et 20ᵉ corps étaient arrivés aux environs de Baume-les-Dames et le 18ᵉ avait atteint Marchaux, et c'est dans cette position, avec Besançon sur ses derrières, à très petite distance, que le général Bourbaki voulait voir venir l'ennemi. Afin de concentrer davantage encore ses forces, il donna l'ordre au commandant de la place d'envoyer en avant sur Blamont tous les bataillons de garde mobile dont il pourrait se passer afin de relever sur ce point le 24ᵉ corps. En effet, il était arrivé quelque temps auparavant neuf bataillons de garde nationale mobilisée à Besançon. Ils eussent pu être employés à combler les vides, mais il se trouva qu'ils étaient armés de fusils Enfield pour lesquels la place n'avait pas de cartouches. Dès lors, ce n'étaient plus que des bouches inutiles et le général Rolland les avait simplement renvoyés. L'intendant général déclara qu'il lui était impossible de fournir plus longtemps des vivres à l'armée; mais ce qui combla la mesure, ce fut la nouvelle qui arriva ce jour-là que, non seulement la ligne de l'Ognon était perdue, mais que l'ennemi avait même franchi le Doubs.

Dans ces circonstances, le général en chef français se décida à continuer la retraite sur Besançon et à passer près de cette ville sur la rive sud du Doubs, afin de n'être pas réduit à livrer bataille ayant la rivière à dos. Les convois de l'armée partirent dans la nuit même. Mais avant tout le 15ᵉ corps reçut l'ordre de faire occuper Quingey par une division tout entière et de tenir à tout prix sur cette position pour que les communications avec l'intérieur de la France ne fussent pas coupées. Tous les autres corps reçurent l'ordre de se rapprocher de Besançon, sans excepter le 24ᵉ, qui, dès lors, dut renoncer à défendre les défilés du Lomont.

Le général Bourbaki envoya au ministre de la guerre un rapport sur la situation de son armée. On lui répondit que la fraction du 15ᵉ corps qui était restée sur la Loire se porterait en avant. Des secours venus de Dijon eussent été plus efficaces et seraient arrivés plus vite.

Dans cette ville le gouvernement avait en effet concentré des forces considérables pour remplacer la division Crémer cédée à l'armée de l'Est, dans le but de couvrir l'antique capitale de la Bourgogne et d'en faire un point d'appui pour les opérations du général Bourbaki. Un corps de 20 000 hommes était destiné à défendre la ville même, tandis qu'une armée, appelée fort improprement l'armée des Vosges et qui fut portée à plus de 40 000 hommes, opérerait en rase campagne. Quoiqu'on disposât de troupes en grand nombre, on n'avait fait presque rien pour mettre obstacle à la marche si pénible des Allemands à travers le plateau de Langres. Les détachements chargés de l'observer se laissèrent refouler par le général de Kettler qui flanquait, à droite, les deux corps pendant leur marche; ils s'étaient repliés sur Dijon. Vainement le colonel Bombonnel posté à Gray avait demandé instamment d'être renforcé pour pouvoir défendre les points de passage de la Saône, on refusa de le soutenir en alléguant que Dijon était trop gravement menacé, et le « général » Garibaldi ne se mit en marche que quand les Prussiens eurent franchi la rivière.

Le 19 il se porta, en trois colonnes, sur Is-sur-Tille, où il n'y avait plus qu'une fraction de la 4ᵉ division d'infanterie. Mais on ne fit que 7 kilomètres et demi. Garibaldi se contenta d'observer, de la hauteur de Messigny, le détachement allemand envoyé en reconnaissance de son côté, puis il rentra dans Dijon en faisant jouer la *Marseillaise*.

Il n'en est pas moins vrai qu'à l'état-major du général de Manteuffel on s'exagérait la faiblesse de l'ennemi en donnant au général de Kettler l'ordre de prendre Dijon.

Les Français avaient mis le plus grand soin à fortifier la ville. Dans la direction du nord elle était protégée par de nombreux ouvrages en terre et des bâtiments mis en état de défense; mais l'essentiel c'est que Talant et Fontaine-lès-Dijon avaient été transformés en deux forts indépendants et armés de pièces de gros calibre qui battaient toutes les lignes de marche dans cette direction. Dans son ensemble, la ville constituait une position qu'il eût été facile de défendre contre des forces bien plus considérables que les cinq bataillons et demi de la 8ᵉ brigade à la tête desquels s'avançait le général de Kettler.

COMBATS DE DIJON

21 et 23 janvier. — Le général avait atteint Turcey et Saint-Seine. Le 21, il se mit en marche, en deux colonnes, de l'ouest, sur Dijon, distant encore de 22 kilomètres et demi. D'Is-sur-Tille, du nord par conséquent, le major de Conta lui amenait un renfort peu considérable, Les Allemands délogèrent, il est vrai, sans grand'peine, les « francs-tireurs de la Mort, la Compagnie de la Revanche[1] » et d'autres corps francs ainsi que des gardes mobiles des

---

1. En français dans le texte. (N. d. T.)

localités situées en avant de la ville et les refoulèrent de l'autre côté du Suzon, ruisseau profondément encaissé ; sur la droite ils enlevèrent au pas de charge le village de Plombières qui fut vigoureusement défendu, et sur la gauche ils s'étaient emparés de Daix ; mais les audacieux assaillants allaient forcément se voir arrêtés devant le front de la position des Français transformé en forteresse et dans la zone battue par leurs batteries de grosse artillerie. De son côté, le major de Conta avait progressé en livrant une série d'engagements, mais il ne réussit pas à opérer sa jonction avec la brigade avant la tombée de la nuit. Le général de Kettler, discernant la supériorité triple ou quadruple de l'ennemi, se borna finalement à repousser les sorties qu'il faisait.

On avait fait prisonniers aux Français 7 officiers et 430 hommes, mais la brigade avait perdu 19 officiers et 322 hommes. Avant d'être engagées, les troupes avaient dû faire des marches très longues par le mauvais temps et par des chemins défoncés et, ni avant ni après l'engagement, elles n'avaient pu faire la soupe. Les munitions étaient épuisées et le lendemain seulement devait arriver la colonne permettant de procéder au remplacement. Malgré tout, le général de Kettler n'hésita pas à tenir pendant la nuit sur les positions qu'il venait de conquérir, et cela dans le voisinage immédiat de l'ennemi ; le matin venu, il cantonna ses troupes dans les localités les plus rapprochées, afin qu'elles pussent se refaire.

L'ennemi le laissa faire sans tenter aucune entreprise sérieuse. A le voir si absolument inactif, le général de Kettler supposa que peut-être le gros des forces françaises était parti pour se porter, par Auxonne, au secours de l'armée de l'Est et il résolut de le forcer à revenir à Dijon en attaquant de nouveau la ville.

Faisant une marche de flanc, il passa devant le front de l'ennemi et atteignit le 20, à 11 heures, la route de Langres à la ferme de Valmy. Après que son avant-garde eut dispersé un détachement de gardes mobiles sur cette route, il se porta en avant, avec ses deux batteries, contre le village de Pouilly, entouré de murs et fortement occupé. Sur ce point, comme d'ailleurs c'était le cas la plupart du temps, quand il s'agissait de défendre des lieux d'habitation et des bâtiments, les Français opposèrent une résistance des plus opiniâtres. Le 61ᵉ régiment dut prendre d'assaut les maisons une à une, et les défenseurs, fort nombreux, du château, qui s'étaient réfugiés dans les étages supérieurs, ne consentirent à se rendre que quand les Allemands eurent mis le feu au bâtiment.

Débouchant de la localité, les Allemands trouvèrent l'ennemi déployé, derrière une position retranchée entre Talant transformé en fort et une grande fabrique située sur la route. Ils durent s'arrêter jusqu'à ce que le reste du régiment fût arrivé de la ferme de Valmy. Sur quelques points on refoula les défenseurs jusque dans le faubourg.

On s'était rendu compte que toutes les forces ennemies se trouvaient à Dijon; dès lors, le but de l'opération était atteint; malheureusement, on s'obstina à vouloir enlever la fabrique, grande bâtisse que l'infanterie était incapable de prendre à elle seule, et il se produisit alors un épisode fort regrettable.

L'officier supérieur et les capitaines étant tués ou blessés, un lieutenant en premier, dont le cheval avait été tué et qui lui-même était blessé, avait pris le commandement du 2ᵉ bataillon. Quand la 5ᵉ compagnie, forte seulement de 50 hommes, déboucha de la carrière voisine, elle fut accueillie par une grêle de projectiles venus de toutes parts. Le chef de la compagnie fut immédiatement blessé, et le sergent qui portait le drapeau tomba frappé à mort après avoir fait quelques pas: il en fut de même du lieutenant en second et du lieutenant faisant fonctions d'adjudant-major qui l'avaient successivement relevé. Il passa de main en main, porté d'abord par les officiers, puis par de simples soldats: tous furent tués. Mais les braves Poméraniens n'en pénétrèrent pas moins jusqu'à la fabrique; malheureusement, du côté où ils arrivèrent, il n'y avait pas de porte et finalement le sergent-major ramena sa petite troupe à la carrière. Là seulement on s'aperçut que le drapeau avait disparu. Des volontaires retournèrent, alors qu'il faisait déjà nuit, pour se mettre à sa recherche, un seul revint sans avoir été blessé. Plus tard seulement, les Français le trouvèrent, troué de balles, dans une flaque de sang, sous un monceau de cadavres.

C'est là le seul drapeau que les Allemands aient perdu pendant toute la campagne, et l'on peut dire qu'ils l'ont honorablement perdu.

On avait fait prisonniers 8 officiers et 150 hommes; mais la brigade, de son côté, avait de nouveau subi des pertes graves: 16 officiers et 362 hommes. Elle se rallia à Pouilly et resta sous les armes jusqu'à 8 heures pour s'opposer à la poursuite que l'ennemi tenterait peut-être; puis elle alla prendre ses cantonnements dans les localités les plus rapprochées.

OPÉRATIONS DE L'ARMÉE DU SUD

L'ordre donné d'enlever Dijon n'avait pu être exécuté; mais du moins une faible brigade avait retenu inactive dans cette ville toute une armée ennemie, si bien que le général de Manteuffel avait pu continuer sa marche sans être arrêté.

L'objectif qu'il avait indiqué à ses deux corps c'étaient les lignes de retraite de l'ennemi au sud de Besançon.

De cette place un petit nombre seulement de chemins pouvant servir aux mouvements de troupes mènent vers le sud de la France en passant par les terrasses très ravinées du Jura. La communication la plus directe, c'est la route et le chemin de fer de Besançon à Lons-le-Saulnier et, sur ces deux voies, les localités de Quingey et de Byans sont des points d'arrêt importants. Plus à l'est passe la route de Saint-Laurent et de Morez par Ornans, Salins et Champagnole, qui décrit un grand circuit. Par contre, plusieurs routes convergent en forme d'éventail vers Pontarlier en passant par les « Cluses », sorte de défilés particuliers à la chaîne du Jura qui, coupant ses longues arêtes, relient entre elles les vallées longitudinales. Mais à partir de Pontarlier il n'y a plus qu'une seule route, celle qui passe par Mouthe et qui a le grave inconvénient d'être très rapprochée de la frontière suisse.

22 janvier. — Le 22, l'avant-garde de la 13ᵉ division s'avança d'Audeux sur Saint-Vit ; là elle détruisit la voie ferrée, s'empara d'un grand nombre de wagons chargés, puis elle remonta la vallée du Doubs jusqu'à Dampierre. Là aussi on trouva des ponts, au nombre de quatre, que l'ennemi n'avait pas fait sauter, et on les occupa. L'avant-garde de la 14ᵉ division se porta d'Emagny en avant pour observer Besançon. Le IIᵉ corps marcha en rangs serrés sur Dôle en envoyant des détachements en reconnaissance de l'autre côté du Doubs.

23 janvier. — Toutes les fractions de l'armée allemande continuèrent ce jour-là leur mouvement concentrique.

S'avançant du nord, le général de Debschitz ne trouva plus, en se mettant en marche des Roches, que les emplacements des bivouacs du 24ᵉ corps français. La 4ᵉ division de réserve occupa l'Isle-sur-le-Doubs sans qu'il y eût d'engagement : à Clerval seulement et à Baume l'ennemi lui opposa une certaine résistance.

Sur l'Ognon la division badoise délogea l'ennemi de Montbozon.

Au centre, où marchait le VIIᵉ corps, l'avant-garde de la 14ᵉ division s'avança jusqu'à Dannemarie dans le voisinage de Besançon, Il y eut un engagement, mais ce ne fut guère qu'une canonnade qui dura jusque fort avant dans la soirée. De son côté, la 13ᵉ division, qui avait franchi le Doubs à Dampierre, se porta en avant sur Quingey.

Comme il manquait de matériel roulant sur le chemin de fer, l'ennemi n'avait pu y faire transporter qu'une brigade et les derniers trains avaient déjà été reçus par des obus prussiens à leur entrée en gare de Byans. Les troupes étaient dans un état si déplorable qu'elles n'avaient même pas réussi à établir des avant-postes. Elles renoncèrent à défendre Quingey, après avoir essayé de résister faiblement, puis elles firent sur Besançon et derrière la Loue une retraite qui ressembla fort à la fuite et qui empêcha des renforts, qu'on leur envoyait, d'arriver sur les lieux. L'avant-garde prussienne fit prisonniers 800 hommes, elle captura un convoi de 400 convalescents et se mit immédiatement à détruire la voie ferrée à Abbans-Dessous.

A l'aile droite les troupes marchant en tête du IIᵉ corps s'étaient avancées dans la vallée de la Loue, par la rive sud. Elles avaient trouvé tout le long de la route un grand nombre de coupures mises en état de défense mais abandonnées par l'ennemi. A Villers-Farlay seulement, une fraction considérable des forces ennemies leur tint tête.

Du côté des Français, le 20ᵉ corps était posté, dans la soirée du 23 janvier, au nord de Besançon, et le 18ᵉ à l'ouest, tous deux à la distance de 7 kilomètres et demi seulement de la ville. La cavalerie, l'artillerie et les convois de l'armée traversaient la ville ou campaient sur le glacis de la place. Le 24ᵉ marchait sur Besançon, tandis que les 2ᵉ et 3ᵉ divisions du 15ᵉ corps occupaient la rive sud du Doubs à Baume et à Larnod ; la 1ʳᵉ n'avait pas réussi à se maintenir à Quingey.

Dès lors, la ligne de communication la plus directe et la plus importante de l'armée était coupée et la situation de celle-ci s'était essentiellement aggravée par suite de ce nouveau contretemps. De Bordeaux on envoyait coup sur coup de nouveaux plans, de nouveaux conseils impossibles à réaliser et à suivre et, le 24, le général Bourbaki réunit en un conseil de guerre les généraux commandant les corps d'armée et les divisions.

24 janvier. — Les généraux déclarèrent qu'ils n'avaient plus guère que la moitié de leurs hommes sous les armes et que ceux-ci étaient plus disposés à fuir qu'à combattre. Seul, le général Pallu crut pouvoir répondre des troupes formant la réserve générale. L'intendant général, de son côté, déclara que, à moins d'entamer les rations de la garnison, on n'avait de vivres que pour deux jours au plus. Le général Billot, il est vrai, vota pour la proposition de se frayer un passage sur Auxonne ; mais quand on lui offrit de prendre le commandement des troupes devant exécuter ce mouvement, il refusa. En effet, celles-ci étaient trop harassées, l'indiscipline allait en augmentant : il n'y avait donc que peu d'espoir de voir réussir des opérations offensives. On n'avait plus qu'à se rallier à la proposition, qu'avait faite le général en chef, de se retirer sur Pontarlier.

Mais même cette retraite se trouvait être sérieusement compromise. Afin de se dégager dans la direction du nord, le général Bourbaki donna l'ordre au 24º corps de marcher de nouveau en avant et de tenir dans les défilés du Lomont. Au sud, le 15º devait défendre la profonde entaille où coule la Loue ; la tâche principale, qui était de couvrir le flanc droit, le plus directement menacé, de l'armée battant en retraite, échut au général Crémer.

Pour qu'il fût à même de remplir cette mission très difficile, on lui adjoignit une division du 20º corps et la réserve générale, c'est-à-dire les troupes sur lesquelles il était permis de compter le plus. Le 18º corps et les autres divisions du 20º devaient se tenir prêtes, sous Besançon, à se mettre en marche dès que l'ordre leur en serait donné.

Le quartier général allemand ne connaissait pas, cela va sans dire, les résolutions prises par l'état-major français. Il fallait donc prendre des dispositions en vue de différentes hypothèses, toutes possibles.

Si les Français restaient sous Besançon, on n'avait pas besoin de les y attaquer. La place ne se prêtait pas à recevoir une armée considérable et il était impossible de l'y faire vivre pendant un certain temps.

Il n'était guère admissible qu'ils se remissent en marche dans la direction du nord. De la sorte, ils se seraient éloignés de la région où ils trouvaient toutes leurs ressources et sur l'Ognon ils auraient forcément rencontré le gros du XIVº corps.

Il était plutôt permis d'admettre que l'ennemi essaierait de se frayer un passage vers Dijon. Là, il rencontrait sur sa route, à Saint-Vit, la 13ᵉ division, à Pesmes le détachement du colonel de Willisen et finalement le général de Kettler.

Ce qui semblait le plus vraisemblable, c'était la retraite sur Pontarlier. Pour empêcher l'ennemi de continuer à marcher vers le sud, une fois qu'il aurait atteint cette ville, on ne disposait pour le moment que du IIᵉ corps, tant que le VIIᵉ aurait à observer l'ennemi concentré sous Besançon et à repousser les retours offensifs qu'il pourrait faire sur les deux rives du Doubs.

Le général en chef se borna à donner aux généraux commandant les corps d'armée des *directives* générales, en les autorisant formellement à agir d'après leur inspiration personnelle s'il devait se présenter des éventualités qu'il était impossible de prévoir à l'avance.

Le général de Werder fut invité à se rapprocher, par Marnay, avec la division badoise et la brigade von der Goltz, de la 14ᵉ division, puis de la relever sur la rive droite du Doubs. La 4ᵉ division de réserve rétablit les ponts, à l'Isle-sur-le-Doubs et à Baume, et passa sur la rive gauche. Le colonel de Willisen fut adjoint au VIIᵉ corps qui manquait de cavalerie. Le IIᵉ corps se réunit en arrière de Villers-Farlay.

25 janvier. — On avait prescrit d'exécuter ce jour-là des reconnaissances avec des fractions de troupes considérables. Le détachement du VIIᵉ corps se vit engagé en un combat fort vif à Vorges. Les têtes de colonnes du IIᵉ corps rencontrèrent l'ennemi à Salins et à Arbois, mais elles constatèrent qu'il n'avait pas encore atteint Poligny.

26 janvier. — Le 26, l'avant-garde du IIe corps se porta en avant sur Salins. Deux forts, celui de Saint-André et celui de Belin situés près de la ville, à une grande hauteur, font, il est vrai, face à la Suisse; mais leur artillerie commande également le terrain s'étendant vers le sud et l'ouest, dans la direction de marche de l'ennemi. Salins constitue un point d'arrêt très fort sur la route de Saint-Laurent et, tant qu'on s'y maintenait, on couvrait en outre la route de retraite des colonnes marchant de Besançon sur Pontarlier.

Les deux batteries de campagne de l'avant-garde étaient, cela va de soi, impuissantes vis-à-vis des pièces de gros calibre des forts; mais le 3e bataillon du 2e régiment s'avança en petits groupes, par bonds successifs, dans l'étroite vallée formée par des parois de rochers, il gravit ces parois et, soutenu par les deux autres bataillons, il pénétra, en perdant, il est vrai, 3 officiers et 109 hommes, à 2 heures et demie dans la gare et le faubourg de Saint-Pierre.

Peu après le général de Koblinski y arrivait, de Saint-Thiébaud, avec le 42e régiment d'infanterie. Le maire ayant fait des représentations, le commandant des forts avait renoncé à ouvrir le feu sur la ville; aussi l'avant-garde allemande put-elle y prendre ses cantonnements tandis que le gros de la 3e division, quittant la zone dangereuse des forts, se retirait sur Mouchard. Mais dès lors le défilé ne put plus servir au passage des troupes allemandes, il fallut le tourner par le sud.

La 4e division avait d'ailleurs déjà marché dans cette direction, sur Arbois, la tête était arrivée à Pont-d'Héry; sur la droite elle constata que Poligny et Champagnole n'étaient pas encore occupés par les Français.

Le VIIe corps avait fait des reconnaissances sur les deux rives du Doubs : il avait rencontré l'ennemi solidement établi à Busy et à Vorges.

La 4ᵉ division de réserve s'avança sur la rive sud du Doubs jusqu'à Saint-Juan-d'Adam, dans le voisinage de Besançon; les autres troupes du XIVᵉ corps se portèrent sur Etuz et Marnay.

Les rapports envoyés par le général de Kettler, sur les engagements qu'il avait soutenus le 21 et le 23, décidèrent le général de Manteuffel à diriger une nouvelle entreprise contre Dijon. Il en chargea le général Hann de Weyhern et plaça sous ses ordres, à cet effet, en plus de la 8ᵉ brigade, les troupes du colonel de Willisen et la brigade badoise de Degenfeld.

Du côté des Français, le général Bressolles, se conformant à l'ordre qui lui en avait été donné, s'était mis en marche, dès le 24, pour réoccuper les points de passage du Doubs et les défilés du Lomont. D'abord, il avait dirigé la division Dariès sur Baume; mais n'ayant pas même réussi à refouler, ne fût-ce que les avant-postes ennemis de Pont-les-Moulins, elle dut se replier sur Vercel. En conséquence, la division Carré, qui avait trouvé évacués les débouchés du Lomont, dut également revenir en arrière, le 26, de grand matin, sur Pierre-Fontaine. La division Comagny s'était déjà retirée sur Morteau; elle continua sa marche sur Pontarlier sans s'inquiéter des autres.

Le recul de son aile droite causait de vives inquiétudes au général Bourbaki : il s'en préoccupait même plus que de raison car, de fait, il n'y avait au nord qu'une seule division ennemie qui pouvait tout au plus refouler son arrière-garde sur Pontarlier. A l'ouest, au contraire, le gros des forces allemandes le menaçait bien plus sérieusement. Il n'en donna pas moins l'ordre au 24ᵉ corps de se porter de nouveau en avant, le 26; cette fois-ci, le 18ᵉ devait le soutenir. Mais ce dernier employa toute la journée, qui eût dû être consacrée à l'attaque, à traverser Besançon dont les rues étaient couvertes de verglas, si bien que l'entreprise ne put être exécutée.

La réserve générale avait atteint Ornans et s'y tenait prête à arrêter l'ennemi. Les deux autres divisions du général Crémer s'avancèrent sur la route de Salins ; mais, pendant qu'elles étaient encore en marche, la nouvelle leur parvint que l'ennemi venait d'enlever cette ville. Elles occupèrent alors, à Deservillers et à Villeneuve-d'Amont, les routes qui de ces deux points conduisent à Pontarlier.

Dans l'intervalle, le ministère de la guerre avait refusé d'approuver la retraite générale de l'armée, sans tenir aucun compte de la situation qui contraignait le général Bourbaki à prendre cette détermination.

Ce qui caractérise le mieux le dilettantisme militaire des hommes qui, de Bordeaux, croyaient pouvoir diriger les mouvements des armées, c'est le télégramme expédié le 25 dans l'après-midi. M. de Freycinet y déclare que c'est « sa conviction bien arrêtée »[1] que le général Bourbaki, en rassemblant ses corps et en s'entendant, si besoin était, avec Garibaldi, serait assez fort « pour passer soit par Dôle, soit par Mouchard, soit par Gray, soit par Pontaillier[1] » (au nord d'Auxonne). Il laissait pleine liberté au général de choisir l'une ou l'autre de ces lignes de marche.

La proposition qu'on lui faisait ensuite est encore plus étrange : c'était d'embarquer l'armée, si l'état dans lequel elle se trouvait ne devait réellement pas lui permettre de faire une longue marche, par le chemin de fer à Chagey, donc, indubitablement, en face de l'ennemi qui la serrait de près.

De pareilles propositions étaient faites pour ébranler

---

1. En français dans le texte. (N. d. T.)

davantage encore l'assurance du brave général en chef. Les nouvelles fatales qui lui arrivaient de tous les côtés et l'état déplorable des troupes dont il s'était rendu compte en voyant passer le 18e corps à Besançon lui enlevèrent son dernier espoir et l'amenèrent à vouloir mettre fin à ses jours.

C'était évidemment le général en chef qui était cause que l'expédition conçue par M. de Freycinet avait totalement échoué ; aussi le décret qui le dépossédait de son commandement était-il déjà expédié. Le général Clinchant fut mis à la tête de l'armée. Il prit le commandement dans les conditions les plus fâcheuses qu'il soit possible d'imaginer.

La préoccupation dominante de tous les généraux, on n'en saurait douter, était d'éviter un engagement quelconque entre l'ennemi et leurs troupes épuisées et découragées. Toutes les lignes de retraite étaient sur le point d'être interceptées par l'ennemi. Seule, la route de Pontarlier était encore libre. Le nouveau général en chef n'avait donc d'autre parti à prendre que de se conformer aux dispositions que son prédécesseur avait arrêtées. Il donna immédiatement l'ordre de continuer la marche. Lui-même se rendit à Pontarlier. Dans cette forte position, il espérait pouvoir au moins accorder quelque répit aux troupes. On n'avait pas encore rencontré de fractions ennemies considérables ; on avait réussi à faire passer les colonnes de munitions et, si l'on parvenait à atteindre avant les Allemands les défilés de Vaux, des Planches et de Saint-Laurent et à s'y maintenir, on pouvait espérer encore s'échapper dans la direction du sud.

Le 27 au soir, la division Poullet était postée à Levier, le plus près de l'ennemi ; les deux autres divisions du général Crémer, ainsi que celles des 15ᵉ et 20ᵉ corps, étaient échelonnées sur la route d'Ornans à Sombacourt ; tout le 18ᵉ corps se trouvait sur la route orientale par Nods. Le 24ᵉ atteignit Montbenoît ; les troupes étaient, à la vérité, dans un état déplorable. La tête arrivait à Pontarlier ; deux divisions étaient restées à Besançon.

Ce jour-là même, le général de Fransecky concentra le gros du IIᵉ corps à Arbois ; il renforça en même temps les troupes du général du Trossel, occupant des positions à Pont-d'Héry.

Quant au VIIᵉ corps, la 14ᵉ division avait été relevée par le XIVᵉ à Saint-Vit ; elle se porta, à droite de la 13ᵉ, sur la coupure de la Loue que l'ennemi avait déjà abandonnée.

Au nord, le général de Debschitz occupait Blamont et Pont-de-Roide, tandis que le général de Schmeling, de Saint-Juan, observait Besançon et que le général von der Goltz s'avançait sur Arbois pour y former la réserve.

28 janvier. — Supposant les Français déjà en marche sur Saint-Laurent par Champagnole, le général de Fransecky, afin de leur couper la retraite sur cette route, marcha le lendemain dans la direction du sud.

Le général du Trossel atteignit Champagnole sans avoir eu à livrer d'engagement ; il porta immédiatement sa cavalerie en avant sur la route de Pontarlier. Le lieutenant-colonel de Guretzky atteignit Nozeroy avec un escadron du 11ᵉ dragons ; il constata que la localité était occupée par l'ennemi, mais il n'en captura pas moins un convoi de vivres de 54 voitures avec la caisse de guerre et fit l'escorte prisonnière. Les 5ᵉ et 6ᵉ brigades s'avancèrent jusqu'à Poligny et Pont-du-Navoy.

En ce qui concerne le VIIᵉ corps, la 13ᵉ division, après

avoir été relevée à Quingey par des troupes badoises, se concentra à la Chapelle, tandis que la 14ᵉ se portait en avant sur Deservillers. A Bolandoz la tête ne trouva plus l'ennemi, mais simplement ses feux de bivouac mal éteints, si bien que ce jour-là encore on n'avait pu atteindre le gros de l'armée française.

En effet, le général Clinchant avait rapproché de Pontarlier les corps d'armée. Mais on dut bien vite constater qu'on ne pouvait les y faire séjourner quelque temps parce qu'il était impossible de se procurer les vivres nécessaires. Dans la nuit même, le général Crémer reçut l'ordre de se porter immédiatement en avant sur les Planches et Saint-Laurent avec trois régiments de cavalerie postés déjà sur la route de Mouthe. Cette troupe fit une marche extraordinaire par les chemins de montagne obstrués par les neiges, si bien que, dans l'après-midi déjà, elle atteignit les localités qui lui avaient été indiquées. Le 24ᵉ corps et une brigade de la division Poullet l'y suivirent le lendemain; cette dernière fit aussi occuper, par deux bataillons, Bonnevaux, à l'entrée du défilé de Vaux.

Le 28 au soir, les autres fractions de l'armée étaient postées comme suit : le 18ᵉ corps derrière le Drugeon, à Houtaud, dans le voisinage immédiat de Pontarlier, la 1ʳᵉ division du 15ᵉ avait été portée en avant, de l'autre côté de ce ruisseau, jusqu'à Sombacourt; la 3ᵉ se trouvait à Pontarlier même. A gauche les 2ᵉ et 3ᵉ divisions du 20ᵉ corps occupaient toutes les localités de Chaffois à Frasne, à droite la réserve générale était postée à Byans.

Le général de Manteuffel avait donné l'ordre à l'armée de se porter en avant sur toute la ligne, le 29, dans la direction de Pontarlier, où l'on finirait bien par trouver l'ennemi.

29 janvier. — En fait de troupes du II⁰ corps, le général de Koblinski s'était, de Poligny, mis en marche avec les siennes, déjà pendant la nuit. Après avoir atteint Champagnole et réuni toutes les fractions de la 5ᵉ brigade, il partit de là, à 7 heures. Le général du Trossel, menant en avant la 7ᵉ brigade, était arrivé à Censeau sans avoir rencontré l'ennemi.

Sur la droite, le colonel de Wedell, à la tête de 4 bataillons de la 6ᵉ brigade, était parti du Pont-du-Navoy dans la direction des Planches. Il ne rencontra, en fait d'ennemi, que des cavaliers qui avaient mis pied à terre; c'étaient sans doute des postes que le général Crémer avait laissés sur ses derrières. Les chasseurs les dispersèrent sans peine. Puis des détachements continuèrent à avancer dans différentes directions. Partout ils trouvèrent des groupes d'isolés; mais à Foncine-le-Bas ils rencontrèrent la tête du 24ᵉ corps auquel le colonel de Wedell coupa la dernière ligne de retraite qui restât aux Français.

Le général de Hartmann marcha avec les autres fractions du IIᵉ corps sur Nozeroy, sans rencontrer de résistance.

En ce qui concerne le VIIᵉ corps, la 14ᵉ division avait reçu trop tard l'ordre d'avancer sur Pontarlier: elle ne se mit en marche de Deservillers qu'à midi et, à 2 heures seulement, elle atteignit Levier où la tête de la 13ᵉ division arrivait en même temps de Villeneuve-d'Amont, l'état des chemins ayant rendu très difficiles les mouvements des troupes.

L'avant-garde, forte de 3 bataillons, un demi-escadron et une batterie, n'avait rencontré, au delà de ce point, que des traînards, et le général de Zastrow lui donna l'ordre de se porter jusqu'au ruisseau du Drugeon. Dans la forêt, à gauche de la route, des troupes ennemies se retiraient en ordre serré sur Sombacourt, et le major de Brederlow fit un crochet avec le 1ᵉʳ bataillon du 7ᵉ régiment contre ce village situé sur le flanc de l'avant-garde. La 2ᵉ compagnie, capitaine de Vietinghoff, pénétra par Sept-Fontaines dans la localité en poussant des hourrahs; au début elle se vit entourée de toute part par les masses ennemies, mais bientôt les autres compagnies du bataillon accoururent à son secours. La 1ʳᵉ division du 15ᵉ corps français fut totalement dispersée sans que la réserve générale, postée tout près de là, à Byans, vînt la soutenir. Cinquante officiers, dont deux généraux, et 2700 hommes furent faits prisonniers; 10 pièces de canon, 7 mitrailleuses, 48 fourgons, 319 chevaux et 3500 fusils tombèrent entre les mains du bataillon hanovrien qui resta posté à Sombacourt pour surveiller l'ennemi.

Sur ces entrefaites, le reste de l'avant-garde s'était rapproché de Chaffois, où la route débouche de la montagne dans la large vallée du Drugeon. Cette localité était occupée, comme nous l'avons vu plus haut, par la 2ᵉ division du 20ᵉ corps.

Le colonel de Cosel procéda immédiatement à l'attaque. Trois compagnies du 53ᵉ régiment d'infanterie surprirent la grand'garde française et s'emparèrent des premières maisons du village; mais là, le 18ᵉ corps français tout entier vint arrêter les Allemands. Successivement toutes les forces disponibles durent être engagées et le gros de la 14ᵉ division se vit même obligé de fournir des renforts. La lutte très violente durait déjà depuis une heure et demie quand soudain les Français cessèrent le feu et déposèrent les armes. Ils invoquaient un armistice qui, disaient-ils, venait d'être conclu.

En effet, M. Jules Favre avait télégraphié, à 11 heures et quart, dans la nuit du 28 au 29, à Bordeaux, qu'il venait de signer un armistice de vingt et un jours, mais sans ajouter que, de son propre consentement, les trois départements de l'est en étaient exclus. La délégation de Bordeaux communiqua cette dépêche incomplète le 29, à minuit et quart, aux autorités civiles, tandis que M. de Freycinet ne mit au courant qu'à 3 heures et demie du soir les autorités militaires, que la chose intéressait pourtant tout spécialement.

C'est ainsi que le général Clinchant put, de bonne foi, communiquer au général de division Thornton, qui commandait à Chaffois, la nouvelle de l'armistice, qui se trouvait être inexacte par rapport à l'armée de l'est. Celui-ci envoya immédiatement l'officier d'état-major attaché à sa personne, vers le chef de l'avant-garde prussienne encore engagée, qu'il invita, en lui soumettant la correspondance officielle, à cesser le feu.

A 5 heures, le général de Manteuffel avait été avisé à Arbois, par le grand quartier général, des conditions complètes auxquelles était conclu l'armistice, d'après lesquelles les opérations engagées par l'armée du sud devaient être continuées jusqu'à ce qu'un résultat définitif fût acquis. Il rédigea immédiatement une proclamation à l'armée portant ces faits à la connaissance de tous les corps de troupe, mais ce jour-là elle ne parvint plus au VIIe corps.

L'état-major de ce corps ne savait rien de l'armistice; mais il pouvait admettre que d'un moment à l'autre il en serait avisé; aussi le général de Zastrow autorisa-t-il ses sous-ordres à cesser pour le moment les hostilités et à relâcher les prisonniers sans leur rendre leurs armes.

Chaffois, à l'exception de quelques fermes, resta au pouvoir de la 14e division, qui prit ses cantonnements dans la localité dans la mesure du possible, tandis que la 13ᵉ fut logée dans les localités en arrière de Sept-Fontaines jusqu'à Deservillers.

30 janvier. — Ne mettant pas en doute les communications à lui adressées par le gouvernement, le général Clinchant avait arrêté le 30 le mouvement de retraite de son armée. Le général Comagny, qui venait d'être nommé au commandement du 24ᵉ corps, renonça lui aussi à l'intention qu'il avait de se frayer, avec 10 000 hommes, à Foncine, un passage en passant sur le corps à la faible brigade du colonel de Wedell. Après les engagements malheureux qu'ils avaient soutenus la veille, les autres corps étaient venus s'entasser devant Pontarlier; ils avaient laissé des détachements de cavalerie sur les routes de Besançon et de Saint-Laurent pour rester en communication, d'une part, avec la forteresse et, de l'autre, avec le sud de la France, quand on fixerait avec l'ennemi une ligne de démarcation.

A 11 heures, le général de Zastrow reçut la proclamation du général en chef. Il informa l'ennemi en face duquel il se trouvait qu'il allait reprendre les hostilités, déclarant que pour le moment il se contenterait de l'évacuation totale de Chaffois, à quoi les Français s'engagèrent. Au demeurant, le VIIᵉ corps resta sur ses positions en serrant les rangs.

En ce qui concerne le IIᵉ corps, le général du Trossel s'était mis en marche de Censeau, dès le matin ; mais un parlementaire français s'étant présenté, il craignit d'agir contrairement au droit des gens et cessa de marcher en avant. Vers le soir seulement, il délogea l'ennemi des bois de Frasne. Le lieutenant-colonel de Guretzky pénétra, à la tête d'une faible troupe, dans le village de ce nom, où il fit prisonniers 12 officiers et 1500 hommes, et prit, de plus, 2 drapeaux. La 5ᵉ brigade atteignit Frasne aussi, les autres troupes du IIᵉ corps restèrent sur les positions qu'elles occupaient la veille.

Aux Planches également, des parlementaires s'étaient présentés, mais le colonel de Wedell avait refusé de les recevoir. Il en fut de même aux avant-postes du XIVᵉ corps.

Au nord de Pontarlier, le général de Schmeling se porta en avant de Pierre-Fontaine, le général de Debschitz sur Maiche.

31 janvier. — Le 31, de grand matin, le colonel français Varaigne s'était présenté au quartier général du général de Manteuffel, à Villeneuve. Il venait proposer une suspension d'armes de trente-six heures pour qu'on eût le temps d'éclaircir les points litigieux. On refusa d'accéder à sa proposition, l'état-major allemand étant parfaitement sûr de la teneur de l'armistice. On s'engagea à envoyer un rapport à Versailles, mais en déclarant qu'il était impossible d'interrompre les opérations de l'armée du sud jusqu'à ce que la réponse fût arrivée.

Ce jour-là, le IIᵉ corps, se maintenant simplement à hauteur du VIIᵉ, se porta en avant jusqu'à Dompierre, tandis que son avant-garde atteignait le Drugeon, à Sainte-Colombe et à la Rivière. De cette dernière localité, une compagnie du régiment de grenadiers de Colberg franchit, dans la soirée du même jour, les hauteurs escarpées et atteignit la Planée, où il fit prisonniers 500 hommes. Un détachement de deux bataillons et d'une batterie sous les ordres du lieutenant-colonel Liebe, flanquant le corps à droite, traversa sans rencontrer de résistance le long défilé de Bonnevaux à Vaux et fit prisonniers 2 officiers et

688 hommes. L'ennemi abandonna en outre le défilé des Granges-Sainte-Marie et se retira dans la montagne jusqu'à Saint-Antoine.

Le corps avait trouvé toutes les routes couvertes d'armes et de matériel de campagne et fait en tout 4 000 prisonniers.

Quant au VII⁰ corps, il informa une seconde fois l'ennemi de la reprise des hostilités, puis la 14⁰ division s'étendit à gauche, le long du Drugeon et jusqu'à la Vrine, d'où l'on établit, à Saint-Gorgon, les communications avec la 4⁰ division de réserve, du XIV⁰ corps. La 13⁰ division se porta en avant sur Sept-Fontaines. Dès lors, Pontarlier se trouvait cerné de toute part et le général de Manteuffel décida que le 1ᵉʳ février on procéderait à l'attaque sur toute la ligne. Le II⁰ corps devait se porter en avant par le sud-ouest et le VII⁰ par le nord-ouest, tandis que le général von der Goltz se posterait, en réserve, en avant de Levier.

Dans l'intervalle, le général en chef français lui-même commençait à ne plus croire parfaitement exactes les communications que lui avait faites son gouvernement. Tous les défilés menant au sud étaient occupés par l'ennemi; il ne pouvait donc plus compter s'échapper dans cette direction. Déjà le général Clinchant avait envoyé ses convois et ces colonnes de munitions, ses malades et ses éclopés, par la Cluse, s'abriter sous le fort de Joux et le Fort-Neuf. Dans le courant de l'après-midi, la nouvelle arriva de Bordeaux qu'effectivement l'armée de l'est n'était pas comprise dans l'armistice; il réunit ses généraux en un conseil de guerre. Tous déclarèrent qu'ils ne pouvaient plus répondre de leurs troupes. En conséquence, le général en chef se rendit lui-même dans la soirée aux Verrières afin de conclure une convention dont les préliminaires avaient déjà été arrêtés et d'après laquelle l'armée française devait franchir le lendemain, 1er février, la frontière suisse sur trois routes.

Afin de protéger la marche de l'armée, la réserve générale reçut l'ordre de tenir Pontarlier jusqu'à ce que tous les convois eussent dépassé la Cluse, tandis que le 18e corps prendrait position entre les deux forts pour couvrir les autres. On se mit immédiatement à renforcer les ouvrages. Toutes les fractions du 15e corps qui n'avaient pu se retirer avec la cavalerie, par Morez, dans la direction du sud, devaient chercher à franchir la frontière suisse sur un point quelconque.

1er février. — Quand, le 1er février, l'avant-garde du IIe corps s'avança de Sainte-Colombe sur Pontarlier, elle ne rencontra qu'une résistance assez faible à la gare. Les grenadiers de Colberg occupèrent la ville sans coup férir; ils y firent de nombreux prisonniers. Mais, voulant pousser plus loin, ils trouvèrent la route obstruée par les convois. Ils ne purent qu'à grand'peine contourner l'obstacle en se frayant un passage dans les masses de neige. Tout près de la Cluse, la route, passant entre des parois de rochers escarpés, pénètre en décrivant une courbe, dans le cirque spacieux du Doubs qui est totalement dominé par le château de Joux situé sur un roc conique. En débouchant dans ce cirque, les compagnies de tête furent accueillies par un feu bien nourri. On parvint, au prix des plus grands efforts, à mettre en batterie 4 pièces qui furent impuissantes à réduire au silence les pièces du fort, et les Français prirent l'offensive à leur tour.

Mais, entre temps, le 3e bataillon du régiment de Colberg avait gravi les hauteurs à gauche du forf; il fut suivi par le 2ᵉ bataillon et par un autre, du 49ᵉ régiment. Ces troupes délogèrent l'ennemi des fermes situées sur le plateau coupé de nombreux ravins. La paroi escarpée à la droite du château fut également gravie, plusieurs lignes de tirailleurs du 49ᵉ descendirent les pentes, en s'aidant des pieds et des mains jusqu'à la Cluse, et les grenadiers de Colberg avancèrent jusqu'au pied du Fort-Neuf.

Il va de soi qu'il ne pouvait être question de prendre d'assaut ces châteaux forts. D'une manière générale, il n'est guère possible, dans un terrain comme celui-là, de poursuivre sérieusement l'ennemi. Les Allemands lui avaient fait prisonniers 23 officiers, 1600 hommes et capturé 400 voitures chargées ; mais, de leur côté, ils avaient perdu 19 officiers et 365 hommes, appartenant la plupart au régiment de Colberg. Les troupes couchèrent sur les positions qu'elles avaient conquises.

Comme il était impossible de déployer à la Cluse des forces considérables, le général de Franzecky avait donné l'ordre au gros du IIᵉ corps de marcher dans la direction du sud sur Sainte-Marie. Le général de Hartmann, pour n'avoir pas à franchir la paroi escarpée du Jura, se dirigea d'abord sur Pontarlier pour, de là, suivre une route moins mauvaise, mais il s'y vit arrêté quand le combat de la Cluse fut inopinément devenu très vif. Le VIIᵉ corps, ainsi que la 4ᵉ division de réserve arrivée à midi sur le Doubs, parvinrent tout aussi peu à prendre le contact avec l'ennemi.

Pendant tout le jour, des colonnes françaises franchissaient la frontière suisse. La réserve générale, postée à Pontarlier, avait été, dès le début, entraînée par le train et par les convois se succédant et se pressant sans interruption, et à la Cluse seulement le 18ᵉ corps avait pu la recueillir. Les deux suivirent, dans la nuit, les autres troupes. Seules la cavalerie et la 1re division du 24e corps s'étaient échappées dans la direction du sud en passant dans le département limitrophe de l'Ain. Cette dernière ne comptait plus que quelques centaines d'hommes. Quatre-vingt mille Français avaient passé sur le territoire suisse.

Le général de Manteuffel avait transféré son quartier général à Pontarlier. C'est là que lui parvint, par la voie de Berlin, au milieu de la nuit, la nouvelle de la convention conclue entre le général Clinchant et le colonel fédéral Herzog.

Le général de Manteuffel avait obtenu ce succès considérable d'une campagne de trois semaines en livrant sans cesse des combats mais sans une bataille, — depuis celle de la Lisaine, — rien que par des marches, mais des marches telles que seules des troupes d'élite ayant à leur tête un chef audacieux et habile peuvent les exécuter dans la saison d'hiver et une région montagneuse, au prix des plus grandes fatigues et des privations de toute sorte.

Dès lors, deux armées françaises étaient prisonnières en Allemagne, une troisième internée dans la capitale même du pays, et la quatrième désarmée sur le sol étranger.

LES OPÉRATIONS DU GÉNÉRAL HANN DE WEYHERN CONTRE DIJON

Il nous reste à jeter un coup d'œil rétrospectif sur l'expédition dont fut chargé, le 26 janvier, le général Hann de Weyhern contre Dijon.

Ce jour-là même, Garibaldi avait été invité à préluder à une entreprise énergique sur Dôle et Mouchard.

Afin de le soutenir, le gouvernement, qui ne se lassait

jamais de constituer de nouvelles unités, voulait mettre en mouvement de Lyon sur Lons-le-Saulnier 15000 gardes mobiles sous le général Crouzat, tandis que le 26ᵉ corps se formant à Châtellerault enverrait des détachements sur Beaune. On ne pouvait plus douter que le général de Manteuffel n'eût coupé, avec des forces considérables, les lignes de communication de l'armée de l'est, aussi le général en chef de l'armée des Vosges reçut-il, le 27, l'ordre formel de ne laisser que 8000 à 10000 hommes à Dijon, et de se porter en avant avec le gros de ses forces sur Dôle et au delà.

Mais le général continuait à être inquiet au sujet de Dijon ; il occupa les points les plus importants du versant de la Côte d'Or et n'envoya qu'un corps extrêmement faible à Saint-Jean-de-Losne, derrière le canal de Bourgogne. Sept cents hommes appartenant à des corps francs s'avancèrent sur Dôle ; mais personne dans la ville n'en a jamais vu un seul.

La garnison de Langres s'était montrée plus active : elle avait exécuté à plusieurs reprises des expéditions qui souvent réussirent et qui avaient pour but de surprendre de petits postes et des troupes faisant le service des sauvegardes et des transports.

Le général Hann de Weyhern avait eu primitivement l'intention d'attaquer Dijon par le sud : il dut y renoncer, le pont de Saint-Jean-de-Losne sur la Saône ayant été détruit. En conséquence, il franchit la rivière à Apremont et réunit, le 31, les différents corps de la subdivision à Arc-sur-Tille. Là, le général Bordone, chef d'état-major de l'armée des Vosges, se présenta au quartier général pour invoquer l'armistice qui, disait-il, venait d'être conclu. Il fut éconduit. Le 31, le général de Kettler se porta en avant, à la tête de l'avant-garde, sur Varois. Afin de couper les communications de l'ennemi avec Auxonne, les flanqueurs de gauche s'emparèrent du pont de Fauverney, sur l'Ouche. A peine l'artillerie eut-elle lancé quelques obus, que l'ennemi se retira sur sa position fortifiée s'étendant de Saint-Apollinaire à Mirande.

N'ayant pas davantage réussi à conclure une suspension d'armes, le général Bordone se décida à évacuer Dijon dans la nuit qui suivit et à se retirer sur un territoire qui fût réellement compris dans l'armistice. Aussi, le 1er février, la pointe d'avant-garde trouva-t-elle la position en avant de la ville abandonnée; le général de Kettler y fit son entrée sans rencontrer de résistance, au moment où le dernier train emportant les troupes ennemies quittait la gare. Le 2, on occupa en outre Sombernon et Nuits.

OCCUPATION DES DÉPARTEMENTS DU DOUBS, DU JURA ET DE LA COTE-D'OR

Il incombait encore au général de Manteuffel d'occuper militairement les trois départements qu'il avait conquis et de les couvrir contre les entreprises qui pourraient être tentées de l'intérieur de la France.

Sur le territoire même de ces départements, le général Pellissier tenait la campagne, aux environs de Lons-le-Saulnier, avec les 15 000 hommes de garde mobile envoyés de Lyon, auxquels étaient venus se joindre les bataillons de la garde nationale mobilisée que le général Rolland avait renvoyés de Besançon.

C'était un corps numériquement considérable, mais on n'en pouvait guère tirer parti, étant donnée sa composition.

L'état-major de l'armée du sud prévint le général Pellissier que, pour éviter une effusion de sang inutile, on le laissait libre de se retirer, ce qu'il fit dès que des fractions du II⁰ corps s'avancèrent sur Lons-le-Saulnier et Saint-Laurent. D'autres troupes allemandes vinrent occuper Mouthe et les Allemands[1], où l'on trouva 28 pièces de campagne abandonnées par l'ennemi. Pour parer à toutes les éventualités, 8 bataillons étaient placés en observation le long de la frontière suisse. Le château de Salins, la petite place d'Auxonne et le front est de Besançon furent observés de même.

Quoique le département de la Haute-Marne fût compris dans l'armistice, le commandant de Langres avait refusé de reconnaître la convention signée par son gouvernement. Il fallait donc investir cette place, peut-être même l'assiéger plus tard. D'abord le général von der Goltz reçut une seconde fois la mission de se porter devant Langres, et déjà le général de Krenski s'avançait à la tête de 7 bataillons, de 2 escadrons et de 2 batteries, avec un parc de siège de Longwy qu'il venait de contraindre de capituler, le 25 janvier, après l'avoir bombardé pendant six jours. Mais on ne devait plus se battre à Langres. Le général de Manteuffel ne cherchait plus à remporter de succès en engageant ses troupes, il voulait leur éviter de nouvelles pertes et leur accorder tous les allégements possibles, après les fatigues extraordinaires qu'il avait dû leur imposer. En abordant le Jura, tous les trains régimentaires avaient dû rester en arrière, et à ce moment-là seulement ils rejoignaient leurs corps. Les états-majors des divisions et corps d'armée avaient dû se passer de leurs bagages.

1. Nom d'une localité. (N. d. T.)

Les troupes, tout en restant prêtes à reprendre les opérations, furent cantonnées dans un rayon fort étendu, afin de pouvoir se refaire : le II⁰ corps dans le département du Jura, le VII⁰ corps dans la Côte-d'Or et le XIV⁰ dans le Doubs. Il ne restait plus qu'à pousser le siège de Belfort avec toute l'énergie voulue.

SUITE DU SIÈGE DE BELFORT

Immédiatement après la bataille de la Lisaine, le corps de siège de Belfort avait été porté à 27 bataillons, 6 escadrons, 6 batteries de campagne, 24 compagnies d'artillerie de forteresse et 6 compagnies de pionniers de forteresse. Au total : Infanterie, 17602 hommes; artillerie, 4699; pionniers, 1166; soit : 23467 avec 707 chevaux et 34 pièces de campagne.

Au nord et à l'ouest, la place n'était cernée que par quelques bataillons; le gros du corps de siège était massé au sud et à l'est.

Le 20 janvier, les batteries établies à l'est de la place avaient ouvert un feu bien nourri sur Pérouse. Le colonel Denfert y vit l'indice d'une attaque imminente et fit occuper ce village, organisé en vue d'une défense opiniâtre, par quatre bataillons de ses troupes les plus solides.

En effet, deux bataillons du 67⁰ régiment se portèrent en avant, à minuit, de Chévremont, sur la forêt du Haut-Taillis sans tirer un coup de fusil. A l'intérieur seulement du bois il s'engagea un combat acharné; cependant les défenseurs furent refoulés sur le village. Malgré le feu violent des forts, les pionniers couvrirent immédiatement de retranchements la lisière du bois faisant face à Pérouse.

Une demi-heure plus tard, deux bataillons de Landwehr s'avancèrent de Bessoncourt sur les parcelles boisées situées au nord du village. Ils furent accueillis par un feu des plus violents, mais n'en franchirent pas moins les abatis, les fossés et les haies de fil de fer et refoulèrent l'ennemi dans les carrières.

Il s'engagea alors un combat par les feux qui, pour être traînant, n'en était pas moins violent. Mais bientôt le 67° régiment procéda à une nouvelle attaque ; il pénétra, sans se laisser arrêter par les ouvrages en terre, dans le village de Pérouse. A 2 heures et demie, il s'était rendu maître de la partie orientale de cette localité fort étendue et de là il menaçait les défenseurs des carrières qui les abandonnèrent. A 5 heures, le colonel Denfert renonça à tenir dans la partie occidentale, et tout le village fut alors occupé par les Allemands.

Ceux-ci avaient perdu 8 officiers et 178 hommes ; ils avaient fait prisonniers aux Français 5 officiers et 93 hommes.

Du 21 au 27 janvier. — Dès le lendemain on procéda à l'établissement de la première parallèle qui s'étendait de Danjoutin au Haut-Taillis, sur une longueur de 1 800 mètres. Cinq bataillons et deux compagnies de pionniers exécutèrent ce travail sans être dérangés par l'ennemi ; mais la nature rocheuse du sol ne leur permit pas de donner immédiatement à la parallèle la largeur réglementaire.

Le général de Tresckow crut pouvoir procéder dès lors à l'assaut des deux forts des Perches. Pour s'abriter, les défenseurs disposaient de deux demi-redoutes avec des fossés profonds de 3 mètres et taillés verticalement dans le roc, de traverses pare-éclats et de blockhaus à l'épreuve de la bombe établis dans la gorge. Chacune d'elles était armée de 7 canons de 12 centimètres. Elles étaient reliées l'une à l'autre par des coupures derrière lesquelles les réserves se tenaient prêtes à intervenir. Le flanc droit de cette position était couvert par un bataillon et une batterie de sortie postés au Fourneau; sur la gauche, le bois était abattu à la distance de 600 mètres et les souches avaient été reliées entre elles par des haies de fil de fer qui constituaient un obstacle presque infranchissable. En avant du front, la pente douce de la hauteur était battue par les feux croisés des deux forts.

La parallèle ayant reçu la veille une étendue suffisante pour que des fractions de troupes considérables y pussent être logées, on procéda à l'assaut, le 27. Deux colonnes fortes d'un bataillon, d'une compagnie de pionniers et de deux pièces se portèrent en avant pour attaquer les forts le 27 janvier, à l'aube. Celui des Basses-Perches fut abordé de front par deux compagnies du bataillon de Landwehr de Schneidemühl. Arrivées l'une à 60, l'autre à 100 mètres de l'ouvrage, elles se couchèrent à terre. Un peloton de tirailleurs et quelques pionniers atteignirent le fossé et, sans hésiter, ils y sautèrent. Les deux autres compagnies, tournant le fort par la gauche, étaient arrivées sur le revers de l'ouvrage ; ici aussi un certain nombre d'hommes sautèrent dans le fossé de la gorge. Mais à ce moment les Français délogés de leurs tranchées s'étaient ralliés et le bataillon posté en réserve au Fourneau s'était avancé. Tous les forts de la place dirigèrent leur feu sur le terrain découvert et sans abri aucun en avant de la parallèle, et les renforts ne purent les franchir. La 7e compagnie du bataillon de Landwehr se vit cernée par des ennemis en nombre considérablement supérieur qui la firent prisonnière en grande partie après qu'elle leur eut opposé une résistance opiniâtre. Les hommes descendus dans les fossés purent, pour la plupart, s'échapper.

L'attaque dirigée contre les Hautes-Perches, par la colonne de droite, échoua également. Elle avait à franchir 1 000 mètres dans un terrain découvert. On essaya de tourner le fort, mais on ne réussit pas à progresser à cause des abatis, des autres obstacles et du feu meurtrier de l'ennemi.

Cet assaut manqué coûtait aux Allemands 10 officiers et 427 hommes. Il fallut reprendre l'attaque par siège qui ne permettait de faire que des progrès fort lents.

Du 28 janvier au 15 février. — En s'approchant davantage des forts on put, sans être inquiété par l'ennemi, avancer peu à peu la sape volante de 300 mètres. Malgré toutes les difficultés que présentait la nature du sol, on ouvrit, le 1ᵉʳ février, la deuxième parallèle à demi-distance des Perches.

C'était le fort de la Justice qui gênait le plus les travaux de siège. On construisit donc pour le combattre deux nouvelles batteries à l'est de Pérouse. Quatre batteries de mortiers établies sur les ailes de la parallèle ouvrirent leur feu, à petite distance, sur les Perches. De plus, trois batteries furent établies dans le bois des Perches contre la citadelle et une contre l'enceinte de la ville sur la lisière du bois, à Bavilliers. On tirait 1 500 coups de canon par jour contre la place et ses ouvrages avancés.

Mais il devenait de plus en plus difficile de pousser l'attaque par siège. Le général de Debschitz ayant été rappelé, le corps de siège disposait d'un nombre très restreint de travailleurs. Le service pénible dans les tranchées n'était fait que par neuf bataillons. Les compagnies de pionniers surtout subissaient des pertes graves : il fallut en faire venir deux autres de Strasbourg. Toutes les nuits il y avait clair de lune ; la garnison voyait tout ce qui se passait sur le terrain couvert de neige en avant de la place et l'on ne put plus employer la sape volante. On dut recourir à la sape double à terre roulante en couvrant la tête de sape avec des sacs à sable et les côtés avec des gabions; quant à la terre servant à l'encaissement, il fallait souvent aller la chercher fort loin.

Pour comble de malheur, le dégel se produisit le 3 février. L'eau coulant des hauteurs remplit les tranchées, et les troupes étaient obligées de circuler sur le terrain découvert. Les travaux déjà terminés furent endommagés par les pluies torrentielles, le parapet de la première parallèle s'effondra par places et l'on ne voyait plus la banquette. Les chemins étant défoncés, on ne put procéder à l'armement des batteries qu'au prix des fatigues et des efforts les plus grands et, pour le remplacement des munitions, il fallut mettre à contribution les attelages des colonnes et de l'artillerie de campagne. Beaucoup de bouches à feu étaient hors de service par suite d'érosions qui s'étaient produites dans l'âme et, de plus, l'ennemi se montrait fort habile à déranger les travaux en faisant ouvrir soudain le feu à des pièces qu'il ramenait en arrière presque immédiatement. Non seulement les batteries durent continuer à canonner les Perches pendant la nuit ; mais l'infanterie était également tenue de faire, sans discontinuer, le coup de feu avec les défenseurs. Les batteries nouvellement établies dans les parallèles ne parvenaient que momentanément à réduire au silence l'artillerie des Hautes-Perches. Contre le fort de Bellevue et les ouvrages de la gare il fallut recourir aux masses couvrantes et recommencer en outre à combattre le fort des Barres. Il va de soi que dans cette situation, et le mauvais temps aidant, l'état sanitaire des troupes était de moins en moins satisfaisant. Il arrivait fréquemment que les bataillons ne pouvaient faire prendre les armes qu'à 300 de leurs hommes.

Malgré tout, l'artillerie de l'assaillant avait incontestablement pris le dessus sur celle du défenseur et, en dépit de tous les obstacles, les sapes avaient atteint le bord du fossé des Perches.

Le 8 février à 1 heure du soir, le capitaine Roese fit jeter des gabions de sape dans le fossé des Hautes-Perches, il y sauta avec cinq pionniers et, taillant vivement des marches dans l'escarpe, il gravit le parapet. La garde de tranchée le suivit immédiatement, mais on ne trouva plus qu'un petit nombre de Français dans les traverses pare-éclats. La situation des troupes défendant les forts était en effet devenue des plus critiques. Qu'elles voulussent remplacer les munitions ou chercher de l'eau à l'étang de Vernier et faire la soupe à l'intérieur de l'ouvrage, elles ne pouvaient faire tout cela qu'exposées au feu de l'ennemi. Aussi le colonel Denfert avait d'ores et déjà donné l'ordre de mettre le matériel en sûreté. Les pièces dont les affûts supportaient encore le transport furent enlevées, à l'insu de l'assiégeant, et dans chacun des forts on ne laissa qu'une compagnie avec l'ordre de se retirer, en cas d'attaque, en faisant feu sur l'ennemi. En effet, on ne trouva dans l'ouvrage complètement démoli que des affûts brisés et quatre bouches à feu hors d'état de servir. On l'organisa immédiatement pour la défense, face à la place; mais celle-ci ouvrit à 3 heures un feu d'une telle violence sur la position qu'elle venait de perdre, que les travailleurs durent aller s'abriter dans les fossés.

La garnison des Basses-Perches opposa une certaine résistance; mais recueillie par la réserve, elle battit peu après en retraite sur le Fourneau, ne laissant dans le fort que cinq pièces et du matériel endommagé par les projectiles. Ici, tout comme aux Hautes-Perches, le feu de la place contraignit les assaillants à interrompre leurs travaux de retranchements sur la contrescarpe ; mais ils réussirent à amener dans l'ouvrage quatre mortiers de 15 centimètres et deux canons de 9 centimètres sur le ressaut de la colline à l'ouest du fort. Ces pièces ouvrirent le feu sur le Fourneau et Bellevue. Dans la nuit du 9 au 10 février, les deux forts des Perches furent reliés entre eux par une tranchée longue de 624 mètres, et, de la sorte, la troisième parallèle se trouvait établie.

Dès lors, on était à même d'attaquer directement la citadelle, et c'est sur elle que les batteries du bois des Perches, puis celles de la deuxième parallèle ouvrirent le feu. En même temps on bombardait les forts de la Justice, de la Miotte et de Bellevue. Le général de Debschitz était revenu, le corps de siège avait de nouveau son effectif complet et, le temps étant redevenu froid, tout alla mieux. Le 13, il y avait 97 pièces dans la troisième parallèle qui se tenaient prêtes à ouvrir le feu.

La ville avait énormément souffert de ce long bombardement. Presque toutes les maisons étaient endommagées, 15 d'entre elles avaient totalement brûlé et, dans les localités voisines, 164 maisons avaient été détruites par les projectiles des défenseurs. De même, les ouvrages de la place étaient en fort mauvais état, la citadelle en particulier. Le revêtement en pierres de taille de son mur de front était tombé dans le fossé, la moitié des embrasures blindées s'étaient éboulées ; les magasins de consommation des batteries avaient sauté et un certain nombre de traverses voûtées étaient percées. On ne pouvait plus arriver qu'à l'aide d'échelles aux batteries les plus élevées. La garnison, dont l'effectif avait primitivement été de 372 officiers et de 17 322 hommes, avait perdu 32 officiers et 4 713 hommes ; 336 personnes appartenant à la population civile avaient été tuées. La place ne pouvait plus tenir longtemps ; à cela vint s'ajouter la nouvelle que l'armée qui, seule, pouvait débloquer Belfort venait de déposer les armes.

Étant donnée cette situation, le général de Tresckow invita le commandant à rendre la place qu'il avait si vaillamment défendue, et en se retirant avec les honneurs de la guerre ; cette condition avait au préalable reçu l'approbation de Sa Majesté et le gouvernement français autorisait le colonel Denfert à accepter. Mais celui-ci exigeait un ordre direct. Un de ses officiers se rendit à Bâle pour attendre cet ordre et, jusqu'à son retour, il y eut une suspension d'armes.

Le 15, fut signée, à Versailles une convention par laquelle l'armistice du 28 janvier était étendu aux trois départements qui n'y avaient d'abord pas été compris et à la place de Belfort. L'article I*er* stipulait la reddition de cette ville.

Les négociations définitives ayant été menées à bonne fin, la garnison quitta, dans le courant des 17 et 18 février, le rayon de la place forte, avec armes et bagages, et se rendit par l'Isle-sur-le-Doubs et Saint-Hippolyte sur le territoire occupé par les troupes françaises. Les troupes partirent en échelons de 1 000 hommes, marchant à la distance de 5 kilomètres l'un de l'autre. Le colonel Denfert sortit avec le dernier. Cent cinquante voitures prussiennes suivaient la colonne avec les vivres provenant des magasins de la place. Le 18 février, à 3 heures de l'après-midi, le lieutenant général de Treschow fit son entrée à la tête de détachements fournis par toutes les troupes du corps de siège.

On trouva 341 canons, dont 56 hors d'état de tirer et 356 affûts, dont 119 brisés, 22 000 armes à feu portatives et de plus des approvisionnements considérables de munitions et de vivres.

Le siège avait coûté aux Allemands 88 officiers et 2 049 hommes dont 245, faits prisonniers par les assiégés. recouvrèrent leur liberté par suite de la capitulation.

On procéda sans retard aucun à la remise en état et à l'armement de la place, ainsi qu'au nivellement des travaux d'attaque.

L'ARMISTICE

En exécution de la convention du 28 janvier, il fut tracé une ligne de démarcation ; de part et d'autre les avant-postes devaient être retirés à la distance de 10 kilomètres de cette ligne qui courait de l'embouchure de la Seine dans la direction du sud jusqu'à la Sarthe ; à Saumur elle franchissait la Loire, puis suivait la Creuse, tournait à l'est sur Vierzon, Clamecy et Chagny et, contournant Chalon-sur-Saône par le nord, elle venait rejoindre la frontière suisse au sud de Lons-le-Saulnier et de Saint-Laurent. Deux départements, le Pas-de-Calais et le Nord, ainsi que le cap du Havre, étaient isolés par une ligne de démarcation spéciale.

Quant aux places de guerre situées sur le territoire occupé par les Allemands où des troupes françaises s'étaient maintenues, il leur fut attribué un rayon proportionnel à leur étendue.

Quand on procéda à l'exécution de la convention, il se produisit des contestations sur plusieurs points. Elle avait été conclue à Paris, par les membres du gouvernement de la Défense nationale présents dans la ville ; la délégation de Bordeaux, qui avait été jusqu'alors chargée de la direction des opérations, était restée étrangère à sa rédaction, les différents articles ne lui avaient pas encore été communiqués. Gambetta avait bien donné l'ordre de cesser les hostilités, mais il n'avait pas pu donner des instructions détaillées aux généraux commandant en chef les armées françaises.

C'est ainsi que le général Faidherbe n'en avait pas au sujet de l'évacuation de Dieppe et d'Abbeville. Le général de Gœben s'abstint d'y faire entrer immédiatement les troupes allemandes. A l'ouest de la Seine, le grand-duc de Mecklembourg dut déclarer formellement que, si on ne tenait pas compte de la ligne de démarcation, il reprendrait immédiatement les hostilités.

Le commandant de la place de Langres fit également des difficultés et ne retira ses troupes dans le rayon de la forteresse que le 7 février. Le général Rolland, à Besançon, ne s'y décida qu'un peu plus tard. Celui d'Auxonne ne voulut pas, au début, accorder le libre passage sur le chemin de fer. Bitche, qu'il n'avait pas valu la peine d'assiéger sérieusement, refusa de reconnaître la convention : on dut renforcer le corps d'investissement et la garnison ne quitta son roc qu'au mois de mars, quand on l'eut menacée de donner l'assaut.

Les corps francs non plus ne la reconnurent pas de suite et, sur différents points, il fallut soutenir des engagements contre eux. Mais quand, finalement, tous ces différends eurent été réglés, il n'y eut plus de collisions sérieuses entre la population et les troupes allemandes pendant toute la durée de l'armistice.

A Paris, tous les corps d'armée allemands avaient occupé

les forts situés en avant de leur front ; c'est ainsi que le V⁰ prit possession du Mont-Valérien et le IV⁰ de la ville de Saint-Denis. La zone entre les forts et le corps de place fut déclarée neutre ; mais la population civile ne pouvait la traverser que par des routes spécifiées dans la convention et sous le contrôle des piquets d'examen allemands.

Le gouvernement français avait eu tellement peur d'exaspérer la population, qu'il avait tardé de prononcer le mot de capitulation, au point que Paris, maintenant que les communications étaient libres, courait risque de souffrir de la famine. Aussi mit-on à la disposition des autorités les approvisionnements des magasins allemands dont on n'avait pas besoin. Les généraux en chef des armées allemandes, les gouverneurs généraux et les officiers chargés de l'inspection du service des transports reçurent l'ordre de ne pas s'opposer au rétablissement des voies ferrées et des routes dans les territoires sur lesquels s'étendait leur autorité et même les lignes de chemin de fer servant au ravitaillement de l'armée allemande furent mises à la disposition du gouvernement français, l'exploitation continuant à être dirigée par le grand état-major. Malgré tout, le premier convoi de vivres n'arriva à Paris que le 3 février, et les Français ne parvinrent que vers le 15 à mettre fin à la détresse qui régnait dans leur capitale.

Les prisonniers allemands furent rendus immédiatement. On mit plus de temps à rendre les armes et le matériel de guerre et à payer la contribution de 200 millions qui avait été imposée à la ville.

Mais on ne savait pas encore si le parti de la guerre « à outrance »[1], la délégation de Bordeaux, se soumettrait au

---

1. En français dans le texte. (N. d. T.)

gouvernement de Paris et si l'Assemblée nationale, enfin convoquée, accepterait les conditions du vainqueur. De part et d'autre on prit ses mesures pour recommencer la guerre si besoin était.

A la fin de l'armistice, les armées françaises étaient réparties de façon à ne guère favoriser cette reprise des hostilités.

Sur le conseil du général Faidherbe, l'armée du nord avait été totalement licenciée parce qu'elle était trop faible pour tenir tête aux forces allemandes qu'elle avait en face d'elle. Le 22e corps avait été transporté à Cherbourg par mer; on en forma l'armée de Bretagne en y joignant le 27e et des fractions du 19e, sous les ordres du général de Colomb. En y comprenant les corps francs de Lipowski, de Cathelineau et autres, son effectif atteignait le chiffre de 150 000 hommes. Le général Loysel était resté dans les retranchements du Havre avec 30 000 hommes de gardes mobiles mal armés et peu aguerris.

Après avoir rétrogradé jusqu'à la Mayenne, le général Chanzy avait préparé une conversion à gauche, en vue d'une nouvelle entreprise qui devait avoir Caen pour point de départ. Mais il n'eut pas le temps de l'exécuter. Les 17e, 21e, 16e et 26e corps étaient postés entre le cours inférieur de la Loire et le Cher, d'Angers à Châteauroux. Leur effectif était d'environ 160 000 hommes. A Bourges, se trouvait le 25e corps sous le général Pourcet et, à Nevers, le corps du général de Pointe. L'armée des Vosges s'était retirée au sud de Chalon-sur-Saône, et les débris de l'armée de l'est se réunissaient à Chambéry pour former le 24e corps sous les ordres du général Crémer.

L'effectif total des troupes de campagne était de 534 452 hommes. Tous les corps francs, à l'exception de ceux sur lesquels on pouvait compter, furent licenciés et la garde nationale fut déclarée pour le moment « incapable de rendre aucun service à la guerre »[1]. Il y avait en contre 354 000 hommes dans les dépôts, les camps d'instruction et en Algérie. La classe de 1871 devait fournir 132 000 hommes, mais on ne l'avait pas encore appelée.

Au cas où la guerre recommencerait, on comptait se borner à rester sur la défensive dans le sud-est de la France ; mais, d'après le rapport fourni le 8 février à l'Assemblée nationale par la commission d'enquête, on n'eût guère disposé pour cela de plus de 252 000 hommes capables de faire campagne. En outre, la flotte avait fourni des fractions si considérables de troupes et des pièces en si grand nombre, qu'elle n'était plus en état de tenter de grandes entreprises maritimes.

Du côté des Allemands, on s'était surtout préoccupé de reconstituer l'effectif des troupes sur le pied de guerre complet et de remettre en état le matériel.

Les forts de Paris furent immédiatement armés, face à la ville. Dans l'intérieur et les intervalles, on avait mis en position 680 bouches à feu, dont 145 prises aux Français. C'était plus qu'il n'en fallait pour contraindre la population fort agitée à se tenir tranquille. Une partie des forces employées jusqu'alors à l'investissement était devenue disponible et, rien que pour être à même de mieux loger les troupes, on lui fit quitter les environs immédiats de la ville. En outre, on jugeait à propos de renforcer la deuxième armée qui avait en face d'elle le gros des forces ennemies. En conséquence, le IV corps fut dirigé sur Nogent-le-Rotrou, le V sur Orléans ; il y relevait le IX qui fut transféré à Vendôme ; de la sorte, les cantonnements de cette armée

---

1. En français dans le texte. (N. d. T.)

s'étendaient d'Alençon à Tours, et de là, en remontant la Loire, jusqu'à Gien.

Dans le nord, la première armée était postée tant sur la Somme (VIII° corps) que sur les deux rives de la basse Seine (I⁰ʳ corps), et dans le sud, l'armée du sud occupait des positions le long de la ligne de démarcation de Baume jusqu'à la frontière suisse et plus en arière.

A la fin du mois de février, l'armée de campagne allemande postée sur le territoire français comptait :

En fait d'infanterie, 464 221 hommes avec 1 674 bouches à feu ; en fait de cavalerie, 55 562 chevaux.

Quant aux troupes faisant le service des places, leur effectif était :

Pour l'infanterie, de 105 272 hommes avec 68 bouches à feu ; et pour la cavalerie, de 5 681 chevaux.

Au total 630 736 hommes et 1 742 bouches à feu.

Dans l'intérieur de l'Allemagne, il y avait, en fait de troupes de la réserve et de dépôt : 3 288 officiers, 204 684 hommes, 26 603 chevaux.

Les dispositions étaient prises pour que, au cas où l'on reprendrait les hostilités, on fût à même, sur tous les points, d'opposer une résistance des plus vigoureuses à l'ennemi.

L'armistice touchait à sa fin ; le grand état-major avait déjà préparé la concentration des troupes afin de reprendre l'offensive, spécialement dans le sud, quand le chancelier de la Confédération de l'Allemagne du Nord l'informa qu'une prolongation jusqu'au 24 venait d'être accordée. Plus tard, elle fut étendue jusqu'au 26 à minuit.

Il s'était en effet produit des difficultés sérieuses entre le gouvernement de Paris et la délégation de Bordeaux : on ne s'entendait pas au sujet des conditions d'éligibilité à imposer aux candidats à l'Assemblée nationale. Le gouvernement allemand désirait que, grâce à des élections absolument libres, non pas tel parti, mais la nation tout entière fût à même d'exprimer sa volonté. Mais Gambetta, contrairement aux stipulations de l'armistice, avait édicté des dispositions en vertu desquelles tous ceux qui, après le 2 décembre 1851, avaient été en rapport, de quelque façon que ce fût, avec le gouvernement impérial, ne seraient pas éligibles. Le gouvernement de Paris dut envoyer à Bordeaux plusieurs de ses membres, de sorte que le dictateur n'eut plus la majorité. Le 6 février, il donna sa démission, et les élections se firent rapidement et tranquillement.

Dès le 12, les députés se réunirent à Bordeaux. M. Thiers fut élu chef du pouvoir exécutif et, le 29, il partait pour Paris, avec Jules Favre, décidé à mettre fin, de manière ou d'autre, à cette guerre qui ne pouvait aboutir qu'à de nouveaux désastres.

Les négociations commencèrent et, cinq jours plus tard, après qu'on eut eu bien de la peine à s'entendre et que l'Allemagne eût consenti à rendre Belfort, les préliminaires furent signés le 26 février, dans le courant de l'après-midi.

La France s'engageait à céder à l'empire allemand une partie de la Lorraine, l'Alsace moins Belfort et à payer une indemnité de 5 milliards.

L'évacuation du territoire occupé par les troupes allemandes commencerait dès que la convention aurait été ratifiée ; elle continuerait au fur et à mesure des versements. Tant qu'elles resteraient sur le territoire français, les troupes seraient nourries aux frais du pays occupé ; par contre, le gouvernement allemand ne ferait plus faire de réquisitions.

Dès que les premières troupes allemandes se mettraient en mouvement pour évacuer un certain rayon, les forces françaises se retireraient derrière la Loire, à l'exception de 40 000 hommes restant à Paris et des garnisons indispensables des places de guerre.

Une fois ces préliminaires ratifiés, on continuerait les négociations à Bruxelles et les prisonniers de guerre français commenceraient à rentrer.

L'armistice fut prolongé encore une fois, jusqu'au 12 mars ; les deux parties restant libres de le dénoncer, à partir du 3 mars, après un délai de trois jours.

Finalement la satisfaction fut accordée à l'armée allemande de faire son entrée dans Paris et d'y rester jusqu'à la ratification de la convention préliminaire. Ne devaient être occupés que les quartiers s'étendant du Point-du-Jour au faubourg Saint-Honoré. Le 1er mars, après que Sa Majesté eut passé l'armée en revue, à Longchamps, 30 000 hommes, dont 11 000 du VIe corps, 11 000 du IIe bavarois et 8 000 du XIe occupèrent cette partie de Paris. D'autres échelons, ayant le même effectif, devaient les relever les 3 et 5 mars ; mais M. Thiers réussit à faire voter dès le 1er mars l'acceptation de la convention par l'Assemblée nationale de Bordeaux, après qu'elle eut décrété la déchéance de la dynastie napoléonienne. On échangea les ratifications le 2, dans l'après-midi, et, le 3, le premier échelon regagna ses cantonnements.

MARCHE DES ARMÉES ALLEMANDES ÉVACUANT LA FRANCE

L'article III des préliminaires portait qu'en dehors de Paris tout le territoire entre la Seine et la Loire devait être évacué dans le plus bref délai possible par les troupes françaises et allemandes, tandis que ces dernières ne quitteraient la rive droite de la Loire qu'après la conclusion définitive de la paix. Celle-ci signée, les six départements de l'Est continueraient à être occupés par les Allemands, afin de servir de gage pour les trois derniers milliards, l'effectif des troupes d'occupation ne dépassant pas 50 000 hommes.

Des *directives* détaillées envoyées par le grand état-major réglaient le départ. Il s'était tout autant préoccupé de fournir de bons cantonnements aux troupes que de rétablir l'organisation et la composition primitive de l'armée, comme aussi de pouvoir les concentrer rapidement en cas de besoin.

Les troupes destinées à occuper les territoires définitivement acquis à l'Allemagne furent mises immédiatement en marche sur leurs villes de garnison.

Les réservistes et les troupes de Landwehr furent renvoyés dans leurs foyers, de même que la division badoise ; mais cette dernière dut rester pour le moment sur le pied de guerre. Les gouvernements généraux de la Lorraine, de Reims et de Versailles furent supprimés et leurs attributions échurent aux généraux chargés des commandements supérieurs. Pour le maintien de l'ordre sur les derrières de l'armée, les VI⁰ et XII⁰ corps d'armée ainsi que la division wurtembergeoise furent directement subordonnés au grand quartier général.

Le 31 mars, l'armée avait occupé complètement les nouveaux territoires qui lui avaient été assignés, la Seine, de sa source à son embouchure, formant la ligne de démarcation à l'ouest.

La première armée occupait les départements de la Seine-Inférieure et de la Somme, la deuxième, en face de

Paris, ceux de l'Oise et de Seine-et-Marne ; la troisième, l'Aube et la Haute-Marne et l'armée du sud les départements où elle se trouvait en dernier lieu. Les forts de Paris situés sur la rive gauche furent remis aux autorités françaises, après que le parc de siège fut parti et le matériel de guerre conquis en eut été retiré. Le gouvernement français ayant exprimé le désir de pouvoir le plus vite possible transférer l'Assemblée nationale de Bordeaux à Versailles, le grand quartier avait été transféré à Ferrières plus tôt qu'il n'avait été convenu primitivement. Le 15 mars, Sa Majesté retourna de Nancy à Berlin.

Toutes les troupes laissées devant Paris furent placées sous le commandement du prince royal de Saxe, et le général de Manteuffel fut nommé général en chef de l'armée d'occupation.

Au moment où la France se libérait au prix des plus grands sacrifices, un ennemi des plus dangereux se levait dans son sein même : c'était la Commune de Paris.

Les 40 000 hommes qu'on y avait laissés ne se montrèrent pas à la hauteur de la tâche qui s'imposait à eux de contenir les mouvements révolutionnaires. Il s'en était produit plusieurs au cours même du siège. Maintenant ils dégénéraient en véritable guerre civile. Des masses populaires considérables, où la garde nationale fraternisait avec la garde mobile, s'emparèrent de l'artillerie et opposèrent au gouvernement la résistance à main armée. Dès le 18 M. Thiers donna aux régiments restés fidèles l'ordre de se replier sur Versailles afin de les soustraire à l'influence délétère des partis et des clubs et pour qu'ils protégeassent l'Assemblée nationale qui venait d'y être transférée. La capitale de la France devint la proie des pires éléments révolutionnaires, et des soldats français durent la reconquérir.

Les Allemands eussent pu mettre fin facilement et vite à cette révolution; mais quel est le gouvernement qui eût pu accepter l'intervention des baïonnettes étrangères? Les généraux allemands commandant en chef se bornèrent à entraver, dans le rayon soumis à leur action, tout mouvement révolutionnaire et à empêcher la province d'affluer sur Paris. On interrompit les travaux de désarmement, les troupes de la troisième armée se rapprochèrent des forts; on replaça des avant-postes le long de la ligne de démarcation, derrière lesquels 200 000 hommes pouvaient être concentrés en moins de deux jours. On avertit les hommes qui détenaient le pouvoir à Paris que toute tentative qu'ils feraient d'armer les fronts faisant face aux Allemands aurait pour conséquence immédiate le bombardement de la ville. Mais les émeutiers étaient trop occupés à brûler, à démolir, à fusiller pour asseoir leur puissance à l'intérieur de Paris; ils ne tournèrent pas leurs armes contre l'ennemi du dehors, ils étaient en lutte avec le gouvernement élu par la nation et se préparaient à faire une sortie sur Versailles.

Les gouvernants, liés par les conventions de l'armistice, se trouvaient à peu près désarmés vis-à-vis de ce danger. Mais, l'état-major allemand s'empressa de leur accorder l'autorisation de réunir des forces d'un effectif de 80 000 hommes fournis par les corps postés à Besançon, à Auxerre et à Cambrai; on leur accorda le libre passage à travers le territoire occupé par les Allemands. Par contre, on ne procédait que dans une limite fort restreinte au rapatriement des troupes prisonnières de guerre. C'étaient pour la plupart des hommes aguerris qui eussent fort bien pu recommencer les hostilités; aussi ne renvoya-t-on, pour commencer, que 20 000 hommes de troupes de la ligne.

Le 4 avril, le maréchal de Mac-Mahon commença les

opérations contre Paris avec les troupes du gouvernement. Le 21, il forçait l'entrée de la ville. Pendant huit jours les insurgés défendirent leurs barricades, et de grandes masses de fuyards menaçant de forcer les lignes allemandes, la troisième armée reçut l'ordre de se concentrer davantage encore. Les avant-postes furent établis dans le voisinage immédiat des portes de la ville; ils ne laissèrent sortir personne jusqu'à ce que, à la fin du mois, Paris fut de nouveau au pouvoir du gouvernement.

Dans l'intervalle, les négociations entamées à Bruxelles et continuées à Francfort avaient été menées vivement et, dès le 10 mai, la paix définitive put être conclue sur la base des préliminaires. Les ratifications furent échangées dans un délai de dix jours, conformément aux stipulations.

La guerre que, de part et d'autre, on avait faite en mettant en action des forces énormes, avait suivi un cours rapide; ayant été menée sans trêve ni repos, elle prenait fin après une durée de sept mois seulement.

Dans les quatre premières semaines on livra huit batailles qui amenèrent la chute de l'Empire et anéantirent l'armée française.

La France leva de nouvelles armées, énormes comme nombre; mais de qualités militaires moindres. Les Allemands avaient eu au début la supériorité numérique; ils ne l'eurent plus. Il leur fallut livrer douze autres batailles afin de couvrir le siège de Paris, dont la reddition seule devait mettre fin à la guerre.

Vingt places fortes furent prises; pas un jour ne se

passa où n'eût été livré un engagement plus ou moins important.

Cette guerre **imposa de** grands sacrifices à l'Allemagne. Elle perdit 6247 officiers, **123452 hommes**, 1 drapeau, 6 pièces.

Il est impossible d'évaluer le total des pertes essuyées par les Français. En fait de prisonniers seuls, il y avait en Allemagne : 11860 officiers, 371981 hommes ; à Paris : 7456 officiers, 241686 hommes ; désarmés en Suisse : 2192 officiers, 88381 hommes ; au total 21508 officiers, 702047 hommes.

On leur avait pris 107 drapeaux et aigles, 1915 pièces de campagne, 5526 pièces de place.

Strasbourg et Metz, arrachées à l'Allemagne dans un temps où elle était tombée bien bas, étaient reconquises et l'Empire allemand venait de renaître.

— En 1875 MOLTKE voulait de nouveau rentrer en guerre contre la FRANCE devant l'opposition du tsar et de Victoria Guillaume n'a rien ...

TABLE DES MATIÈRES

I

	Pages.
L'entrée en campagne.	3
Combat de Wissembourg (4 août).	15
Bataille de Wœrth (6 août).	18
Bataille de Spicheren (6 août).	24
Conversion à droite de l'armée allemande.	33
Bataille de Colombey-Nouilly (14 août).	38
Bataille de Vionville. — Mars-la-Tour (16 août).	45
Bataille de Gravelotte. — Saint-Privat (18 août).	64
Organisation nouvelle de l'armée.	82
L'armée de Châlons.	84
Bataille de Beaumont (30 août).	97
Bataille de Sedan (1er septembre).	109

II

Sortie de Metz (26 août).	127
Bataille de Noisseville (31 août).	131
Révolution à Paris.	140
Retraite du général Vinoy.	143

TABLE DES MATIÈRES.

Marche de la troisième armée et de l'armée de la Meuse sur Paris	147
Investissement de Paris (19 septembre)	154
Premières négociations	159
Prise de Toul (23 septembre)	160
Prise de Strasbourg (28 septembre)	162
Événements sous Paris jusqu'au 15 octobre	170
Combat d'Artenay (10 octobre)	178
Combat d'Orléans (11 octobre)	179
Prise de Soissons (15 octobre)	183
Prise de Châteaudun (18 octobre)	185
Sortie de la Malmaison (21 octobre)	188
Prise du Bourget (30 octobre)	191
Sortie de Metz sur Bellevue (7 octobre)	198
Capitulation de Metz (27 octobre)	200
Répartition des forces de la deuxième armée	203
Opérations du XIVe corps dans le sud-est de la France (octobre)	204
Prise de Schlestadt (24 octobre)	211
Prise de Neuf-Brisach (10 novembre)	213
Prise de Verdun (9 novembre)	215
Marche de la première et de la deuxième armée jusqu'au 15 novembre	217
Combat de Coulmiers (9 novembre)	222
Opérations du grand-duc de Mecklembourg	229
La situation de la deuxième armée (deuxième quinzaine de novembre)	232
Bataille de Beaune-la-Rolande (28 novembre)	235
Marche de l'armée de la Loire sur Paris	241
Bataille de Loigny-Poupry (2 décembre)	243
Paris en novembre	248
L'armée de Paris essaye de forcer le blocus (30 novembre au 2 décembre)	252
Marche de la première armée en novembre	263
Bataille d'Amiens (27 novembre)	264
Prise de la Fère (27 novembre)	269
Prise de Thionville (24 novembre)	270
Investissement de Belfort (novembre)	271
Bataille d'Orléans (3 et 4 décembre)	272
Marche des Allemands vers le sud, l'est et l'ouest	282
La lutte soutenue par le grand-duc de Mecklembourg (7, 8, 9 et 10 décembre)	286
Suspension des grandes opérations offensives en décembre	297
Le XIVe corps en décembre	303
La première armée en décembre	306
Prise de Mézières	312
Paris en décembre	313

TABLE DES MATIÈRES.

	Pages.
Combat du Bourget (21 décembre).	315
Bombardement du Mont-Avron (27 décembre).	320
L'armée de l'est sous le général Bourbaki.	321
Marche de la deuxième armée sur le Mans.	325
Bataille du Mans (10, 11, 12 janvier).	343
Les événements dans le nord de Paris en janvier.	366
Bataille de Bapaume.	368
Combats sur la basse Seine (4 janvier).	372
Prise de Péronne (9 janvier).	374
Bataille de Saint-Quentin (19 janvier).	381
Les événements sur le théâtre des opérations dans le sud-est, jusqu'au 17 janvier.	391
Investissement de Belfort.	391
Transport de l'armée de l'est française sur le théâtre des opérations (fin décembre).	396
Combat de Villersexel (9 janvier).	399
Bataille de la Lisaine (15, 16 et 17 janvier).	407
Le bombardement de Paris (janvier).	421
L'attaque par bombardement du front sud.	422
Bataille du Mont-Valérien (19 janvier).	428
Suite du bombardement de Paris jusqu'à l'armistice.	435
Les opérations de l'armée du sud sous le général de Manteuffel.	441
Combats de Dijon.	448
Opérations de l'armée du sud.	456
Les opérations du général Hann de Weyhern contre Dijon.	471
Occupation des départements du Doubs, du Jura et de la Côte-d'Or.	473
Suite du siège de Belfort.	475
L'armistice.	483
Marche des armées allemandes évacuant la France.	490

CARTE D'ENSEMBLE

DU

THÉATRE DE LA GUERRE

Couper la bande ci-dessous pour retirer la Carte du portefeuille.

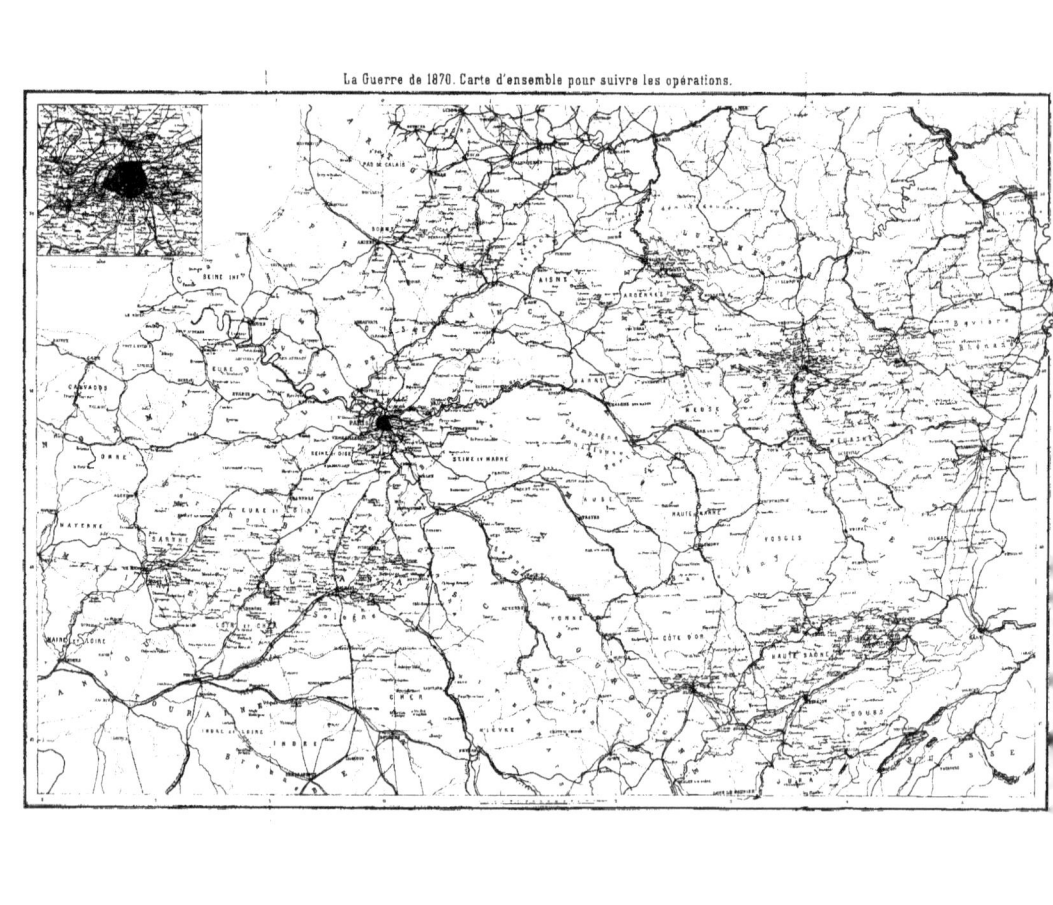

La Guerre de 1870. Carte d'ensemble pour suivre les opérations.

www.ingramcontent.com/pod-product-compliance
Lightning Source LLC
Chambersburg PA
CBHW071720230426
43670CB00008B/1071